湾区方略
——中国东部沿海区域规划研究

王 伟　朱小川　张常明　著

中国建筑工业出版社

图书在版编目（CIP）数据

湾区方略：中国东部沿海区域规划研究/王伟，朱小川，张常明著. —北京：中国建筑工业出版社，2020.1

ISBN 978-7-112-25783-6

Ⅰ.①湾… Ⅱ.①王… ②朱… ③张… Ⅲ.①沿海经济-区域经济发展-研究-中国 Ⅳ.①F127

中国版本图书馆CIP数据核字（2020）第267417号

本书立足于国家区域发展新战略与新趋势，以湾区这一新兴区域经济和国家战略对象为研究焦点，从国家东部沿海升级战略与全球化发展新格局入手，融合多学科交叉优势，对湾区进行理论创新，针对中国环渤海湾湾区、环长江口湾区、海峡西岸湾区、粤港澳湾区、环北部湾湾区等五大湾区，构建城镇体系、多式交通、功能格局、产业集聚、开放网络、公共服务、创新绩效、区域治理等八个维度分析框架，开展丰富的多源数据定量分析，系统呈现中国五大湾区发展态势，最终提出面向新时代的中国湾区方略进阶建议，为"十四五"国家及省市区域发展战略的制定提供支持。本书可供城市规划师（城市规划、区域规划、经济地理、区域经济等专业）、建筑师、规划局、规划院、政策智库等机构管理人员与编制人员、政府官员，相关专业在校师生阅读参考。

责任编辑：董苏华　张鹏伟
版式设计：锋尚设计
责任校对：芦欣甜

湾区方略
——中国东部沿海区域规划研究

王　伟　朱小川　张常明　著

*

中国建筑工业出版社出版、发行（北京海淀三里河路9号）
各地新华书店、建筑书店经销
北京锋尚制版有限公司制版
北京建筑工业印刷厂印刷

*

开本：880毫米×1230毫米　1/16　印张：21¼　字数：645千字
2021年5月第一版　2021年5月第一次印刷
定价：99.00元
ISBN 978-7-112-25783-6
（36699）

版权所有　翻印必究
如有印装质量问题，可寄本社图书出版中心退换
（邮政编码100037）

序一

我十分欣喜地读到了王伟博士等撰写的《湾区方略——中国东部沿海区域规划研究》这本具有鲜明对象、广阔视野、内容丰富、铺陈大气、颇多创新的洋洋数十万字的大作。作者对湾区这一具有特殊地理区位、我国的国家战略对象和国际瞩目的新兴经济区域的发展前景，从多学科、多角度、多维度、多方法进行了系统的解读、阐释、分析、探究，因此，这本书是迄今对中国湾区研究集大成的巨著，具有重要的学术价值和鲜明的时代意义。

作者以全球化视野、时代变革的眼光，极具高度地概括了中国东部的全球之变，并具体从全球经济、开放辐射、创新资源、产业演替、区域经济深化、人本城市模式、城市群运转、区域协调机制、市场经济体制、海洋强国营造等十个方面阐释了中国湾区出现的必然性和发展的重要性，大大提升了湾区研究的现实意义。

全书在明确了湾区的内涵定义基础上，以清晰的逻辑，颇有系统地构建了湾区研究八大维度（城镇体系、多式交通、功能格局、产业集聚、开放网络、公共服务、创新绩效、区域治理）的分析框架，并按维度对各个湾区进行了系统的分析研究，展示了中国湾区的全景图画。

作者根据每一维度的重点和特点进行了有针对性的系统阐述和多源数据的定量分析，并针对问题提出了未来发展的建议。例如，城镇体系中，重在分析其空间分布、结构特征和城镇等级，并运用了整体态势、偏心态势、集聚态势方法，依据各湾区特征的异同进行了分类；在交通分析中，按多交通方式的重点，进行了交通等时圈、高铁站可达性、港城融合、机场可达性、辐射范围、城市航线数等研究；在功能格局中，在阐明功能区内涵、分类标准、划分方法的基础上，重点突出了产业功能类型、城市功能特征及五大湾区整体城市功能类型与格局；在产业集聚中，对区域产业结构、产业空间格局、产业演变、产业竞争优势、产业集聚、产业联系、湾区产业发展差异等进行了全方位的分析；在开放网络中，则重在城市间网络形成和城市间人流、资金流、信息流的分析；公共服务维度，侧重从能源、邮电通信等基础设施及房价方面衡量公共服务水平，以及从污染物排放和处理看其环境绩效水平。

本书专列创新绩效一章，作为重要维度，以适应创新作为发展动力的要求；且其从创新投入、产出、效率方面分析湾区的创新活力及创新水平也是颇有意义的尝试。对区域治理这个维度，则从定义和理论研究出发，推进湾区区域治理分析框架，进行五大湾区的治理成效对比，提出了区域治理中政府体系、经济力量、社会群体三类主体间关系特征下的区域治理的基本模式。其对区域治理政策文件的统计（包括数量、单位、涉及领域）及五大湾区政策文件的对比，都具有创新意义和值得其他区域参考。在此章中，对作为特殊政策载体的功能性区域、行政区划调整、区域治理经验、治理机制等研究，也颇具价值。而对每一维度分析的核心思想，大部分以四字标题予以点睛，也是本书的重要特色。

本书重要的部分或研究价值是既有总结性又有前瞻性地对湾区未来的展望。第一，呼应中央精神，概括总结性地提出了"531"面向双循环的新格局；第二，指明了固本－内聚－外拓的三步走谋划的湾区发展的方向、步骤；第三，结合八大维度，提出面向2035年的高阶化提升战略，为本书理论创新和实践应用的结合，画上了圆满的句号。

对于中青年学者敢于总结、勇于创新的精神，我是积极支持的。后浪推前浪是社会发展和学科发展的必然。为此，我很为本书点赞，也乐意为此作序。

序二

海洋时代带来了世界海洋湾区的崛起，而内部经济社会的集聚才是海洋湾区在世界格局中所占地位的决定要素。如果认为只要是海洋湾区就一定会成为世界的重要节点，那是幼稚的；而这种世界级的海洋湾区只有成就了自身天然条件与海洋时代世界性资源的分配交易所带动的人口、经济、创新精神的融合，才能决定其是否崛起，或仅仅成为一个自然地理现象而存在。由此，我们非常清楚地看到，在崛起过程中，不同的湾区在不同的历史阶段，成为海洋时代的全球中心。这个时间序列有助于我们思考以下几个问题：1）什么时候崛起成为世界的中心点；2）与其他世界中心的关系及其连接的要素；3）湾区内部的要素构成。其与世界经济决定要素的关联性，在今天就是创新力。

观察大湾区的崛起，必须从以下几点分析：

1）它的创新力，包括制度创新力和科技创新力、文化创新力、社会创新、群落；2）这种创新力与其社会群落构成能否实现将全球最具创新精神的人群结合在一起，也就是它的社会群落是由拥有创新基因的人群所构成的；3）这种创新力与当今世界的知识经济、数字经济、智慧经济的关联度；4）在湾区自然条件中，它的适配性和空间布局；5）由这种创新力跨地方政府之间形成的政策协同，形成的群落创新生态治理。

王伟教授等人花了不少的精力研究、分析世界各湾区现象而撰写的这本著作，是一本很好的著作，会给我们以启发，思考世界湾区在海洋时代不可替代的特殊功能；对中国的珠三角、长三角、渤海湾等湾区及海南岛未来的建设也有所启示。从学术价值来说，这更是一个开拓性的研究，让我们学界把自然现象、时代经济、社会基因进行系统耦合思考，可能会产生一个学科的特别分支。早在2004年，我曾执笔了一部关于海港城市的德文专著《滨海城市的梦》（Traum der Portstaedte）中"上海走向全球城"的编写。在编写的过程中，这种全球视野的海港城市的共性和特性，以及崛起和兴旺的要素使我得到很好的启发。今天，读到王伟教授等人的这本著作，我想我们也应该有这样全球视野的著作，更应该发动全球学者创立这一重要的学术分支。

1978年，源于中国东部沿海地区开放的中国巨轮开始起航。42年的发展，东部沿海地区经历了以特区城市设立为标志的1.0方略阶段、以开发区建设为标志的2.0方略阶段、以新区开发引领为标志的3.0方略阶段、以自贸区深化开放为标志的4.0方略阶段，取得了一系列令人瞩目的成绩，但也面临着一系列亟待破解的挑战。

王伟教授领衔的研究团队，聚焦这一最新的区域经济载体，进一步拓展研究环渤海湾湾区、环长江口湾区、海峡西岸湾区、粤港澳湾区和环北部湾湾区五大湾区系统。他们将其作为东部沿海区域升级发展的5.0方略，是富有前瞻性与洞察力的。书中从把握全球经济重心东移的历史契机、塑造对外开放辐射全球交互界面、吸引世界创新资源集聚孵化转化、加速沿海区域经济产业演替升级、创造中国区域经济再深化新动能、建设环境友好人本城市发展模式、构筑全球级城市群良性运转系统、探索更深层次区域协同机制改革、完善中国特色市场经济体制机制、迈向海洋强国营造地缘合作窗口十个方面系统诠释了湾区对于新时代中国发展的战略价值与意义。

全书立足"自组织与他组织"的湾区发展动力逻辑认知，对湾区内涵进行了科学界定，进而从"筑核塑极：湾区城镇体系"、"通脉疏络：湾区多式交通"、"协同求序：湾区功能格局"、"聚能蓄力：湾区产业集聚"、"织网汇流：湾区开放网络"、"宜居包容：湾区公共服务"、"创新驱动：湾区创新绩效"、"治理护航：

湾区区域治理"八个关键分析维度开展了丰富的数据研究，为我们呈现出中国湾区的发展状态，不仅丰富了中国区域规划理论与方法，也将为国家及各地区域战略、规划、政策的制定提供科学支撑。

最后，本书面向新全球化进程，聚焦国家提出的双循环战略，创新提出了国家"531"战略区域格局与"固本、内聚、外拓"三步走谋划，并在此基础上进一步提出面向2035年中国湾区的十个方面持续升级进阶的建议，让全书更加丰富饱满。

王伟教授曾于2018年出版了《中国城市群空间结构与集合能效研究》一书，两年之后与他人合作出版的这本《湾区方略——中国东部沿海区域规划研究》，是其对中国城市群研究的进一步深入思考。全书立意高远、视野开阔、逻辑清晰、内容丰富、研究扎实，反映出作者对新时代、新事物、新现象保持着高度敏锐，这种战略性的能力在百年变局之中是非常需要也非常难得的。

在此，欣然作序，希望作者能不忘科学求索的初心，保持战略思考的品质，保持与时俱进的学习热情，为祖国崛起而不断努力下去。

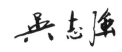

2020年12月2日

致谢

2020年岁末,《湾区方略——中国东部沿海区域规划研究》即将出版面世,非常高兴能够为国家"十四五"及长远的区域战略谋划、政策制定提供一份智力支持。

城市与区域规划理论与方法研究是我们一直关注的重要方向,我们已出版了《中国城市群空间结构与集合能效研究》和《中国城市网络结构与经济绩效》等专著。而开展湾区研究的初衷则来源于"2017年7月1日,《深化粤港澳合作推进大湾区建设框架协议》签订"一则新闻的触动,我们意识到东部沿海地区一个新的发展阶段就要开始了,东部沿海区域已不再仅仅是全球化资源的吸纳者,它将成为更为积极的全球化输出者、互动者与引领者,而国家构建双循环新发展格局战略的提出更加印证了我们的判断。从国家战略的角度看,环渤海湾湾区、环长江口湾区、海峡西岸湾区、粤港澳湾区、环北部湾湾区在统筹国内、国际两个大局中是具有极为重要的地缘政治、经济意义的。为此,在粤港澳大湾区基础上,用湾区的新要求、新标准来推动东部沿海的整体升级方略制定是大势所趋,而这首先需要系统的研究作为支撑。为期两年多的研究与写作工作,从讨论确定书稿撰写计划、框架,到开展大量的资料数据搜集、进行五大湾区的系统分析,直至初稿写作完成提交出版社,这一过程中我们得到了众多的帮助和支持,在此对所有帮助和支持过我们的师长、朋友、家人致以深深的谢意!

特别感谢量子数聚(北京)科技有限公司宋仲伟、北京极海纵横信息技术有限公司上海分公司董杰、上海城诗信息科技有限公司刘浏、深圳市位和科技有限责任公司李伯楠等好友为研究提供的技术与数据支持。

特别感谢中央财经大学政府管理学院城市管理专业王瑛、梁霞、李可欣、李牧耘、李磊、叶舒、豆佳荣、吴姝雅、王雅姝、何一凡、陈晓露、王鹏、刘璨、陈琳、吴梓君、张涵睿、马晓蕾、易行、韩孟杉、苏盖美、王寅、高玲、秦梦、曹译心、谢洪叶、裴欣怡、王恒、李叙、梁思智、邓鹏飞、刘昌浩、黄馨萱、张兆舒、廖一浍、其美措姆等同学在数据搜集与整理方面的辛勤付出。

特别感谢上海商学院吴培培老师,上海师范大学施慧、刘慧敏、徐璟西、宋之珺、杨舒茜,复旦大学宁小茜,上海外国语学院张力丹,上海大学李彬、张雨阳等同学在书稿校对过程中的认真投入。感谢上海市哲学社会科学规划课题(2018BCK004)"资本流动有效性视角下长三角城市群更高质量一体化发展研究"对本书部分研究内容的支持。

特别感谢中国建筑工业出版社董苏华、张鹏伟两位编辑为本书付出的辛勤劳动。在这一过程中,董苏华老师对书稿进行了认真的修改批注和措辞探讨,其敬业的精神与专业的态度令我们感动。

最后特别感谢崔功豪先生、吴志强院士为本书作序,他们对后辈学术成长的认可肯定与无私支持,将激励我们继续扎实研究下去,为中国特色城市与区域规划理论的发展作出贡献!

目录

序一　崔功豪

序二　吴志强

致谢

第1章　时代变革与湾区崛起 001
1.1　中国之变：国家战略与区域发展新格局 001
1.2　东部之变：开放历程与升级转型新挑战 002
　　1.2.1　开放历程演进 002
　　1.2.2　对外开放取得的成绩与存在的问题 010
　　1.2.3　升级转型挑战 013
1.3　全球之变：三大湾区与全球活力新高地 014
　　1.3.1　纽约金融湾区 014
　　1.3.2　旧金山科创湾区 015
　　1.3.3　东京产业湾区 016
　　1.3.4　三大湾区活力解码 016
1.4　湾区崛起：中国东部沿海升级5.0新方略 020
　　1.4.1　把握全球经济重心东移历史契机 020
　　1.4.2　塑造对外开放辐射全球交互界面 021
　　1.4.3　吸引世界创新资源集聚孵化转化 021
　　1.4.4　加速沿海区域经济产业演替升级 021
　　1.4.5　创造中国区域经济再深化新动能 022
　　1.4.6　建设环境友好人本城市发展模式 022
　　1.4.7　构筑全球级城市群良性运转系统 022
　　1.4.8　探索更深层次区域协同机制改革 022
　　1.4.9　完善中国特色市场经济体制机制 023
　　1.4.10　迈向海洋强国营造地缘合作窗口 023

第2章　中国五大湾区系统 024
2.1　湾区内涵特征 024
2.2　本书分析框架 025
2.3　研究区域范围 026
2.4　数据来源 029

2.5　研究方法 029

第3章　筑核塑极：湾区城镇体系分析 031
3.1　研究方法 031
3.2　整体态势分析 032
　　3.2.1　分析步骤 032
　　3.2.2　规模实绩态势演变 033
　　3.2.3　产出效率态势演变 037
　　3.2.4　趋势面特征总结 046
3.3　偏心态势分析 046
　　3.3.1　计算方法 047
　　3.3.2　特征分析 048
3.4　集聚态势分析 051
　　3.4.1　计算方法 051
　　3.4.2　特征分析 053
3.5　本章小结 058

第4章　通脉疏络：湾区多式交通分析 060
4.1　高速公路发展情况分析 060
　　4.1.1　五大湾区高速公路发展情况概述 060
　　4.1.2　五大湾区公路交通等时圈分析 062
4.2　铁路发展情况分析 064
　　4.2.1　环渤海湾区 064
　　4.2.2　环长江口湾区 065
　　4.2.3　海峡西岸湾区 066
　　4.2.4　粤港澳湾区 067
　　4.2.5　环北部湾湾区 068
4.3　港口发展情况分析 070
　　4.3.1　港口发展概述 070
　　4.3.2　港城融合分析 075
4.4　空港发展情况分析 078
　　4.4.1　环渤海湾区 078
　　4.4.2　环长江口湾区 080

  4.4.3 海峡西岸湾区...................082
  4.4.4 粤港澳湾区.....................085
  4.4.5 环北部湾湾区...................086
  4.4.6 航线分析.......................088
 4.5 本章小结...............................089

第 5 章 协同求序：湾区功能格局分析..........091
 5.1 功能区内涵、分类标准与方法.............091
  5.1.1 产业功能类型划分.................092
  5.1.2 计算产业类型区位熵...............094
  5.1.3 确定城市产业功能类型.............094
  5.1.4 城市产业功能举例.................094
 5.2 五大湾区城市功能特征...................097
 5.3 五大湾区总体城市功能格局分析..........102
 5.4 本章小结...............................102

第 6 章 聚能蓄力：湾区产业集聚分析..........104
 6.1 区域产业结构分析.......................104
  6.1.1 五大湾区三产结构整体对比.........104
  6.1.2 环渤海湾湾区.....................105
  6.1.3 环长江口湾区.....................106
  6.1.4 海峡西岸湾区.....................107
  6.1.5 粤港澳湾区.......................108
  6.1.6 环北部湾湾区.....................110
 6.2 产业竞争优势分析.......................111
  6.2.1 环渤海湾湾区.....................111
  6.2.2 环长江口湾区.....................111
  6.2.3 海峡西岸湾区.....................111
  6.2.4 粤港澳湾区.......................112
  6.2.5 环北部湾湾区.....................113
 6.3 产业集聚特征分析.......................114
  6.3.1 份额系数特征及变化...............114
  6.3.2 相关系数特征及变化...............116
  6.3.3 五大湾区产业集聚模式特征与分类...117
  6.3.4 五大湾区内部城市产业集聚类型的分布................................118
 6.4 产业联系网络分析.......................120
  6.4.1 基于行业间投入-产出引力模型的联系驱动因素分析....................120
  6.4.2 湾区内分行业联系强度.............126
  6.4.3 湾区产业网络中城市节点地位及其演变................................136
 6.5 本章小结...............................144

第 7 章 织网汇流：湾区开放网络分析..........145
 7.1 人流网络分析...........................146
  7.1.1 国际旅游人口比较.................146
  7.1.2 湾区内部人口迁徙流分析...........147
 7.2 资金流网络分析.........................155
  7.2.1 外商投资分析.....................155
  7.2.2 对外贸易比较.....................157
  7.2.3 对外开放水平.....................160
  7.2.4 资本互投分析.....................162
 7.3 信息流网络分析.........................166
  7.3.1 互联网用户总量分析...............166
  7.3.2 湾区内部信息流分析...............168
 7.4 本章小结...............................175

第 8 章 宜居包容：湾区公共服务分析..........177
 8.1 五大湾区基础设施建设水平分析...........177
  8.1.1 五大湾区基础设施总体建设水平对比....177
  8.1.2 五大湾区内部各城市基础设施差异分析................................187
 8.2 五大湾区科教文卫资源分析...............196
  8.2.1 五大湾区科教文卫资源总体水平对比...196
  8.2.2 五大湾区内部各城市科教文卫资源差异分析................................202
 8.3 五大湾区住房压力分析...................208
  8.3.1 环渤海湾湾区.....................209
  8.3.2 环长江口湾区.....................209
  8.3.3 海峡西岸湾区.....................209
  8.3.4 粤港澳湾区.......................209
  8.3.5 环北部湾湾区.....................210
 8.4 五大湾区环境绩效分析...................210
  8.4.1 五大湾区污染物排放分析...........210
  8.4.2 五大湾区污染物处理率分析.........213
  8.4.3 五大湾区环境绩效.................214
 8.5 本章小结...............................220

第9章 创新驱动：湾区创新绩效分析 221
9.1 五大湾区创新投入分析 221
9.1.1 创新资金投入 221
9.1.2 创新人力投资 224
9.2 五大湾区创新产出分析 230
9.2.1 创新产出的集聚态势分析 230
9.2.2 创新产出的整体态势分析 238
9.3 五大湾区创新效率分析 244
9.4 本章小结 246

第10章 治理护航：湾区区域治理分析 248
10.1 区域治理基础框架 248
10.2 湾区治理的政策文本分析 249
10.2.1 湾区政策的发文单位与涉及领域 249
10.2.2 五大湾区政策及领域对比分析 254
10.2.3 五大湾区的功能性区域设置概述 257
10.2.4 五大湾区行政区划调整与权力中心指数变动 261
10.3 环渤海湾区区域治理经验 263
10.3.1 区域治理大事件 263
10.3.2 参与主体：中央政府主导、地方政府参与 264
10.3.3 治理机制：多层次协同治理机制 265
10.3.4 典型案例：北京市通州区与河北省廊坊北三县协同发展 265
10.3.5 区域协同治理案例：雄安新区 266
10.4 环长江口湾区区域治理经验 267
10.4.1 区域治理大事件 267
10.4.2 参与主体："三级运作"与社会组织 268
10.4.3 治理机制：全方位一体化发展机制 269
10.4.4 区域合作平台：经济协调会 271
10.4.5 合作项目典型案例：长三角生态绿色一体化发展示范区 271
10.5 海峡西岸湾区区域治理经验 273
10.5.1 区域治理基础 273
10.5.2 合作治理案例：政府间环保合作机制 273
10.6 粤港澳湾区区域治理经验 275
10.6.1 区域治理大事件 275
10.6.2 参与主体与功能定位 276
10.6.3 治理机制：横向府际关系协调互动机制 276
10.6.4 合作项目典型案例（1）：深汕特别合作区 277
10.6.5 合作项目典型案例（2）：港珠澳大桥跨区域协调制度 279
10.6.6 粤港澳湾区区域治理重要建设项目 280
10.7 环北部湾湾区区域治理经验 282
10.7.1 区域治理基础 282
10.7.2 北部湾城市群协同发展机制 282
10.8 本章小结 283

第11章 展望：面向2035年的中国湾区 284
11.1 城镇体系高阶化，构建网络化空间格局 285
11.2 形态布局高阶化，响应信息智能科技变革 286
11.3 多式交通高阶化，建设多层次联动脉络 287
11.4 动力系统高阶化，着力新实体经济高地 288
11.5 开放网络高阶化，打造全球巨型自贸区 289
11.6 要素流动高阶化，激发无障碍市场活力 290
11.7 以人为本高阶化，铸就全球人才吸引极 291
11.8 资源统筹高阶化，树立全球可持续标杆 292
11.9 制度改革高阶化，释放万众创新创业活力 293
11.10 区域协调高阶化，共建共享最佳发展区 293

附录 295
附录A 产业分类标准 295
附录B 五大湾区各城市航线数 296
附录C 五大湾区产业联系强度图谱（1996年、2006年） 301
附录D 五大湾区环境绩效Pearson相关性分析结果 321
附录E 五大湾区环境绩效松弛情况 323

索引 328

参考文献 331

第 1 章 时代变革与湾区崛起

时代变革催生湾区崛起，71 岁的中华人民共和国，正经历中国之变、东部之变与全球之变三大时代变革。通过对三大时代变革的把脉问诊，中国之变关注国家战略与区域发展新格局，东部之变回顾东部沿海的开放历程与升级转型新挑战，全球之变则扫描国际经济活力高地与创新引领新标杆，让我们清醒地认识到百年巨变的来临。巨变之中，湾区正登上中国区域发展的中心舞台，成为应对时代变革的必然选择。

1.1 中国之变：国家战略与区域发展新格局

中国国家区域发展战略先后经历了内外均衡、沿海集聚、差距协调、全面发展等阶段。在全面发展时期采取的是西部开发、东北振兴、中部崛起、东部率先的四轮驱动、均衡主义的发展模式。然而这种板块经济型的发展模式在一定程度上带动区域经济增长的同时，也造成了发展模式同质化、竞争碎片化的问题，不同地区，无论大小，无论穷富，无论东西南北，都要参与激烈竞争，争当增长的发动机，因此，产能过剩、重复建设、同质发展和过度竞争的现象层出不穷。党的十九大报告指出："中国特色社会主义进入新时代，我国社会主要矛盾已经转化为人民日益增长的美好生活需要和不平衡不充分的发展之间的矛盾。"区域不协调问题则是新时代发展不平衡、不充分的突出问题之一。

党的十八大以来，国家为应对中国区域发展出现的老问题与新挑战，谋划新格局，从国家新型城镇化规划，到陆续出台的一系列城市群规划，到"一带一路"倡议，到长江经济带提出，再到 2018 年 11 月 18 日《中共中央国务院关于建立更加有效的区域协调发展新机制的意见》，到 2019 年 2 月 19 日《国家发展改革委关于培育发展现代化都市圈的指导意见》出台，我们可以看出这样一条新型的区域发展脉络悄然浮现。

一是由"四大区域板块"的"撒胡椒面"施政手法转向更为聚焦国家战略区域的"针灸式"施政手法，更加强调包括京津冀协同发展、长三角高质量一体化发展、"粤港澳大湾区"建设等优势区域的发展。建立以中心城市引领都市圈/城市群发展、都市圈/城市群带动区域发展新模式，构建全国高质量发展的新动力源。京津冀协同发展要求以北京、天津为中心引领，以疏解北京非首都功能为"牛鼻子"，推动河北雄安新区和北京城市副中心建设，调整区域经济结构和空间结构，带动从京津冀城市群到环渤海地区协同发展。长三角高质量一体化发展要求以上海为中心引领长三角城市群发展，带动长江经济带发展。"粤港澳大湾区"建设以香港、澳门、广州、深圳为中心引领，带动珠江-西江经济带发展。此外，还有诸如推进海南全面深化改革开放，着力推动自由贸易试验区建设，探索建设中国特色自由贸易港等。

二是由外至内进一步形成区域间的协同开发，在先前"两横三纵"的基础上，进一步突出"一带一路"建设、长江经济带发展的"两横一纵"，助推沿海、内陆、沿边地区协同开放。对外以"一带一路"国际经济合作走廊为主骨架加强重大基础设施互联互通，把沿海和港澳台地区打造成为"一带一路"的主力军。利用长三角、珠三角、海峡西岸湾区、环渤海等经济区开放程度高、经济实力强、辐射带动作用大的优势，加快这些区域融入自贸区、开发区、海洋经济示范区、国际旅游岛各种政策区域的系统布局，城市港口、枢纽机场的建设与功能强化，扩大开放倒逼深层次改革，创新开放型经济体制机制，加大科技创新力度，形成参与和引领国际合作竞争新优势，成为"一带一路"特别是21世纪海上丝绸之路建设的骨干力量。对内依托长江黄金水道，推动长江上中下游地区协调发展和沿江地区高质量发展。"一带一路"建设、长江经济带发展的一内一外三大轴线共同构建统筹国内国际、协调国内东中西和南北方的区域发展新格局。

三是进一步推动陆海统筹发展。要加强海洋经济发展顶层设计，完善规划体系和管理机制，研究制定陆海统筹政策措施，推动建设一批海洋经济示范区。以规划为引领，促进陆海在空间布局、产业发展、基础设施建设、资源开发、环境保护等方面全方位协同发展。创新海域海岛资源市场化配置方式，完善资源评估、流转和收储制度。推动海岸带管理立法，完善海洋经济标准体系和指标体系，健全海洋经济统计、核算制度，提升海洋经济监测评估能力，强化部门间数据共享，建立海洋经济调查体系。推进海上务实合作，维护国家海洋权益，积极参与维护和完善国际和地区海洋秩序。

2019年8月26日，召开的中央财经委员会第五次会议，习近平总书记强调，要推动形成优势互补高质量发展的区域经济布局问题的研究，形成优势互补、高质量发展的区域经济布局。这进一步传递一个信号，实现全国一盘棋并非全国全盘都要落子，从国家全局出发也并非全面发展，而是要寻找棋局中的棋眼，实现中国区域发展的"完生"。

1.2 东部之变：开放历程与升级转型新挑战

中国的全球化进程始于改革开放，中国的改革开放则始于东部沿海区域的开放。1978年改革开放以来，得益于先天区位，中国东部沿海区域经济社会取得了快速发展。从承载不同时期对外开放政策与战略的主要功能载体来看，可以大致分为四个方略时期，在此对四个方略时代的背景、政策、载体以及背后的定位与要求进行回顾分析。

1.2.1 开放历程演进

1. 以特区城市设立为标志的1.0方略阶段

第一阶段是中国改革启动与局部试验阶段。邓小平同志认为自1957年开始，中国经济对外封闭，忽视生产力的发展，因此在对高度集中的计划经济体制进行改革的同时，就必须改变闭关自守的对外政策。

1978年12月，以中国共产党第十一届三中全会召开为标志，农村经济体制改革，废除农副产品的统购统销制度，扩大企业自主权试点，推行两步"利改税"，逐步推进"划分收支、分级包干"的财政体制改革等，这些举措使原本绝迹的非集体经济逐步恢复和发展。与此同时，中国的经济建设需要对外开放，需要从国外引进先进的经验、装备与科技，也需要国外的资金与市场。会议确定将对外开放作为建设中国特色社会主义的重要途径和保障，并与市场经济改革共同作为一项基本国策，从此揭开了中国经济发展的新序幕。1980年6月，邓小平同志在一次接见外宾时，首次向公众提出将"对外开放"作为我国对外经济政策。他说："我国在国际上实行开放的政策，加强国际往来，特别注意吸收发达国家的经验、技术，包括吸收国外资金来帮助我们发展。"1981年11月召开的第五届人大第四次会议上的《政府工作报告》进一步指出："实行对外开放政策，加强国际经济技术交流，是我们坚定不移的方针。"1982年12月，对外开放政策被正式写入我国宪法。

与对外开放政策的提出和确定同时出现的，是"经济特区"、沿海开放城市、沿海经济开发区等政策空间载体。1979年7月，国务院同意在深圳、珠海、汕头和厦门试办"出口特区"；1980年3月"出口特区"

改名为"经济特区"。[1] 虽经改名[2]，但可以看出，经济特区的最核心的本质是开放，目的是吸引国外的人才、资本、新技术以及管理经验（资源进来），促进出口（产品出去），此外还可以带动就业与旅游。[3] 为了实现上述目的，经济特区可以实行特殊的经济管理体制和政策，包括减免税收等优惠办法和提供良好的基础设施[4]，这是世界自由港区的主要形式之一。

1984年4月，国务院批准大连、秦皇岛、天津、烟台、青岛、连云港、南通、上海、宁波、温州、福州、广州、湛江、北海14个城市为全国第一批沿海对外开放城市（coastal open city）。沿海开放城市是经济特区的延伸，这些城市均属于沿海地区，从北至南囊括了中国海岸线主要港口城市，可以在对外经济活动中实行经济特区的某些特殊政策。沿海开放城市的设立增加与扩大了对外开放的窗口，使外商有了更多可供选择的投资场所。

1985年1月，中共中央、国务院指出将长江三角洲、珠江三角洲和闽南厦门、漳州、泉州3个"三角"地区开辟为沿海经济开放区，逐步形成贸-工-农型的生产结构，农业和其他原材料生产的发展需要依托加工工业发展，加工工业发展则需依据贸易出口。1988年3月，国务院在扩大沿海经济开放区的范围时，除长三角、珠三角和闽南三角洲地区外，把辽东半岛、京津冀、山东半岛的一些市、县也列为沿海经济开放区。沿海开放区域共涉及293个市县，约42.6万平方公里，集聚人口2.2亿，并以占全国12%、4.4%的市县数量与占地面积集聚了20%的腹地人口，使沿海开放区与内地形成优势互补，相得益彰，在自身发展的同时带动内地发展。[1] 至此我国初步形成了以经济特区为"点"，以沿海开放城市为"线"，以沿海经济开放区为"面"，内地为"腹地"的"点-线-面-腹地"的沿海开放系统。

可以看出，无论经济特区的"点"，还是沿海开放城市的"线"，抑或是沿海经济开放区的"面"，中国的对外开放载体都是依托沿海城市与港区。经济特区最初名为"出口特区"，源于邓小平同志南行后，受国务院委派，国家计委和外经贸部组织考察组提交的《港澳经济考察报告》。而沿海开放城市与沿海经济开放区本身既带有沿海特征，14个沿海开放城市中，大连、秦皇岛、天津、烟台、青岛位于环渤海，南通、上海、宁波位于环长江口湾区，福州、温州位于海峡西岸湾区，广州位于珠三角，湛江、北海则位于北部湾，可见中国沿海对外开放区域与五大湾区基本重合，只有连云港介于环渤海与环长江口湾区之间。

与此同时，依托于经济"特区载体"的设立与发展，这段时期也是中国吸引和利用外资从零到有的起步阶段。1979年1月6日，广东省革委会和交通部联合向李先念副总理、国务院上报的《关于我驻香港招商局在广东宝安县建立工业区的报告》中提出，由香港招商局在广东宝安县境内临近香港地区的地方即蛇口公社设立工业区。1979年1月17日，邓小平在同工商界领导人谈话时提出："可以利用外国的资金和技术，华侨、华裔也可以回来办工厂。吸收外资可以采取补偿贸易的办法，也可以搞合营，先选择资金周转快的行业做起。"同月，邓小平还在中央办公厅编印的《来信摘报》上一份关于香港厂商要求到广州开设工厂的来

---

1 四个被称为经济特区的地级市，并非整个市辖区都属于经济特区。在刚设立时，经济特区所占面积很小，特区建设经验不断成熟后，其范围不断扩大。如厦门市的经济特区，设立时为2.5平方公里。1985年，邓小平视察厦门后，其范围扩大到厦门全岛和鼓浪屿全岛，面积增加到131平方公里。
2 在命名为"出口特区"前，还有"贸易合作区"、"出口工业区"等更为直白的提议。
3 1978年，受国务院委派，国家计委和外经贸部组织考察组提交的《港澳经济考察报告》与广东省革委会向国务院报送的《关于宝安、珠海两县外贸基地和市政建设规划设想的报告》中均指出，应在三五年内把宝安、珠海两县建设成为具有相当水平的工农业结合的出口商品生产与加工基地，吸收港澳游客的旅游区，成为新型的边防城市。次年，宝安、珠海两县撤县设市，宝安更名为深圳市。1979年3月29日，邓小平在京会见香港总督麦理浩时，就内地偷渡香港问题时指出，作为改善偷渡问题的两个途径之一，香港应鼓励私人资金来广东进行投资，以提供更多的就业机会。
4 1979年4月，在邓小平主持召开的中共中央工作会议上，习仲勋提出广东应充分利用邻近港澳、华侨众多的有利条件，积极开展对外经济技术交流，并希望中央放权，让广东先走一步。邓小平回应说"中央没有钱，可以给些政策，你们自己去搞。杀出一条血路来！"

信上批示："这件事，我看广东可以放手干。"1979年6月6日、6月9日，中共广东、福建省委分别向中央上报《关于发挥广东优势条件，扩大对外贸易、加快经济发展的报告》和《关于利用侨资、外资、发展对外贸易，加速福建社会主义建设的请示报告》，两份报告正式提出在深圳、珠海、汕头、厦门试办"出口特区"的同时，也提出了设置"出口特区"的目的是吸引侨资、外资，发展对外贸易。此外，1979年7月1日第五届全国人民代表大会第二次会议通过了《中华人民共和国中外合资经营企业法》等基本法律和法规，明确了利用外资的目的、范围与规则，出于开放的谨慎性与带动国内产业发展的目的，这一时期，我国利用外商直接投资的范围主要是以中外合资企业为主，受政策限制影响，外商独资的方式发展相对滞后。

2. 以开发区建设为标志的2.0方略阶段

第二阶段可称之为改革全面探索阶段，该阶段的改革重点从农村转向城市。1984年10月，中共十二届三中全会通过了《关于经济体制改革的决定》；1987年10月，中共十三大进一步提出"社会主义有计划商品经济的体制，应该是计划和市场内在统一的体制"，"新的经济运行机制，总体上来说是国家调节市场，市场引导企业"的机制，提出改革的目标是建立具有中国特色的、充满生机和活力的社会主义经济体制。

该时期从第一阶段的"如何吸引外资"转为"如何搞好企业"这个议题，围绕该议题，开始探索建立自主经营、自负盈亏、富有活力和效率的企业体制，实行承包制、租赁制等一系列措施，更高程度地扩大企业自主权，积极推行劳动合同制、工效挂钩、厂长负责制为内容的企业用工、分配、领导等管理制度……

因此该阶段，相较于第一阶段推行的以城市为载体的经济特区，国家开始推行范围更小、针对性更强的区域实行经济特区的部分政策，其中最主要的是由商务部管理的经济技术开发区（以下简称"经开区"）与科技部管理的高新技术产业开发区（以下简称"高新区"）。其中，首批国家级经开区正是于1984年在中国14个沿海开放城市设立的。截至2019年8月21日，国家级经开区共219个。[1] 高新区则是源于1984年原国家科委向中央提交的关于迎接新技术革命的对策报告，报告中明确指出要研究与制定新技术园区和企业孵化器的优惠政策，1985年提出试办高新区的想法。1988年，国务院批准中关村为第一个国家级高新区，并给予18条优惠政策；同年8月开始实施的中国国家高新技术产业化发展计划——火炬计划中，明确指出可在全国各地结合当地特点和条件积极创办高新技术产业开发区和高新技术创业服务中心。截至2019年8月21日，国家级高新区共168个，此外还有享受国家高新区同等政策的苏州工业园。[2]

由于两者之间在发展模式与功能上逐渐趋同，学界很多文献将两者或混为一谈，或张冠李戴，或局限其一。总的来看，两者虽有很多相同之处，其目标都是通过推动科技进步，带动区域经济增长，在产业上都是以工业为主，在企业构成上都是以技术型企业为主，都会采取优惠政策，都是由国务院审批。但两者在各方面还存在很大的区别，除了管理部门不同之外，两者的核心关键词不同，经开区的核心关键词是"外向型"，高新区的核心关键词是"科技型"。

在政策原型上，经开区源于出口加工区，也即自由贸易区与工业区的结合，将贸易型与生产型的经营方式相结合，兼具工业生产与出口贸易两种功能。世界银行（1999）对出口加工区的定义是"一种地理和经济上的飞地，在该区域内，产品可以在进口、储存、分装、加工、转载等方面享有关税减免以及/或最低程度的海关干预"[2]。自1965年我国台湾地区的高雄出口加工区出现之后，这种吸引外资和技术，发展本地区的出口加工业的模式，得到世界多数国家，特别是发展中国家的青睐。因为相较于发达国家，发展中国家的劳动力价格更低廉。而来自发达国家的企业则具有标准化的产品与技术和充足的追求利润的资本，跨国公司可以将

---

1 http://www.mofcom.gov.cn/xglj/kaifaqu.shtml.
2 http://www.most.gov.cn/gxjscykfq/.

产品价值链中部分基础（技术含量较低，劳动密集型）的环节放置位于发展中国家的出口加工区。藤森英男（1981）对出口加工区进行了系统的总结，认为其相对于一般的城市工业区，具有以下特点：（1）本质为保税加工；（2）以吸引外资企业为主；（3）以劳动密集型企业为主；（4）全面实施各种优惠待遇。当然与原本就开放的其他国家的出口加工区相比，我国的经开区承载了更多的对外开放的重任，以及改革试验场的特殊功能。（1）其功能更为综合，产业更加多元化，不仅局限于报税加工企业；（2）规模更大，规划建设面积从几平方公里到几十平方公里，国外的出口加工区一般只有1平方公里左右；（3）选址更加偏离原有老城区，一是追求发展空间，二是避免影响原有城区（皮黔生，王凯，2004）；（4）除劳动密集型企业外，还有很多为了追求中国市场避免关税而进入的资金密集甚至技术密集型企业，为带动区域经济增长提供了更大的助力。

高新区则是源于科技型园区，一般认为美国1951年的斯坦福研究园（Stanford Research Park）为世界首个科技型园区，其能有效地将大学的科研成果直接转化为企业的产品和直接的生产力，成功实现了产学研一体化，后来发展为旧金山湾区的硅谷。

可见，经开区强调的是用低廉的成本（土地、劳动力、税收优惠等）吸引外资的模式，高新区更加强调技术创新与高人力资本的重要作用。经开区强调的是外来技术本土化，发展外向型经济与高新技术产业；高新区强调的是本土技术产业化，目标是为了形成高新技术产业的集聚、孵化和辐射。作为特殊区域，两者都会实行税收等优惠政策，但高新区的政策优惠力度远小于经开区。[1] 在企业构成上，经开区要求有外资背景，包括中外合资经营、中外合作经营、外商独资经营的生产性和出口加工型企业；高新区则是有明确的产业要求，一般是符合国家认定的"高精尖"，按照国务院颁发的高新技术企业认定标准，由当地省级科技部门认定后的高新技术企业，若年度复查不合格则会被取消高新技术企业资格，不能再享受园区的优惠政策。在布局上，经开区与高新区一般都设立在与老城区有一定距离且交通较为便利的区域，高新区一般还需要有一定的科研院校所支撑。虽然，高新区对企业的要求并不强调外资背景，但是由于当时高新技术一般被外资垄断，因此外资高新企业的比例很高，且随着对外开放的成熟，其比例不断提升，由1991年的12.6%增至2005年的45.2%。[2] 正如世界第一个高新区斯坦福研究园成为旧金山湾区的硅谷一样，我国的高新区也主要聚集在中国的东部沿海。

除了经开区与高新区，国家开发区中还有一类台商投资区。国家于1989年5月分别在福州与厦门杏林设置了台商投资（开发）区，随后于1992年设置了厦门集美台商投资开发区，1995年设置了沈阳海峡两岸科技工业园与南京海峡两岸科技工业园。这类台商投资开发区及工业园区与经开区在设置目的上差别不大，只是将经开区的外资改为台资。第一批台商投资区主要位于距离台湾地区较近的海峡西岸湾区，随后拓展至环渤海湾区、长江口湾区，台商投资区对促进两岸经济发展与经贸交流有积极示范与推动作用，加快了我国改革开放。

如果说第一时期设立的经济特区是"点"，沿海开放城市是"线"，沿海经济开发区是"面"的话，构筑"点-线-面"的对外开放宏观体系，经开区与高新区等各种园区的设立，则是从城市的"点"到园区的"核心"，导入了对外开放的驱动核心。得益于经开区、高新区这些园区的设立，我国与世界的联系逐步加强，外资企业对中国有了更加全面与深入的了解，对中国的广大市场与投资机会有了更准确的认识，投资热情也更高。另一方面，我国对引进外资的政策法律的不断完善、健全以及我国本土产业的发展，单一的中外合作经营已经不能满足当时的需求，外资希望能够实行共同投资、共同经营、共享利润、共担风险为基本原则的中外合资经营，甚至是外商独资经营。

1　由于可以获取更多的科技资源，某些国家的科技园区不仅没有税收减免，其土地价格甚至要比其他地方要高。
2　科技部"国家高新技术产业开发区10年发展数据报告"，中国高技术产业数据（2006）。

3. 以新区开发引领为标志的3.0方略阶段

第三阶段为建立与完善社会主义市场经济体制阶段。1992年1月18日至2月21日，邓小平先后到武昌、深圳、珠海、上海等地视察，发表了一系列的重要讲话，重申了深化改革、加速发展的必要性和重要性。中共十四大确定社会主义市场经济体制的改革目标，制度创新成为主要内容。中共十四届三中全会通过的《关于建立社会主义市场经济体制若干问题的决定》提出，要发挥市场在国家宏观调控下对资源配置的基础性作用，提出了社会主义市场经济体制的基本框架。1997年中共十五大则确定了公有制为主体、多种所有制经济共同发展的基本经济制度，推动改革进一步向纵深发展。2003年，中共十六届三中全会通过了《关于完善社会主义市场经济体制若干问题的决定》，对建成完善的社会主义市场经济体制进行了全面的部署。期间，改革仍然以国有企业为中心环节，制度创新的力度显著加大。中央和地方选择若干有代表性的国有大中型企业开始试点建立现代企业制度，建设了一批国有独资公司、有限责任公司或股份有限公司，发展了一批跨地区、跨行业且存在资本联系的大型企业集团，通过租赁、承包经营和股份合作制、出售等方式，改组、联合、兼并了一批小型国有企业。积极推行鼓励兼并、规范破产、下岗分流、减员增效和再就业、企业优胜劣汰、集中国有资本至关系到国民经济命脉的重要行业和关键领域。通过分税制、增值税、政策性金融与商业性金融的分离、以市场供求为基础的浮动汇率制度、项目法人制、资本金制度、招投标制度等先进制度的建立实施，生产资料价格双轨制、农业税等制度的取消，简化项目审批，颁布实施了《行政许可法》和《公务员法》等行政管理法律法规，对财政、税收、金融、外汇、计划和投融资等方面进行改革。

在利用外资方面，伴随着进一步扩大的对外开放，国家在制造业领域对外资股权占比限制于独资可投资领域逐步放宽，合资、合作企业占比下降。我国于2000年和2001年先后修订了《外资企业法》和《外资企业法实施细则》，在设立条件、减资、设备出资、内销和出口比例等方面，取消了对外商独资企业的限制。我国于2001年末加入世界贸易组织，其后，国家对外商投资产业指导目录进行了三次修订，放松或取消了股份占比限制，除少数战略性、资源性领域外，大部分制造业领域，以及广告、租赁、会展、分销、道路运输、旅行社、货运代理等服务业领域均允许外商独资企业涉足。因此，在众多中外合资、合作的企业，外方股东采用增资、转股等方式取得了企业控制权或将企业变更为外商独资企业。2001年，在使用外资金额中，独资方式的股比首次超过了50%。

而在对外开放方面，在形成"点-线-面"的对外开放宏观体系，设立经开区与高新区等驱动核心之后，政府开始尝试设立更具针对性，以海关为主的实施封闭监管的特定经济区域，包括保税区、出口加工区、保税物流园区、跨境工业区、保税港区、综合保税区，这些园区虽然与经开区、高新区均属于国家级"开发区"，但这六类海关特殊监管区域面积更小，针对性更强，可以直接设置在经开区、高新区之内，如苏州工业园综合保税区就设置在苏州工业园区内。这六类园区具有发展上的演进性与功能上的包含性（图1.1，表1.1）。

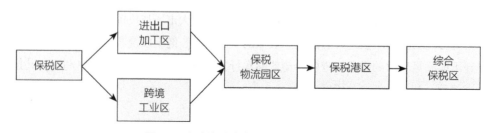

图1.1 六类海关特殊监管区域的发展演进
资料来源：作者自绘。

表 1.1 海关监管区域功能对比

类型 \ 功能	保税仓储	出口加工	转口贸易	保税物流	入区退税	展示展销	检测维修	港口作业
保税区	●	●	●	●				
出口加工区/跨境工业区	●	●	●	●	●	●		
保税物流园区	●	●	●	●	●	●	●	
保税港区	●	●	●	●	●	●	●	●
综合保税区	●	●	●	●	●	●	●	●

资料来源：依据张时立，虞阳与武祥琦的《中美自贸区空间布局比较研究》一文修改而来。世界地理研究，2016.25（01）：49-58+74.

保税区（Bonded Area; the low-tax; tariff-free zone; tax-protected zone）也称保税仓库区，其主要功能为保税仓储、出口加工、转口贸易以及保税物流。中国内陆地区第一家保税区是于 1990 年 6 月设立的上海外高桥保税区；1991 年至 1996 年期间，国务院又相继批准在沿海省市先后设立了天津港、深圳沙头角、深圳福田、广州、大连、海口、厦门象屿、张家港、宁波、福州、青岛、汕头、深圳盐田、珠海等 14 个国家级保税区。在综合保税区出现后，一些保税区转为综合保税区，如海口综合保税区、深圳盐田综合保税区等，在《中国开发区审核公告目录（2018）》保留保税区称谓的还有 10 家。

出口加工区（export processing zone）是在保税区的基础上增加了入区退税功能，中国内陆第一家出口加工区是 1992 年 8 月设立的上海漕河泾出口加工区，随后于 2000—2011 年又先后设立了 26 家出口加工区。

与出口加工区类似的还有 2003 年 12 月设立的珠澳跨境工业区与 2006 年 3 月设立的中哈霍尔果斯国际边境合作中心中方配套区。珠澳跨境工业区包含珠海园区与澳门园区，分别由珠海市人民政府、澳门特别行政区政府管理。珠海园区作为珠海保税区的延伸区，实行"保税区+出口加工区出口退税政策+24 小时通关专用口岸+展示展销"叠加的多重优惠政策。相较于保税区的出口货物必须实际离境前往外港才可办理出口退税，出口货物进入珠澳跨境工业区内后即可办理出口退税。此外，珠澳跨境工业区还允许完税商品在区内进行展示展销。中哈霍尔果斯国际边境合作中心中方配套区主要功能除贸易洽谈、仓储运输外，还包括商品展示和销售、宾馆饭店、商业服务设施、金融服务，以及举办各类区域性国际经贸洽谈会等。

保税物流园区在出口加工区的基础上增加了检测维修功能，第一家保税物流园是于 2004 年 4 月设立的上海外高桥保税物流园区，在《中国开发区审核公告目录（2018）》中保税物流园区共有 4 家，除外高桥外，还有天津保税物流园区、厦门象屿保税物流园区与广州保税物流园区。

保税港区与综合保税区则在保税物流园区的基础上增加了港口作业功能，涵盖了之前所有海关特殊监管区域（保税区、保税物流园区、出口加工区、保税物流中心）的所有功能。中国内陆地区第一家保税港区是于 2005 年 7 月设立的上海洋山保税港区，2006—2010 年间先后设立了天津东疆保税港区、大连大窑湾保税港区、海南洋浦保税港区等 12 家保税港区。第一家综合保税区为 2006 年 12 月设立的苏州工业园综合保税区。与保税港区一般设立在港口附近不同，综合保税区是可以设置在内陆地区的具有保税港区功能的海关特殊监管区域，可谓是"区港合一"，因此其数量更多。在国务院办公厅于 2015 年 9 月份印发的《加快海关特殊监管区域整合优化方案》中，现有出口加工区、保税物流园区、跨境工业区、保税港区及符合条件的保税区将逐步整合为综合保税区。在《中国开发区审核公告目录（2018）》中，至 2018 年 1 月，综合保税区共有 78 家，其中不乏由各类其他海关特殊监管区域转化升级而来。

与海关监管区域相似的还有 1992 年开始设立的国家级边境经济合作区，至今共设立了 19 个，为提升我国与周边国家（地区）的经济贸易与睦邻友好关系、增强少数民族地区的经济发展发挥了积极作用。这些国家级边境经济合作区主要设置在中国的沿边开放城市，位于内陆的中西部地区。也有少数的区域靠近沿海，如位于环北部湾湾区的凭祥与东兴边境经济合作区。

此外，除经开区、高新区及各类海关监管区域等开发区外，还有国家级新区，严格来说，其也可以归为开发区，但在管理模式上已超出了开发区的范畴。相较于一般开发区，新区规模更大，承担任务也更重，而且作为国家重大发展和改革开放战略任务的综合功能区，在各地经济发展中起着重要的风向标作用。1990年，中共中央和国务院决策开发浦东。1992年，由国务院批准在上海浦东设立了第一个国家级新区。浦东新区内设立了众多国家级开发区，包括上海金桥经济技术开发区、上海张江高新技术产业开发区、上海外高桥保税区、上海外高桥保税物流园区、上海金桥出口加工区南区、上海青浦出口加工区、上海浦东机场综合保税区、上海陆家嘴金融贸易区等各种类型，享受了系统而全面的优惠政策。浦东新区以制度创新为主要动力，以全方位改革试点为主要特征，以全面制度体制建设的方式推进改革的系统过程。在2005年天津滨海新区设立之前，浦东新区一直作为唯一的国家新区独领风骚，它的设立为上海、环长江口（长三角）、东部沿海地区甚至整个中国的对外开放注入了巨大活力。2005年后，国家在天津、重庆、舟山、广州、青岛、大连、南京、河北雄安等地又设立了18个国家级新区。

2005年，同样在浦东新区，国家设立了第一个综合改革配套试验区。随后，国家在天津滨海新区、深圳市、沈阳市、义乌市、厦门市等地设立了11个国家综合配套改革的试验区。综合改革配套试验区也被称为中国的"新特区"，与享受政策优势的经济特区不同，它享有更多的体制方面的优势，即"以制度创新为主要动力，以全方位改革试点为主要特征，对全国社会经济发展带来深远影响的实验区"。综合改革配套试验区的设立针对多年来改革开放遇到的新问题，改变多年来仅关注经济增长的单一发展观，形成相互配套的管理体制和运行机制，从经济、社会、城乡统筹、土地和环境保护等多个领域推进改革创新。与其他开发区相比，国家综合配套改革试验区灵活度很大，根据地方特色与关注领域不同，其名称与实施的政策有很多差别，既有立足于上海浦东新区、天津滨海新区两个国家级新区与深圳经济特区的综合配套改革试验区，也有成渝的城乡统筹；有长江中游地区的武汉和长沙的两型社会，有沈阳应对老工业基地衰退的新型工业，也有黑龙江两大平原的现代农业；有山西应对资源枯竭的资源型经济，也有立足义乌的国际贸易综合改革，还有厦门的深化两岸交流合作，这些城市都有非常鲜明的特征与进一步改革的需求。

4. 以自贸区深化开放为标志的4.0方略阶段

第四阶段为社会主义市场经济体制与改革开放再提升阶段，在走向世界舞台的过程中，面对着逆全球化等各种暗流和挑战，做好自己的事，继续深化改革和扩大开放，是我们应对挑战的正确选择，标志性举措就是自由贸易区的提出。

自由贸易区有两个本质上存在差异很大的概念：一个是FTA，另一个是FTZ。FTA（Free Trade Area）源于WTO（世界贸易组织）有关"自由贸易区"的规定，最早出现在1947年的《关税与贸易总协定》里。该协定第24条第8款（b）对关税同盟和自由贸易区的概念作了专门的解释："自由贸易区应理解为在两个或两个以上独立关税主体之间，就贸易自由化取消关税和其他限制性贸易法规。"其特点是由两个或多个经济体组成集团，集团成员相互之间实质上取消关税和其他贸易限制，但又各自独立保留自己的对外贸易政策。目前，世界上已有欧盟、北美自由贸易区等FTA；中国东盟自由贸易区也是典型的FTA。

FTZ（Free Trade Zone）源于WCO（世界海关组织）有关"自由区"的规定。世界海关组织制定的《京都公约》中指出："FTZ是缔约方境内的一部分，进入这部分的任何货物，就进口关税而言，通常视为关境之外。"其特点是，一个关境内的一小块区域，是单个主权国家（地区）的行为，一般需要进行围网隔离，且对境外入区货物的关税实施免税或保税，而不是降低关税。目前在许多国家境内单独建立的自由港、自由贸易区都属于这种类型。如德国汉堡自由港、巴拿马科隆自由贸易区等（表1.2）。

表1.2 FTA与FTZ的差异与相同对比

		FTA	FTZ
相异	设立主体	多个主权国家（或地区）	单个主权国家（或地区）
	区域范围	两个或多个关税地区	一个关税区内的小范围区域
	国际惯例依据	WTO（世界贸易组织）	WCO（世界海关组织）
	核心政策	贸易区成员之间贸易开放、取消关税壁垒，同时又保留各自独立的对外贸易政策	海关保税、免税政策为主，辅以所得税税费的优惠等投资政策
	法律依据	双边或多边协议	国内立法
相同		两者都是为降低国际贸易成本，促进对外贸易和国际商务的发展而设立的	

资料来源：根据互联网公开资料整理。

2013年8月22日，国家首次设立了中国（上海）自由贸易（实验）区，随后又先后在天津、广东、福建、浙江、辽宁、河南、湖北、陕西、重庆、四川、海南、山东、江苏、广西、河北、云南、黑龙江、北京、湖南、安徽等地设立了20个自贸区。截至2020年10月，21个自贸区形成了东西南北中协调、陆海统筹的开放态势，推动了新一轮的全面开放格局。自由贸易区是综合保税区进一步的升级版，从功能上来看，除外资管制、外资股比限制和外资经营范围限制外，其与国际通行的自由贸易区开放水平与标准基本吻合，是采取自由港政策的关税隔离区，在贸易和投资等方面具有比世贸组织有关规定更加优惠的贸易安排，允许和鼓励外资设立大的商业企业、金融机构等促进区内经济综合、全面地发展，是真正意义上的自贸区。而2020年6月1日，中共中央、国务院印发的《海南自由贸易港建设总体方案》，对海南自贸区的建设具有重大现实意义和深远战略意义。自由贸易港是设在一国（地区）境内关外、货物资金人员进出自由、绝大多数商品免征关税的特定区域，是目前全球开放水平最高的特殊经济功能区。探索建设中国特色自由贸易港目标的提出，是我国在自由贸易试验区成功实践基础上的重大举措，表明我国采用全球最高标准构建开放新格局，为形成高度市场化、国际化、法治化、现代化的制度体系探索经验。

除自贸区外，随着互联网与电子商务的发展，我国先后开始进行跨境贸易电子商务服务试点城市与跨境电子商务综合试验区的建设。2012年，国家发改委、商务部、海关总署等八部委共同下发了《关于促进电子商务健康快速发展有关工作的通知》，国家发改委办公厅颁布了《关于组织开展国家电子商务示范城市电子商务试点专项的通知》，指明由海关总署牵头建设跨境贸易电子商务服务试点城市，并批准重庆、上海、宁波、杭州、郑州为第一批跨境贸易电子商务服务试点城市。此后，广州、深圳、苏州、青岛、长沙、平潭、银川、牡丹江、哈尔滨等地也获批跨境试点。截至2018年4月，跨境贸易电子商务服务试点城市已经拓展至27个城市。[3]

跨境电商综合试验区是中国设立的跨境电子商务综合性质的先行先试的城市区域，旨在跨境电子商务交易、支付、物流、通关、退税、结汇等环节的技术标准、业务流程、监管模式和信息化建设等方面先行先试，通过制度创新、管理创新、服务创新和协同发展，破解跨境电子商务发展中的深层次矛盾和体制性难题，打造跨境电子商务完整的产业链和生态链。2015年3月，国务院同意在杭州设立全国第一个跨境电商综合试验区。2016年1月，国务院印发《关于同意在天津等12个城市设立跨境电子商务综合试验区的批复》，同意在宁波、天津、上海、重庆、合肥、郑州、广州、成都、大连、青岛、深圳、苏州12个城市新设一批跨境电子商务综合试验区，用新模式为外贸发展提供新支撑。可以看出，这些城市中多数是位于东部沿海的大中型城市。2018年7月，国务院又发布《关于同意在北京等22个城市设立跨境电子商务综合试验区的批复》，批准在北京、呼和浩特、沈阳、南宁、兰州、义乌等22个城市新设跨境电商综合试验区，要求以跨境电商为突破口，在物流、仓储、通关等方面进一步简化流程、精简审批，完善通关一体化、信息共享等配套政策。[3]

1.2.2 对外开放取得的成绩与存在的问题

中国对外开放40余年，得益于各种经济区域载体的建设及各种开放政策的推行，完成了从百废待兴到贸易大国的跨越，并稳步向贸易强国迈进。在对外开放大局中，东部沿海地区一直作为领头羊，发挥了核心引擎作用。

主要体现在贸易规模不断扩大，带动了中国经济增长，成为世界第二大经济体、最大工业国与最大对外贸易国；产品与服务结构不断优化，产业价值链环节逐步提升；对外开放的企业主体逐步多元化；对外贸易的地理结构日益多样化；不断扩大的贸易总顺差使中国成为最大外汇储备国；资本从引进来到走出去，成为第二大对外投资国。此外，改革开放促进了经济体制改革，中国也得以积极参与全球经济治理，不断提升国际影响力。

第一，东部地区是对外开放的主战场。

从中国内部各省的进出口总额来看，东部区域是主力军。2018年广东、江苏、上海、浙江、北京、山东、福建、辽宁、河北、海南等省市的进出口总额分别为71600亿元、43802亿元、34010亿元、28500亿元、27200亿元、19303亿元、12354亿元、8077亿元、4107亿元、3553亿元，占中国总贸易量的85%。同样的从服务贸易的地区结构来看，东部地区11个省市服务进出口占全国比重为86.6%，17个服务贸易创新发展试点地区服务进出口占全国比重为76.7%，带动作用明显。从占比来看，服务贸易占全球比重由1982年的0.57%增长至2015年的7.7%。[1]

第二，对外开放规模的增长带动了中国经济增长。

从对外开放的直接效应来看，中国的贸易总量不断攀升，2018年货物进出口总额为30万亿元，同比增长9.7%，是1950—1977年货物进出口总额（1606亿美元）的187倍；是1978年的783倍，年均增长18.6%。从不同时段来看，1979—1991年、1992—2001年、2002—2012年三个阶段年均增长率分别为16.6%、13.1%和26.1%。[2] 从对外贸易占比来看，中国自2009年开始成为最大贸易出口国与第二大贸易进口国，对外贸易占比自1978年的不到1%提升至2018年的11.75%，全球货物贸易排名由第29位升至第一位。从服务贸易发展方面，中国服务进出口总额由1982年的47亿美元提升至2018年的7398.59亿美元，增长超过148倍，规模继续保持世界第二位。2018年出口增速创8年以来新高，服务进出口增速高于世界主要经济体。以美元计，2018年前10个月，我国服务进出口增速分别比美国、德国、英国和法国高出11.3%、6.7%、7.5%和8.8%（其他国家尚未发布全年数据）。

对外开放带动了中国的经济增长。在对外开放初期，通过吸引外资、国外的先进技术与人力资本，促进了生产力发展。在对外开放后期，出口作为中国经济增长的三驾马车之一，2017年中国货物和服务净出口对国内生产总值增长贡献率为8.6%。当然，投资与内需的提升也离不开对外开放。1978年，中国国内生产

---

1 中华人民共和国统计局：《中国统计年鉴2018》（11-8分地区货物进出口总额）。
2 "货物进出口总额"，中华人民共和国统计局国家数据库，http://data.stats.gov.cn/search.htm?s=%E8%B4%A7%E7%89%A9%E8%BF%9B%E5%87%BA%E5%8F%A3%E6%80%BB%E9%A2%9D。

总值为 0.36 万亿元，人均国内生产总值为 381 元；2018 年国内生产总值为 90.03 万亿元，人均国内生产总值为 64644 元，分别较 1978 年增长 250 倍与 170 倍，中国作为世界经济增长的主要稳定器和动力源，对世界经济的贡献超过 30%。[1]

第三，贸易结构逐步完善，产业价值链环节逐步提升。

从货物贸易结构来看，我国逐步建立起成熟完整的现代工业体系，中国出口商品中工业制成品占比从 1978 年的 46.6% 提升至 2017 年的 94.8%，出口商品从以初级产品为主转变为以机电产品和高新技术产品为主，进口商品中初级产品的占比由 1985 年的 17.1% 上升至 2017 年的 31.4%，货物贸易结构逐步优化。[2]

同样的，服务贸易结构也不断优化。2018 年，以电信计算机和信息服务、广告服务、专业和管理咨询服务、保险服务和金融服务等为代表的知识、技术和资本密集型现代服务进出口 16952.1 亿元，增长 20.7%，高于整体增速 9.2%，占进出口总额的比重达 32.4%，比 2017 年提升 2.5%。高附加值服务贸易比重不断增高，运输、旅行和建筑三大传统服务贸易的比重较 2017 年下降 2.2%。[3] 此外，大幅提升的知识产权使用费预示我国对高端生产性服务需求持续旺盛，高端生产性服务需求和出口竞争力也同步增长。

货物与服务贸易结构的优化反映出我国随着科技发展和壁垒消除，推进了国际分工和全球贸易，从改革开放前期的贸易总量快速提升，到后期单位出口增加量逐步提升，从传统的初级产品制造向产品和服务的设计、开发、营销等价值链中附加值更高的上下游发展，提升了全球产业价值链中的地位。

第四，对外开放使企业主体结构多元化。

从进出口的企业主体来看，改革开放前，对外贸易由仅有的 13 家国营专业公司垄断经营；改革开放后，国家逐渐下放对外贸易经营权，外资和私营企业在进出口贸易中的地位和作用显著提高。2004 年，中国实施了新《对外贸易法》，以外贸经营权登记制代替审批制，促进进出口企业主体进一步多元化。2017 年我国外资企业与有进出口贸易的私营企业数量分别为 53.9 万家与 37.2 万家，外资企业进出口额度占比达 44.7%。私企对中国外贸增长的贡献度超过了 50%。[4]

1978 年，中国没有一家私营企业，也没有一家世界 500 强企业。截至 2019 年 7 月，世界五百强有 129 家中国企业，至少 25 家是民营企业，内地及香港地区企业 119 家，与美国数量旗鼓相当；中国石化、中国石油、国家电网跻身前十，分列第二、第四、第五。此外，世界 500 强公司有约 98% 在华投资。

第五，全面贸易伙伴关系的建立。

从对外贸易的地理结构来看，我国在 20 世纪 50 年代初期主要与苏联等社会主义国家进行贸易。1955 年，与苏联进出口贸易量占外贸总量近六成。1978 年，中国仅与 40 多个国家存在贸易关系。改革开放后，中国在全世界范围内广泛地开拓贸易伙伴，与全球 220 多个国家和地区建立了贸易关系（2014 年），并成为 130 多个国家和地区的第一大贸易伙伴（2018 年）。2019 年，中国与亚洲、欧洲、北美国家的贸易占比分别为 51.7%、18.4% 和 15.5%。[5]

第六，持续的贸易顺差使国家积累外汇储备。

从贸易的进出口来看，在对外开放前，1949—1978 年间对外贸易处于计划管理阶段，对外贸易进出口基本保持平衡。由于外贸规模小，虽存在顺逆差的波动，对外贸易的差额一直控制在 6 亿—7 亿美元以内。改革

---

[1] 《开放共创繁荣 创新引领未来》，《人民日报》，2018 年 4 月 11 日，第 3 版。
[2] "1978—1985 年出口货物分类金额（按 SITC 分类）"、"进口货物分类金额（按 SITC 分类）"，中华人民共和国统计局国家数据库网站，http://data.stats.gov.cn/easyquery.htm?cn=C01，2019 年。
[3] 中华人民共和国统计局：《中国统计年鉴 2018》（11-11 服务进出口总额）。
[4] 中华人民共和国统计局：《中国统计年鉴 2018》（11-7 按行业分外商投资企业年底注册登记情况）。
[5] "同各国（地区）海关货物进出口总额"，中华人民共和国统计局国家数据库网站，http://data.stats.gov.cn/，2019 年。

开放初期，我国工业水平较为落后，出口贸易多是初级产品的加工，产品价值普遍较低，在1978—1989年间，除少数年份（1982年和1983年）外，中国外贸差额主要以逆差为主。通过十多年的积累，中国通过进口大量机器设备和先进技术，形成了完备的现代化工业体系，1990年后逐渐出现贸易顺差趋势，并于2015年达到了26207.8亿元的峰值。2018年，我国货物出口16万亿元，同比增长7.1%；进口14万亿元，增长12.9%，贸易顺差为23303亿元，外汇储备高达21.79万亿美元。[1] 一方面，长期贸易顺差使我国外汇储备不断积累，我国已成为全球最大的外汇储备国，这对提高国家的清偿与收支能力，推动人民币国际化具有积极意义；另一方面，长期的贸易顺差也会一定程度上加剧通货膨胀，对人民币升值产生压力，并出现与某些国家的贸易摩擦。

第七，资本从引进来到走出去。

从利用外资来看，我国已成为全球利用外资最多的发展中国家，引进和利用外资规模稳步增长。自1984年以来，我国利用外资规模年均增长率为15.12%，2018年达到1420亿美元，国内注册外资企业约54万个。[2] 与此同时，我国利用外资的质量和水平也在稳步提升，外资从初级产品制造向高新技术制造业和服务业转移，外资企业对在中国的投资前景也愈发看好，对外资的吸引也逐步从优惠政策吸引转向完善的投资和商业环境。

除了"引进来"，随着对外开放的深化，国家实力的增强，我国"走出去"的也非常显著，我国对外投资、对外劳务合作、对外承包工程以及对外援助四大领域协调共进，并通过"一带一路"，通过积极发展与沿线国家的经济合作伙伴关系，共同打造政治互信、经济融合、文化包容的利益共同体、命运共同体和责任共同体。虽然起步较晚，我国对外投资的规模增长迅速，投资区域分布广泛，投资水平逐渐提升。2015年，我国对外投资超过引入外资。2016年，我国对外直接投资流量与对外投资存量分别为1961.5亿美元与13573.9亿美元，分列世界第二位与第六位。1978—2016年间，我国累计签订对外承包工程合同13.6万份，合同总金额达1.6万亿美元。在对外劳务合作方面，我国派出的境外工作人员数量不断攀升，截至2017年年底，我国累计派出902.2万人次各类劳务人员。此外，我国积极实行对外援助，对外援助金额持续增加，援助方式不断丰富，援助领域不仅有成套项目建设，还涉及医疗服务、合作办学等多个方面。

第八，改革开放促进经济体制改革。

改革开放，经济体制改革与对外开放是相辅相成的，对外开放需要经济体制改革来吸引外资，而对外开放能够促进改革，防止改革步伐倒退。40年来，对外开放推动国家逐步建立完善的社会主义市场经济体制，在吸引外资与先进技术的同时，也在吸收国外企业与市场先进经验，使国内的经营环境不断趋于市场化、法制化和国际化。加入世界贸易组织（WTO）后，中国政府对相关法律法规和部门规章进行了全面修订和完善，逐步形成了对外开放型的经济体制，支持与保障贸易投资的自由化。而2013年上海自由贸易试验区的设立，更是通过探索建立可复制、可推广的开放型经济新体制，为全国范围内的经济体制机制改革提供范本与经验，促进良性共赢的国际竞争局面的形成。[4]

第九，积极参与全球经济治理，不断提升国际影响力。

对外开放40年来，中国成为世界第二大经济体，其软硬实力均得到大幅提升，在推动全球经济增长的同时，也具备了应对全球性挑战，完善全球经济治理体系，构建国际新秩序、新规则，建设多元化全球竞争格局的能力，通过积极参与世贸组织、20国集团（G20）、亚太经合组织、金砖国家、上海合作组织等国际性、洲际的平台，提出了众多体现中国智慧、符合多方利益的倡议、方案与声音。[5]

通过博鳌亚洲论坛、上合组织峰会、中非合作论坛、中国国际进口博览会，形成系统型的"主场外交"。

---

1 中华人民共和国统计局国家数据库网站，http://data.stats.gov.cn/，2019年。
2 商务部对外投资和经济合作司。

据不完全统计，2012年以来，我国主办的高级别国际会议超过35场，年均参会国家（地区）和组织达到224个，国际影响力不断扩大。[6]中国作为发展中国家的一员，借助逐步提升的影响力，提出构建"人类命运共同体"，目标是实现所有国家均能平等参与国际事务，实现国际经济秩序公正合理发展。该理念被世界各国广泛认同和支持。

1.2.3 升级转型挑战

在中国经济向高质量发展阶段迈进的新背景下，对外开放在对内、对外多个方面也面对众多问题与挑战，诸如外贸增长方式不可持续、传统成本优势不断挤压、管理创新能力发展滞后、体制改革压力持续加大、经济全球化进程受挫。

要实现中国新一轮高水平对外开放，必须对面临的新形势、新挑战和新机遇进行正确分析，消除扩大开放过程中的短板与弊端，抓住发展机遇，制定合理的对外开放新战略。

首先，外贸增长方式不可持续，亟须实施新模式。

与被长期诟病的粗放型经济发展模式一样，中国的外贸增长方式同样不可持续。中国很长一段时间内被称为"世界工厂"，虽然外贸规模逐步扩大，但中国的外贸消耗大量资源，对环境的污染严重。

随着外贸总额的急剧增加，中国的能源消耗大幅度增加，按标准煤计，平均日耗能近17年的增长率接近3倍，由2000年的410.5万吨增加到2017年的1170.8万吨。虽然至2015年后，我国的部分高耗能产品，如铝、纸和纸板的出口量略有下滑，但其总出口份额仍处于较高水平。[1]

同样在2015年，中国污水排放总量达到峰值后开始改善，但仍是世界第一大污水排放国，二氧化硫、粉尘等主要污染物的排放量也是世界最大。以资源和环境为代价的外贸增长方式已不再符合国家发展的总体要求，中国经济新常态预示着生态文明建设已被纳入国家发展总体布局。[7]

其次，传统成本优势不断挤压，亟须形成新动力。

从上文可知，随着对外开放的深化，中国对外贸易的结构调整已取得显著成绩，但是中国自主品牌和自主知识产权仍然匮乏，中国出口产品仍处于产业价值链的低附加值环节，利润微薄。2017年，占比较高的加工贸易每1000元出口增加值仅为409元，低于一般贸易和服务贸易的847元与897元。因此，中国亟须增加一般贸易和服务贸易在对外贸易中的比重。更为重要的是，世界各国对科学技术愈发重视，发达国家纷纷布局新一轮科技与组织创新计划，如美国的"先进制造伙伴计划（AMP2.0）"、日本的"社会5.0"和德国的"工业4.0"等先后出台，在信息技术、生物技术、新材料技术、新能源技术、社会化生产等领域广泛布局、交叉融合，目的是在新一轮的产业技术革命中抢占先机。我国也推行"中国制造2025"计划，希望能抓住历史机遇，提升在产业价值链中的位置，实现国内产业结构优化升级。但总的来看，我国的自主创新与研发能力还相对缺乏，在多个行业与领域遭遇技术的"卡脖子"，在产品生产时对技术先进国家的依赖性，使我国在对外贸易竞争中处于弱势地位。在世界经济深度调整和国内经济转型升级的双重压力下，我国的外贸竞争力不断衰减，对外贸易的低成本优势和贸易合作优势不断下降。在此形势下，我国需要进一步发挥市场规模、技术创新与对外投资优势，形成经济转型升级新动力。[8]

再者，管理创新能力发展滞后，亟须积累新声誉。

改革开放后，我国充分发挥了自身在劳动力等方面的资源禀赋，依靠低廉的商品价格，扩大了对外贸易量，实现了对外贸易的快速发展。我国对外贸易的管理水平相对滞后，管理控制能力不够严格，与巨大对外贸易规模不匹配，导致我国对外出口产品的价格虽然低廉，但质量参差不齐。此外，部分境外媒体恶意营造

---

1 "废气中主要污染物排放、废水中主要污染物排放"，中华人民共和国统计局国家数据库网站，http://data.stats.gov.cn/，2019年。

中国"血汗工厂"、"假冒伪劣"等形象，使中国制造被标上了质量低下的标签，需要长时间的声誉积累扭转国外消费者的偏见。

然后，体制改革压力持续加大，亟须完善新制度。

对外开放促进了我国经济体制改革，但仍存在可改进之处。如相对于已基本放开的制造业领域，服务业开放程度仍需进一步提升，特别是知识产权领域有较大进步空间。在某些产业与领域，关税与外商投资限制依然存在；利用外资与对外投资体制仍有改进空间，资本账户与人民币汇率仍存在较大管制；对外风险防范体系不完善，还需进一步提高自由贸易协定覆盖范围和建设标准。未来，国家应审时度势，从自身实际需求与长远发展出发，有序适度地创造更大的开放空间。[9]

最后，经济全球化进程受挫，亟须应对新形势。

2008年国际金融危机后，全球经济陷入"自我低增长循环陷阱"，呈现不稳定、低需求、弱复苏的疲软态势，世界经济进入深度调整变革的阶段。[10]与此同时，发达经济体在世界经济中的比重和影响力下降，以中国为首的发展中国家和新兴经济体的影响力提升。在中国的影响下，世界经济发展呈现多极化趋势，国际贸易规则面临重塑。[9]

先前中国等国家主张互利共赢的发展观逐渐被某些鼓吹"零和博弈"的国家放弃，贸易保护主义抬头，贸易壁垒、经贸摩擦、知识产权保护以及地缘政治危机等挑战频现。很多国家将中国视为假想敌与竞争对手，并为保持在全球经济格局中的主导权，推行建立排他性自由贸易协定。此外，发达国家在环境保护、劳工标准与成本、市场准入、竞争中性、知识产权等方面，对中国设置双重标准与高壁垒。特别是作为中国最大贸易伙伴国的美国，常常伴随着善变、敌意与非理性的行为，以意识形态、知识产权保护、贸易失衡等为由，刻意挑起对华贸易摩擦，压缩中国的发展空间。

在此背景下，一方面，中国作为新兴大国，亟须在新一轮国际竞争和国际经贸规则重构中，在承担国际责任的同时，最大可能地保持良好的外部环境；另一方面，中国对外贸易的地理结构的适度调整，适应与维护世界贸易的多极化趋势也迫在眉睫。

1.3 全球之变：三大湾区与全球活力新高地

在全球范围内，纽约湾区、旧金山湾区与东京湾区是发展最成熟、出镜率最高的三大湾区。在各种报告中，三大湾区被贴上不同的标签，纽约湾区拥有"金融湾区"的名号，旧金山湾区被称为"科创湾区"，东京湾区也有"产业湾区"的美誉。这种提法，虽然突出了不同湾区间的特色与发展历程，但忽视了湾区作为特殊性的区域城市网络的共同特征，下面我们就来介绍纽约湾区、旧金山湾区与东京湾区的发展，并在其发展特性中寻找其发展共性。

1.3.1 纽约金融湾区

纽约湾区位于哈得孙河入海口，通过伊利运河可连接到美国内陆五大湖区。湾区内水域面积宽阔，拥有1600公里的海岸线，平均水深达30米，是世界天然的深水港。

美国管理和预算办公室（The U. S. Office of Management and Budget）对纽约湾区有大都会统计区（MSA）和联合统计区（CSA）两个定义。大都会统计区的范围为25个县，管辖面积约17405平方公里；联合统计区的范围包含5个州的35个县，管辖面积约34493平方公里。纽约湾区在地理概念上也即纽约大都会区，其范围涉及纽约市［包括长岛（Long Island）］和纽约州哈得孙中下游的河谷地区（Hudson

Valley)、新泽西州的5个城市［包括纽瓦克(Newark)、泽西市(Jersey City)等］、康涅狄格州7城中的6城以及宾夕法尼亚州的东北5县。(图1.2)。

纽约湾区之所以被称为"金融湾区",关键在于其核心城市纽约,纽约在第24期(于2018年9月12日发布)全球金融中心指数中排名第一。然后除了金融功能外,纽约其他产业的发展也是世界顶级,纽约曼哈顿是整个美国的经济与文化中心,纽约以及邻近的港口城市如波士顿、费城等是美国最早的工业化地区,除金融与保险业、房地产业外,还包括广告业、娱乐业、传媒业、文化产业、艺术品收藏等在内的创意产业,以

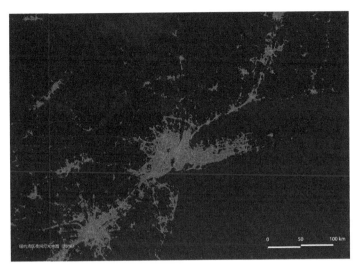

图1.2　纽约湾区夜间灯光地图
资料来源：作者自绘。

及计算机硬件与电子、工业机器与系统、交通设备、生物医药、材料加工、光学与成像、软件、食品加工、通信与传媒等。纽约湾区的科技与教育功能也很强劲,除哈佛大学、麻省理工学院、普林斯顿大学、耶鲁大学、哥伦比亚大学、波士顿大学、纽约大学、洛克菲勒大学等诸多高校外,还有很多研究院所,这为纽约湾区提供了高素质的高新科技与人力资本保证。2015年纽约湾大都会区25岁以上居民拥有本科及以上学历约占37.54%,其中硕士及以上学历约有212.28万人。[1]

1.3.2　旧金山科创湾区

旧金山湾区位于萨克拉门托河下游的出海口,通过萨克拉门托河和圣华金河联系加利福尼亚州广阔腹地。旧金山湾区海岸群山环绕,形成狭长的山谷地带,湾区内水域宽广且深。

由加利福尼亚州大都会运输委员会和湾区管理委员会编制的《2040年规划湾区》(Plan Bay Area 2040)中,旧金山湾区范围包括旧金山市、圣马特奥县、圣克拉拉县、阿拉梅达县、康特拉科斯塔县、索拉诺县、纳帕县、索诺马县和马林县,湾区内包含旧金山半岛上的旧金山市、东部的奥克兰市、南部的圣何塞市等109个居民点的全部和部分(图1.3)。

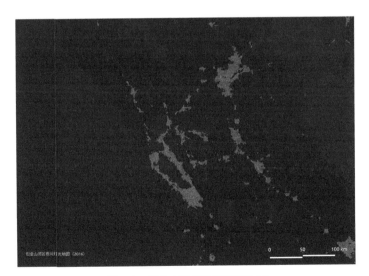

图1.3　旧金山湾区夜间灯光地图
资料来源：作者自绘。

旧金山湾区之所以被称为"科创湾区",关键在于硅谷(Silicon Valley),其作为世界高新技术创新和发展的开创者和中心,内部的计算机公司已经发展到大约1500家,被称为电子工业和计算机业的王国。

---

[1] 美国人口普查局统计数据。

旧金山湾区内的高校包括斯坦福大学、加利福尼亚大学伯克利分校和旧金山分校、圣克拉拉大学、旧金山大学。旧金山湾区人口具有本科及以上学历的 25 岁以上居民比率高于纽约湾区，约为 41.73%，其中拥有硕士及以上学历的约 98.9 万人。受教育程度接近国家总体的最高水平。除了被贴上的"科研"标签外，旧金山湾区也具备"金融"与"产业"。2015 年，泛金融业（金融、保险、房地产、租金与租赁）、生产性和商业服务、制造业作为湾区经济的三大支柱，分别占据湾区 GDP 总量的 19.13%、17.77% 和 15.96%。旧金山的耐用品制造五年间增长 49.2%，全美占有率达到 7.63%。旧金山是美国西海岸最重要的金融中心，尤以其内的硅谷的金融业发达，硅谷内的以创投为主的风险投资占了全美风险投资总额的三分之一。

1.3.3　东京产业湾区

东京湾区的湾口狭窄，水域面积广阔，有多摩川、鹤见川、江户川、荒川等多条河流注入，湾区内三面围绕、陆域平坦。

东京湾区在地理概念上即《首都圈整备法》中定义的首都圈，包括"一都三县"，即以东京都为中心，北至埼玉县，南达神奈川县，以及隔湾相望的千叶县。东京湾区一共包含 6 个政令市、117 个普通市和 25 个郡级单位。6 个政令指定都市分别为埼玉市、千叶市、川崎市、横滨市、相模原市、八王子市。[1] 为统合东京及周边区域发展，日本政府制定的《首都圈整备法》将首都圈未来的涵盖范围扩大至整个关东地方，除"一都三县"外，还包括茨城县、枥木县、群马县与山梨县（图 1.4）。

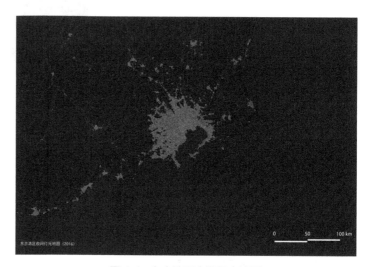

图 1.4　东京湾区夜间灯光地图
资料来源：作者自绘。

东京湾区之所以被称为"产业湾区"，是因为其发展始于制造业，其由 19 世纪中叶的物流中心，发展为具有京滨、京叶两大工业走廊的全球最大的工业产业带。可以说，工业是东京湾区起飞的发动机。但随着后续金融、科研、文化、娱乐与商业等产业的发展，东京的第二产业增加值为 26.64 万亿日元，仅为第三产业的五分之一（123.73 万亿日元）。但东京湾区的制造业占关东地区的 60.8%，占日本全国的 19.5%。川崎、横滨、千叶定位为东京湾区的副中心，各自拥有不同的特色产业。虽然无法比肩伦敦和纽约，但东京一直与中国香港和新加坡一同作为亚洲重要的区域金融中心。在第 24 期全球金融中心指数中，东京虽被上海超过，排在第 6 位，但东京金融保险业占日本全国高达 38.5%，是日本国内名副其实的金融中心。与产业、金融一样，东京的科研能力也不遑多让，东京大学、早稻田大学、东京医科齿科大学、东京都立大学、东京工业大学都是日本顶尖、世界一流的大学。产业湾区中的产业是"狭义"的，即制造业，将东京湾区称之为"产业湾区"有降低其身价之嫌。

1.3.4　三大湾区活力解码

三大湾区作为世界区域经济的执牛耳者，其制造业、科研、金融等各种产业的发展虽说有所侧重，但都

---

[1] 日本行政区划分为三级，第一级为都、道、府、县，相当于中国省级行政单位；第二级为市、郡；第三级为政令指定都市、区、町、村。

是非常发达的，特别是高附加值的产业。更为重要的是，需要从三大湾区产业发展的背后，寻找其成为全球活力新高地的共性解码。

1. 规模性

从所辖陆地面积与建设用地来看，纽约湾区建成区面积为1.50万平方公里，所辖陆地面积为6.48万平方公里，建成区面积占陆地面积之比为23.16%，均位列三大湾区之首。东京湾区陆域面积1.3万平方公里，是湾区中陆域面积最少的，旧金山湾区的建成区面积仅为0.4万平方公里，是建成区面积最小的湾区（图1.5）。

从人口分布来看，东京湾区整体的人口密度最高，约为纽约湾区与旧金山湾区的3.5倍（图1.6）。

2016年，纽约湾区人口约为2368.9万人，其中，纽约市853.7万人。整个湾区的人口以纽约市为中心呈放射状分布。纽约市的曼哈顿岛为纽约湾区乃至全美人口最为密集区域，人口密度达2.58万人/平方公里，纽黑文、威彻斯特、蒙茅斯等地的人口都达到60万—100万人。

2016年，旧金山湾区人口约为764.9万人，人口分布符合美国西部地广人稀的特征，人口主要集中在南湾和半岛地区，三个人口密集聚集城市旧金山、圣何塞、奥克兰的人口分别为86.7万人、100.1万人与42.1万人。

2016年，东京湾区人口约为3629.4万人。东京湾区以东京都为中心可分为核心区、近郊区和远郊区，人口呈现明显的圈层式分布。其中，核心区面积为621平方公里，人口为895万人，人口密度1.4万人/平方公里。

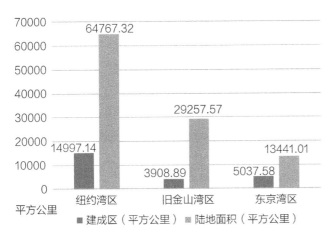

图1.5 三大湾区建成区面积与陆地面积

资料来源：作者依据《2040年规划湾区》（Plan Bay Area 2040）、美国国家统计局、日本统计局中的数据绘制。

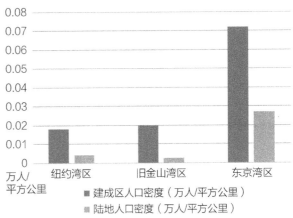

图1.6 三大湾区建成区人口密度与陆地人口密度

资料来源：作者依据《2040年规划湾区》（Plan Bay Area 2040）、美国国家统计局、日本统计局中的数据绘制。

2. 网络性

三大湾区的产业发展得益于其完备的交通网络，其均形成了包括公路、铁路、轨道交通、机场、港口在内的综合交通网络。

在公路方面，纽约湾区形成了以纽约市为中心，由州际公路、美国国道和州级公路三级系统构成的辐射状湾区公路网。旧金山湾区形成了以旧金山、奥克兰、圣何塞三大人口聚集区为中心的环湾公路系统。纽约湾区、旧金山湾区的公路设施无论是密度还是建设标准均优于美国平均水平。东京湾区的公路系统则是由高速公路、一般国道、都道府县道组成的。

在铁路与轨道交通方面，三大湾区通过快速的轨道交通系统，能够覆盖湾区腹地内主要组团（表1.3）。

表 1.3　三大湾区轨交网络通勤圈

湾区		20 分钟	40 分钟	60 分钟	90 分钟
纽约湾区	腹地面积（平方公里）	100	540	1475	4160
	距离（公里）	7	16	23.5	66
	主要组团	纽约	纽约、布朗克斯（Bronx）	扬克斯（Yonkers）、佩特森（Paterson）	马尼图（Manitou）、卡托纳（Katonah）、斯坦福（Stamford）
旧金山湾区	腹地面积（平方公里）	160	592	1225	2916
	距离（公里）	7	19	26	66
	主要组团	旧金山	奥克兰、戴利城（Daly City）	米尔布雷（Millbrae）、伯克利（Berkeley）、海沃德（Hayward）	里士满（Richmond）、斯坦福、圣何塞（San Jose）
东京湾区	腹地面积（平方公里）	90	1920	4660	8100
	距离（公里）	5	33	43	53
	主要组团	新宿、池袋、秋叶原	赤羽、川崎、横滨	新横滨、千叶	大船、苏我、佐仓

注：20 分钟、40 分钟、60 分钟、90 分钟指距离三大湾区中心（分别指纽约市中心、旧金山市中心与东京市中心）的距离。
资料来源：根据广东省城乡规划设计研究院大数据中心相关图表修改绘制。

纽约湾区建设有复杂与多元化的轨道交通，在纽约都市区内有 IRT、BMT 和 IND 三个系统构成的地铁网络，在湾区层面的通勤铁路和城际铁路系统由大都会北方铁路和长岛铁路构成。通过大都会北方铁路和长岛铁路城际系统，纽约湾区分别形成了半小时通勤圈（覆盖纽约市全域）、一小时通勤圈（覆盖纽约都会区），与两小时通勤圈（覆盖湾区北部及长岛等大部分地区）。

旧金山湾区通过捷运系统（BART）来联系半岛和东岸，辅以联系半岛各个城市间的半岛通勤列车（Caltrain）。BART 形成了包含旧金山湾区东西岸旧金山、奥克兰两大主要城市的半小时交通圈，覆盖半岛和西岸城市群的 1 小时等时圈。半岛通勤列车则加强了旧金山湾区旧中心（旧金山）和科技新高地（圣何塞/硅谷）之间的交通联系，其之间的通勤时间在 1.5 小时以内。

东京湾区的铁路网则是由 JR 新干线和 JR 干线的国有高铁网和城际网，以及私营铁路的普通铁路网所组成，形成了半小时通勤圈（覆盖东京特别区部）、一小时通勤圈（辐射川崎、横滨、千叶等主要城市），并通过跨江隧道加强了湾区东岸（千叶）的联系。

纽约湾区与旧金山湾区的公路交通系统与普通铁路网建设较为发达，但在高速铁路建设方面相对滞后。与美国的两个湾区相比，东京湾区的铁路网线密度更高，速度也更快。

在港口方面，纽约湾区的海岸线长度超过 1600 公里，拥有曼哈顿、布鲁克林、皇后区、布朗克斯等 11 个独立港区，港区总面积达 3100 平方公里，年吞吐量为 1.4 亿吨。旧金山拥有旧金山港、奥克兰港、里士满港、红木城港等 7 个海港，其中旧金山港位于东岸，被称为"世界三大天然良港"之一；奥克兰港位于西岸。东京湾区则拥有由横滨港、东京港、千叶港、川崎港、木更津港、横须贺港 6 个港口形成的马蹄形港口群，年吞吐量超过 5 亿吨。

在机场方面，纽约湾区拥有肯尼迪、纽瓦克两个国际机场和拉瓜迪亚机场；旧金山湾区拥有旧金山、奥克兰和圣何塞三大国际机场及索诺马县地区机场；东京湾区则拥有东京成田、羽田两大国际机场。从客流量来看，2015 年，纽约湾区、旧金山湾区与东京湾区的机场群客流量分别为 1.25 亿、0.5 亿和 1.68 亿人次。

3. 协作性

三大湾区内部各组团间形成了相互协调、有序竞争的产业分工格局，产业功能分区成熟，差异化定位明显。

以旧金山湾区为例，旧金山市以旅游、商业和金融发展见长，东湾重点发展重工业、金属加工和船运，北湾主要发展葡萄酒业，南湾是硅谷的所在地，连接旧金山市和南湾的半岛，则地产业发达。湾区内产业具备多样化齐头发展实力（图1.7）。其他两大湾区的产业分工格局见图1.8和图1.9。

图 1.7　旧金山湾区的产业分工格局
资料来源：作者自绘。

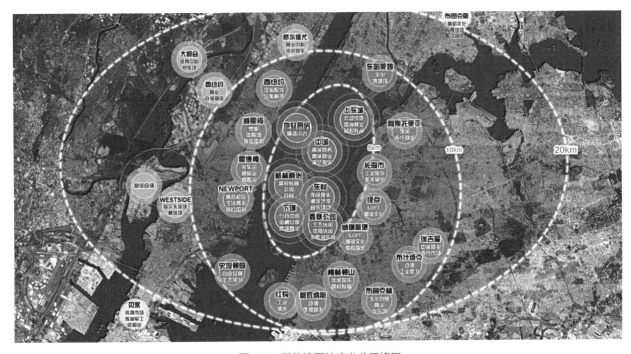

图 1.8　纽约湾区的产业分工格局
资料来源：作者自绘。

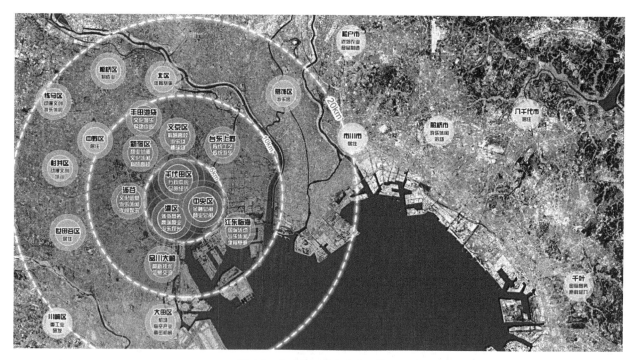

图 1.9　东京湾区的产业分工格局
资料来源：作者自绘。

1.4　湾区崛起：中国东部沿海升级 5.0 新方略

在经历"特区 – 开发区 – 新区 – 自贸区"对外开放四个阶段之后，中国的对外贸易在规模和质量上都取得了重大进步；在促进经济增长、引进技术、提高国民福利、建立贸易结构、完善企业主体结构多元化的外向型经济、形成"引进来、走出去"的资本环境、参与全球经济治理等方面起到了重要的推动作用。

在对外开放进程中，由经济特区、沿海开放城市与沿海经济开放区构筑"点 – 线 – 面"的对外开放宏观体系需要进一步深化，而发挥重要作用的经开区、高新区、综合保税区、自贸区等经济区域也需要在更大范围内进行统筹。中国经济转型升级需要新引擎，区域协同发展需要体制改革示范区，新一轮对外开放也需要更开放的窗口，作为东部沿海地区开放 5.0 的最新方略，中国的湾区经济正式走向舞台。在此，从 10 个方面方略内涵来进一步阐释中国湾区出现的必然性。

1.4.1　把握全球经济重心东移历史契机

1492 年，哥伦布发现新大陆后，世界进入大航海时代，西班牙、葡萄牙、荷兰、法国和英国依次成为海上霸主。16 世纪以后，英国成为"日不落帝国"，更是奠定了近代欧洲主导世界的地位，地中海成为全球贸易重心。随着全球经济复苏和美国"超级大国"地位的奠定，扼守欧美贸易重要通道的纽约湾成为全球金融中心，被称为"世界工厂"的亚洲和美国重要航道点旧金山湾则成为全球科技创新中心。20 世纪 50 年代到 70 年代，日本快速崛起，成为世界第二经济体，东京湾迅速发展成全球贸易中心。

可见，湾区的形成都是依托世界大势的驱动顺势而为，全球经济重心所在之处，必然需要若干个湾区承担起国际交往的角色。放眼当下，全球经济重心正在加速向东转移，几乎所有的研究机构都预测，未来亚洲经济占世界经济的比例将从现在的 25.7% 飙升到 50% 以上。中国现已成为世界第二经济体，因此中国的土地上一定会出现媲美纽约湾、旧金山湾、东京湾的"超级湾区"。

1.4.2 塑造对外开放辐射全球交互界面

1980年，我国批准设立深圳、珠海、汕头、厦门4个经济特区；1984年和1985年，开放沿海14个港口城市和开辟4个沿海经济开放区；1988年，批准海南岛为海南特区。至此，从南到北形成了一条对外开放的前沿阵地，发挥侨乡和沿海优势，吸纳国外先进技术和大量资本，实现从东到西，从沿海到内地的信息、技术、人才、资金的战略转移，以便发展对内对外的辐射作用，带动内地经济的发展。

总的来说，过去的沿海开放更强调对内辐射、带动腹地发展，主要发展劳动密集型产业，占据产业链中的生产端，同时过度依赖外资。随着沿海区域经济发展，创新能力提高，资本总量扩大，沿海区域的腹地不仅限于国内而是全球市场，呈现出"湾区"特征。东京湾区的工业品大部分都是出口全球市场，其腹地也是全球市场；而旧金山湾区的腹地更像是中国的北京、深圳、台湾新竹等地区。

因此，中国的沿海区域建设"大湾区"，代表着我国沿海区域的竞争卡位已经开始对标国际上最夺目、最耀眼的经济板块，沿海开放的立足点从对内辐射、带动腹地发展转变到对外连接、抢占全球产业链的制高点，格局与以往已经不可同日而语。

1.4.3 吸引世界创新资源集聚孵化转化

湾区依海靠港，在频繁的经济交往中，能够汇集最新的信息和人才等发展资源，更容易催生创新活力和创新机构，创新成果不断涌现，为经济社会发展提供持续动力，使湾区成为全球创新引领的先锋城市。

从世界一流湾区的发展里程可知，在以港口为主要功能的时代，湾区承担承接与传播的贸易功能，频繁的经济交往能够快速积累人才与技术，在快速的承接、积累、复制的过程中，湾区的技术优势开始显现。在工业化时期，依托航运优势，湾区成为最快吸纳全球新技术的区域。而湾区具有天然滨海自然景观，环境优美，人居环境优良，能够吸引大批对生活品质要求高的科研人才，创新人才集聚为湾区的创新循环不断注入新活力。

可见，具有天然的开放属性的湾区将是中国创新资源集聚的高地，中国经济要走创新驱动的路径，必须依托湾区打造出若干个创新资源集聚地。

1.4.4 加速沿海区域经济产业演替升级

据统计，目前全球75%的大城市、70%的工业资本和人口集中在距海岸100公里的沿海地区，沿海地区的大部分经济总量和人口又集中在湾区。湾区依托世界级港口，背靠湾区广阔腹地，形成了高度开放、产业集聚、国际交往频繁的经济形态，成为当今国际经济版图的突出亮点。

改革开放以来，我国沿海发达省份依托政策红利、低成本要素以及沿海优势，迅速成为全球制造业中心。但随着沿海发达省市土地租金上涨和劳动力成本上升，工业化城市逐步转向服务型城市，要素驱动必然转向创新驱动。而纵观著名湾区发展历史，都大致经历了港口经济、工业经济、服务经济、创新经济四个阶段。目前国际一流湾区如纽约湾、东京湾、旧金山湾三大湾区的第三产业占比分别达到89%、83%和82%，三大湾区已经以服务业或信息产业为主导，完成了由工业经济向服务经济和创新经济的过渡，成为世界经济发展的重要增长极和引领创新的领头羊。

可见，沿海区域面临着工业向服务业转型和要素驱动转向创新驱动的二次蜕变，对标国际一流湾区，成为沿海区域经济发展到一定阶段的必然选择。在当前国际经济增长乏力、市场增长空间有限和国内生产要素成本上升的双重压力下，以出口导向为主的部分沿海地区进入产业升级和转型的关键时期，需要国家在区域发展总体战略中给予特别关注。尤其是以长三角、珠三角、环渤海三大城市群及其所直接影响的经济区域来构建应对全球竞争的国家竞争力,应成为今后一个较长时期内国家区域发展战略的重要组成部分。

1.4.5 创造中国区域经济再深化新动能

改革开放以来,中国形成了沿海开放到内陆开放的"T"字形的经济开放格局,以及珠江三角洲、长江三角洲和环渤海地区三大重要经济增长极。在我国区域经济发展的战略版图中,从东到西有东北振兴、中部崛起、西部大开发;从南到北有京津冀一体化、长江经济带。

因此提出"粤港澳大湾区"国家战略,是对北部京津冀一体化区域战略、中部长江经济带区域战略的呼应,将完善中国区域版图。此外,沿海湾区是多重国家战略的交会点,比如环渤海湾湾区处于京津冀一体化、东北振兴等战略的交会点;环长江口湾区处于沿海开放带、长江经济带、长江三角洲城市群与"一带一路"等多重国家战略的交会点;粤港澳湾区处于"一带一路"、泛珠三角城市群、沿海开放带等国家战略交会点;北部湾则既是沿海沿边开放前沿,也是东盟开放合作大格局的战略区域。

可见,中国沿海湾区将汇聚多重国家战略,再深化国内区域经济格局,同时将从南到北拱卫起中国开放经济的东向门户。

1.4.6 建设环境友好人本城市发展模式

过去20年,中国城市人口剧增3.8亿,主要集中在沿海大城市。然而,污染、交通拥堵、高昂的房价和地价正侵蚀着沿海大城市的发展空间,甚至降低它们的竞争力。中国湾区更是人口集聚的重要区域,目前粤港澳湾区人口约6250万,预计未来人口将增至1亿。因此,湾区将面临人口集聚下水资源紧缺等生态压力。

湾区是河流、海洋、陆地三大生态系统交汇的区域,是海岸带的重要组成部分,有着丰富的海洋、生物、环境资源以及独特的地理景观和生态价值。丰沛的水资源能够保障湾区的生态水安全,为湾区人口集聚和产业发展提供生态支持。

可见,在人口向东部沿海集聚的大环境下,湾区的建设能够缓解大城市生态压力,建设宜居宜业的生态城市,提升城市发展的质量和生活品质。

1.4.7 构筑全球级城市群良性运转系统

从全球竞争的角度而言,未来参与全球竞争的主体一定是大城市群,而大城市群的竞争则先看湾区。从"城市群"到"湾区",不仅意味着沿海的地理优势,更意味着内部行政边界进一步模糊。

当前城市群也强调城市之间的协同发展,但每个城市仍有自己的利益考量,城市之间仍然存在行政藩篱,要素流动受到各种隐性壁垒阻碍。相比之下,湾区更强调的是高度的区域融合,包括基础设施的互联互通、公共服务均等、人口的自由流动等。如果城市群建成了湾区,就意味着它的行政边界将会模糊不清,甚至都没有存在的必要。正如人们去到旧金山湾区,一般感觉不到旧金山、帕洛阿尔托(Palo Alto)、芒廷维尤(Mountain View,又译山景城)、圣何塞、奥克兰、伯克利之间的行政边界。

因此,湾区不是一群城市,而是超越城市行政边界的巨型城市带,高度一体化是湾区的鲜明特征。湾区高度一体化能够重塑城市群内部张力,实现各类资源能在一个更大的范围内聚集、共享,产生更大的规模效应。

1.4.8 探索更深层次区域协同机制改革

湾区是一个地理概念,一般指同一海域的,由多个港口和城市连绵分布组成的具有较强协作关系的沿海区域。但是这个地理空间内有多种经济主体，因此湾区应该是探讨如何在制度和行政所属有差别的情况之下，去建设一个有共同方向、共同行动的共同体。

目前，中国有"跨城市群"的湾区，如环渤海湾湾区有京津冀、山东半岛以及辽中南三大城市群。由于长期的地区分割，导致三个城市群之间缺乏有机联系，因此建设环渤海湾湾区必须涉及若干城市群间的协调。也有"跨制度"的湾区，如粤港澳湾区涉及三个地区、两种制度、三种语系的交融碰撞，区域协同更为复杂，亟须建立"跨制度"的协调机制。此外，对于海峡西岸湾区和环北部湾湾区还涉及不同省份下城市之间的合作。

可见，湾区的提出是对目前跨行政区域政府协调机制更深层次的探索，其触及了中国复杂的制度性障碍，湾区的成功建设必将给区域协同提供丰富的实践经验和理论验证。

1.4.9 完善中国特色市场经济体制机制

改革开放以来，沿海区域被赋予诸多政策突破，部分区域拥有先行先试的权利，一直是市场化最快的区域。沿海湾区的经济发展一直是市场力量比较强大，市场化是沿海湾区经济发展历史主脉的基因传承。

依托市场力量主导而非政府的规划将是湾区的基调。市场之手下，"聪明的钱"会自动寻找适合的投资点，凝聚最佳的资源配置。同时，在跨制度、跨行政的"湾区模式"下，市场化主导湾区发展，才能减少湾区内部利益冲突和情绪抵触，特别是粤港澳湾区如果规划中掺杂了过多的政府因素，很可能遭遇港澳的强烈抵触，会影响粤港澳湾区的建设。

此外，湾区也是目前中国最市场化的区域。沿海湾区包括高度国际化、高度市场化，还包括上海自由贸易港和自由贸易试验区等国内市场化最高的试点区域。因此，湾区是国内国际规则和制度接轨程度最高的区域，能够最快地对接国际竞争。

1.4.10 迈向海洋强国营造地缘合作窗口

沿海湾区是我国综合实力最强、开放程度最高、经济最具活力的区域，地理位置优越，人文和水资源丰富，宜居生态良好，适合发展滨海旅游等蓝色海洋经济，在推进"一带一路"倡议、海洋强国等国家战略中具有特殊优势。随着"一带一路"倡议得到国际越来越多的认可与支持、亚投行等中国主导的国际金融机构起航，沿海湾区应该抓住机遇、当好新大航海时代的主角，成为海洋强国战略的主体。

同时，沿海湾区可以承担起促进地缘合作的角色。粤港澳湾区，面向东南亚，可以辐射、联动东南亚，服务国家南海战略，而环渤海湾湾区则可以与世界第三大经济体日本，以及重要经济体韩国和俄罗斯进行合作；环北部湾湾区则可以直接推进与东盟各国的合作。

第 2 章 中国五大湾区系统

本章重点明确湾区的内涵、特征、选择的依据与范围，并以湾区内涵为逻辑线，构建包括城镇体系、多式交通、功能格局、产业集聚、开放网络、公共服务、创新绩效、区域治理等八个维度的中国湾区分析框架。同时对研究工作的基础问题，如研究单元的尺度、数据来源与处理及主要研究方法进行说明。

2.1 湾区内涵特征

概念在逻辑学中的范畴是人们进行思想交流时的语言工具，用来反映客观事物与研究对象的本质或特有属性，具有高度的抽象性，是学术研究中进行判断与推理的逻辑基础。学术研究时对概念的准确使用，可以避免不必要的歧义与争议。因此有必要对湾区的内涵进行界定。

大城市群不一定都属于湾区，但成熟的湾区一定是大城市群，因此城市群与区域城市网络的理论也可用于湾区的分析。城市群与区域城市网络是动态发展的，随着时间的演变，有些城市经历了从都市区到城市群再到全球城市区域，有些城市则逐渐衰落。根据城市群与区域城市网络在绩效、结构及空间范围方面的差异，学者们对其阶段与级别进行了划分，并给出了不同的特定概念。如 P. 格迪斯（P. Geddes，1915）将城市演化的形态分为城市地区（City Region）、集合城市（Conurbation）以及世界城市（World City）3 个阶段；崔功豪和马润潮（1999）将城市群的结构划分为城市区域、城市群组和巨大都市带 3 种类型[11]；代合治（1998）将城市群分为特大型、大型、中型与小型 4 个等级[12]；姚士谋等（2001，2005）将城市群分为超大型城市群、中等规模的城市群组与地区性的小型城市群组，后又将其分为超大型城市群与近似城市群的城镇密集区[13, 14]；周一星和张莉（2003）将城市经济区分为一级与二级[15]；住房和城乡建设部（2003）的《全国城镇体系规划纲要（2005—2020 年）》则按照规模大小分为都市连绵区和城镇群[16]；王珏和叶涛（2004）按成熟度强弱依次分为都市连绵区、亚都市连绵区、城市密集地带[17]；顾朝林等（2005）将城市网络分为大都市连绵区、城市密集区、城市群、城市发育区 4 个阶段[18]；朱英明（2004）将城市群细分为以国家级大都市为中心的国家城市群、以区域性大都市为中心的地区城市群、以地方中心组织起来的日常城市群[19]；方创琳等（2005）根据城市群发育程度指数模型将 28 个城市群分为 3 个等级[20]，后在其主编的《2010 中国城市群发展报告》中将城市群分为达标与不达标[21]；苗长虹和王海江（2005）将城市网络分为 3 大梯队[22]；李仙德和宁越敏（2012）按人口总规模将大城市群分为一、二、三级（1000 万—2000 万）[23]。与区域城市网络一样，湾区也是动态发展，国际三大湾区都先后经历了港口经济、工业经济、服务经济、创新经济四个阶段，发展过程不是一蹴而就的，其交通、产业、内部联系都经历了从无到有，从弱到强的过程。

本书将湾区的内涵定义为：以湾区地理特征为基础，由连绵分布的多个城市与港口组成，具有完善的城镇体系与产业分工网络，交通与 ICT（信息与通信技术）等设施网络构架发达，人流、物流、能流、信息流、技术流、生态流等交换频繁，陆海高度统筹，资源配置集约，功能布局合理，公共服务优越，社会公平和睦，文化多元包容，创新行为活跃，生态环境友好，区域治理高效，国际交往开放，建立在可持续发展基础之上的合理有序、充满活力、智慧韧性的区域命运共同体。其空间嵌套形式如图 2.1 所示，具有以下特征：

第一，湾区是一个地理生态空间实体。一般指同一海域的一个海湾或者相连多个海湾、港湾、邻近岛屿及其腹地所构成的区域，区域内自然资源与生态环境密切联系，成为"人—城—港—山—水—林—田—湖—草—矿—岛—海"的生命共同体，彼此命运息息相关，共同创造人与环境和谐相处的生态文明。

第二，湾区是一个城镇集合嵌套体系。在发达的港口城市与强大的核心城市引领下，湾区呈现出一种都市区、都市圈、中小市镇、乡村等多样空间单元组成的开放高效、多中心、网络化城镇布局；次级城市网络通过相互联系与连接涌现出更高一级的网络，体现出社区邻里、功能区、都市区、区域、国家、全球城市网络间的逐层嵌套。

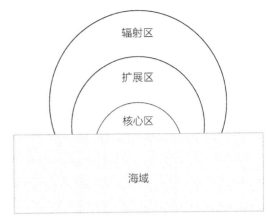

图2.1 湾区的核心区、扩展区、辐射区的空间嵌套
资料来源：作者自绘。

第三，湾区是一个市场经济要素网络。从世界三大湾区来看，湾区实际是"湾区经济"的简称，是以湾区自然地理条件为基础，城镇群与港湾地理聚变融合发展形成的、拥有国际影响力的、独特的区域一体化的经济形态，背后是土地、劳动力、资本、技术、数据等要素的市场化集聚与扩散，产业的分工与专业化，企业间产业链、价值链、供应链等所织筑的复杂空间经济联系与格局。

第四，湾区是一个社会文化共同体。湾区是地理要素（区域）、经济要素（经济生活）、社会要素（社会交往）以及社会心理要素（共同纽带中的认同意识和相同价值观念）的结合，通过社会发展空间扩展、社会事业发展统筹、社会资源共享、社会心理距离缩小、社会交往范围扩大，形成由多元个体、群体和组织及资源等构成的高质量生产、生活、生态体系和平等包容、价值多元、创新涌现的文化土壤。

第五，湾区是一个智慧韧性设施系统。湾区以世界级枢纽港口、千万级机场为依托，以航线网络、通道网络、多式联运为纽带，建成以公路、铁路、水运、航空和管道多种运输方式高效衔接为特征的湾区综合交通网络体系，具有能够满足区域常态运行与各种突发风险、完备发达的生命线设施与智能先进的新型基础设施为支撑的智慧韧性运行系统。

第六，湾区是一个区域治理政策单元。湾区需要从整体角度出发，不局限于行政区划的限制，强调区域发展由整个湾区的成员共同推进。不同行政区与不同层级政府间不再是一种简单的垂直命令与服从关系，而是平等与协商的关系。政府不再是决策过程中的唯一主体，各种非政府利益群体包括行业协会、经济组织等都能够广泛参与决策，从价值理念、组织机构、制度体系、协调机制等方面构建区域整体性治理模式。

2.2 本书分析框架

本书基于"自组织与他组织"的湾区发展动力逻辑认知，从八个关键分析维度——城镇体系、多式交通、功能格局、产业集聚、开放网络、公共服务、创新绩效、区域治理展开对中国湾区层层递进的系统深入分析（城镇体系、多式交通、公共服务、区域治理侧重于他组织的考量；功能格局、产业集聚、开放网络、创新绩效则侧重于自组织的认知），并提出相应建议，最终遵循"尊重科学规律，响应国家战略，勇于自主创新"的原则，提出面向2035年的中国湾区发展展望（图2.2）。

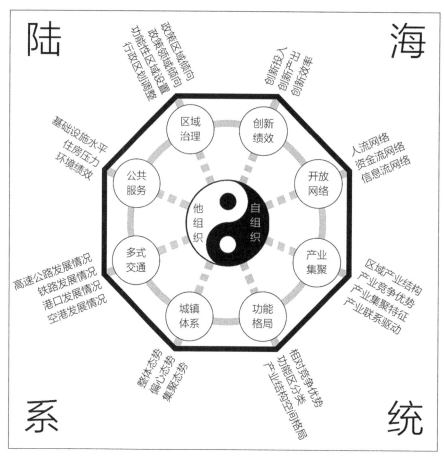

图 2.2　本书的分析框架
资料来源：作者自绘。

2.3　研究区域范围

从我国湾区经济的发展现状来看，我国三大经济圈（粤港澳湾区、长三角、环渤海）都具有较典型的湾区经济特点，粤港澳湾区经济圈以环珠江口为核心向外发展和辐射，环渤海经济圈以渤海湾为核心向外发展和辐射，长三角经济圈以环长江口为核心向外发展和辐射。此外，海峡西岸城市群与北部湾城市群，也都具有明显的湾区经济特点。

与国外湾区相比，粤港澳湾区建设的复杂度与重要度都非同一般。一方面，"粤港澳大湾区"处于"一带一路"、泛粤港澳湾区城市群、沿海开放带等国家战略交会点；另一方面，"粤港澳湾区"是"跨地区、跨制度、跨语系"的湾区，区域关系复杂，需要建立"跨地区、跨制度、跨语系"的协调机制。[24] 政府与学界对建设"粤港澳湾区"非常重视，国家发展改革委、外交部、商务部联合发布了《推动共建丝绸之路经济带和21世纪海上丝绸之路的愿景与行动》，特别提出深化与港澳台合作，打造"粤港澳湾区"。《中华人民共和国国民经济和社会发展第十三个五年规划纲要》明确指出，支持港澳在泛粤港澳湾区的区域合作中发挥重要作用，推动"粤港澳湾区"和跨省区重大合作平台建设，说明湾区经济发展已逐步上升为国家经济发展的重要战略。

除粤港澳湾区外，其他几大湾区对国家的发展也都具有重要的战略意义。环渤海湾湾区处于环渤海一体化、东北振兴等战略的交汇点。作为"跨城市群"的湾区，环渤海湾湾区有环渤海、山东半岛以及辽中南三大城市群，其规模是其他湾区不可比拟的。由于长期的地区分割，导致三个城市群之间缺乏有机联系，因此建设环渤海湾湾区必须涉及若干城市群间的协调。此外，环长江口湾区承载了沿海开放带、长江经济带、长三角更高质量一体化与"一带一路"等多重国家战略；北部湾承担了与东盟合作的重要开放战略；海峡西岸湾区的发展除对促进两岸的经贸往来，实现祖国和平统一有重要意义外，还有利于与环长江口湾区和粤港澳湾区之间进一步协作，能进一步带动全国经济走向世界。但总的来看，相较于"粤港澳湾区"的热火朝天，其他几大湾区却鲜有提及。

从区域协调发展来看，环渤海湾湾区、环长江口湾区、海峡西岸湾区和环北部湾湾区均涉及不同省份下城市之间的合作，而粤港澳湾区则涉及不同体制、不同语言等更大的合作挑战。可以说，湾区的提出是对目前跨行政区域的政府协调机制的更深层次的探索，其触及了中国复杂的制度性障碍，湾区的成功建设必将给区域协同提供丰富的实践经验和理论验证。从国家战略来看，湾区研究是落实"一带一路"倡议和国家"十四五"规划纲要的内在需要，是新常态下实现区域经济发展动能转化、经济发展方式转变的重要契机，具有重要的现实意义。而从中国东部沿海对外开放的阶段来看，以中国近14亿庞大人口，960万平方公里辽阔的疆域，1.8万公里的海岸线，只有一个粤港澳湾区显然是不够的。而其他大湾区的提出，不仅有助于区域经济发展，还能解决诸多亟待解决的问题。

为此，本书选择我国东部沿海具备湾区特征的五大区域，即环渤海湾湾区、环长江口湾区、海峡西岸湾区、粤港澳湾区和环北部湾湾区进行分析。学者们一般认为区域研究尺度越细，所获得的结论越准确（范剑勇和李方文，2011）。[25]但区域研究尺度也不宜过小，若以乡镇为研究尺度，一是不易获取研究数据，二是不具有湾区生产系统的完整性。根据研究目的，选择地级市尺度作为本书的区域研究尺度。研究层面包括3个直辖市，2个特别行政区（香港与澳门）、92个地级市（含副省级）、1个县级市及3个县，研究范围见表2.1。需要说明的是，在众多涉及"粤港澳湾区"的文件中，"粤港澳湾区"的范围仅包含香港、澳门、广州、深圳、佛山、东莞、惠州、中山、珠海、江门、肇庆11个城市。在本书中，考虑到粤港澳湾区的重要作用与发展空间，以及分析的全面性，将粤港澳湾区扩展到22个城市，原本的11个城市可视为是粤港湾湾区的核心区，这也符合湾区是一个空间嵌套的内涵。依据表2.1的研究范围，我们绘制出中国五大湾区夜间灯光示意图，见图2.3至图2.7。

表2.1 中国五大湾区初步研究范围

名称	所含城市	数量
环渤海湾湾区	北京、天津、保定、唐山、石家庄、廊坊、秦皇岛、张家口、承德、沧州、衡水、邢台、邯郸、葫芦岛、锦州、盘锦、鞍山、本溪、沈阳、辽阳、营口、丹东、大连、德州、济南、淄博、潍坊、青岛、威海、烟台、东营、滨州	32
环长江口湾区	上海、南京、苏州、无锡、杭州、宁波、常州、镇江、南通、绍兴、扬州、泰州、嘉兴、湖州、舟山、台州、金华、盐城	18
海峡西岸湾区	福州、厦门、泉州、莆田、漳州、三明、南平、宁德、龙岩、温州、丽水、衢州、上饶、鹰潭、抚州、赣州	16
粤港澳湾区	香港、澳门、广州、深圳、佛山、东莞、惠州、中山、珠海、江门、肇庆、汕头、潮州、揭阳、汕尾、茂名、阳江、韶关、清远、云浮、梅州、河源	22
环北部湾湾区	南宁、北海、钦州、防城港、玉林、崇左、湛江、海口、儋州、东方（县级市）、澄迈县、临高县、昌江县	13

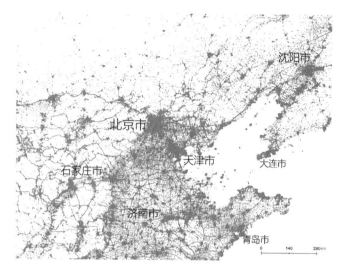

图 2.3　环渤海湾湾区夜间灯光示意图
资料来源：作者自绘。

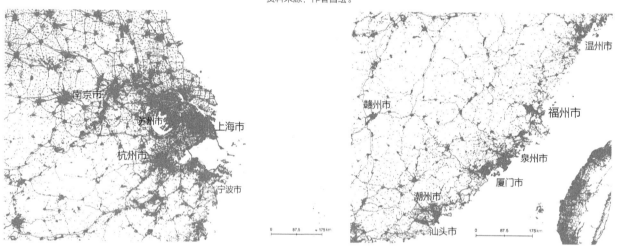

图 2.4　环长江口湾区夜间灯光示意图
资料来源：作者自绘。

图 2.5　海峡西岸湾区夜间灯光示意图
资料来源：作者自绘。

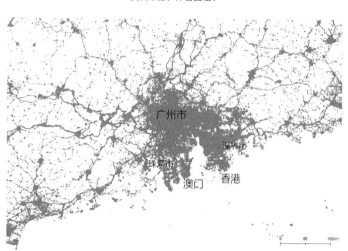

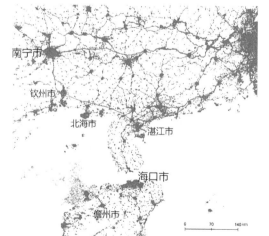

图 2.6　粤港澳湾区夜间灯光示意图
资料来源：作者自绘。

图 2.7　环北部湾湾区夜间灯光示意图
资料来源：作者自绘。

2.4 数据来源

本书中各省、直辖市、地级市的经济、社会数据主要来源为各种统计年鉴，包括历年的《中国统计年鉴》《中国城市统计年鉴》，以及湾区内各省各市的统计年鉴，交通数据来源于《中国港口年鉴》《中国铁道年鉴》《中国交通年鉴》《中国物流年鉴》《中国通信年鉴》等，年鉴数据主要检索自中国经济与社会统计数据库（http://data.cnki.net/yearbook/navi?type=trade&code=A）国家数据（国家统计局网站，http://data.stats.gov.cn/）、各省市统计局、各省市财政局官网站。

其他交通相关数据来源还有12306（https://www.12306.cn/index/）、全国列车时刻表在线查询（http://qq.ip138.com/train/）、flightaware（https://zh.flightaware.com/live/）等网站。

国外纽约、旧金山、东京三大湾区数据主要来源于美国国家统计局、《2040年规划湾区》（Plan Bay Area 2040）、美国人口普查局统计数据、日本统计局。

投入–产出数据来源于历年的投入–产出表与投入–产出延长表。POI（Point of Information）数据来源于高德地图。用于分析资本流的企业注册资本数据来源于龙信量子数聚公司。信息流来源于百度指数（http://index.baidu.com/v2/index.html#/）、房价数据来源于居家客（https://www.anjuke.com/fangjia/#）。各种公文文件主要搜索自国务院公报高级搜索系统（http://sousuo.gov.cn/a.htm?t=bulletin）。

2.5 研究方法

本书在对中国五大湾区进行各领域的分析时，采用了涉及经济学、管理学、地理学、规划学等学科，绩效分析、空间分析、网络分析、文本分析等多种方法，既有相对成熟的方法，如区位熵分析、DEA、CFA等方法，也有POI、爬虫等带有"大数据"标签相对前沿的方法，也有笔者自己提出的模型，比如第6.4节使用的基于行业间投入–产出引力模型（IIG模型）、第10.2节中使用权力中心指数等。

具体来看，本书在第3章"筑核塑极：湾区城镇体系分析"中，除采用趋势面分析外，还采用了重心分析、首位度、空间基尼系数以及拟合得出的规模–位序q值法来分析湾区的资源分布态势。在第4章"通脉疏络：湾区多式交通分析"中应用了POI点分布进行港城融合的分析。在第5章"协同求序：湾区功能格局分析"采用了区位熵进行城市产业功能类型的分析。在第6章"聚能蓄力：湾区产业集聚分析"中，先后采用了二次产业结构、偏离–份额分析以及笔者提出的份额系数与相关系数从专门化和多样化、相关性和无关性两个维度分析了五大湾区的产业集聚特征，并基于笔者提出的IIG模型进行联系的驱动来源分析。在第7章"织网汇流：湾区开放网络分析"中运用了人口迁徙流、资本流、信息流等现实数据，进行网络结构分析与凝聚子群分析。在第8章"宜居包容：湾区公共服务分析"中，从基础设施建设水平、科教文卫资源、住房压力、环境绩效4个方面分析了五大湾区的公共服务水平，在确定内部指标间的权重时使用了熵权法。在分析环境绩效时采用了DEA（数据包络分析），投入指标选用工业废水排放量、工业二氧化硫排放量、居民生活用水量和全年总用电量；产出指标选用地区生产总值、常住人口、地方一般公共财政收入。在第9章"创新驱动：湾区创新绩效分析"中采用变异系数、赫芬达尔指数与空间基尼系数对创新产出的集聚态势进行了分析；采用Nich指数对创新产出的变化趋势进行了分析；采用CFA（随机前沿面分析）进行了创新效率分析；投入指标选用万人R&D人员（人）、万人高校教师（人）与人均R&D内部经费支出（元）；产出指标选用万人专利申请数（件）。在第10章"治理护航：湾区区域治理分析"中，采用爬虫爬取了政府公报，对公报进行了文本分析，并通过笔者构建的权力中心指数对五大湾区的行政区划效果与地级行政区权力集中度进行了分析（表 2.2）。

表 2.2 本书主要采用的研究方法

章节	研究方法
第 3 章	空间趋势面、重心分析、首位度、空间基尼系数、规模 – 位序 q 值
第 4 章	基于 POI 类别的空间聚类、等时圈分析、可达性分析等
第 5 章	基于区位熵的城市功能分类
第 6 章	区位熵分析、偏离 – 份额分析、份额系数、相关系数、IIG 模型等
第 7 章	空间趋势面、网络结构分析、凝聚子群分析、和弦图等
第 8 章	评价指标体系、熵权法、DEA（数据包络分析）等
第 9 章	变异系数、赫芬达尔指数、空间基尼系数、Nich 指数、CFA（随机前沿面分析）等
第 10 章	爬虫、文本分析、权力集中度等

本书在分析过程中使用了大量图表，除常见的统计图表与 GIS 绘制的空间信息图外，还采用了空间趋势面图、热力图、网络图、桑葚图、和弦图等，以期在分析过程中能够更加直观。

第 3 章 筑核塑极：湾区城镇体系分析

城镇体系指的是在一个相对完整的区域中，不同职能分工、不同等级规模、联系密切、互相依存的城镇的集合，通常有一个或若干个核心城市居中心地位。核心城市在区域内社会经济活动中处于重要地位，具有综合功能或多种主导功能，经济社会资源集聚。

东京湾区、纽约湾区、旧金山湾区是世界公认的知名三大湾区，这些湾区依托东京、纽约和旧金山等世界城市以及协同有序的湾区城镇体系，具备高效的资源配置能力和强大的集聚外溢功能，成为带动全球经济发展的重要增长极和引领技术变革的领头羊。

因此，研究分析湾区城镇体系的空间分布、结构特征以及城镇等级，对于未来湾区资源配置、筑核塑极具有重要作用。本章运用整体态势分析、偏心态势分析和集聚态势分析，刻画五大湾区内部城市间资源分布态势和城镇体系。

3.1 研究方法

城镇体系反映为区域内部各城镇的资源分布情况。相关文献对各种资源指标的选取多为人口规模。由于中国统计资料中缺少城市人口数据[26]，因此多采用非农人口[27]；只有少数研究选取了经济产出[28]、建成区面积[29-31]、潜能[32]等其他各种资源指标进行分析。

针对该思路，本章运用整体态势分析、偏心态势分析与集聚态势分析、对五大湾区内部城市间资源分布态势分析，来解析五大湾区的城镇体系。

整体态势分析、偏心态势分析与集聚态势分析从不同角度探索资源在区域内城市间的分布态势，具有自身的侧重与特点。其中，整体态势分析能够从平面或空间上对各种资源的分布态势有一个比较直观全面的把握，特别是通过立体的趋势面法，不仅能观测湾区的面积、体积、长宽比、凹陷数及位置，也可以通过对波峰/波谷数量、距离及高度差，最大与最小坡度，整体坡度等特征的观测，分析湾区的偏心态势与集聚态势，但其无法进一步深入，无法进行定量分析。重心分析、集聚分析分别运用于偏心态势与集聚态势的分析，其特点是可以通过计算出准确的数值，对偏心态势与集聚态势进行定量分析，但其只能得到衡量湾区偏心与集聚态势的整体数值，无法辨别其内部各城市的具体情况。偏心态势分析具有平面感觉，能从不同类别资源的重心与地理重心的偏离程度反映出湾区各种资源的偏心态势及变化，从而映射出城镇体系的变化脉络。集聚态势分析则是通过各种模型计算出的数值分析各种资源在湾区内的分布是集聚还是均匀的，可以剖析资源分布态势内在的规律。

此外，根据研究时间段，可以分为静态与动态。静态分析只考察某一个时间节点，动态则是考察多个时点各种态势的变化趋势。如在空间上其整体的变化趋势，其各种资源重心与地理重心是更加偏离还是逐步靠近；其集聚的趋势是趋同还是趋异。[33]各种资源分布态势的相关方法见表 3.1。

表 3.1　各种资源分布态势的方法分类

时间段	类别	具体方法
静态	整体态势分析	分级统计图法、等值线法、网格法、空间趋势面等
	偏心态势分析	属性重心与地理重心的偏心距离、属性重心间距离
	集聚态势分析	金字塔图、城市首位度、各种资源基尼系数、碎化指数、均匀度指数、不平衡指数、熵值分析、规模 – 位序分形 q 值等
动态	整体态势分析	多个年份的各种图示的变化与比较
	偏心态势分析	属性重心的移动距离、移动方向与运动轨迹
	集聚态势分析	多个年份各种资源基尼系数、规模 – 位序分形 q 值的变动趋势等级钟、等级距离钟、城市半生命周期、马尔可夫转移矩阵矩阵、ROXY 指数等

3.2　整体态势分析

整体态势分析一般是运用各种图示方法，将区域内各城市的各种资源分布从空间上运用密度地图直观地表现出来，包括分级统计图法、等值线法、网格法、空间趋势面等方法。

分级统计图法、等值线法都是地理学中进行地图绘制的常用方法。其中，分级统计图法是通过不同色级或不同疏密的晕线反映湾区内各种资源的集中程度和分布差别。等值线法则是运用各种资源等值线表示各种资源分布态势的渐变情况。

空间趋势面分析（Spatial Trend Surface Analysis，STSA）是利用数学曲面来描述湾区内各种资源在空间上的分布及变化趋势的方法。与上述其他二维平面分析方法相比，具有三维空间的立体性，因此更加形象与直观。王伟（2009a，2009b）运用空间趋势面分析，对 1995—2005 年间的长三角、环渤海和珠三角三大区域的经济空间宏观形态进行了分析。[34, 35]

本节对湾区各种资源分布的整体态势分析采用空间趋势面方法。该方法主要是采用点方法、三角形地方法、格网方法以及其中任意两种方法的结合。本书采用基于格网建模方法，即均匀地在地图上划分网格，用单位栅格所覆盖的属性数据作为各点的格网数据。当取得采样格网数据后，对空间数据进行插值处理，最后使用 Surfer 11 绘制相关空间趋势面图。

3.2.1　分析步骤

首先，获取城市"点"位置的属性数据，通过网络搜索获取五大湾区 99 个城市的经纬度坐标（X，Y）。

其次，建立数据表格，将研究城市的坐标数据与其经济指标统计数据对应后，建立 Surfer 软件分析所需表格。

最后，将表格导入 Surfer 软件进行克立格（Kriging）插值，栅格化数据，生成对应的网格文件，并绘制等值线与三维趋势面图形，最后将等值线与三维趋势面图叠加。其等值线图形中以不同的填充色彩亮度代表的数值范围标注于空间趋势面右侧图例。

为反映五大湾区的整体态势，我们从"绩"（规模实绩）与"效"（产出效率）两个方面，2005 年、2015 年两个年份对五大湾区进行趋势面分析。其中规模实绩选取了经济规模、市辖区建成区面积；效率选取了市辖区人口密度、效率人均 GDP、单位土地面积 GDP 以及单位 GDP 电耗。

3.2.2 规模实绩态势演变

1. 环渤海湾湾区

环渤海湾湾区的经济规模、市辖区建成区面积的趋势面分别见图3.1与图3.2。

从图3.1可见，环渤海湾湾区2005年的经济规模趋势面中明显可见几处凸起，分别为北京、天津、大连、青岛和沈阳。这显示此项指标数值中心集中于京津一带，山东半岛的海港城市青岛、大连和辽宁省首府沈阳也不逊色。但是，到2015年，趋势面变化显著。京津一带经济规模依然强盛，山东半岛的数值与2005年相比略显失色，辽中南一带则显得平坦了许多。这一方面可能是由于北京、天津的经济规模格外突出；另一方面辽宁省多老工业城市，10年间面临着工业转型的压力，因而受到的影响较大。

从市辖区建成区面积指标的趋势面来看，2005年到2015年间基本没什么变化，数值明显变大的是青岛市。10年间，青岛市发展迅速，常住人口数量增势明显，而城镇化水平也显著提升，因此建成区面积也扩大了许多。

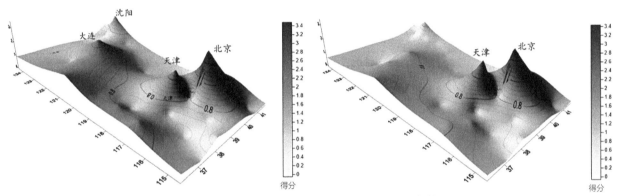

图 3.1　2005 年与 2015 年环渤海湾湾区经济规模趋势面
资料来源：作者依据《中国城市统计年鉴》中的数据绘制。

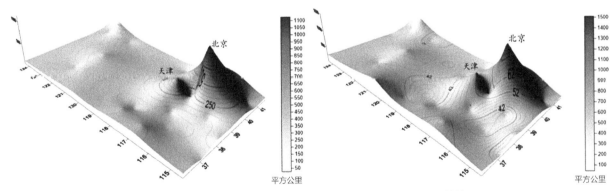

图 3.2　2005 年与 2015 年环渤海湾湾区市辖区建成区面积趋势面
资料来源：作者依据《中国城市统计年鉴》中的数据绘制。

2. 环长江口湾区

就经济规模来看，苏州、无锡、常州、上海地区为环长江口湾区的中心，两省会城市为湾区副中心；宁波也是沿海经济的另一增长点。江苏大部分经济规模较为均衡，与次中心差距较小；而浙江与上海之间的湖州、绍兴则未达到长三角经济规模的平均值。总体上，长三角的经济规模单中心特点明显，南京、杭州起了一部分增长极的作用，但总体规模与单中心上海市差距较大；苏州、无锡在中心城市的带动下，经济规模增长较大（图3.3）。

从建成区面积来看，2005年时，上海中心地位明显，与苏州、无锡组成整个环长江口湾区的核心圈层；而杭州、南京可作为二级中心；沿两省一市边界的过程也是城市规模逐渐减小的过程。2015年时，上海与其他城市差距进一步扩大；南京、杭州均表现出二级中心的特征，但与上海差距明显；江苏大部分与浙江省杭州市周围的宁波、绍兴、台州及二级中心差异较小；而中心之间城市规模依然处于长三角的"洼地"（图3.4）。

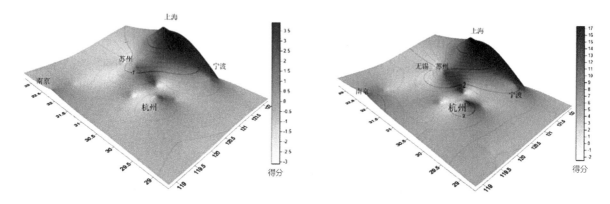

图3.3　2005年与2015年环长江口湾区经济规模趋势面
资料来源：作者依据《中国城市统计年鉴》中的数据绘制。

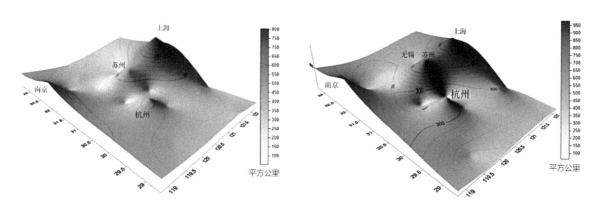

图3.4　2005年与2015年环长江口湾区市辖区建成区面积趋势面
资料来源：作者依据《中国城市统计年鉴》中的数据绘制。

3. 海峡西岸湾区

就经济规模与城市建成区面积来看，海峡西岸湾区整体形态相似，均以沿海的城市福州市、厦门市以及浙江省温州市、福建省泉州市为中心，与其他地区差别较大；以经济规模为例，福州、泉州、温州、厦门是区域经济规模最高的城市，与其他地区差距明显。至2015年，内陆城市有追赶的趋势，但仍差距较大。其中江西省赣州经济规模较为突出，但与所列4市差距不小。2005年经济规模得分超过厦门的泉州市，在2015年时经济规模得分略低于厦门。建成区面积与经济规模得分呈现相对应分布情况，但泉州建成区面积不如温州、福州与厦门；海峡西岸湾区中，建成区面积仍以福州、厦门、温州为中心，与其他地区差距较大。2015年其他内陆城市有追赶趋势，但仍有一定距离（图3.5，图3.6）。

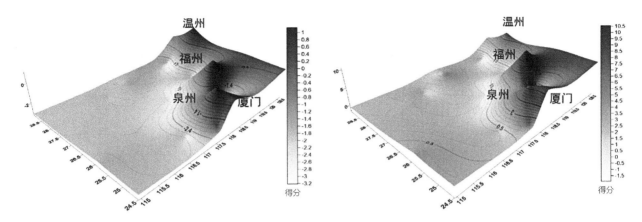

图 3.5　2005 年与 2015 年海峡西岸湾区经济规模趋势面
资料来源：作者依据《中国城市统计年鉴》中的数据绘制。

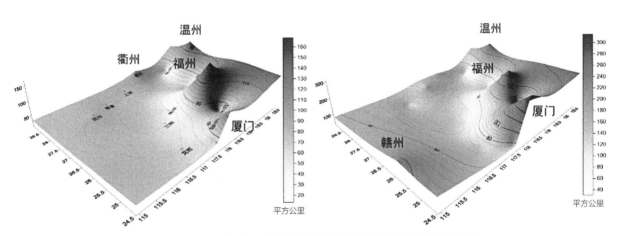

图 3.6　2005 年与 2015 年海峡西岸湾区市辖区建成区面积趋势面
资料来源：作者依据《中国城市统计年鉴》中的数据绘制。

4. 粤港澳湾区

从经济规模来看，广州、深圳作为区域中心城市，经济实力优势明显，区域呈现极化特征；东莞经济规模在广州、深圳之后；香港也具有较高水平。2005 年到 2015 年，区域经济规模结构形态变化较小，广州、深圳始终保持领先优势。虽然没有获取到 2005 年香港的经济规模，但在 2018 年之前，香港的 GDP 一直高于深圳市（图 3.7）。

从市辖区建成面积来看，香港、澳门建成区面积居于第一等级，广州、深圳居于第二等级，其他城市建成区面积较小。2005 年到 2015 年，城市建成区面积变化不大（图 3.8）。

5. 环北部湾湾区

从城市经济规模来看，2005 年，环北部湾湾区的区域内南宁、茂名和海口三个城市的经济规模相对较大，其中南宁和茂名的经济规模相对海口大，空间形态上表现出环北部湾湾区城镇体系东、西部城市经济实力较强，南部空虚、凹陷的特点。2015 年，环北部湾湾区在经济规模方面，南宁、茂名和海口维持"三足鼎立"的格局；南宁作为省会城市和区域中心城市保持强劲的优势；茂名的经济规模地位较 10 年前有所下降。区域内南北差距依旧，经济规模及经济绩效水平呈两极化趋势，且增长极带动能力较差，10 年间周边中小城市经济发展依旧落后（图 3.9）。

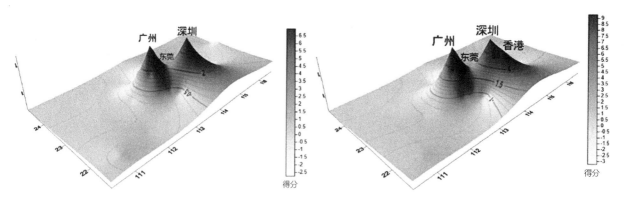

图 3.7　2005 年与 2015 年粤港澳湾区经济规模趋势面
注：2005 年经济规模不含香港、澳门。
资料来源：作者依据《中国城市统计年鉴》中的数据绘制。

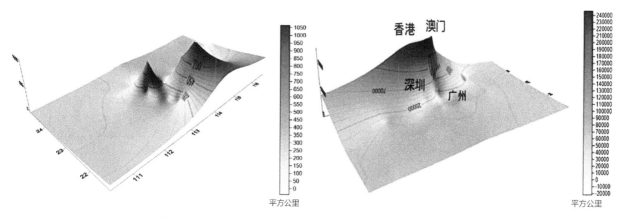

图 3.8　2005 年与 2015 年粤港澳湾区市辖区建成区面积趋势面
注：2005 年经济规模不含香港、澳门。
资料来源：作者依据《中国城市统计年鉴》中的数据绘制。

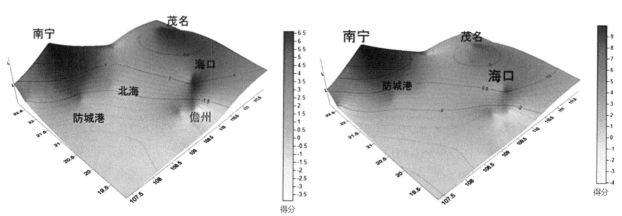

图 3.9　2005 年与 2015 年环北部湾湾区经济规模趋势面
资料来源：作者依据《中国城市统计年鉴》中的数据绘制。

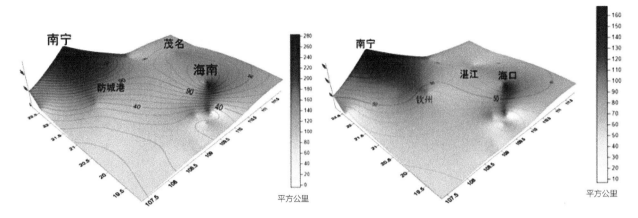

图 3.10　2005 年与 2015 年环北部湾湾区市辖区建成区面积趋势面
资料来源：作者依据《中国城市统计年鉴》中的数据绘制。

从城市建成区面积规模来看，省会城市南宁与海口的中心地位明显，与东南部湛江、茂名组成环北部湾湾区城镇体系西北－东南向的核心城市圈层，在区域内较为突出。外围二级城市如钦州、北海城市规模与核心城市有一定差距，但良好地过渡了区域规模形态。整体上，环北部湾湾区城镇体系城市规模空间形态呈现出两个中心极的特征，且 10 年间该特征没有发生太大变化（图 3.10）。

3.2.3　产出效率态势演变

1. 环渤海湾湾区

就市辖区人口密度来看，10 年内位于山东半岛的几个城市人口密度变化不大。辽宁省区域人口密度有所上升，变化主要集中于省会沈阳市。京津冀片区人口密度均上升，石家庄和秦皇岛均在趋势面中明显凸起。唯一一个与周边城市变化步伐不一致的城市是保定市，2005 年的人口密度数值很高，而 2015 年的人口密度与周边城市相比反而较低。这可能是由于北京的虹吸效应造成的（图 3.11）。

从人均 GDP 来看，环渤海湾湾区两年的趋势面都呈现出左高右低的趋势，即山东半岛和辽宁省区域的人均 GDP 数值较高，京津居中，河北省一带较低。特别是山东省东营市在 2005 年和 2015 年的数值都遥遥领先（图 3.12）。

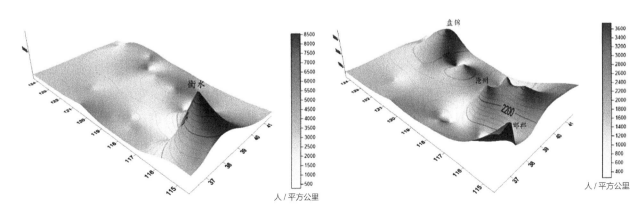

图 3.11　2005 年与 2015 年环渤海湾湾区市辖区人口密度趋势面
资料来源：作者依据《中国城市统计年鉴》中的数据绘制。

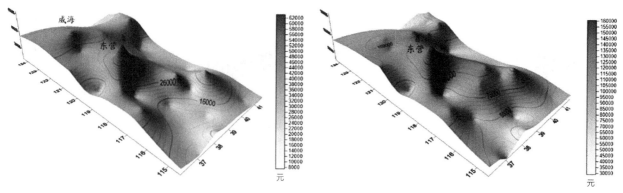

图 3.12　2005 年与 2015 年环渤海湾湾区人均 GDP 趋势面
资料来源：作者依据《中国城市统计年鉴》中的数据绘制。

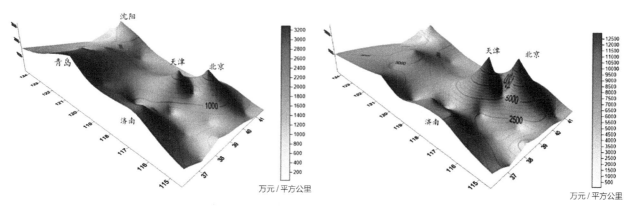

图 3.13　2005 年与 2015 年环渤海湾湾区单位土地面积 GDP 趋势面
资料来源：作者依据《中国城市统计年鉴》中的数据绘制。

从单位土地面积 GDP 来看，与人均 GDP 不同，京津地区反而变成榜首。2005 年的北京、天津、青岛、济南和沈阳地均 GDP 数值均较高。到了 2015 年，京津仍然保持双峰态势，除了原本领先的几座城市外，大连市也有了明显凸起。河北省一带仍然数值较低（图 3.13）。

从单位 GDP 电耗来看，秦皇岛、唐山和承德三座城市在 2005 年的趋势面上形成了凸起的小山包；山东半岛的东营、潍坊等地数值也较高；辽宁省区域则一片平坦。河北省的衡水等城市数值较低，京津则处于中间。到 2015 年，除山东半岛一带，特别是潍坊、东营等城市依旧较高外，湾区其余区域单位 GDP 电耗均数值较低，但总体来说 2015 年的数值还是普遍比 2005 年更大（图 3.14）。

综上所述，效益性最好的区域应当是京津地区，虽然人均 GDP 居中，但单位土地 GDP 最高，且单位 GDP 电耗较低。辽宁省区域人均 GDP 高，地均 GDP 数值居中，而单位 GDP 电耗很低，因而效益性也较强。山东半岛区域和河北省区域一个是 GDP 高，但耗能也高；一个是 GDP 低，耗能也低，因此效益性还有待提升。

2. 环长江口湾区

从人口密度来看，上海周围地区中心地位依旧明显，且从 2005 年到 2015 年，这种与长三角其他城市的差异愈发明显。南京 2005 年仍为人口密度趋势形态的二级中心；但 2015 年，就人口密度而言，环长江口湾区已变成单中心。上海北翼、江苏与二级中心差距较小；而环长江口湾区南部，包括安徽沿江城市与浙江省

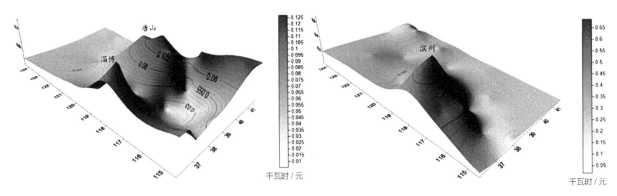

图 3.14　2005 年与 2015 年环渤海湾湾区单位 GDP 电耗趋势面
资料来源：作者依据《中国城市统计年鉴》中的数据绘制。

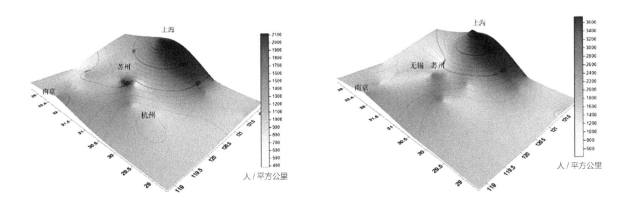

图 3.15　2005 年与 2015 年环长江口湾区市辖区人口密度趋势面
资料来源：作者依据《中国城市统计年鉴》中的数据绘制。

大多城市人口密度较小；城市规模不及上海市，甚至南京这样的二级城市（图 3.15）。

从人均 GDP 来看，环长江口湾区开始多级化，中心地区变为江苏省的苏州、无锡市以及上海市；次级中心包括杭州、宁波；而南京与次级中心差距不大。从纵向来看，上海市 10 年间变化不大，但苏州、无锡、常州地区以及杭州、南京两省会城市人均 GDP 大幅增加。到 2015 年，苏州、无锡、常州地区与南京、上海共同组成长三角的中心，杭州则是二级中心，江苏其他地区处于平均水平；而两省一市交界处出现明显差距，苏北与浙南城市与中心城市差距较为明显（图 3.16）。

从单位土地面积 GDP 来看，环长江口湾区以上海为中心，苏州、无锡、常州及南京与上海市差距相对较小，构成了宁、沪增长带，同时带动了带状的苏州、无锡、常州地区；但带状周边的湖州、嘉兴等地却出现了经济效益的"洼地"，其他城市地均 GDP 差别并不大，亟待提高经济效益（图 3.17）。

就单位 GDP 电耗来看，2005 年，苏州、无锡、常州及浙江的大部分地区，是环长江口湾区中能耗较高的地区。至 2015 年，这一重心开始极化，单位 GDP 能耗较多的地区集中在城市群的中心地区，包括苏州、常州、绍兴；而能耗较低的地区主要是长三角的东南沿海地区，包括浙、沪地区的沿海城市，说明了这些地区能源利用效率更高，同时，这些地区一般也是经济较为发达的地区，且以第三产业为主；而经济同样发达的江苏大部可能以第二产业为主，导致单位 GDP 能耗较高。这一指标反映了沿海城市的能源利用效率更高，经济结构更优，更有利于可持续发展（图 3.18）。

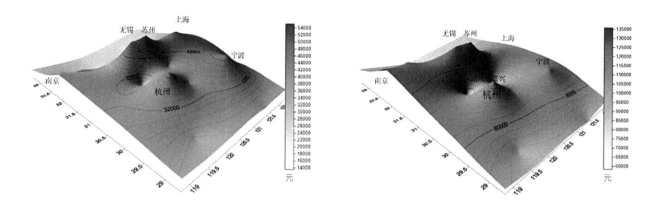

图 3.16　2005 年与 2015 年环长江口湾区人均 GDP 趋势面
资料来源：作者依据《中国城市统计年鉴》中的数据绘制。

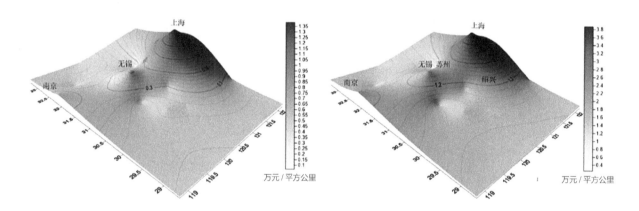

图 3.17　2005 年与 2015 年环长江口湾区单位土地面积 GDP 趋势面
资料来源：作者依据《中国城市统计年鉴》中的数据绘制。

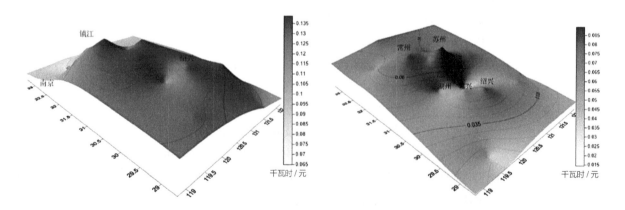

图 3.18　2005 年与 2015 年环长江口湾区单位 GDP 电耗趋势面
资料来源：作者依据《中国城市统计年鉴》中的数据绘制。

3. 海峡西岸湾区

从人口密度来看，厦门市的人口密度最高，呈现出从海峡西岸湾区雁行内部地区递减形态（图3.19）。

从人均GDP来看，海峡西岸湾区开始多级化，中心地区由厦门单中心格局演变为以福建省的福州、厦门、三明、龙岩四地为主的中心地区，其他地区与中心地区差距减小，且人均GDP在10年间均有大幅度增长（图3.20）。

从单位土地面积GDP来看，环海峡西岸湾区呈单中心形态，以厦门为中心，从沿海城市向内陆呈递减趋势，且其他城市与中心城市——厦门差距较大；至2015年，这一趋势并未减弱，但由图3.21右轴可以看出，这一指标总体上涨幅度较大，但形态趋势未发生变化，仍是以厦门为中心，向内陆递减。

就单位GDP电耗来看，2005年，海峡西岸湾区的"衢州－三明－龙岩"中轴线，是海峡西岸湾区中能耗较高的地区，且大都位于0.2千瓦时/元以上；至2015年，随着可持续发展的观念深入人心，生态经济的大力发展，湾区这一指标整体均有下降，仅有衢州市、三明市这一指标仍在0.1千瓦时/元以上，其他城市均小于这一数值。但湾区趋势整体变化不大，仍以该中轴线为能耗较高地区，向湾区两边逐渐减小（图3.22）。

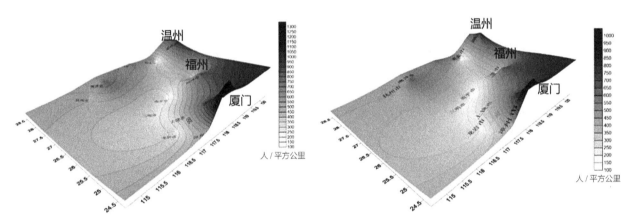

图3.19 2005年与2015年海峡西岸湾区市辖区人口密度趋势面
资料来源：作者依据《中国城市统计年鉴》中的数据绘制。

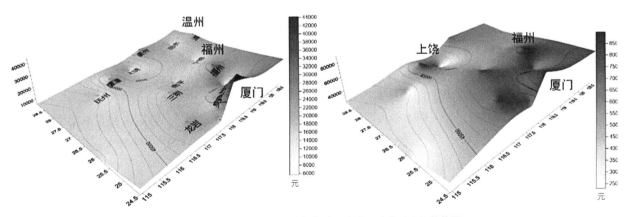

图3.20 2005年与2015年海峡西岸湾区人均GDP趋势面
资料来源：作者依据《中国城市统计年鉴》中的数据绘制。

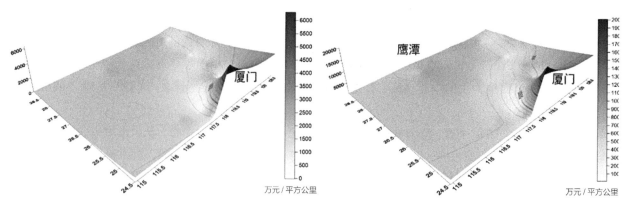

图 3.21　2005 年与 2015 年环海峡西岸湾区单位土地面积 GDP 趋势面
资料来源：作者依据《中国城市统计年鉴》中的数据绘制。

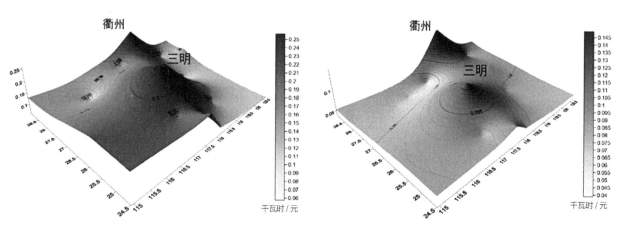

图 3.22　2005 年与 2015 年海峡西岸湾区单位 GDP 电耗趋势面
资料来源：作者依据《中国城市统计年鉴》中的数据绘制。

4. 粤港澳湾区

从市辖区人口密度来看，市辖区人口密度与建成区面积形态图形有较高的相似度，港澳人口密度遥遥领先于区域其他城市。广州、深圳人口密度虽不及港澳，但仍高于广东省其他城市。2005 年到 2015 年，香港、澳门、广州、深圳始终为人口密集区，且相对于区域内其他城市，人口密度优势越来越大，中心城市吸引力不断增强（图 3.23）。

从人均 GDP 来看，澳门人均 GDP 最高，香港位居第二，深圳、广州紧随其后，此外，佛山、中山也具有较高水平。2005—2015 年，四个中心城市中，澳门的优势愈发明显，成为区域增长极。10 年间，内地的广州、深圳相对于港澳仍然不占优势。珠三角城市快速发展，涌现出了佛山市等后起之秀；珠三角城市与广东省其他城市之间差距逐渐加大（图 3.24）。

从地均 GDP 来看，澳门和深圳水平较高，分别位居区域第一位和第二位；但广州和香港则地均 GDP 较小，与非中心城市差别不大。从 2005 年到 2015 年，佛山市和东莞市地均 GDP 增幅较大，位序居于前列（图 3.25）。

从单位 GDP 能耗来看，东莞市单位 GDP 能耗最高；此外，清远、汕头等地也具有较高的能耗。从 2005 年到 2015 年，东莞始终是区域内单位 GDP 能耗最高的地区。整体形态由 2005 年，五个城市单位 GDP 能耗远高于其他城市，到 2015 年，变化为珠三角内部城市水平逐渐相近，而与其他城市间差距逐渐增大。

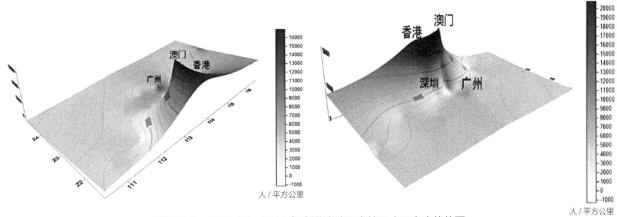

图 3.23　2005 年与 2015 年粤港澳湾区市辖区人口密度趋势面
资料来源：作者依据《中国城市统计年鉴》中的数据绘制。

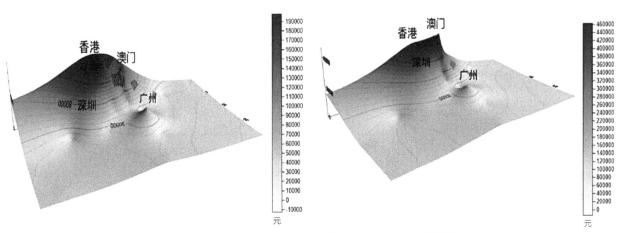

图 3.24　2005 年与 2015 年粤港澳湾区人均 GDP 趋势面
资料来源：作者依据《中国城市统计年鉴》中的数据绘制。

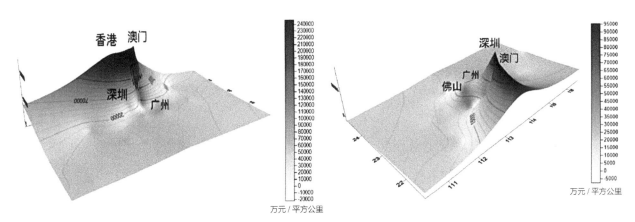

图 3.25　2005 年与 2015 年粤港澳湾区单位土地面积 GDP 趋势面
资料来源：作者依据《中国城市统计年鉴》中的数据绘制。

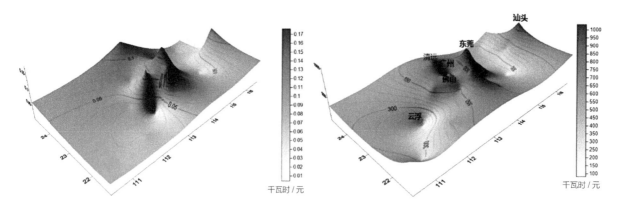

图 3.26　2005 年与 2015 年粤港澳湾区单位 GDP 电耗趋势面
注：香港与澳门特别行政区 2005 年、2015 年全社会用电数据缺失；江门市 2005 年全社会用电数据缺失。
资料来源：作者依据《中国城市统计年鉴》中的数据绘制。

单位 GDP 能耗数值过小，并不能说明城市经济效益高，而是表明城市经济不够活跃，有待发展；单位 GDP 能耗过高，则说明城市经济可能较为活跃，但存在利用率低、效率低的现象（图 3.26）。

5. 环北部湾湾区

从人口密度的空间分布来看，环北部湾湾区的人口密度空间形态分化较为明显，呈现出东高西低的态势。茂名、湛江、海口、玉林等位于东部的城市人口密度较高，南宁、崇左、防城港以及昌江等海南省直辖县的人口密度较低（图 3.27）。

从人均 GDP 来看，2005 年海口为区域高点，南宁、北海、茂名等城市水平较低；2015 年，包括南宁、防城港和钦州在内的西部城市人均 GDP 明显提高，处于区域突出位置，形成西高东低的格局（图 3.28）。

从单位土地的 GDP 产值来看，得益于第三产业的高附加值和低资源占用的特点；第三产业发达的海口在 2005 年和 2015 年都处于区域领先地位；此外，北海作为广西境内的旅游胜地，在地均 GDP 上表现也较为突出。从空间形态看，表现为大小双峰的形态，10 年内变化不大（图 3.29）。

从单位 GDP 的耗电量来看，10 年间，防城港维持区域内的较高能耗，南宁、玉林和茂名等城市单位 GDP 能耗明显降低，阳江、海口等城市的单位 GDP 能耗明显上升。形态上表现为从北高南低到西北 - 东南向突起、双侧凹陷的特点（图 3.30）。

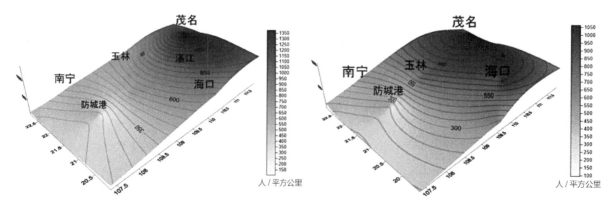

图 3.27　2005 年与 2015 年环北部湾湾区市辖区人口密度趋势面
注：不含儋州、东方、澄迈、临高、昌江。
资料来源：作者依据《中国城市统计年鉴》中的数据绘制。

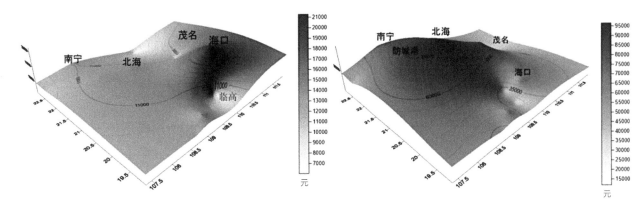

图 3.28　2005 年与 2015 年环北部湾湾区人均 GDP 趋势面
注：不含儋州、东方、澄迈、临高、昌江。
资料来源：作者依据《中国城市统计年鉴》中的数据绘制。

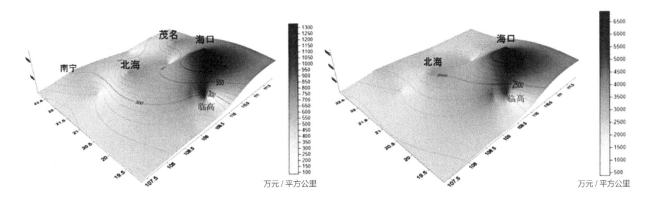

图 3.29　2005 年与 2015 年环北部湾湾区单位土地面积 GDP 趋势面
注：不含儋州、东方、澄迈、临高、昌江。
资料来源：作者依据《中国城市统计年鉴》中的数据绘制。

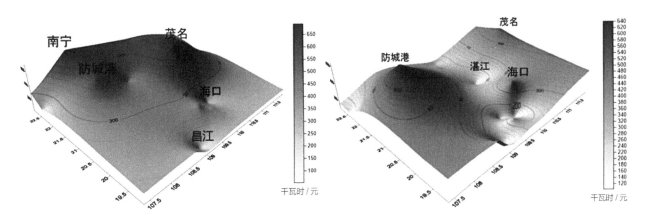

图 3.30　2005 年与 2015 年环北部湾湾区单位 GDP 电耗趋势面
注：不含儋州、东方、澄迈、临高、昌江。
资料来源：作者依据《中国城市统计年鉴》中的数据绘制。

3.2.4 趋势面特征总结

通过对五大湾区趋势面的空间直接观察，其趋势面在空间中呈现的形状各不相同，主要可以从长宽比、波峰与趋势凹陷的个数、陡度与距离来观测。依据五大湾区的经济规模趋势面，其趋势面特征见表3.2。

表3.2 根据趋势面特征的中国湾区分类

网络名称	长宽比	波峰数量	凹陷数	波峰位置	波峰陡度
环渤海湾湾区	低	双	单	双中心	双陡
环长江口湾区	低	双	无	双中心	双陡
海峡西岸湾区	低	单	无	偏心	一般
粤港澳湾区	低	双	无	双对角	一陡一缓
环北部湾湾区	低	单	无	中心	一般

趋势面的长宽比可以显示湾区的发展方向。总体来看，五大湾区的长宽比都比较低，一般而言，较高的长宽比反映出湾区发展方向单一，发展方向呈轴线发展，而较低的长宽比则反映出湾区的发展方向呈平面发展。

趋势面的峰数可以观测出湾区的中心个数。其中，环渤海湾湾区、环长江口湾区、粤港澳湾区3个湾区都有两个波峰，说明这些湾区内存在双核心；而环北部湾湾区与海峡西岸湾区均只有一个波峰，显示出它们存在单中心。

若湾区存在明显的凹陷，说明其内部某些城市的绩效远低于其他城市，显示出区域发展存在极度不均衡，不利于湾区的整体发展。环渤海湾湾区在两个波峰之间存在凹陷，海峡西岸湾区与环北部湾湾区也存在凹陷。

趋势面的波峰位置说明了湾区的中心位置，主要有中心、偏心、边、角等情况，反映了城市经济要素在空间中集聚的方向偏离。通过趋势面虽然可以从空间大概地把握其偏心的距离，但对其具体的偏心距离、各属性的移动距离与离散程度，还需要在第3.3节中进行详细分析。

趋势面波峰陡度显示出湾区内中心城市与其他城市的绩效差距。如果峰度过陡，说明城市间的差距较大，会导致中心城市集聚大量经济要素，掠夺了周边城市的发展机会；相反，如果峰度过缓，说明网络内不存在明显的集聚中心，在没有中心城市的带动作用下，也不利于湾区的发展。因此，比较理想的波峰应该是逐渐隆起的，即与周边区域存在差异，又不存在明显的越阶。同样的，趋势面对波峰陡度的分析是一种对集聚态势的分析，对其集聚态势的集聚与均匀程度辨别将在第3.4节中进行。

3.3 偏心态势分析

有关偏心态势分析的相关文献较少，一般是运用各种属性的各种资源重心与地理重心的重心位置及其之间的偏离距离、各种资源重心的移动距离与移动方向来研究湾区的偏心态势。本书作者曾运用重心分析，分析了1995—2005年间的长三角、环渤海和粤港澳湾区经济空间的重心轨迹。[35]

重心原为物理力学中的概念，指物体各部分所受重力产生合力的作用点，对于湾区的各种属性重心而言，可以理解为湾区内部各城市间各种资源属性矢量的重复博弈形成的平衡点。重心分析重点关注各种属性的平衡点在空间的分布特征和相互关系，即空间分布格局、距离、方位、轨迹、集聚、分散、随机、规则等关系（图3.31）。

3.3.1 计算方法

在重心分析中，相关数据指标的空间含义见图3.31。

在图3.31中，E、W、S、N、NE、SE、NW、SW代表方位标识；P_0、P_t、P_{t+1}分别代表地理重心、t年份与$t+1$年的各种资源属性重心；(x_0, y_0)、(x_t, y_t)、(x_{t+1}, y_{t+1})分别代表地理重心、t年份与$t+1$年的各种资源属性重心的坐标；Dev、Dev'（图中的D）分别代表各种资源属性重心的偏心距离与重心移动距离；θ代表相邻年份不同位置重心间的夹角，反映重心移动方向。

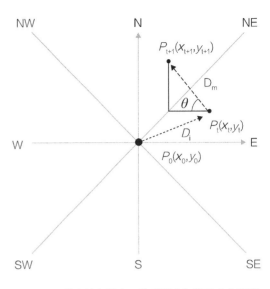

图3.31 重心偏心距离、移动距离与移动方向示意
资料来源：作者自绘。

各种资源属性重心的计算公式为：

$$x_{m,t,k} = \left(\sum_{i \in m} Per_{i,t,k} \cdot x_i\right) \bigg/ \left(\sum_{i \in m} Per_{i,t,k}\right), \quad y_{m,t,k} = \left(\sum_{i \in m} Per_{i,t,k} \cdot y_i\right) \bigg/ \left(\sum_{i \in m} Per_{i,t,k}\right) \tag{3-1}$$

其中，$x_{m,t,k}$与$y_{m,t,k}$分别为湾区m第t年k各种资源的经度与纬度坐标；$Per_{i,t,k}$分别为城市i第t年k各种资源数值；x_i与y_i分别为城市i的地理重心的经度与纬度坐标。

城市区域网络地理重心的计算公式为：

$$x_m = \sum_{i \in m} x_i, \quad y_m = \sum_{i \in m} y_i \tag{3-2}$$

其中，x_m与y_m分别为湾区m的地理重心的经度与纬度坐标。可以看出地理重心是各种资源属性重心$Per_{i,t,k}$取1的特殊形式。

在计算各种资源属性重心坐标的基础上，可以计算各属性重心的偏心距离、移动距离与移动方向。

偏心距离可以在平面上较为直接地反映各种资源分布的均衡程度及区域发展的空间差异。区域网络的地理重心本质也是一种资源属性重心，即次区域面积的重心。由于次区域面积固定不变，因此某一种资源属性的重心与地理重心的偏差在一定程度上显示了该种资源属性在湾区内部的"高密度"部位，其偏离的距离则显示出该种资源在网络内分布的均衡程度，参考地球两点间经纬度的距离公式，其计算公式为：

$$Dev_{m,t,k} = \frac{\pi \cdot r}{180} \cdot \arccos[(\sin(x_{m,t,k}) \cdot \sin(x_m) + \cos(x_{m,t,k}) \cdot \cos(x_m) \cdot \cos(y_{m,t,k} - y_m)] \tag{3-3}$$

其中，$Dev_{m,t,k}$为湾区m第t年k各种资源的偏心距离；r为地球半径，此处取6371公里。

重心移动距离主要反映了各种资源属性分布的变化幅度，其计算公式为：

$$Dev'_{m,t,k} = \frac{\pi \cdot r}{180} \cdot \arccos[\sin(x_{m,t,k}) \cdot \sin(x_{m,t-1,k}) + \cos(x_{m,t,k}) \cdot \cos(x_{m,t-1,k}) \cdot \cos(y_{m,t,k} - y_{m,t-1,k})] \tag{3-4}$$

其中，$Dev'_{m,t,k}$为湾区m第t年k各种资源的重心移动距离；$x_{m,t,k}$、$y_{m,t,k}$、$x_{m,t-1,k}$与$y_{m,t-1,k}$分别为湾区m

第 t 年 k 各种资源的经度与纬度坐标与第 t-1 年 k 各种资源的经度与纬度坐标。

重心移动方向主要反映了各种资源属性在湾区内分布此消彼长的方位，即图 3.31 中 P_t 与 P_{t+1} 连线与正东方向的夹角 θ，若以 $\theta(E)$ 表示向东移动 $\theta°$，则 t 年份重心移动方向的计算公式为：

$$\theta_{m,t,k}=\arctan\left|\frac{(y_{m,t,k}-y_{m,t-1,k})}{(x_{m,t,k}-x_{m,t-1,k})}\right| \qquad (3-5)$$

其中，$\theta_{m,t,k}$ 为湾区 m 第 t 年 k 各种资源的重心移动方向。

依据式（3-1）至式（3-5），计算得出 2003 年至 2011 年五大湾区的经济产出各种资源（折算后的 GDP）、固定资本存量、人力资本投入量与城市单位就业人口总量 4 个属性重心与地理重心的偏心距离、重心移动距离与重心移动方向，随后绘出 4 种资源属性重心与地理重心的散点图。

$Dis_{m,t}$ 为不同属性的经济资源重心间的距离差和，其计算公式为：

$$Dis_{m,t}=\frac{\sum_{k\neq k^*}^{n}|Dev_k-Dev_{k^*}|}{2n} \qquad (3-6)$$

3.3.2 特征分析

本书通过对 GDP、投资、人力资本与就业人口 4 种属性的重心与地理重心的重心位置、偏心距离、移动距离与移动方向的分析，可以从动态过程的角度探讨五大湾区的绩效分布空间结构变化过程和经济发展变迁间的内在联系，从而更精确地认识与把握中国湾区的绩效分布的平面变化。

将各湾区 2001 年至 2015 年间 4 种属性的重心与地理重心的重心位置以平面图的方式展现，可以直观地观测出重心间偏心距离的大小与移动轨迹。

从环渤海的重心位置来看，所有指标重心都位于地理重心的东北方向，且人力资本重心距离地理重心最远，这反映出资源特别是人力资源都集中在位于东北方向的两大核心城市北京和天津。从其偏心距离来看，人力资本重心和就业人口重心偏心距离先逐渐变大，在 2015 年又略微变小；投资重心偏心距离一直变小；而 GDP 重心偏心距离一直变大。这反映出虽然环渤海的投资重心有逐渐从核心城市流向其他城市的趋势，但由于人力资本在核心城市集聚，导致 GDP 的偏心距离越来越大。从重心移动距离来看，所有要素的移动距离呈现不均衡的状态。总体看来，人力资本重心和就业人口重心的移动距离有变缓的趋势（2015 年除外）；投资重心和 GDP 重心的移动距离开始增快，然后变缓，说明经济空间的演变程度总体趋缓（图 3.32）。

从环长江口湾区的重心位置来看，人力资本重心和就业人口重心开始位于地理重心的东北方向，后向南转移，而投资重心和 GDP 重心一直位于地理重心的东北方向，其中投资重心有向西移动的趋势。从移动距离来看，各属性

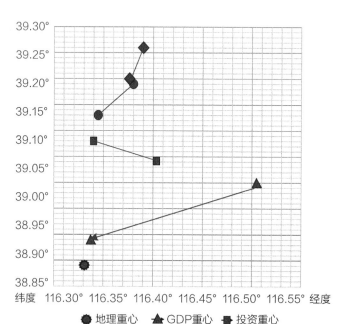

图 3.32 环渤海湾区不同资源重心移动轨迹
资料来源：作者自绘。

重心特别是 GDP 重心变化非常微弱，说明区域内资源流动较为平稳，经济空间的演变程度也逐渐变小。

从环长江口湾区的重心移动方向来看，人力资本重心和就业人口重心彼此靠近，且变化移动轨迹相同，开始位于地理重心的东北方向，后逐渐由北向南移动。说明长三角区域的就业人口与人力资本重合性大，随着经济发展和结构的变化，南部城市对人力资本的吸引力在增强；投资重心开始靠近人力资本中心和就业人口重心，后慢慢向 GDP 重心靠近，由东向西转移，但主要还是集中在东部，说明虽然投资逐渐逃离核心城市，但其经济核心一直位于东部（图 3.33）。

从海峡西岸湾区的重心移动方向来看，GDP、投资、人力资本与就业人口重心都相对靠近，均在地理重心的东北方向，且随时间进一步向东北移动，特别是投资重心的偏离程度更大，说明海峡西岸湾区的核心城市福州在湾区内的比重增强（图 3.34）。

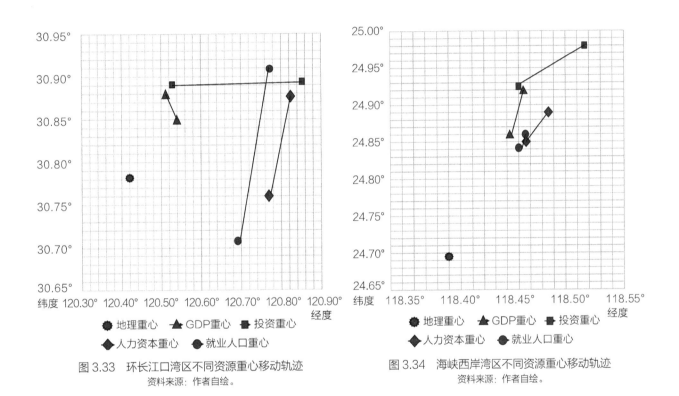

图 3.33　环长江口湾区不同资源重心移动轨迹
资料来源：作者自绘。

图 3.34　海峡西岸湾区不同资源重心移动轨迹
资料来源：作者自绘。

从粤港澳湾区的重心位置来看，因为广州与深圳两大核心城市位于东北，因此所有要素都位于地理重心的东北方向。各重心的移动体现在两大核心城市的角力，投资和 GDP 重心由西北向东南移动，即广州的投资与 GDP 增速大于深圳，而人力资本重心和就业重心由西北向东南移动，其移动的幅度大于投资与 GDP 的移动幅度，说明深圳的人力资本增幅远大于广州（图 3.35）。

从环北部湾湾区的重心位置来看，人力资本重心、就业人口重心与 GDP 重心，均在地理重心偏北靠东，随时间推移，均有向南靠近地理重心移动趋势。其中，人力资本重心、就业人口重心移动幅度更大，且更为重合。投资重心则从地理重心西北方向向东逐步移动，逐步接近地理重心。随时间推移，环北部湾湾区的资源重心愈发接近地理重心，且愈发集中（图 3.36）。

本书为了进一步对五大湾区的 4 个属性的各种资源重心的空间位置与移动趋势有一个比较全面的认知，按照湾区 4 个属性重心的偏心距离平均值的历年平均值及变动趋势、4 个属性重心之间距离差的历年平均值及变动趋势，对五大湾区进行分类（表 3.3）。

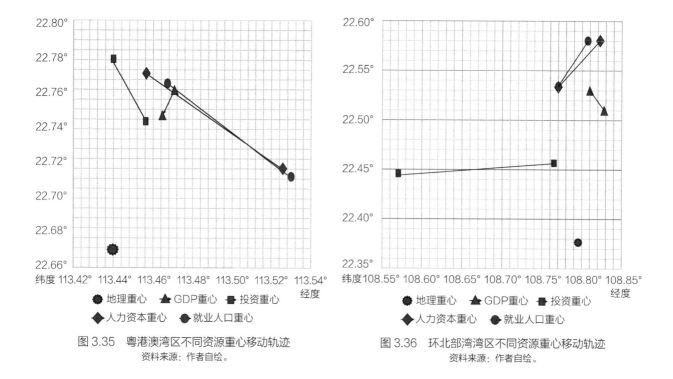

图 3.35 粤港澳湾区不同资源重心移动轨迹
资料来源：作者自绘。

图 3.36 环北部湾湾区不同资源重心移动轨迹
资料来源：作者自绘。

湾区的历年 4 个属性重心的偏心距离加总的平均值反映出湾区内资源要素总偏心程度。从中可以看出，环长江口湾区与环渤海湾湾区的资源要素的总偏差程度相对较高，均高于 100，资源分布距离地理重心较远；而海峡西岸湾区、粤港澳湾区、环北部湾湾区的资源分布距离地理重心较近。

4 个属性重心之间的距离差和 Dis，可以反映出经济要素在空间上的分布是否一致。同样是环渤海湾湾区与环长江口湾区的各资源重心在空间上的分布更分散，而其他 3 个湾区各资源重心在空间上的分布相对紧密。

表 3.3 中国湾区总偏离态势及趋势、多重心集聚态势及趋势

名称	总偏离		多重心集聚	
	态势	趋势	态势（Dis）	趋势
环渤海湾区	109.602	-1.036	78.394	0.983
环长江口湾区	130.785	0.965	52.302	1
海峡西岸湾区	58.357	0.998	24.349	-1.206
粤港澳湾区	41.406	-1.021	7.148	0.997
环北部湾湾区	34.22	0.906	17.236	0.949

根据湾区内资源要素总偏心程度及趋势，可以将湾区分为高偏离-离心型、高偏离-向心型、低偏离-离心型、低偏离-向心型（表 3.4）。

表 3.4　湾区内资源要素总偏心程度及趋势分类

	离心趋势	向心趋势
高偏离（>50公里）	环渤海湾区	环长江口湾区、海峡西岸湾区
低偏离（<50公里）	粤港澳湾区	环北部湾湾区

根据湾区内经济要素在空间布局方面是否一致，可以将湾区分为分散-趋异型、分散-趋同型、集聚-趋异型、集聚-趋同型（表3.5）。

表 3.5　湾区内经济要素在空间布局方面一致性

	多重心趋异	多重心趋同
多重心分散（>50公里）	—	环渤海湾区、环长江口湾区
多重心集聚（<50公里）	海峡西岸湾区	环北部湾湾区、粤港澳湾区

3.4　集聚态势分析

3.4.1　计算方法

与整体分析和偏心分析相比，集聚态势分析方面的相关文献较多。常见的分析方法主要有城市首位度、多中心性、规模-位序分析、空间基尼系数、金字塔图、碎化指数、均匀度指数、不平衡指数、熵值分析等。本书选用相对成熟且具有代表性的首位度、多中心性、规模-位序分析与空间基尼系数4种方法对五大湾区的集聚态势进行分析。

其中，城市首位律（Law of the Primate City）是由 M. 杰斐逊（M. Jefferson, 1939）[36] 提出的。他在研究51个国家的前三位城市人口规模的比例关系时，发现最大城市与第二城市在人口规模及政治、经济、社会、文化等方面存在巨大差距，他将这种大城市"赢者通吃"的现象定义为城市首位律，并将最大城市定义为首位城市（Primate City）。首位度的公式为：

$$S=\frac{P_1}{P_2} \tag{3-7}$$

其中，P_1、P_2 分别是整个湾区中绩效最大、第二大区域（城市）的相应数据。

基于城市群从"核心-边缘"结构向多中心结构演变，学界认为相对于传统的单中心结构，多中心结构可以控制地区不协调发展，以多个城市共同担当核心城市的职能。赵维良（2014）提出的多中心性的公式为：

$$D=\frac{C_1C_2+C_1C_3+C_2C_3}{3\sqrt{S}} \tag{3-8}$$

其中，D 为城市群体系空间分布系数，C_1C_2、C_2C_3、C_1C_3 为每个城市群3个最大的城市之间的距离；S 为该城市的总面积。D 越大即多中心性越强。

空间基尼系数是由 J. U. 马歇尔（J. U. Marshall, 1997）提出的，其借用了基尼系数的概念与计算方法。[37] 与首位度相比，基尼系数不仅只是关注大城市，还揭示了湾区内所有城市各种资源分布，因此更为全面地反映了湾区各种资源分布的集聚态势。本书计算湾区绩效分布各种资源基尼系数的公式为：

$$Gi_{m,t,k} = \frac{\sum\limits_{i,i^* \in m, i \neq i^*} \left| Per_{i,t,k} - Per_{i^*,t,k} \right|}{2 \cdot (n-1) \cdot Per_{m,t,k}} \quad (3-9)$$

其中，$Gi_{m,t,k}$ 为湾区 m 第 t 年 k 各种资源的各种资源基尼系数；$Per_{m,t,k}$ 为湾区 m 第 t 年 k 各种资源总量；$Per_{i,t,k}$ 与 $Per_{i^*,t,k}$ 分别为网络内 i 城市与 i^* 城市第 t 年 k 各种资源总量；n 为湾区内城市个数；$Gi_{m,t,k}$ 的取值范围为 [0, 1]，反映出湾区内绩效分布从平均到集中的态势变化。[27]

G. K. 齐普夫（G. K. Zipf，1949）发现在经济发达、城市网络发展阶段较高的国家与区域，城市规模与位序满足一种更加直观与简单的规律[38]：

$$Per_i R_i^q = Per_1 \quad (3-10)$$

将式（3-10）进行对数变换，得到：

$$\lg Per_i = \lg Per_1 - q \lg R_i \quad (3-11)$$

上式便是著名的齐普夫法则（Zipf's Law）。Per_1 为规模最大的各种资源，有学者称 $\lg Per_1$ 为"结构容量"（仵宗卿，2000）。[39] 对于近似满足齐普夫法则的湾区，其第二城市人口规模为第一城市的 1/2，第三城市人口规模为第一城市的 1/3……按照此规律，将规模-位序分布的图解点表示在双对数坐标图上，就会形成一条直线。当满足齐普夫法则时，两城市指数为 2；四城市指数为 13/12。对于式（3-11），若 q 值比较接近于 1，说明该湾区的规模分布态势较为接近齐普夫法则；若 q 值大于 1，说明较于齐普夫法则，该湾区的城市规模分布态势差异化更明显，即第一与其他高位次城市的发展相对更突出，经济资源垄断性较强，两极化趋势明显；若 q 值小于 1，则说明相较于齐普夫法则，该湾区的城市规模分布态势更为平均，第一与其他高位次城市的发展并不突出，经济资源相对比较分散；若 $q \to \infty$，则湾区内只有一个城市，所有人口等经济资源集中在一个城市；若 $q \to 0$，则湾区内所有城市占有的人口等经济资源都一样多。$q \to \infty$ 与 $q \to 0$ 只是两种理论极端情况，在实际中并不存在（周彬学，2012）。[28]

本书运用式（3-10）来分析五大湾区内部城市的各种资源与对应的位序是否存在分形关系，其对数形式为：

$$\ln Per_{i \in m,t,k} = W - q_{m,t,k} \ln R_{i \in m,t,k} \quad (3-12)$$

其中，$Per_{i \in m,t,k}$ 为湾区 m 内 i 城市第 t 年 k 各种资源；$R_{i \in m,t,k}$ 为其 i 城市第 t 年 k 各种资源在湾区内的位序；W 为常数；$q_{m,t,k}$ 为湾区 m 第 t 年分维数的绝对值，取值范围为 [0, ∞)，亦反映了湾区内绩效分布从平均到集中的态势变化。根据式（3-11）对湾区的相关数据进行一元线性回归分析时得出的相关系数、无标度区与 q 值，可以反映湾区的规模分布态势是否满足规模-位序与齐普夫法则。相关系数越接近 1，无标度区所占比重越高，该湾区的各种资源分布形态比较符合规模-位序法则，其分形特征较为显著，反之则不符合。湾区的各种资源分布态势是否满足规模-位序与齐普夫法则的条件见表 3.6（周彬学等，2012）。[28]

表 3.6 湾区的各种资源分布态势是否满足规模-位序与齐普夫法则的条件

条件	是否满足规模-位序法则与齐普夫法则
相关系数小	不满足规模-位序法则
相关系数大，q 不等于 1	满足规模-位序，不满足齐普夫法则
相关系数大，q 接近 1	基本满足齐普夫法则

3.4.2 特征分析

从首位城市来看，1998—2016 年间，环渤海湾湾区与环长江口湾区的首位城市分别为北京市与上海市，其优势明显，绩效远高于天津市与苏州市，首位城市之位从未易主。1998 年以来，环长江口湾区的首位度虽一直降低，但还是超过第二位的苏州约两倍；而环渤海湾湾区的北京市首位度虽经历波动，但也保持在 1.5 左右。环北部湾湾区原本的首位城市为湛江市，2005 年其被南宁超越，并逐步拉开趋势；2016 年首位度为 1.43。海峡西岸湾区的泉州市 1999 年自省会福州市夺得首位城市后，也一直保持着首位城市的头衔；2016 年首位度为 1.07，仅略高于福州。

粤港澳湾区则较为特殊。粤港澳湾区的首位城市香港，在 1998 年的 GDP 是第二位广州市的近八倍。随着改革开放，广州市与深圳市的 GDP 逐年大幅提升，交替成为第二位的城市；1998—2002 年广州为第二位，2003—2004 年被深圳短暂超越；2005—2016 年广州又超越深圳，但 2017 年深圳再次超越广州。两个城市你追我赶的同时，也逐步缩小了与香港的差距。2016 年香港的首位度仅为 1.09，随后在 2018 年，深圳 GDP 首次超越香港（图 3.37）。

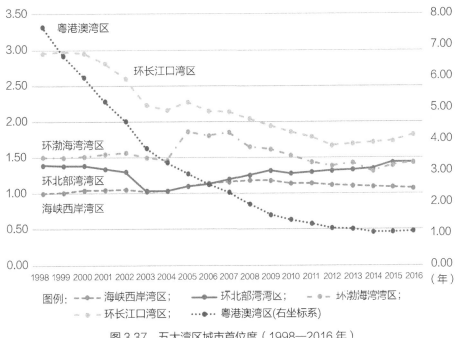

图 3.37　五大湾区城市首位度（1998—2016 年）
注：粤港澳湾区首位度数值为右侧的次坐标系。
资料来源：作者依据《中国城市统计年鉴》数据计算绘制。

从多中心性测算结果来看，环渤海湾湾区、海峡西岸湾区、粤港澳湾区、环北部湾湾区均在 0.6 左右。其中环渤海湾湾区多中心性最低，为 0.54。海峡西岸湾区与环北部湾湾区虽高于环渤海湾湾区，但均有一定下降，说明上述湾区的城市空间分布相对较为集中，前三大城市空间更为集中。环长江口湾区的多中心近期有所下降，但仍远高于 1.30。虽有所下降，探究其原因发现，盐城市的行政区域面积从 2005 年的第八位上升到 2015 年的第三位，行政区划的改变导致多中心性大小的波动。

从表 3.7 中规模 – 位序拟合的 R^2 来看，五大湾区的规模 – 位序拟合 R^2 均较高，大部分在 0.8 以上，仅 1999 年的海峡西岸湾区为 0.77，可以说五大湾区的城镇体系基本满足规模 – 位序法则。

从五大湾区规模 – 位序的 q 值来看，五大湾区的规模 – 位序态势与演变不尽相同，见图 3.38 至图 3.47。环长江口湾区、粤港澳湾区的 q 值变化不大，分别一直保持着较为平均与较为集中的规模 – 位序。环渤海湾湾区由先前的偏平均的规模 – 位序发展为偏集中的规模 – 位序。环北部湾湾区由先前的偏平均的规模 – 位序发展为符合齐普夫规模 – 位序法则。环北部湾湾区则相反，由先前的偏集中的规模 – 位序发展为偏平均的规模 – 位序。

表 3.7 五大湾区的首位度、多中心性、规模 – 位序 q 值与基尼系数

年份（年）	首位度		多中心性		规模 – 位序				基尼系数	
					q 值		R^2			
	1999	2016	2005	2015	1999	2016	1999	2016	1999	2016
环渤海湾湾区	1.51	1.44	0.54	0.54	0.85	1.03	0.80	0.90	0.224	0.389
环长江口湾区	2.95	1.82	1.37	1.30	0.86	0.85	0.83	0.90	0.230	0.322
海峡西岸湾区	1.00	1.07	0.65	0.56	1.51	0.78	0.77	0.92	0.405	0.281
粤港澳湾区	7.59	1.09	0.57	0.60	1.33	1.22	0.95	0.95	0.330	0.326
环北部湾湾区	1.39	1.43	0.80	0.62	0.90	1.00	0.90	0.86	0.217	0.273

资料来源：作者依据《中国城市统计年鉴》数据计算绘制。

根据五大湾区的空间基尼系数与规模 – 位序 q 值的范围，可以将湾区分为集聚型与分散性。根据本书作者的研究结论，空间基尼系数最优值应该为 0.3308。将 $Gi>0.3308$，$q>1$ 的湾区称为集聚型，这类湾区的各种资源分布态势较为集中；将 $Gi<0.3308$，$q<1$ 的湾区称为分散型，这类湾区的各种资源分布态势较为分散。我们综合五大湾区的规模 – 位序 q 值与基尼系数，可以看出，环渤海湾湾区、粤港澳湾区为集聚性，其他 3 个湾区为分散性。

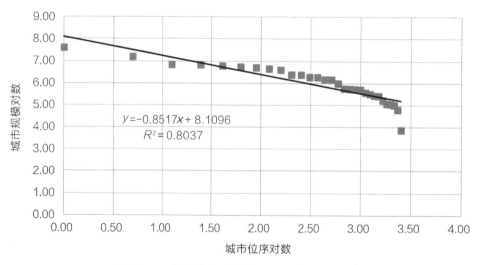

图 3.38 环渤海湾湾区城市规模 – 位序（1998 年）
资料来源：作者依据《中国城市统计年鉴》数据计算绘制。

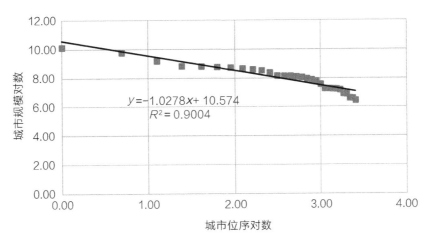

图 3.39　环渤海湾湾区城市规模 - 位序（2016 年）
资料来源：作者依据《中国城市统计年鉴》数据计算绘制。

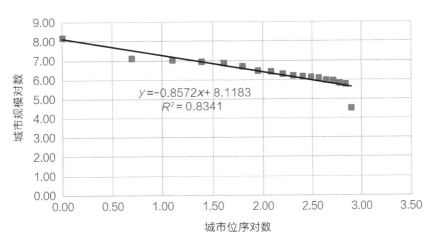

图 3.40　环长江口湾区城市规模 - 位序（1998 年）
资料来源：作者依据《中国城市统计年鉴》数据计算绘制。

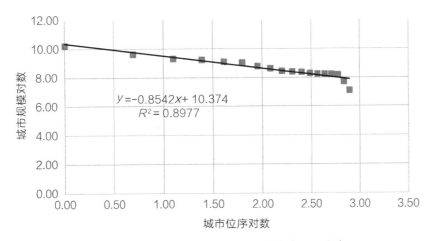

图 3.41　环长江口湾区城市规模 - 位序（2016 年）
资料来源：作者依据《中国城市统计年鉴》数据计算绘制。

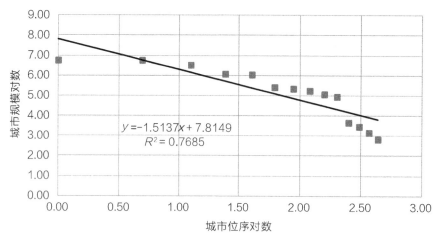

图 3.42　海峡西岸湾区城市规模-位序（1998 年）
资料来源：作者依据《中国城市统计年鉴》数据计算绘制。

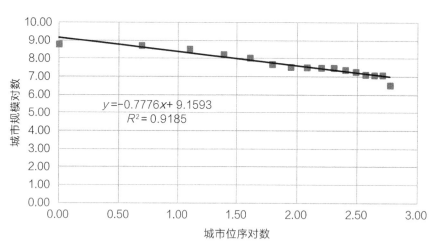

图 3.43　海峡西岸湾区城市规模-位序（2016 年）
资料来源：作者依据《中国城市统计年鉴》数据计算绘制。

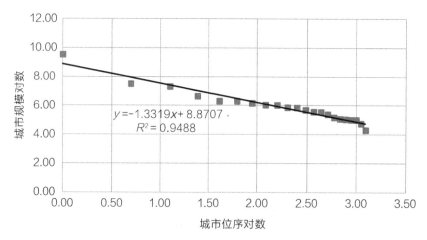

图 3.44　粤港澳湾区城市规模-位序（1998 年）
资料来源：作者依据《中国城市统计年鉴》数据计算绘制。

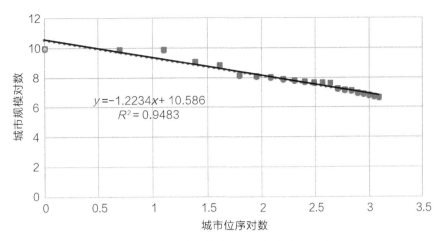

图 3.45　粤港澳湾区城市规模-位序（2016年）
资料来源：作者依据《中国城市统计年鉴》数据计算绘制。

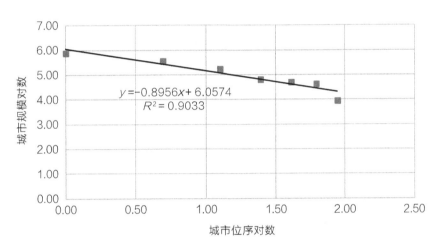

图 3.46　环北部湾湾区城市规模-位序（1998年）
资料来源：作者依据《中国城市统计年鉴》数据计算绘制。

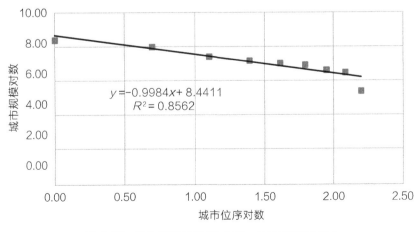

图 3.47　环北部湾湾区城市规模-位序（2016年）
资料来源：作者依据《中国城市统计年鉴》数据计算绘制。

而根据空间基尼系数与规模－位序 q 值的变动趋势，可以将五大湾区分为趋同型与趋异型。当变动趋势大于 0 时，说明从时间趋势来看湾区的各种资源分布是趋异；小于 0 则是趋同的。我们综合五大湾区的规模－位序 q 值与基尼系数的变化趋势，可以看出，环渤海湾湾区、环北部湾湾区为趋异型，其他 3 个湾区为趋同型。根据五大湾区集聚态势静态类型与动态趋势，本书将五大湾区分为集聚趋异型、集聚趋同型、分散趋异型与分散趋同型（表 3.8）。

表 3.8　五大湾区的集聚态势与集聚趋势分类

	趋异（>0）	趋同（<0）
集聚（Gi>0.33, q>1）	环渤海湾湾区	粤港澳湾区
分散（Gi<0.33, q<1）	环北部湾湾区	环长江口湾区、海峡西岸湾区

从绩效的角度来看，分散趋异型与集聚趋同型的湾区，包括粤港澳湾区与环北部湾湾区，具有自我调整功能，即从趋势来讲，其是逐渐接近理论值的；而集聚趋异型与分散趋同型的趋势则是偏离理论值，因此需要通过政策对其区域投资策略进行调整。

3.5　本章小结

本章用空间趋势面分析、重心分析、城市资源基尼系数、规模－位序 q 值从整体态势、偏心态势与集聚态势三个方面对五大湾区的城镇体系进行了分析，并依据其特征的异同进行了分类。

基于以上研究，我们可以发现：

第一，从规模实绩和产出效率两个方面的整体态势分析来看，环渤海湾湾区中北京与天津是核心城市，与其他城市差距较大；环长江口湾区中上海为一级中心，杭州和南京为二级中心，但苏州、无锡、常州等城市与二级中心城市差距较小；海峡西岸湾区以福州、厦门和温州为中心，与其他城市差距较大；粤港澳湾区中香港和澳门居于第一层级，广州和深圳居于第二层级；环北部湾湾区中省会城市南宁和海口中心地位显著。

第二，从偏心态势分析来看，环渤海湾湾区重点偏移缓慢，资源主要集中在京津地区；环长江口湾区重点变化微弱，经济核心一直在湾区东部；海峡西岸湾区重心正向湾区东北部移动，福州地位增强；粤港澳湾区重心在广州和深圳之间游移，呈现两大中心城市角力态势；环北部湾湾区重心现在在地理重心偏北靠东，但正向地理重心靠近。

第三，从集聚态势分析来看，环渤海湾湾区属于集聚趋异型，粤港澳湾区属于集聚趋同型，环北部湾湾区属于分散趋异型，环长江口湾区和海峡西岸湾区属于分散趋同型。集聚趋异型和分散趋同型偏离理论值，应通过区域投资策略进行调整。

因此，提出以下建议：

首先，大城市引领乃是发展大势。根据城镇化发展的普遍规律，人口、经济资源往往集中在大城市。大城市的集聚效应越好，越能发挥区域中心城市的影响力和辐射力，带动大中小城市和小城镇，促进区域协调发展。区域中心培育是有必要的，像海峡西岸湾区和环北部湾湾区这样整体实力不足的湾区，可以考虑先培育一个有国际竞争力的中心城市。一个有竞争力的中心城市，才能逐步带动湾区发展。

其次，培育中心城市需要注重质量。需要全面提升城市发展能级，加快构建与中心城市相匹配的交通基础设施，打造支撑城市发展的大平台，不断提升城市功能品质，并强化对湾区的辐射带动作用。

最后，多中心的湾区要发挥协作优势，避免同质竞争。多中心湾区更容易在外资引入、产业发展、人才吸引开展激烈竞争，从而分散整个湾区资源。因此，像环长江口湾区这样的多中心湾区应更加注重湾区一体化发展，加快打破各地的市场壁垒，促进市场和投资的一体化与便利化，实现城市良性竞争和互促互利。

第4章 通脉疏络：湾区多式交通分析

繁荣的湾区经济首先就是要将单独规划、各自为政的地区有机结合起来，加快区内融合以及与世界经济的对接。因此，互联互通就成为所有规划的前提，交通基础设施建设是全方位联通的首要工作，走在湾区建设的最前列。

本章通过分析五大湾区的公路货运量与客运量、水运货运量与水运客运量、民用航空货邮运量与民用航空客运量、航线数量等交通指标，整理作图来横向对比，得到关于五大湾区交通状况的比较，并通过交通运载的现状来分析各个湾区的对外开放程度以及发展程度等。在此基础上，将不同年份的数据进行纵向对比，以此深入了解各个湾区的发展进程、发展趋势和侧重点的转化，并探究产生这些结果的原因。

4.1 高速公路发展情况分析

4.1.1 五大湾区高速公路发展情况概述

1. 环渤海湾湾区

截至2018年年底，环渤海湾湾区共有公路通车里程335853.6公里，公路货运量达到613632万吨，占总货运量的94.54%；公路客运量达到165409万人，占总客运量的89.02%，可见公路运输方式是环渤海大湾区物资运输和人口流动较为重要的方式。

北京是环渤海湾湾区中重要的高速公路中心，京哈高速、京沪高速、京台高速、京港澳高速、京昆高速、京藏高速、京新高速、大广高速呈放射状连接全国各地以及环渤海湾湾区内的重要城市。相对于联系最为紧密的京津冀区域，辽东半岛和山东半岛两翼的联系较为松散，青银高速、荣乌高速、长深高速、沈海高速、鹤大高速、辽宁中部环线高速公路等高速公路是连接环渤海湾湾区两翼的重要通道。

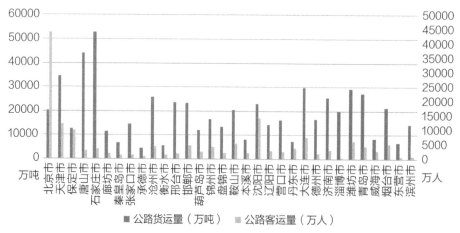

图4.1 2018年环渤海湾湾区公路货运量与客运量
资料来源：作者依据《中国城市统计年鉴》数据计算绘制。

2. 环长江口湾区

截至 2018 年年底，环长江口湾区共有公路通车里程 199003 公里，公路货运量达到 273228 万吨，占总货运量的 55.37%；公路客运量达到 120414 万人，占总客运量的 86.42%，可见公路运输方式是环长江口湾区交通运输的重要组成部分。上海和南京是重要的高速公路路网枢纽节点，G328、G204、G50、G15、G25、G40、G2 等国道连接了环长江口湾区各城市，也是环长江口湾区经济开放战略中重要的交通大动脉。

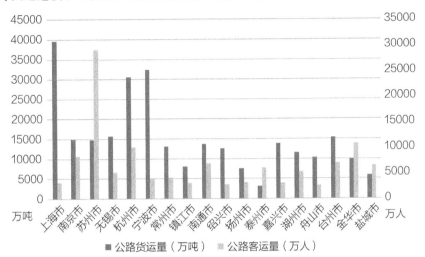

图 4.2 2018 年环长江口湾区公路货运量与客运量
资料来源：作者依据《中国城市统计年鉴》数据计算绘制。

3. 海峡西岸湾区

截至 2018 年年底，海峡西岸湾区共有公路通车里程 267238.38 公里，公路货运量达到 185168 万吨，占总货运量的 80.14%；公路客运量达到 82773 万人，占总客运量的 91.2%，公路运输方式也是海峡西岸湾区交通运输的重要组成部分。海峡西岸湾区内主要高速公里为泉厦高速、福厦高速、福泉高速、漳龙高速、福宁高速、福银高速等。

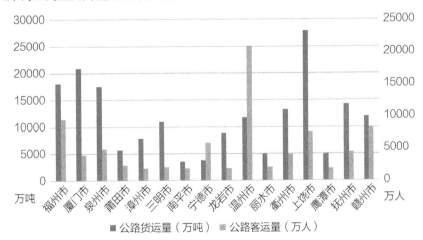

图 4.3 2018 年海峡西岸湾区公路货运量与客运量
资料来源：作者依据《中国城市统计年鉴》数据计算绘制。

4. 粤港澳湾区

截至 2018 年年底，粤港澳湾区共有公路通车里程 197580 公里，公路货运量达到 277735 万吨，占总货运量的 74.77%；公路客运量达到 87776 万人，占总客运量的 83.25%。粤港澳湾区各市间主要高速公路通道包括：广深港、广珠澳、广佛肇、广惠、深惠等放射线，广州环城高速、珠三角外环高速等环线，以及惠莞、中江、佛江珠等城际联络线。

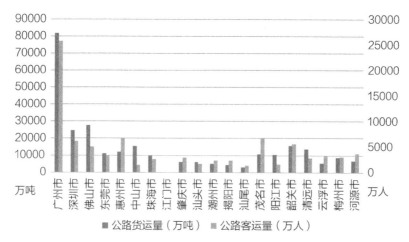

图 4.4　2018 年粤港澳湾区公路货运量与客运量
资料来源：作者依据《中国城市统计年鉴》数据计算绘制。

5. 环北部湾湾区

截至 2018 年年底，环北部湾湾区共有公路通车里程 72358.89 公里，公路货运量达到 106338 万吨，占总货运量的 84.36%；公路客运量达到 24286 万人，占总客运量的 77.70%。南宁市是重要的高速路网节点，高速路网比较稀疏，由于琼州海峡的隔断，位于海南的城市与环北部湾湾区其他城市并未有高速通道连接。G80、G72、G15 和 G209 等国道是环北部湾湾区主要的高速连接通道。

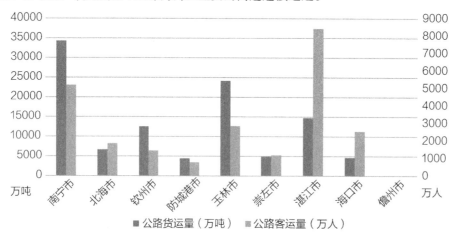

图 4.5　2018 年环北部湾湾区公路货运量与客运量
资料来源：作者依据《中国城市统计年鉴》数据计算绘制。

4.1.2　五大湾区公路交通等时圈分析

五大湾区交通 1 小时等时线采用 bdAstar 算法[1]，利用 2020 年全国交通出行大数据（包含主要道路日平均通行速度）、结合 2017 年全国交通道路网数据（包含高速公路、国道等各级所有公路），以各市市级人民政府所在地为出发点，基于 PostgreSQL[2] 数据库的 PostGIS[3] 空间地理数据扩展进行数据计算分析并生成，最终通过 ArcGIS 桌面应用软件对交通路网进行可视化渲染成图（图 4.6—图 4.10）。五大湾区的公路交通等时圈分析，是由城室科技（CitoryTech）协助完成的。

1　bdAstar 算法：双向 A 星算法。首先通过双向找寻最短路径，进而比较获得最优路径的一种统筹优化算法。
2　PostgreSQL（Postgres Structured Query Language），一种常见的关系型数据库。是一种特性非常齐全的自由软件的对象关系型数据库管理系统，是最初在 Postgres 中添加了一个 SQL（Structured Query Language，结构化查询语言）的翻译程序。
3　PostGIS（Post Geographic Information System），是对象关系型数据库系统 PostgreSQL 的一个扩展。PostGIS 提供如下空间信息服务功能：空间对象、空间索引、空间操作函数和空间操作符。同时，PostGIS 遵循 OpenGIS 的规范。

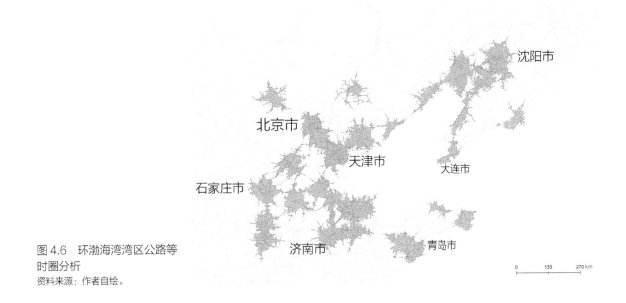

图 4.6　环渤海湾湾区公路等时圈分析
资料来源：作者自绘。

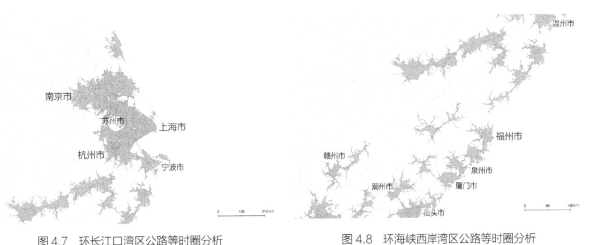

图 4.7　环长江口湾区公路等时圈分析
资料来源：作者自绘。

图 4.8　环海峡西岸湾区公路等时圈分析
资料来源：作者自绘。

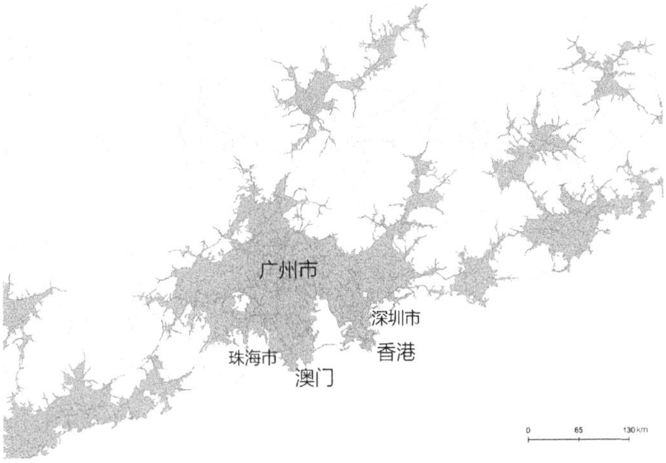

图 4.9　粤港澳湾区公路等时圈分析
资料来源：作者自绘。

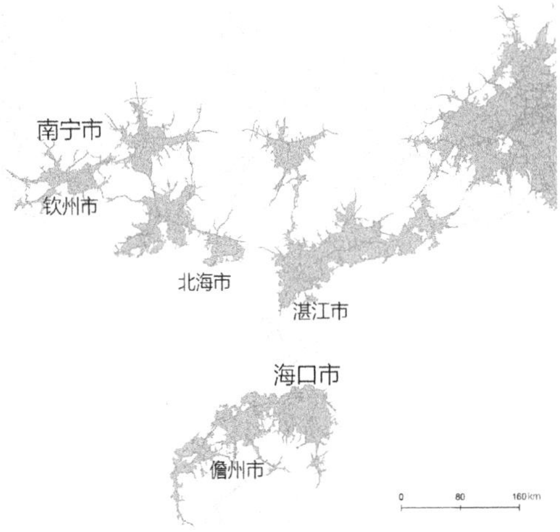

图 4.10　环北部湾区公路等时圈分析
资料来源：作者自绘。

4.2 铁路发展情况分析

4.2.1 环渤海湾湾区

1. 铁路网线发展情况

环渤海湾湾区内部的铁路主要有京包线、京承线、京通线、京九线、丰沙线、大秦线、锦承线、秦沈线、沈山线、沈吉线、沈丹线、营口线、胶新线、邯济线、胶济线、津蓟线等，其中高速铁路线路主要有京沪高速铁路、京津高速铁路。截至2017年，环渤海湾湾区共有火车站点979个。环渤海湾湾区内火车站分布密集，物资和人口的运输和交流快捷方便。

环渤海湾湾区铁路路网密集，铁路交通运输便捷。京津冀城市群发展历史悠久，是环渤海湾湾区内联系最为紧密的区域；辽东半岛城市群铁路沿海延伸，与沿海联系紧密；山东半岛城市群铁路路网较稀疏，铁路线路较少沿海岸线分布。

2. 高速铁路交通辐射范围

高铁的基础设施设计速度标准高，中国的高铁列车运营速度一般在250公里/时以上，车次分"G、D、C字母开头"三种。五大湾区在高铁建设方面都取得了一定的成就，初步建立起了湾区高铁网络，为跨区域的人口交流和物资运输提供高速、远程的运输方式。

环渤海湾湾区高铁建设较好，目前鞍山、保定、北京、本溪、沧州、大连、丹东、德州、邯郸、衡水、葫芦岛、济南、锦州、廊坊、辽阳、盘锦、秦皇岛、青岛、沈阳、石家庄、唐山、天津、威海、潍坊、邢台、烟台、营口、淄博、承德、张家口等30个城市均开通了高铁，仅有滨州、东营2个城市尚未开通高铁。滨东潍高铁作为京沪高铁第二通道的一部分，已列入国家《中长期铁路网规划》（2016—2030年）。该条高铁线路开通后，环渤海湾湾区将全面进入"高铁时代"。

截至2018年10月，环渤海湾湾区内往来的高铁班次有299次，直达的高铁站点有317个。环渤海湾湾区高铁能直达的北边最远的高铁站点有齐齐哈尔南站、珲春站等，即湾区内高铁辐射的最远城市有齐齐哈尔、绥化、哈尔滨和牡丹江等城市；从西北方向来看，环渤海湾湾区高铁能直达的最远的高铁站为运城北，湾区内高铁西北方向能到达的最远城市是西宁市；从西南方向来看，环渤海湾湾区主要有四条高铁线路向西南区域延伸，线路的终点站分别为成都东（成都市）、永川东（重庆市）、昆明南（昆明市）、海城西（北海市）；环渤海湾湾区往东南地区延伸的线路主要有两条，终点为广州南（广州市）、厦门北（厦门市）。此外，可以看出环渤海湾湾区与环长江口湾区交往密切，直通站点密集。

其中，环渤海湾湾区往来最密集的前十个高铁站点为北京南、天津、济南西、石家庄、郑州东、徐州东、沈阳北、天津西、北京西、沈阳，可以发现北京、天津仍是环渤海湾湾区往来最频繁的城市，往来最频繁的湾区外城市则是郑州、徐州（图4.11）。

3. 主要高铁站可达性分析

本书选择湾区主要的高铁站和机场进行可达性分析。高铁和飞机是湾区与外界进行快速交流的运输方式，湾区的路网结构将在很大程度上影响这些交通设施的可达性，城市道路交通的便利性将决定着旅客从出发地到高铁和机场的时间成本。本节主要为高铁站的可达性分析，对飞机可达性的分析则在第4.3.2节展开。

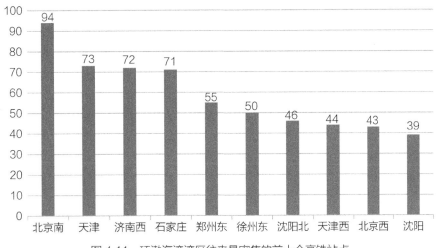

图 4.11 环渤海湾湾区往来最密集的前十个高铁站点
资料来源：作者自绘。

北京、天津、沈阳、青岛和济南是环渤海湾湾区重要的中心城市，也是重要的交通枢纽，主要的高铁站有北京南站、北京西站、天津南站、天津西站、天津站、塘沽站、沈阳站、沈阳北站、青岛北站、济南站、济南西站。

环渤海湾湾区地域辽阔，中心城市距离较远，高铁站间的距离也较远。比如，北京的高铁站与天津的高铁站自驾距离为 120 公里以上，与沈阳的高铁站自驾距离为 680 公里以上，与青岛的高铁站自驾距离为 660 公里以上，与济南的高铁站自驾距离为 400 公里以上，湾区内主要高铁站相距较远。因此，这些主要高铁站 2 小时自驾圈的辐射范围未能覆盖整个环渤海湾湾区，大部分地区与湾区的高铁枢纽的距离较远，出行时间长，出行成本高。

4.2.2 环长江口湾区

1. 铁路网线发展情况

联系环长江口湾区各市的铁路主要有新长线、京沪线、徐沛线、宁杭铁路客运专线、金山线、沪杭线、甬台温铁路等；高速铁路主要有京沪高速铁路、沪宁城际高速铁路、沪杭城际高速铁路等。环长江口湾区的铁路较为稀疏，上海、南京、杭州是主要的火车路网节点；但环长江口湾区城际高铁较为发达，目前有沪宁城际高速铁路和沪杭城际高速铁路，极大地缩短了环长江口湾区的时空距离，促使环长江口湾区的社会经济紧密联系。

截至 2017 年，环长江口湾区共有火车站点 193 个。上海 – 南京、上海 – 杭州、杭州 – 宁波这几条线路的火车站点十分密集，形成了环长江口湾区的"Z"形铁路运输框架，在上海、南京、杭州以及宁波这几个中心城市的互相作用和拉动下，沿线城市也在积极参与到环长江口湾区的发展中。

2. 环长江口湾区高铁交通辐射范围

环长江口湾区是中国高速铁路建设最为密集的重点区域之一。目前常州、杭州、湖州、嘉兴、金华、南京、南通、宁波、上海、绍兴、苏州、台州、泰州、无锡、扬州、镇江 16 个城市已开通高铁，盐城和舟山尚未开通高铁。但据相关报道，徐宿淮盐城际铁路于 2015 年 12 月 28 日正式开工建设，于 2019 年 12 月 16 日正式开通运营，促进盐城更快融入环长江口湾区；此外，甬舟高铁已列入规划，预计将于 2025 年通车，舟山将成为环长江口湾区最后一个通高铁的地级市。这两条高铁线路开通，将实现环长江口湾区"市市通高铁"的愿望。

截至2018年10月，环长江口湾区内往来的高铁班次有328次，直达的高铁站点有366个。环长江口湾区向外辐射的线路呈现清晰的"四纵四横"结构，最远可到达的站点有兴安北（鹤岗市）、红安西（酒泉市）、昆明南、南宁东（南宁市）、珠海（珠海市），其高铁辐射范围较环渤海湾湾区更远。

此外，环长江口湾区往来最密集的前十个高铁站点为南京南、上海虹桥、杭州东、昆山南、苏州、合肥南、常州、无锡、温州南、宁波，环长江口湾区内部往来十分密切（图4.12）。

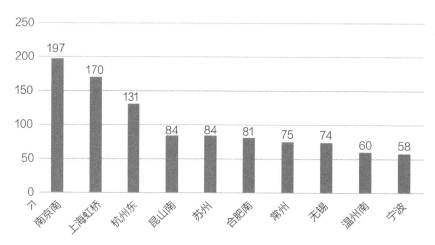

图4.12　环长江口湾区往来最密集的前十个高铁站点
资料来源：作者自绘。

3. 环长江口湾区主要高铁站可达性分析

上海、杭州和南京是环长江口湾区重要的中心城市和交通枢纽，主要的高铁站有上海虹桥站、南京南站、杭州东站、上海站、上海西站、南翔北站。

环长江口湾区总面积相对较小，中心城市分布也较为集中，高铁站之间相距较近，能很好地辐射覆盖整个湾区。上海的高铁站与南京的高铁站自驾距离为290公里以上，与杭州的高铁站自驾距离为160公里以上；杭州的高铁站与南京的高铁站自驾距离为280公里以上，主要高铁站之间自驾距离较短。因此，这些主要高铁站1小时自驾圈和2小时自驾圈的辐射范围能覆盖环长江口湾区的大部分地区，湾区内居民可以根据需要选择最近的高铁站，以此缩短出行时间和节约出行成本。相较于环渤海湾湾区，环长江口湾区的高铁布局更为合理，居民出行更加便捷。

4.2.3　海峡西岸湾区

1. 铁路网线发展情况

联系海峡西岸湾区各市的铁路主要有鹰厦线、漳泉线、温福铁路、漳龙线、福厦铁路、浙赣线等，路网较为稀疏，网格化布局比较明显，其中温福铁路和福厦铁路、漳泉铁路一起串联起了海峡西岸湾区中最为重要的几个沿海城市。截至2017年，海峡西岸湾区共有火车站点233个。从分布来看，海峡西岸湾区的火车站点分布稀疏，并不能辐射覆盖整个海峡西岸湾区。

2. 高铁交通辐射范围

海峡西岸湾区高铁纵贯南北，连接长三角、珠三角地区，大大促进了湾区经济发展。目前，湾区内福州、抚州、赣州、丽水、龙岩、南平、宁德、莆田、衢州、泉州、三明、厦门、上饶、温州、鹰潭、漳州16个地级市均已开通高铁。

此外，海峡西岸湾区往来最密集的前十个高铁站点为杭州东、上海虹桥、厦门北、金华、宁波、泉州、绍兴北、福州南、莆田、嘉兴南，海峡西岸湾区与杭州、上海往来密集（图4.13）。

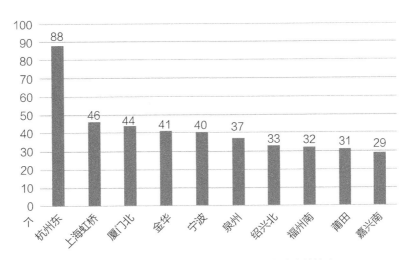

图4.13 海峡西岸湾区往来最密集的前十个高铁站点
资料来源：作者自绘。

截至2018年10月，海峡西岸湾区往来的高铁班次有199次，直达的高铁站点有298个。海峡西岸湾区向外辐射的区域主要是东中部区域，直达东北和西北的高铁站点较少。

3. 主要高铁站可达性分析

福州和厦门是海峡西岸湾区的中心城市，也是海峡西岸湾区内的交通枢纽，主要的高铁站有厦门北站、福州南站。

海峡西岸湾区总面积相对较小，中心城市沿海分布，主要的高铁站之间相距较近，厦门北站和福州南站自驾里程为232.2公里，驾车仅需2.5个小时。但这两个高铁站的交通辐射范围有限，主要是因为海峡西岸湾区的中心城市沿海分布，削弱了对内陆城市的辐射能力。

因此，这些主要高铁站1小时自驾圈和2小时自驾圈的辐射范围能覆盖海峡西岸湾区的沿海地区，对其内部腹地的辐射作用很小，不利于整个区域的协同发展。

4.2.4 粤港澳湾区

1. 铁路网线发展情况

联系粤港澳湾区各市的高速铁路主要有：广深港客专、贵广铁路、厦深客专等；普通铁路主要有：广深铁路、广茂铁路、广珠铁路、京九铁路等；城际轨道交通主要有：穗莞深城际轨道、广佛城际轨道、广珠城际轨道、莞惠城际轨道等。粤港澳湾区目前修建有大量的城际铁路，可见粤港澳湾区珠江口区域同城化现象明显。截至2017年，粤港澳湾区共有火车站点188个。可以发现，粤港澳湾区铁路运输呈放射状特征，即以珠江口为中心向粤东、粤西和粤北放射，但放射线路单一，铁路整体路网密度低。

2. 高铁交通辐射范围

粤港澳湾区高铁建设完善。目前，澳门、潮州、东莞、佛山、广州、河源、惠州、江门、揭阳、茂名、梅州、清远、汕头、汕尾、韶关、深圳、香港、阳江、云浮、肇庆、中山、珠海均已开通高铁，其中河源是广东最后一个通上高铁的城市。

截至 2018 年 10 月，粤港澳湾区内往来的高铁班次有 324 次，直达的高铁站点有 315 个。粤港澳湾区受地理区位影响，直达东北的高铁站点并不多，高铁能直达的站点主要分布在中部、西南以及东南区域，但相较于海峡西岸湾区，粤港澳湾区对西南、西北的辐射影响更大。

此外，粤港澳湾区往来最密集的前十个高铁站点是广州南、深圳北、长沙南、佛山西、潮汕、常平、东莞、广州东、衡阳东、虎门，粤港澳湾区内部往来非常频繁，此外粤港澳湾区内的城市与长沙和衡阳来往也十分密切（图 4.14）。

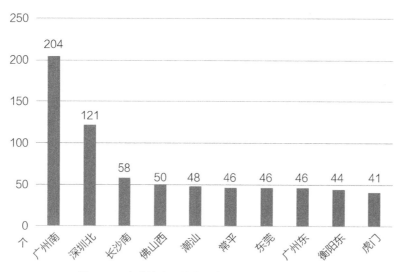

图 4.14　粤港澳湾区往来最密集的前十个高铁站点
资料来源：作者自绘。

3. 主要高铁站可达性分析

广州、深圳和香港是粤港澳湾区的三大核心城市，主要的高铁站有广州南站、广州北站、深圳北站、深圳坪山站、福田站、西九龙总站，这些高铁站是粤港澳湾区与周边区域连接的重要交通设施和枢纽。

粤港澳湾区的中心城市沿珠江口分布，珠江西岸和珠江东岸是粤港澳湾区经济最为发达的区域。广州南站、广州北站、深圳北站、深圳坪山站、福田站、西九龙总站也是粤港澳湾区最为活跃的高铁站，这些活跃的高铁站密集分布在珠江口区域，为珠江口区域经济联系和发展提供强大的交通基础。广州的高铁站到深圳的高铁站自驾距离为 140 公里左右，仅需 2 小时；深圳的高铁站与香港的高铁站自驾距离仅为 42 公里，自驾 50 分钟即可到达。但重要的高铁枢纽对粤东、粤西和粤北的辐射能力不强，这些高铁站 1 小时自驾圈和 2 小时自驾圈的辐射范围能覆盖粤港澳湾区的珠江口地区。

4.2.5　环北部湾湾区

1. 铁路网线发展情况

联系环北部湾湾区各市的铁路主要有：海南西环线、湛海线、黎湛线、钦北线、南防线、湘桂线等，铁路路网稀疏。截至2017年，环北部湾湾区共有火车站点118个。可以发现，广西区域内城市联系较为紧密，但与海南联系则较少。

2. 高铁交通辐射范围

环北部湾湾区高铁建设较为完善。目前，北海、东方、防城港、海口、临高、南宁、钦州、玉林、湛江、昌江、澄迈、儋州均已开通高铁，其中海南环岛铁路是海南省境内的高速铁路，线路呈环形状，连接着海南沿海25个高铁站点，极大方便沿线群众出行。

仅剩崇左尚未开通高铁，但即将修建的南凭高铁将经过崇左，高铁预计2021年开通，开通后将极大地缩短崇左与沿线城市的时空距离。

截至2018年10月，环北部湾湾区内往来的高铁班次有198次，直达的高铁站点有170个。环北部湾湾区高铁向外辐射的范围有限，其直达辐射区域远小于其他湾区。

此外，环北部湾湾区往来最密集的前十个高铁站点是南宁东、广州南、南宁、梧州南、柳州、海口东、三亚、佛山西、桂林、百色，环北部湾湾区内部来往较密集，与周边区域往来较密集（图4.15）。

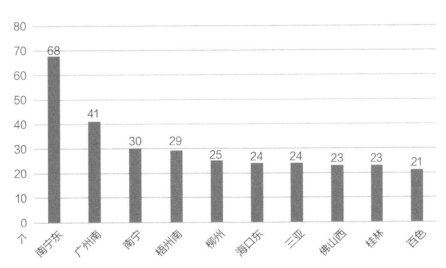

图4.15 环北部湾湾区往来最密集的前十个高铁站点
资料来源：作者自绘。

3. 主要高铁站可达性分析

南宁、湛江和海口是环北部湾湾区中比较发达的城市，主要的高铁站有南宁站、南宁东站、海口东站、美兰站，这些高铁站是环北部湾湾区与周边区域连接的重要交通设施和枢纽。

相较于其他几个湾区，环北部湾湾区内的城市呈现跨省、跨海峡的特点，这对环北部湾湾区的交通一体化提出了挑战。南宁高铁站到海口东站的自驾里程为481.4公里，到美兰站的自驾里程为506.4公里，两个高铁站相距较远，难以有效地覆盖环北部湾湾区的地区。2018年7月1日，湛江高铁站"湛江西站"开通，形成了环北部湾湾区高铁网络，更好地发挥了高铁这一快速交通方式的作用。湛江西站到美兰站自驾里程为196.5公里，需要4个小时左右；到南宁高铁站自驾里程为325.6公里，需要4个小时左右。湛江西站开通后，这几个主要的高铁站2小时自驾圈能较好地覆盖环北部湾湾区，湾区内居民能在2小时车程里乘坐到高铁。

4.3 港口发展情况分析

五大湾区几乎包含了我国整个海岸线和港口，是对外贸易和水上运输的中心。因此，研究五大湾区的港口吞吐量和机场吞吐量等，有助于我们对于我国对外水上贸易的现状和发展有进一步的了解。并且，五大湾区包含了我国几个主要的城市群，研究它们的交通现状有助于我们更好地理解各个城市经济群之间的交互作用和沟通机制，以及它们的发展状况。本节我们将在对五大湾区港口概述的基础上，重点选择了10个港口进行港城融合分析。

4.3.1 港口发展概述

1. 环渤海湾湾区

水运运输量大、成本低，是湾区经济发展和对外开放的重要运输方式。2018年，环渤海湾湾区水运货运量达到35248万吨，占总货运量的5.43%；水运客运量达到2145万人，占总客运量的1.15%。环渤海湾湾区的水运运输占比是五大湾区中最低的，水运运输尚未成为环渤海湾湾区物资运输和人口往来的主要交通方式。从各城市的货运量来看，环渤海湾湾区在10年间的主要港口吞吐的城市和中心没有较大的转变，只是在10年内湾区整体的货运量都有较大幅度的提高，并且在渤海湾沿岸占有最大比例并均匀分布。从各城市的客运量来看，环渤海湾湾区水运客运量主要集中于最外端的两个顶点区域，包括烟台市、威海市、青岛市与大连市（图4.16）。

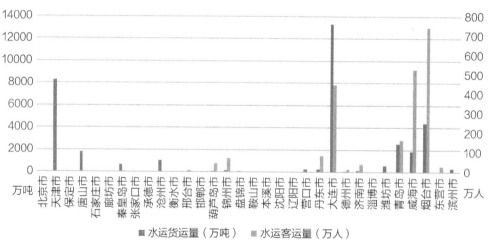

图4.16　2018年环渤海湾湾区水运货运量与水运客运量
资料来源：作者依据《中国城市统计年鉴》数据计算绘制。

港口是湾区水运运输最为活跃的平台，环渤海区域港口群由辽宁、京津冀和山东沿海港口群组成，主要有天津港、唐山港、青岛港、大连港、营口港、烟台港、黄骅港、秦皇岛港、丹东港、锦州港、威海港、潍坊港、滨州港、东营港、葫芦岛港、盘锦港16个港口，这些港口主要进出口煤炭、石油、天然气及制品、钢铁、金属矿石。2016年，这些港口的港口吞吐量达到了35.08亿吨，集装箱吞吐量达到8841.57吨（图4.17）。

2. 环长江口湾区

因长江入海口的泥沙淤积，形成了环长江口湾区等天然大湾区。2018年，环长江口湾区水运货运量达到219703万吨，占总货运量的44.52%；水运客运量达到6849万人，占总客运量的4.92%。从数据来看，

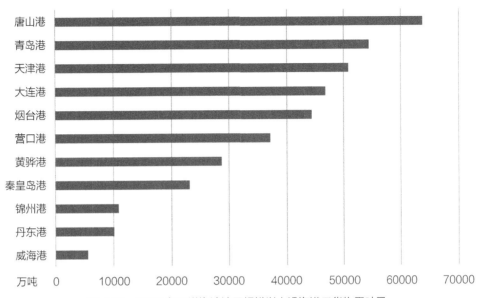

图 4.17　2018 年环渤海湾湾区规模以上沿海港口货物吞吐量

资料来源：作者依据交通部官网统计数据绘制。

水运是环长江口湾区交通运输的主要组成部分。从各城市的货运量来看，环长江口湾区的中心港口吞吐城市主要集中在上海、宁波、舟山，根据10年前后的数据对比，显示出环长江口湾区呈现出从中心并逐渐向外扩散式发展的趋势。从各城市的客运量来看，2007年环长江口湾区的客运大多数集中于长三角城市群的北部，2018年环长江口湾区的客运则向南发展，并且在舟山、苏州、杭州等地有着较高的比例（图4.18）。

环长江口湾区港口资源丰富，主要有宁波舟山港、上海港、苏州港、南京港、南通港、无锡港、泰州港、镇江港、扬州港、常州港、徐州港、盐城港、嘉兴港、台州港、杭州港、湖州港、绍兴港、金华港。这18个港口2016年的港口吞吐量达到了38.46亿吨，集装箱吞吐量达到7169.91吨。其中，上海港集装箱吞吐量、宁波舟山港货物吞吐量均位居全球第一，国际航运、贸易和金融较为发达（图4.19）。

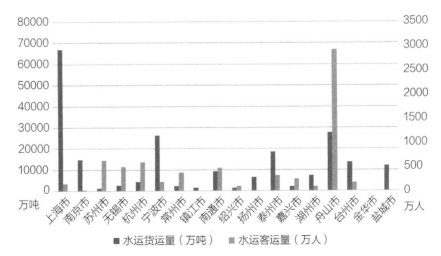

图 4.18　2018 年环长江口湾区水运货运量与水运客运量

资料来源：作者依据《中国城市统计年鉴》数据计算绘制。

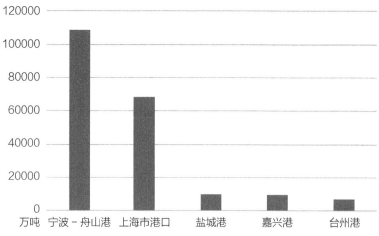

图 4.19　2018 年环长江口湾区规模以上沿海港口货物吞吐量
资料来源：作者依据交通部官网统计数据绘制。

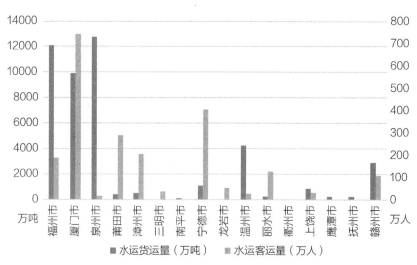

图 4.20　2018 年海峡西岸湾区水运货运量与水运客运量
资料来源：作者依据《中国城市统计年鉴》数据计算绘制。

3. 海峡西岸湾区

海峡西岸湾区地处东南沿海，泉州、福州、厦门都是全国的优良港口城市，特别是泉州，作为海上丝绸之路的起点，地理位置显著。厦门、福州更是海峡西岸湾区的经济发达城市，具有一定的国际影响力。2018年，海峡西岸湾区水运货运量达到 45690 万吨，占总货运量的 19.78%；水运客运量达到 2225 万人，占总客运量的 2.45%。水运这一运输方式也是海峡西岸湾区中比较重要的部分。在各城市的货运量方面，海峡西岸湾区的水运货运主要集中在厦门、福州、温州、泉州等知名沿海城市。从各城市的客运量来看，首先，海峡西岸湾区 10 年间的水运客运持续集中于厦门；其次是宁德、莆田、漳州等地，在 10 年内客运总数有大幅的上升（图 4.20）。

海峡西岸湾区是由泉州湾、厦门湾、福州湾等多个小湾区组成的湾区，港口主要有温州港、赣州港、福州港、厦门港、泉州港。这 5 个港口 2016 年的港口吞吐量达到了 5.69 亿吨，集装箱吞吐量达到 1494.56 万吨。温州港、福州港、厦门港、泉州港是海峡西岸湾区最为重要的港口，港口吞吐量都有 1 亿吨左右（图 4.21）。

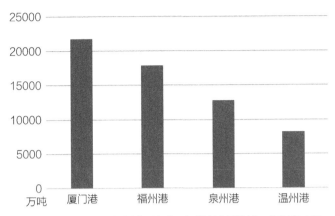

图 4.21 2018 年海峡西岸湾区规模以上沿海港口货物吞吐量
资料来源：作者依据交通部官网统计数据绘制。

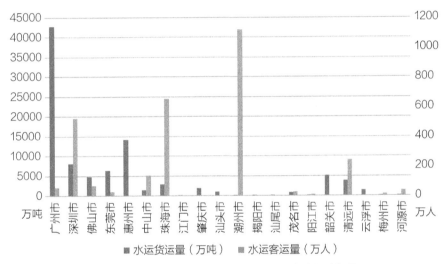

图 4.22 2018 年粤港澳湾区水运货运量与水运客运量
资料来源：作者依据《中国城市统计年鉴》数据计算绘制。

4. 粤港澳湾区

2018 年，粤港澳湾区水运货运量达到 93435 万吨，占总货运量的 25.16%；水运客运量达到 2883 万人，占总客运量的 2.73%。粤港澳湾区水运运输也是货物运输的重要方式之一。从各城市的货运量来看，从 2007 年到 2018 年，呈现出越来越集中于以广州和香港为中心的发展趋势，几乎占据着八成以上的水运货运运输量。从各城市的客运量来看，2007 年主要的客运量集中于香港、深圳；2018 年，潮州、珠海也逐步发展起来（图 4.22）。

粤港澳湾区以环珠江口的城市为湾区核心，包括香港、澳门、深圳、广州、珠海、惠州、东莞、中山等地，以广东其他地市及湖南、江西等临粤地区为湾区腹地，不仅包括广州港、深圳港、珠海港、香港维多利亚港、澳门港、湛江港、汕头港等枢纽港口，还包括江门港、潮州港、虎门港、中山港等地区性重要港口。粤港澳湾区港口众多，包括广州港、香港港、深圳港、东莞港、珠海港、江门港、中山港、佛山港、汕头港、肇庆港、茂名港、阳江港、汕尾港、韶关港、澳门港、惠州港，其中深圳港、广州港和香港港是世界排名前十的超级港口。粤港澳湾区 2016 年港口吞吐量达到 16.20 亿吨，集装箱吞吐量达到 5801.64 万吨（图 4.23）。

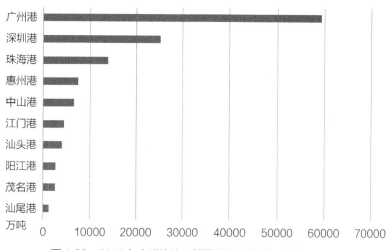

图 4.23　2018 年粤港澳湾区规模以上沿海港口货物吞吐量
资料来源：作者依据交通部官网统计数据绘制。

5. 环北部湾湾区

环北部湾湾区是位于我国南海西北部的一个半封闭海湾，北临广西，西临越南，东临雷州半岛和海南岛。环北部湾湾区以崇左、南宁、防城港、钦州、北海、湛江、海口为湾区核心城市，以广西、海南、粤西为湾区腹地。2018 年，环北部湾湾区货运量达到 19633 万吨，占总货运量的 15.60%；水运客运量达到 2070 万人，占总客运量的 6.62%。从各城市的货运量来看，环北部湾湾区在 10 年前的水运货运的主要城市在防城港与湛江，但是 10 年后内陆部分的港口吞吐向中部转变，并且海口成为最主要的货运中心，南宁与钦州也有一定发展。从各城市的客运量来看，环北部湾湾区的港口客运几乎全部集中于琼州海峡两岸，以海口为中心，其次为湛江、北海（图 4.24）。

环北部湾湾区主要海港有湛江港、海口港、防城港、钦州港、北海港、南宁港等港口，与越南接壤，直接面向东南亚。环北部湾湾区 2016 年港口吞吐量为 5.59 亿吨，集装箱吞吐量为 392.898 万吨（图 4.25）。

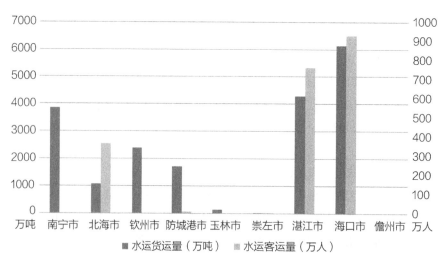

图 4.24　2018 年环北部湾湾区水运货运量与水运客运量
资料来源：作者依据《中国城市统计年鉴》数据计算绘制。

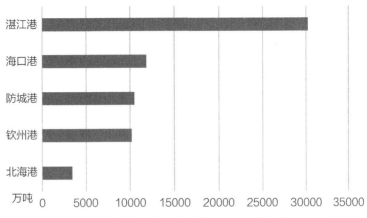

图 4.25　2018 年环北部湾湾区规模以上沿海港口货物吞吐量
资料来源：作者依据交通部官网统计数据绘制。

4.3.2　港城融合分析

湾区的发展与港口密切相关，"港因城兴，城因港兴"，湾区内城市与港口通常是相互依存的关系，没有哪个港口的发展不依托于城市，也没有哪个港口城市不在服务港口发展、分享港口发展成果。港城融合是港口和城市相互促进的结果，将促进城市发展。港、产、城的融合和联动，共同促进湾区蓬勃发展。

湾区的发展往往要经历四个阶段：（1）港口经济阶段。这一时期，港口城市经济活动单一，主要是装卸运输，范围局限于港区内部，对于周边城市的经济发展推动也不显著。此阶段港口是湾区最重要的形态，港口区位优势起决定作用。（2）工业经济阶段。这一时期，港口城市以临港工业为主导，经济活动范围向港区外扩展，港口城市成为制造业中心。加上工业文明和海洋运输的优势，推动了临港工业的集聚发展。以日本东京湾区为例，由横滨港、东京港等 6 个港口延伸发展，形成了京滨、京叶两大工业地带。（3）服务经济阶段。这一时期，湾区以服务业为主导，港口经济活动拓展至周边城市，湾区核心城市成为区域或全球资源配置的重要节点。此阶段出于劳动力成本及环境保护等原因，临港工业大规模转移，金融、船舶租赁等服务业兴起，城市功能由制造中心向生产服务中心转移，湾区核心城市对周边小城市的辐射带动作用更为显著。（4）创新经济阶段。这一阶段，湾区经济活动范围更广阔，经济创新显著，形成多极增长的区域发展格局。此阶段的主要代表是美国旧金山湾区。经过前期几个阶段的发展，旧金山湾区的人才、资本、技术、文化等诸多要素集聚融合，规模效益促进了创新型经济的兴盛，使其成为全球高新技术的发祥地。

世界三大湾区"旧金山湾区"、"纽约湾区"和"东京湾区"都已转向服务经济阶段和创新经济阶段，这两个阶段中湾区已从单一的生产仓储功能转向集聚服务和创新功能的场所。根据世界湾区的经验建设创新型、服务型湾区，是湾区发展的目标，需要将资源要素向港口倾斜，建设港口、发展港口、服务港口、保障港口，促进港、产、城的融合和联动发展。

使用 POI 类别数据识别湾区港口周边 20 公里的区域街道单元的用地功能类型。POI 类别有产业生产功能、道路与交通服务功能、公共管理与公共服务功能、公用设施功能、金融商业功能、居住生活功能、绿地与广场功能、娱乐休闲功能 8 类，依据每个街道空间单元上 POI 的数量和类别进行识别和分析每一个地块的功能。目前，将地块的功能类别分为 9 类。从各类 POI 的总量来看，从类别 1 到类别 9，POI 的总量逐渐提升。

类别1的街道单元的8种类型的POI均最少，是港区中土地利用率低的空间单元；类别2的各类型POI总量也较少，数量仅高于类别1；类别3除绿地与广场功能与公用设施功能外，其他功能POI高于类别2。除产业生产功能、娱乐休闲功能外，类别4的其他功能的POI都高于类别3；类别5的所有功能均高于类别4；类别6的绿地与广场功能的POI低于类别5，其他功能均高于类别5；类别7的绿地与广场功能类别POI低于类别5与类别6，其他类别的POI比较丰富，该类街道单元港区产业发展较好，居住设施、生活服务设施和生产服务设施也发展良好。类别8的绿地与广场功能、居住与生活功能最丰富，娱乐体现休闲功能略低于类别7与类别9，其他功能则略低于类别9，位居第2位。类别9除绿地与广场功能、居住与生活功能低于类别8，其他功能均排名第1。

表4.1 港口周边20公里内街道单元用地分类及其功能POI排名

	类别1	类别2	类别3	类别4	类别5	类别6	类别7	类别8	类别9
产业生产	9	8	6	7	5	4	3	2	1
娱乐休闲	9	8	6	7	5	4	2	3	1
绿地与广场	9	7	8	6	3	4	5	1	2
居住生活	9	8	7	6	5	4	3	1	2
金融商业	9	8	7	6	5	4	3	2	1
公用设施	9	7	8	6	5	4	3	2	1
公共管理与公共服务	9	8	7	6	5	4	3	2	1
道路与交通服务	9	8	7	6	5	4	3	2	1

依据以上分类，进一步分析五大湾区港口融合程度，对比2014年和2017年的港口融合程度，分析各个湾区港口的发展趋势和现状。

1. 环渤海湾湾区

环渤海湾湾区内有秦皇岛港、唐山港、黄骅港、天津港、青岛港、烟台港、威海港、潍坊港、滨州港、东营港、丹东港、大连港、营口港、葫芦岛港、锦州港、盘锦港等众多港口，其中货物吞吐量最大的两个港口为天津港和唐山港，因此重点对这两个港口进行分析。

天津港地处渤海湾西端，位于海河下游及其入海口处（地理坐标为：北纬38°59′08″，东经117°42′05″），是环渤海中与华北、西北等内陆地区距离最短的港口，也是首都北京的海上门户和亚欧大陆桥最短的东端起点。天津港的历史最早可以上溯到汉代，自唐代以来形成海港。1860年正式对外开埠，是我国最早对外通商的港口之一。天津新港始建于1939年，中华人民共和国成立后经过3年恢复性建设，于1952年10月17日重新开港通航。这之后天津港凭借优良的地理区位，发展迅速。

改革开放后，天津港周边的街道从2014年到2017年具有显著变化。2014年，大部分北塘街道、寨上街道、新港街道、渤海石油街道、新城镇、大沽街道以及胡家园街道属于类别2和类别4，这两类空间单元各类型POI类别并不多；新河街道则属于类别6，各类型功能较完善。总体而言，2014年天津港周边发展较不完善；但到2017年，各街道空间单元功能完善程度和产业发展程度都得到改善，多个街道POI数量变多，港口周边功能更加丰富多样，其中新河街道变化明显，各类型POI数量都位居湾区的前列，发展迅速。

唐山港是我国沿海的地区性重要港口，能源、原材料等大宗物资专业化运输系统的重要组成部分，位于河北省唐山市东南，距唐山95公里，距秦皇岛105公里，距天津180公里。唐山港发展较迟缓，各街道空间单元的用地功能为类别4，产业生产功能等各类型POI数量均非常少，港口和周边区域不发达，生活服务和生产服务不健全。此外，从2014年到2017年，这一状况并未得到改善。

2. 环长江口湾区

环长江口湾区内上海市港口、苏州港、南京港、南通港、镇江港、无锡港、泰州港、常州港、徐州港、盐城港、扬州港、宁波舟山港、嘉兴港、台州港、杭州港、湖州港、绍兴港、金华港等众多港口，其中货物吞吐量最大的两个港口为宁波舟山港和上海市港口，因此重点对这两个港口进行分析。

上海港是中国上海市港口，位于中国海岸线中部、长江入海口处，港区陆域7.2平方公里。隋代初年（589—604年），华亭设镇，上海地区最早的内河港口市镇形成。清道光二十二年（1842年），《中英南京条约》签订，上海定为5个通商口岸之一。1996年1月，上海启动建设国际航运中心。之后历时20多年的发展，上海港已成为跻身全球前十位的超级港口。

2014年，上海港大部分街道各类POI产业生产功能丰富，生活服务和生产服务基本完善，主要属于类别4与类别5；到2017年，个别街道进行了部分整合，增加了很多用地留白（类型1和类型2）。

2006年，宁波舟山港管理委员会成立。"宁波舟山港"名称自2006年1月1日起正式启用，原"宁波港"和"舟山港"名称不再使用，宁波港和舟山港进入协同发展时期。2013年，根据中港网（http://www.chineseport.cn/）发布的2013年全球十大港口货物吞吐量统计，宁波舟山港成为全球首个8亿吨港。

相较于上海港，宁波舟山港发展更好，并且从2014年和2017年的业绩来看，其发展速度也较快。总的来讲，宁波舟山港周边区域容纳了更多的产业生产功能，其生活服务和生产服务配套非常完善，其中位于北仑区的新碶街道最为发达，属于类型3。2017年，宁波舟山港进一步发展，增加了类型8与类型9的用地。

3. 海峡西岸湾区

海峡西岸湾区内主要有温州港、赣州港、福州港、厦门港、泉州港等港口，其中货物吞吐量最大的两个港口为福州港和厦门港，因此重点对这两个港口进行分析。

福州港地处台湾海峡西岸，福建省海岸线的中点，闽江下游的河口段，北距沙埕港125海里，南距泉州港157海里、厦门港200海里，为中国沿海主枢纽港之一，沿海主要外贸口岸及闽台贸易重要港口。福州港上可溯闽江沟通闽江水系，下可泛海至省内外各港和世界上许多港口，自古以来便是闽江流域货物的集散地。

福州港外围街道属于类别4，这类型街道各类型POI数量均很少，发展不良；中心地区的街道则较发达，且发展迅速。到2017年，出现了类型9、类型8、类型6的用地，其中鼓山镇已成为产业发达、服务完善的多功能街道。

厦门港开港于1843年，地处福建省东南的厦门市和漳州市，位于九龙江入海口，面向东海，濒临台湾海峡，与台湾、澎湖列岛隔水相望，为我国东南海疆之要津，入闽之门户。相较于其他港口，厦门港周边区域十分发达，各街道功能丰富多样，位于厦门本岛和本岛周边的街道是最发达的区域，说明厦门港港城融合非常好。相较于2014年，2017年厦门港周边增加了众多类型9、类型8、类型7的街道。

4. 粤港澳湾区

粤港澳湾区内有广州港、香港港、深圳港、东莞港、珠海港、江门港、中山港、佛山港、汕头港、肇庆港、茂名港、阳江港、汕尾港、韶关港、澳门港、惠州港等众多港口，其中货物吞吐量最大的两个港口为广州港和深圳港，因此重点对这两个港口进行分析。

广州港是中国广东省广州市港口，地处珠江入海口和珠江三角洲地区中心地带，濒临南海，毗邻香港和澳门，东江、西江、北江在此汇流入海。广州港港口历史悠久。秦汉时期，广州古港是中国对外贸易的港口。唐宋时期，"广州通海夷道"是远洋航线。清朝，广州成为中国对外通商口岸和对外贸易的港口。1978年以来，广州港发展成为中国综合运输体系的重要枢纽和华南地区对外贸易的重要口岸。

可见，广州港港口历史十分悠久，其与广州城区相互交融，彼此促进，港城融合程度高。因此，可以发现广州港周边区域非常发达，各类POI丰富多样，营造出一个非常活跃的港区。

深圳港是中国广东省深圳市港口，位于广东省珠江三角洲南部，珠江入海口，伶仃洋东岸，毗邻香港，是珠江三角洲地区出海口之一。深圳港口的直接腹地为深圳市、惠州市、东莞市和珠江三角洲的部分地区，转运腹地范围包括京广铁路和京九铁路沿线的湖北、湖南、江西、粤北、粤东、粤西和广西的西江两岸。

深圳港口建设于20世纪80年代，相较于广州港，历史并不悠久，但其与深圳市区联系紧密，城区与港区协同发展。深圳港周边区域发展十分迅速，到了2017年，大部分街道的类别为类型9，各类功能的POI数量均非常多，深圳港周边活力无限。

5. 环北部湾湾区

环北部湾湾区内港口较少，主要有防城港、湛江港、海口港等港口，其中货物吞吐量较大的两个港口为海口港和防城港，因此重点对这两个港口进行分析。

海口港位于海南岛北部，北隔琼州海峡与我国广东省雷州半岛相望，是海南省对外贸易的重要口岸，现与日本、朝鲜、马来西亚、新加坡、泰国、印度尼西亚、科威特、沙特阿拉伯等20多个国家和地区有贸易运输往来。

海口港建设较早，离海口秀英区较近。海口秀英区近年来发展迅速，海南国际会议中心就在秀英区。海口港与海口城区距离较近，得到了较好的发展，一些类型5的街道提升为类型9。

防城港市地处广西北部湾经济区的核心区域和华南经济圈、西南经济圈与东盟经济圈的结合部。防城港始建于1968年3月，是中国唯一一个与东盟陆海相通的城市，与越南相连，被称为"海上胡志明小道"的起点。

防城港建设较晚，其所在城市防城港市较不发达，并且港口离市中心较远。城区与港口互动较少，防城港周边区域各类功能较少，虽然一部分街道从类型1提升为了类型5，但尚需进一步完善。

4.4 空港发展情况分析

4.4.1 环渤海湾湾区

1. 机场概况

机场是湾区进行远距离、快速运输的重要基础设施，能衡量其对全国乃至全球的交通辐射能力。环渤海湾湾区共有民用机场22个，分别为：北京首都国际机场、北京大兴国际机场、北京南苑机场、天津滨海国际机场、石家庄正定国际机场、张家口宁远机场、邯郸马头机场、济南遥墙国际机场、东营胜利机场、潍坊南苑机场、烟台蓬莱国际机场、威海国际机场、青岛流亭国际机场、唐山三女河机场、秦皇岛北戴河国际机场、锦州锦州湾国际机场、鞍山腾鳌机场、沈阳桃仙国际机场、营口兰旗机场、大连周水子国际机场、承德普宁机场、丹东浪头国际机场，这些机场分布较为均匀。

2019年，环渤海湾湾区机场旅客吞吐总量246122918人次，货邮吞吐量达到3100037吨，起降架次达到1800605次。其中，北京首都国际机场旅客吞吐量排名全国第一，货邮吞吐量全国排名第二，是环渤海湾湾区重要的空运枢纽（表4.2）。

表4.2 2019年环渤海湾湾区机场吞吐情况

机场名	旅客吞吐量（人次）		货邮吞吐量（吨）		起降架次（架次）	
	名次	本期完成	名次	本期完成	名次	本期完成
北京首都国际机场	1	100013642	2	1955286.0	1	594329
青岛流亭国际机场	16	25556278	14	256298.8	18	186500
天津滨海国际机场	19	23813318	16	226162.7	20	167869
沈阳桃仙国际机场	22	20544044	17	192477.6	25	145350
大连周水子国际机场	24	20079995	20	173533.8	23	154976
济南遥墙国际机场	25	17560507	24	135263.0	26	129994
石家庄正定国际机场	37	11922801	39	53229.7	41	90970
烟台蓬莱国际机场	39	10052929	38	57060.9	44	86441
北京南苑机场	47	5060412	48	15513.5	72	33521
北京大兴国际机场	53	3135074	70	7362.3	88	21048
威海国际机场	54	3090766	60	9228.1	77	25694
邯郸马头机场	107	970700	124	1026.1	51	64904
东营胜利机场	111	880145	147	488.4	62	45718
秦皇岛北戴河国际机场	142	506522	156	378.8	76	26013
唐山三女河机场	143	505175	121	1057.7	165	5341
潍坊南苑机场	151	468598	49	13844.9	171	4613
承德普宁机场	157	424397	199	45.1	190	3218
营口兰旗机场	158	406536	166	276.5	175	4279
锦州锦州湾国际机场	161	385467	133	801.007	188	3248
张家口宁远机场	173	304009	197	49.5	195	2776
丹东浪头国际机场	179	259048	141	652.1	209	2053
鞍山腾鳌机场	194	182555	238	0	215	1750

2. 主要机场的可达性分析

相较于高铁，机场能提供更快、更远的交通服务，其能与全国乃至全球各地的机场建立交通联系，是湾区发展中重要的基础设施。湾区内城市交通路网的密度和机场的空间布局将影响人们乘坐飞机的便捷程度，湾区内主要机场的可达性更为重要，湾区内大型机场的航班数、通航城市更多。

沈阳桃仙国际机场、青岛流亭国际机场、天津滨海国际机场、北京南苑机场、北京首都国际机场、济南遥墙国际机场是环渤海湾区内的重要机场，其旅客和货物吞吐量都位列湾区前列。但环渤海湾区内的几个重要机场间距离较远，首都国际机场与天津滨海国际机场的自驾里程在146公里以上，与沈阳桃仙国际机场的自驾里程在713.3公里，与青岛流亭国际机场的自驾里程在650公里以上，与济南遥墙国际机场的自驾里程在400公里以上。

因此，环渤海湾湾区重要机场的1小时自驾圈和2小时自驾圈覆盖范围有限，人们尚不能在2小时车程里快速到达湾区内大型机场，飞机出行的便捷性较低。

3. 机场交通辐射范围

机场是湾区对外交流的重要基础设施，它能极大地压缩区域之间的时空距离。五大湾区都有排名靠前的超级机场，为各个湾区的发展提供助力。环渤海湾湾区的22个机场，这些机场共有176个通航城市，总航班次数达到3139班次，其中5小时飞行圈内的为147个城市。

根据环渤海湾湾区内各个班次的起飞时间和到达时间，计算每个班次的飞行时间，并依据班次的飞行时间，划分环渤海湾湾区的"2小时飞行圈"、"3小时飞行圈"和"5小时飞行圈"，具体结果如表4.3。

表4.3 环渤海湾湾区"飞行圈"城市名单

飞行时间	城　市
2小时飞行圈（22个）	锦州市、朝阳市、承德市、赤峰市、秦皇岛市、锡林浩特市、天津市、大连市、东营市、临沂市、烟台市、乌兰察布市、大同市、唐山市、威海市、忻州市、济南市、通辽市、鄂尔多斯市、青岛市、北京市、沈阳市
3小时飞行圈（68个）	洛阳市、连云港市、固原市、阜阳市、衢州市、临汾市、庆阳市、徐州市、太原市、通化市、榆林市、吕梁市、呼和浩特市、包头市、巴彦淖尔市、兴安盟、石家庄市、长治市、潍坊市、济宁市、锡林郭勒盟二连浩特市、南通市、淮安市、白山市、日照市、哈尔滨市、南京市、齐齐哈尔市、常州市、舟山市、长春市、延边朝鲜族自治州、乌海市、合肥市、池州市、信阳市、汉中市、营口市、鞍山市、达州市、运城市、金华市、十堰市、郑州市、邯郸市、无锡市、上海市、南阳市、大庆市、井冈山市、襄阳市、杭州市、延安市、松原市、安庆市、广元市、中卫市、盐城市、景德镇市、天水市、黄山市、宜春市、牡丹江市、上饶市、鸡西市、白城市、伊春市、宁波市
5小时飞行圈（57个）	南平市、佳木斯市、银川市、南昌市、咸阳市、武汉市、扬州市、永州市、常德市、温州市、泸州市、宜昌市、呼伦贝尔市、赣州市、台州市、怀化市、南充市、陇南市、昭通市、铜仁市、衡阳市、龙岩市、福州市、绵阳市、兰州市、长沙市、遵义市、厦门市、西宁市、成都市、重庆市、金昌市、泉州市、黑河市、广州市、毕节市、恩施市、阿拉善盟、三明市、哈密市、凉山彝族自治州、六盘水市、张家界市、深圳市、宜宾市、揭阳市、贵阳市、惠州市、梅州市、大理白族自治州、佛山市、桂林市、大兴安岭地区、珠海市、黔西南布依族苗族自治州、嘉峪关市、柳州市

注：环渤海湾湾区城市为起飞城市，计算到达各城市机场的平均飞行时间。

4. 民用航空货邮运量与客运量分析

2018年，环渤海湾湾区民用航空货邮运量为215.11吨，占总货运量的比例为0.000003%，占比较低；民用航空客运量为18260万人，占总客运量的比例为9.83%。在环渤海湾湾区的机场的客货运之中，北京首屈一指，其他的货运中心还有天津、大连、济南、石家庄、沈阳，客运中心则主要是青岛等城市（图4.26）。

4.4.2 环长江口湾区

1. 机场概况

环长江口湾区共有民用机场13个，分别为：盐城南洋机场、扬州泰州国际机场、南京禄口国际机场、

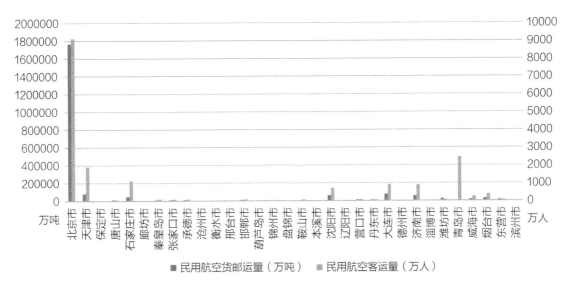

图 4.26 2018 年环渤海湾湾区民用航空货邮运量与民用航空客运量
资料来源：作者依据《中国城市统计年鉴》数据计算绘制。

常州奔牛国际机场、南通东兴国际机场、无锡苏南硕放国际机场、上海虹桥国际机场、上海浦东国际机场、杭州萧山国际机场、宁波栎社国际机场、舟山普陀山机场、金华义乌机场、台州路桥机场，机场分布均匀。

2019 年，环长江口湾区机场旅客吞吐总量 230408057 人次，货邮吞吐量达到 5492066 吨，起降架次达到 1663113 次。其中，上海浦东国际机场、上海虹桥国际机场、杭州萧山国际机场和南京禄口国际机场旅客吞吐量排名靠前，是环长江口湾区重要的空运枢纽。相较于环渤海湾湾区，环长江口湾区旅客吞吐量排名全国前十的机场更多（表 4.4）。

表 4.4　2019 年环长江口湾区机场吞吐情况

机场	旅客吞吐量（人次）		货邮吞吐量（吨）		起降架次（架次）	
	名次	本期完成	名次	本期完成	名次	本期完成
上海浦东国际机场	2	76153455	1	3634230.4	2	511846
上海虹桥国际机场	8	45637882	8	423614.7	10	272928
杭州萧山国际机场	10	40108405	5	690275.9	9	290919
南京禄口国际机场	11	30581685	12	374633.5	11	234869
宁波栎社国际机场	33	12414007	29	106120.2	42	89487
无锡苏南硕放国际机场	42	7973446	22	145128.2	52	62483
常州奔牛国际机场	50	4052342	45	33161.0	57	55446
南通东兴国际机场	51	3484484	42	42263.1	70	34580
扬州泰州国际机场	57	2979668	51	12440.6	65	41422
盐城南洋机场	72	2090304	64	8684.4	98	19099
金华义乌机场	74	2029109	54	10612.863	108	15511
舟山普陀山机场	87	1521949	142	622.6	81	24190
台州路桥机场	92	1381321	56	10278.5	127	10333

2. 重要机场的可达性分析

上海浦东国际机场、上海虹桥国际机场、杭州萧山国际机场和南京禄口国际机场是环长江口湾区内的重要机场，其旅客和货物吞吐量都位列全国前列。环长江口湾区内这几个重要机场空间分布较合理，上海虹桥国际机场与杭州萧山国际机场的自驾里程在160公里左右，与南京禄口国际机场的自驾里程在272.9公里；杭州萧山国际机场和南京禄口国际机场的自驾里程在270公里左右。这几大机场间的距离恰当，每个机场的2小时自驾圈覆盖区域相连，且重叠部分较少，既方便湾区内居民出行，又减少了机场间不必要的竞争（图4.38）。

3. 机场交通辐射范围

环长江口湾区内的13个机场共有157个通航城市，总航班次数达到2177班次，其中5小时飞行圈内的为116个城市。

根据环长江口湾区内各个班次的起飞时间和到达时间，计算每个班次的飞行时间，并依据班次的飞行时间，划分环长江口湾区的"2小时飞行圈"、"3小时飞行圈"和"5小时飞行圈"，具体结果如表4.5。

表4.5 环长江口湾区"飞行圈"城市名单

飞行时间	城　市
2小时飞行圈（16个）	宁波市、南京市、上海市、舟山市、淮安市、安庆市、温州市、盐城市、连云港市、池州市、上饶市、日照市、阜阳市、合肥市、南平市、龙岩市
3小时飞行圈（48个）	南昌市、青岛市、东营市、临沂市、泉州市、洛阳市、福州市、衡阳市、济宁市、信阳市、烟台市、赣州市、威海市、厦门市、常德市、梅州市、大连市、武汉市、襄阳市、郑州市、鞍山市、石家庄市、长沙市、长治市、景德镇市、南阳市、济南市、运城市、忻州市、太原市、潍坊市、秦皇岛市、天津市、揭阳市、佛山市、北京市、恩施市、宜昌市、宜春市、张家界市、沈阳市、铜仁市、临汾市、井冈山市、三明市、锦州市、吕梁市、邯郸市
5小时飞行圈（52个）	广州市、天水市、桂林市、六盘水市、深圳市、泸州市、永州市、咸阳市、达州市、十堰市、南充市、重庆市、汉中市、营口市、广元市、唐山市、贵阳市、通辽市、珠海市、绵阳市、柳州市、惠州市、长春市、毕节市、安顺市、榆林市、鄂尔多斯市、三亚市、琼海市、宜宾市、哈尔滨市、黔西南布依族苗族自治州、包头市、呼和浩特市、南宁市、湛江市、海口市、朝阳市、成都市、遵义市、北海市、银川市、兰州市、大同市、昭通市、延安市、乌兰察布市、赤峰市、通化市、昆明市、延边朝鲜族自治州、白山市

注：环长江口湾区城市为起飞城市，计算到达各城市机场的平均飞行时间。

4. 民用航空货邮运量与客运量分析

2018年，环长江口湾区民用航空货邮运量为513.19吨，占总货运量的比例为0.00001%，为五大湾区中比例最高的；民用航空客运量为12067万人，占总客运量的比例为8.66%。环长江口湾区的机场吞吐集中在上海，其次是杭州和南京，然后是宁波，这种格局在10年内几乎不存在变化。环长江口湾区的民用航空客运主要集中在上海、杭州、南京、宁波（图4.27）。

4.4.3 海峡西岸湾区

1. 机场概况

海峡西岸湾区共有民用机场10个，分别为：衢州机场、上饶三清山机场、南平武夷山机场、温州龙湾国际机场、三明沙县机场、赣州黄金机场、龙岩连城冠豸山机场、福州长乐国际机场、泉州晋江国际机场、

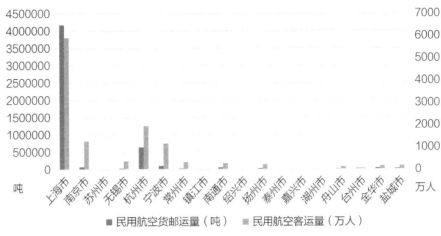

图 4.27　2018 年环长江口湾区民用航空货邮运量与民用航空客运量
资料来源：作者依据《中国城市统计年鉴》数据计算绘制。

厦门高崎国际机场。

2019 年，海峡西岸湾区机场旅客吞吐总量 67019854 人次，货邮吞吐量达到 626172 吨，起降架次达到 502502 次。海峡西岸湾区机场旅客吞吐量排名较后，总体旅客和货邮吞吐量不高（表 4.6）。

表 4.6　2019 年海峡西岸湾区旅客和货邮吞吐量

机场名	旅客吞吐量（人次）		货邮吞吐量（吨）		起降架次（架次）	
	名次	本期完成	名次	本期完成	名次	本期完成
厦门高崎国际机场	13	27413363	13	330511.6	16	192929
福州长乐国际机场	28	14760226	25	131071.5	31	112746
温州龙湾国际机场	34	12291707	33	81106.6	40	92296
泉州晋江国际机场	41	8435805	34	75294.6	50	65012
赣州黄金机场	73	2088731	80	5664.9	102	17789
南平武夷山机场	127	641118	131	815.5	142	7087
上饶三清山机场	144	500156	181	153.8	154	5982
衢州机场	159	404092	130	839.4	182	3604
三明沙县机场	180	255569	168	259.2	194	2865
龙岩连城冠豸山机场	182	229087	148	454.6	206	2192

2. 重要机场可达性分析

厦门高崎国际机场和福州长乐国际机场是海峡西岸湾区中旅客吞吐量和货邮吞吐量最大的两个机场。这两个机场相距 269.6 公里，驾车仅需 3 小时左右，距离较近。但由于厦门高崎国际机场和福州长乐国际机场选址都靠近海边，其高速公路也多沿海岸线延伸，这两大机场对内部腹地的辐射能力有限。

3. 机场交通辐射范围

海峡西岸湾区内的 10 个机场共有 99 个通航城市，总航班次数达到 926 班次，其中 5 小时飞行圈内的为

84个城市。

根据海峡西岸湾区内各个班次的起飞时间和到达时间,计算每个班次的飞行时间,并依据班次的飞行时间,划分海峡西岸湾区的"2小时飞行圈"、"3小时飞行圈"和"5小时飞行圈",具体结果如表4.7所示。

表4.7　海峡西岸湾区"飞行圈"城市名单

飞行时间	城　市
2小时飞行圈(15个)	南平市、佛山市、赣州市、福州市、宜春市、宁波市、厦门市、景德镇市、盐城市、衡阳市、阜阳市、南通市、安庆市、连云港市、怀化市
3小时飞行圈(40个)	杭州市、舟山市、邯郸市、南昌市、合肥市、无锡市、常州市、上海市、广州市、襄阳市、扬州市、铜仁市、珠海市、南京市、黄山市、深圳市、淮安市、永州市、长治市、揭阳市、武汉市、徐州市、长沙市、洛阳市、井冈山市、郑州市、桂林市、达州市、宜昌市、日照市、唐山市、济宁市、济南市、海口市、湛江市、三亚市、十堰市、惠州市、南宁市、临沂市
5小时飞行圈(29个)	青岛市、贵阳市、烟台市、张家界市、柳州市、北海市、北京市、石家庄市、琼海市、天津市、重庆市、毕节市、威海市、营口市、泸州市、昆明市、咸阳市、六盘水市、南充市、黔西南布依族苗族自治州、太原市、大连市、成都市、丽江市、遵义市、宜宾市、大同市、沈阳市、运城市

注:海峡西岸湾区城市为起飞城市,计算到达各城市机场的平均飞行时间。

4. 民用航空货邮运量与客运量分析

2018年,海峡西岸湾区民用航空货邮运量为190.28万吨,占总货运量的比例为0.000008%,占比仅次于环长江口湾区;民用航空客运量为5758万人,占总客运量的比例为6.34%。2007年海峡西岸湾区机场吞吐量较高的城市主要是龙岩、厦门、福州、温州;2018年,泉州的民用航空货运邮运量开始大幅上涨,其余城市基本维持稳定增长的趋势。海峡西岸湾区的机场客运主要集中在厦门、福州、泉州、温州,赣州在10年间也开始大幅上升(图4.28)。

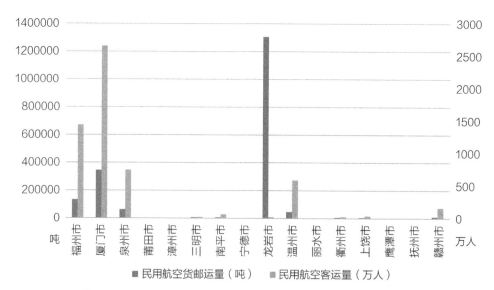

图4.28　2018年海峡西岸湾区民用航空货邮运量与民用航空客运量
资料来源:作者依据《中国城市统计年鉴》数据计算绘制。

4.4.4 粤港澳湾区

1. 机场概况

粤港澳湾区共有民用机场 9 个，分别为：广州白云国际机场、佛山沙堤机场、惠州平潭机场、梅州梅县机场、揭阳潮汕机场、深圳宝安国际机场、珠海金湾机场、香港国际机场、澳门国际机场，机场主要集中在珠江口区域，粤北、粤西和粤东区域机场不足。

2019 年，粤港澳湾区内陆地区的 7 个机场旅客吞吐总量为 150050787 人次，货邮吞吐量达到 3291471 吨，起降架次达到 1040568 次。其中，广州白云国际机场和深圳宝安国际机场旅客吞吐量排名在全国前列，是粤港澳湾区重要的空运枢纽（表 4.8）。

表 4.8 2019 年粤港澳湾区机场吞吐量情况

机场名	旅客吞吐量（人次）		货邮吞吐量（吨）		起降架次（架次）	
	名次	本期完成	名次	本期完成	名次	本期完成
广州白云国际机场	3	73378475	3	1919926.9	3	491249
深圳宝安国际机场	5	52931925	4	1283385.6	4	370180
珠海金湾机场	35	12282982	40	50989.4	43	88989
揭阳潮汕机场	43	7353521	47	27810.9	56	55905
惠州平潭机场	63	2553545	61	8915.7	92	20251
佛山沙堤机场	112	877725	165	285.8	157	5751
梅州梅县机场	125	672614	180	157.1	135	8243

注：香港与澳门特别行政区机场吞吐量等数据缺失。

2. 重要机场可达性分析

广州白云国际机场和深圳宝安国际机场是粤港澳湾区中旅客吞吐量和货物吞吐量最大的两个机场，也是全国排行前十的两大国际机场。广州白云国际机场和深圳宝安国际机场相距仅 130 公里，驾车仅需 1 小时 50 分钟左右。广州和深圳交通联系紧密，有京港澳高速、广深沿江高速相连，交通往来便捷。但因地理相近和交通便捷，广州白云国际机场和深圳宝安国际机场的腹地大致相同，可以看到，两大机场的 2 小时自驾圈有一大部分重叠区域。

同时，由于粤港澳湾区内广州白云国际机场和深圳宝安国际机场这两座超级机场地理距离邻近，它们对整个湾区的交通辐射范围遭到削弱，湾区边缘地区难以享受便利的航空运输和出行服务。

3. 机场交通辐射范围

粤港澳湾区内陆地区 7 个机场共有 152 个通航城市，总航班次数达到 1690 班次，其中 5 小时飞行圈内的为 116 个城市。

根据粤港澳湾区内各个班次的起飞时间和到达时间，计算每个班次的飞行时间，并依据班次的飞行时间，划分粤港澳湾区的"2 小时飞行圈"、"3 小时飞行圈"和"5 小时飞行圈"，具体结果如表 4.9。

表 4.9 粤港澳湾区 "飞行圈"城市名单

飞行时间	城 市
2小时飞行圈（19个）	井冈山市、赣州市、揭阳市、北海市、龙岩市、湛江市、泉州市、广州市、梅州市、铜仁市、厦门市、永州市、衡阳市、珠海市、海口市、景德镇市、信阳市、安顺市、长沙市
3小时飞行圈（53个）	张家界市、三明市、毕节市、黔西南布依族苗族自治州、百色市、襄阳市、黄山市、南昌市、桂林市、怀化市、福州市、宜春市、深圳市、上饶市、杭州市、盐城市、三亚市、宁波市、宜昌市、南阳市、昭通市、遵义市、金华市、攀枝花市、黔南布依族苗族自治州、南充市、常德市、合肥市、温州市、台州市、南平市、池州市、武汉市、常州市、衢州市、南京市、贵阳市、南宁市、扬州市、无锡市、阜阳市、十堰市、淮安市、泸州市、济宁市、宜宾市、重庆市、上海市、徐州市、琼海市、六盘水市、郑州市、庆阳市
5小时飞行圈（43个）	广元市、运城市、汉中市、恩施市、洛阳市、舟山市、乌兰察布市、延安市、东营市、昆明市、达州市、临沂市、成都市、南通市、咸阳市、天津市、北京市、邯郸市、潍坊市、日照市、太原市、连云港市、林芝市、济南市、烟台市、石家庄市、青岛市、绵阳市、威海市、兰州市、丽江市、唐山市、保山市、凉山彝族自治州、甘孜藏族自治州、大连市、文山壮族苗族自治州、承德市、榆林市、银川市、呼和浩特市、鞍山市、吕梁市

注：粤港澳湾区城市为起飞城市，计算到达各城市机场的平均飞行时间。

4. 民用航空货邮运量与客运量分析

2018年，粤港澳湾区民用航空货邮运量为266.91万吨，占总货运量的比例为0.000007%，占比仅次于环长江口湾区和海峡西岸湾区；民用航空客运量为14799万人，占总客运量的比例为14.02%。粤港澳湾区的航空客货运基本形成了为以广州、深圳、香港为三中心的格局，这种格局在10年内几乎没有任何变化，其他城市的客货运量占比很小（图4.29）。

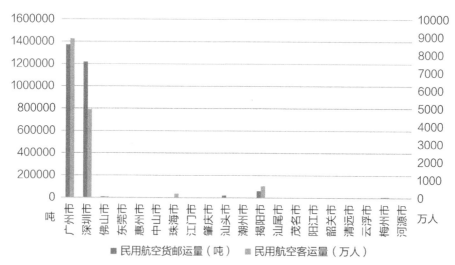

图 4.29 2018年粤港澳湾区民用航空货邮运量与民用航空客运量
资料来源：作者依据《中国城市统计年鉴》数据计算绘制。

4.4.5 环北部湾湾区

1. 机场概况

环北部湾湾区共有机场4个，分别为：南宁吴圩国际机场、北海福成机场、湛江机场、海口美兰国际机场，分布较稀疏。

2019年，环北部湾湾区机场旅客吞吐总量45641495人次，货邮吞吐量达到311094吨，起降架次达到331208次。环北部湾湾区机场排名较靠后，海口美兰国际机场、南宁吴圩国际机场和湛江机场旅客吞吐量全国排名分别为第17、26、56位（表4.10）。

表4.10　2019年环北部湾湾区机场吞吐量情况

机场名	旅客吞吐量（人次）		货邮吞吐量（吨）		起降架次（架次）	
	名次	本期完成	名次	本期完成	名次	本期完成
海口美兰国际机场	17	24216552	19	175566.5	22	164786
南宁吴圩国际机场	26	15762341	27	122248.9	30	114658
湛江机场	56	2983501	77	6062.0	73	30933
北海福成机场	60	2679101	71	7216.7	89	20831

2. 重要机场可达性分析

海口美兰国际机场和南宁吴圩国际机场是环北部湾湾区内重要的两大机场，旅客吞吐量和货物吞吐量巨大。海口美兰国际机场和南宁吴圩国际机场相距500公里，驾车需要8小时，两个机场相距较远。此外，受到地理因素和路网结构的影响，海口美兰国际机场2小时自驾圈面积很小，海口美兰国际机场交通可达性较低。

3. 机场交通辐射范围

环北部湾湾区内的4个机场共有105个通航城市，总航班次数达到821班次，其中5小时飞行圈内的为90个城市。

根据环北部湾湾区内各个班次的起飞时间和到达时间，计算每个班次的飞行时间，并依据班次的飞行时间，划分环北部湾湾区的"2小时飞行圈"、"3小时飞行圈"和"5小时飞行圈"，具体结果如表4.11。

表4.11　环北部湾湾区"飞行圈"城市名单

飞行时间	城市
1小时飞行圈（16个）	文山壮族苗族自治州、海口市、南宁市、湛江市、柳州市、惠州市、广州市、珠海市、深圳市、毕节市、百色市、怀化市、贵阳市、揭阳市、三亚市、赣州市
2小时飞行圈（32个）	张家界市、桂林市、宜春市、丽江市、福州市、景德镇市、宜宾市、常德市、襄阳市、南昌市、凉山彝族自治州、昆明市、安庆市、长沙市、梅州市、黄山市、池州市、厦门市、衡阳市、重庆市、成都市、武汉市、遵义市、永州市、洛阳市、井冈山市、六盘水市、大理白族自治州、泉州市、铜仁市、十堰市、临汾市
3小时飞行圈（41个）	南京市、合肥市、宜昌市、南充市、泸州市、运城市、杭州市、南平市、温州市、长治市、南阳市、郑州市、吕梁市、衢州市、绵阳市、忻州市、信阳市、上海市、咸阳市、汉中市、阜阳市、宁波市、常州市、淮安市、连云港市、陇南市、延安市、西宁市、唐山市、济宁市、太原市、石家庄市、北京市、南通市、无锡市、西安市、济南市、临沂市、银川市、呼和浩特市、兰州市

注：环北部湾湾区城市为起飞城市，计算到达各城市机场的平均飞行时间。

4. 民用航空货邮运量与客运量分析

2018年，环北部湾湾区民用航空货邮运量为48.12吨，占总货运量的比例为0.000004%；民用航空客运量为4900万人，占总客运量的比例为15.68%。环北部湾湾区的航空货运主要集中于海口、南宁，并且海口占据最大的比重；10年间各个城市的数据基本稳定不变，只有湛江在货运稍稍减少的同时，客运量得到一定程度的上升（图4.30）。

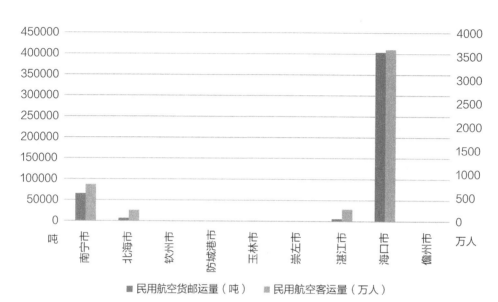

图4.30　2018年环北部湾湾区民用航空货邮运量与民用航空客运量
资料来源：作者依据《中国城市统计年鉴》数据计算绘制。

4.4.6　航线分析

从附录B"五大湾区各城市航线数"可看出，环长江口湾区、环渤海湾湾区的机场航线总数要明显高于粤港澳湾区、海峡两岸湾区和环北部湾湾区，其中环渤海湾湾区机场航线总数最多，远超环北部湾湾区（图4.31）。

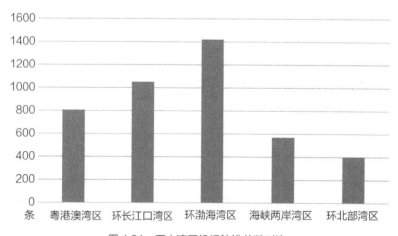

图4.31　五大湾区机场航线总数对比
资料来源：作者自绘。

按照图中所示的分级范围，我们对五大湾区的各个城市按照拥有航线数的多少进行了分级。其中，北京、上海、南京、广州、深圳以航线数高出 188 条的数据位居第一档；紧随其后的则是天津、石家庄、沈阳、大连、济南、烟台、青岛、杭州、南宁、温州、福州、泉州；在这之后则是宁波、赣州、北海等市。总的来说，环渤海湾湾区拥有较为突出的机场优势，而环北部湾湾区则处于较为明显的劣势地位。

在粤港澳湾区中，深圳、广州、香港在机场航线数方面居于城市行列的第一档，拥有高于 150 条的航线数；珠海的机场有 109 条航线，而其他城市如澳门、佛山、惠州、揭阳、梅州的机场航线数参差不齐，但都在 100 条以内，除此之外的城市均无机场。

在环长江口湾区中，以上海市机场航线为最多，高达 301 条；紧随其后的是南京市，有 260 条航线，以及杭州市，有 160 条航线。其他城市如无锡、宁波、常州、南通、扬州、泰州、舟山、台州、盐城的机场航线数都在 100 条以内，除此之外的城市均无机场。令人非常惊讶的是，苏州作为一座经济高度发达的大城市，也没有机场。而值得注意的是，扬州和泰州合建了一座机场。

在环渤海湾湾区中，以北京市机场航线为最多，高达 252 条；其他城市如天津、石家庄、沈阳、大连、济南、青岛、烟台的机场航线数都在 150 条左右；剩下的城市如唐山、秦皇岛、张家口、承德、邯郸、锦州、鞍山、营口、丹东、潍坊、威海、东营的机场航线数都在 10 到 20 条左右，除此之外的城市均无机场。

在海峡两岸湾区中，厦门的机场航线数为 183 条，远高于其他城市的机场航线数。福州、泉州和温州市的机场航线数均在 100 条左右；而衢州、上饶、赣州、三明的机场航线数均在 10 条到 20 条左右，除此以外的其他城市均无机场。

在环北部湾湾区中，仅有南宁、北海、湛江、海口四座城市拥有机场，其中南宁和海口市拥有 150 条左右的航线，而北海拥有 61 条航线，湛江拥有 21 条航线。

总的来看，环渤海湾湾区和环长江口湾区拥有的机场以及其发达程度，都要远高于其他三个湾区，其中环北部湾湾区最低，仅有四座城市拥有机场，且从数据上来看都不是大型机场。

4.5　本章小结

本章通过对五大湾区公路、铁路、港口与空港发展情况的分析，可得以下结论。

第一，交通密度主要集中在重要城市经济群。首先，五大湾区港口和机场的运输量的数据均体现出交通密度主要集中在发展较快的城市群，尤其以环长江口湾区和粤港澳湾区最为突出，分别集中在长三角城市群和深港合作区。其次，在环渤海湾湾区，没有十分明显的一家独大的现象。这种现象的出现和经济发展带动对外交换的实质不谋而合，可以看出交换和贸易是城市发展的先决条件。

第二，沿海地区的交通密度大。除了在主要的城市经济群，交通运输密度较大的地区主要分布在沿海地区和琼州海峡两岸地区，并且主要是港口运输占据了这些地区的交通运输部分，这与对外水上贸易有着密不可分的关联。这种现象在环北部湾湾区尤为明显，但海峡西岸湾区其余地区的交通运输分布微乎其微，差距悬殊。

第三，10 年增幅大，格局基本稳定。首先，通过 2007 年和 2017 年的数据对比，可以看到，五大湾区的主要交通数据都有着不同幅度的跃升，这体现出 10 年内我国深化改革开放和践行区域发展政策的成果。其次，五大湾区的发展幅度有所不同，其中以京津冀、长江口和粤港澳湾区的增长最为明显。但在整体发展幅度较大的情况下，五大湾区的发展布局并没有较大的变化。

由此，提出以下三点政策建议：

首先，应加大内陆机场建设和增加航线，进一步打开内陆交流之路。

从五大湾区的交通数据来看，可以看到除了主要城市群地区，内陆腹地地区和沿海地区的交通运输量差距明显，这也使发展成为短板。内陆应该发挥自己已有的河流优势，积极与沿海地区联系，并且通过加快机场的建设增加航线数量，加快内陆地区的发展，加强内陆地区和外界的经济交流。

其次，应注重地区内和地区间的均衡发展。

各个湾区内的城市发展存在着较大的不均衡现象，这在粤港澳湾区和海峡西岸湾区尤为明显。这种局面会加剧地区内的不均衡发展，慢慢造成发展脱节的现象，所以应该大力发展较为不发达的地区。另外，应该加强地区间的交流合作，使各个湾区携手共进、协同发展，形成一同欣欣向荣的局面。

最后，先发展的地区带动后发展的地区。

在解决地区发展不均衡的问题中，应该积极利用先发展的地区带动后发展的地区；通过政府区域政策、市场溢出效应等形成共同发展的局面。例如京津冀地区就以北京为中心，逐渐向外带动发展圈，将发展优势扩散出去，合理有效地配置资源，形成均衡发展的局面。

第 5 章 协同求序：湾区功能格局分析

湾区协调发展的基础是每个城市和功能区都能够根据自身的土地集约利用水平、资源环境承载能力以及经济社会发展潜力来选择承担区域发展中的不同角色。在功能区间的互动中，使得各个区域能够优势互补、优化结构、整合资源，进而实施一体化战略。明确区域的功能区范围，有助于优化、提升区域功能类型及质量，推进湾区内各城市的优势互补与一体化发展，优化资源与产业的空间布局，提升湾区的资源配置能力与集聚外溢功能，为探索区域协调发展新道路奠定基础。

5.1 功能区内涵、分类标准与方法

城市功能分区是城市职能与城市活动的载体，是指为了满足居民生活生产需求，由城市不同空间内的产业和功能要素聚集形成的区域间相互联系又相互区别，布局合理又功能完善的有机整体。一个城市要使其所占用的资源禀赋得到优化配置，进而使产业集聚与功能优化，必须由多个主导功能清晰又互补的功能区作为支撑。

为实现功能区能够协调有序发展，传统功能区的划分方法主要是调查统计法和专家评判法，如统计某一个区域内产业或从业人口百分比。关于城市或区域功能区较为典型的几种划分方法与标准如表 5.1 所示。[40-45]

表 5.1 功能区分类标准

政策或出处	分区原则	分区类型
《雅典宪章》	有计划与有秩序地发展城市	居住、工作、游憩、交通
传统分类	按功能作用分类	分为综合区、工业区、商业区、交通区、科技区、文化区、旅游区等
《城市土地集约利用潜力评价规程（试行）》	按照土地利用主导功能确定	居住功能区、商业功能区、教育功能区、其他功能区
《全国主体功能区规划》	以提供主体产品的类型为基准	城市化地区、农产品主产区、重点生态功能区
	按照开发层级的不同	国家主体功能区、省级主体功能区
	以资源环境承载能力、现有开发强度和未来发展潜力为基准	优化开发区域、重点开发区域、限制开发区域、禁止开发区域
《城市功能分区的空间聚类方法研究及其应用——济南市为例》	根据空间-属性一体化的概念模型，分别运用K-平均算法、神经网络方法进行功能分区	商业区、居住区、工业区、科教文卫用地区、其他用地类型区
《卫星城市土地利用分区方法研究》	用土地利用多指标综合分区方法，通过ARCGIS使功能分区与传统地貌分区叠加	中心城区优化发展区、环省会重点开发区、新型建材工业区、生态农业观光区、基础农业生产区、森林植被保护区、生态旅游保护区
《城市规划编制办法实施细则》	根据总体规划的组团布局，结合城市的区、街道等行政区划，以及河流、道路等自然物确定	以《城市用地分类与规划建设用地标准》中的中类为主要依据
《基于POI数据的城市功能区定量识别及其可视化》	用城市地区的电子地图兴趣点进行定量识别	单一功能区和混合功能区

资料来源：作者根据相关资料汇总整理。

传统的城市功能区划分具有较大主观性，缺乏定量数据及计算支撑。我国城市功能区大多混杂、重叠，部分区域具有多重属性，因此对城市功能分区的精确识别提出了更高的要求。基于此，国内学者开始尝试使用区位熵、要素相对价格、灰色关联系数、模糊聚类、AHP（Analytic Hierarchy Process，层次分析法）决策、份额分析、多因子分析和聚类分析等定量方法对于城市功能区划分进行更深的探究。[46-50] 因此，本章以城市的各产业产值为基础，通过区位熵、首位度等计算方法，对城市产业类型进行划定，从而总结归纳出所在湾区的功能并进行功能格局分析。

5.1.1 产业功能类型划分

根据产业结构演变理论，区域的产业结构随着经济发展而相应发展变动，在产业类别方面表现为从低级产业向较高级产业演进的特点，在产业结构横向联系方面则表现为由简单化向复杂化演进，这两方面的演进不断推动区域产业结构向合理化方向发展。

库兹涅茨法则指出，（1）随着时间的推移，农业部门的国民收入在整个国民收入中的比重和农业劳动力在全部劳动力中的比重均将不断下降；（2）工业部门的国民收入在整个国民收入中的比重大体持续上升，但是，工业部门劳动力在全部劳动力中的比重则大体不变或略有上升；（3）服务部门的劳动力在全部劳动力中的比重基本上持续上升，然而，它的国民收入在整个国民收入中的比重不一定随劳动力比重上升而上升，而是保持大体不变或略有上升。总体来说，区域产业发展历程表现为从农业向工业再向服务业转变的特点。

钱纳里根据国内人均生产总值水平，提出了产业发展阶段理论，将不发达经济到成熟工业经济整个变化过程分为3个阶段6个时期：第一阶段是初级产品生产阶段（或称农业经济阶段）；第二阶段是工业化阶段；第三阶段为发达经济阶段。

根据以上产业发展理论，将我国统计年鉴中的产业类别按照其所处产业类型的等级高低和所属经济形态的类别差异，总结归纳为8个产业类型：农业生产、原料采集、初级加工、一般制造、高级制造、普通服务、高端服务和公共服务（表5.2）。

表5.2 产业类型划分标准

经济形态	产业类型	具体产业类别	类别编号
农业经济	农业生产	农、林、牧、渔业	1
资源经济	原料采集	采矿业	2
工业经济	初级加工	农副食品加工业	3
		食品制造业	
		酒、饮料和精制茶制造业	
		烟草制品业	
		纺织业	
		纺织服装、服饰业	
		皮革、毛皮、羽毛及其制品和制鞋业	
		木材加工和木、竹、藤、棕、草制品业	
		家具制造业	
		造纸和纸制品业	

续表

经济形态	产业类型	具体产业类别	类别编号
工业经济	初级加工	印刷和记录媒介复制业	3
		文教、工美、体育和娱乐用品制造业	
		石油加工、炼焦和核燃料加工业	
		化学原料和化学制品制造业	
	一般制造	化学纤维制造业	4
		橡胶和塑料制品业	
		非金属矿物制品业	
		黑色金属冶炼和压延加工业	
		有色金属冶炼和压延加工业	
		金属制品业	
	高级制造	医药制造业	5
		通用设备制造业	
		专用设备制造业	
		汽车制造业	
		铁路、船舶、航空航天和其他运输设备制造业	
		电气机械和器材制造业	
		计算机、通信和其他电子设备制造业	
		仪器仪表制造业	
		其他制造业	
服务经济	普通服务	电力、燃气及水的生产和供应业	6
		建筑业	
		交通运输、仓储及邮政业	
		住宿、餐饮业	
		批发和零售业	
	高端服务	信息传输、计算机服务和软件业	7
		金融业	
		房地产业	
		租赁和商业服务业	
		科学研究、技术服务和地质勘查业	
	公共服务	水利、环境和公共设施管理业	8
		居民服务和其他服务业	
		教育	

续表

经济形态	产业类型	具体产业类别	类别编号
服务经济	公共服务	卫生、社会保障和社会福利业	8
		文化、体育和娱乐业	
		公共管理和社会组织	

资料来源：作者自绘。

5.1.2 计算产业类型区位熵

区位熵又称专门化率，它由哈盖特（P. Haggett）首先提出并运用于区位分析中，是研究地区特定部门的产值在该研究地区总产值中所占的比重，与区域该部门产值在区域总产值中所占比重之间的比值，用来衡量某一区域、某一产业部门的相对绩效。如果某区域、某产业的区位熵大于1，可以认为相对于其他区域，该区域该类产业部门绩效更强，具有输出功能；区位熵越大，相对绩效越高；如果区位熵等于1，可认为是自给自足；若区位熵小于1，则认为该区域的这类产业相对绩效较弱，需要外部该类产业功能的输入。[46] 区位熵的计算公式如下：

$$LQ_{i,j} = \frac{x_{ij}/x_{.j}}{x_{i.}/x} \tag{5-1}$$

其中，$LQ_{i,j}$ 为 i 区域 j 产业的区位熵；i 为区域标量，j 为产业标量；x_{ij} 为区域 i 产业 j 的绩效；$x_{i.}$ 为区域 i 全部经济活动（产业）的绩效；$x_{.j}$ 为整体（全部）区域 j 产业的绩效；x 为全部区域、全部经济活动的绩效。分子的含义是区域 i 产业 j 的绩效占整体区域 j 产业绩效的比重；分母的含义是区域 i 全部产业的绩效占整体区域全部经济活动的比重。

5.1.3 确定城市产业功能类型

在计算城市各产业类型区位熵的基础上，进行分析城市核心功能并计算城市产业首位度。城市的第一功能和第二功能分别为城市产业区位熵最高的两个产业类型。城市产业区位熵大于1的产业可视为该城市相对于所在湾区的其他城市，具有相对优势的产业，大于1的产业数目为该城市产业均衡度。首位度的计算方式为该城市各产业区位熵最高值和次高值的比值，用以衡量最主要功能的集中程度。

将城市核心功能、城市产业功能首位度和城市产业均衡度综合起来，将城市功能类型分为18种，具体分类方式如图5.1所示。但在现实中，所有城市按以下方式分类后，仅包含11种城市功能类型。

5.1.4 城市产业功能举例

城市产业功能评定是对现实中城市功能的归纳性总结，表5.3中选取了现实中存在的11种城市功能类型的代表城市，及其城市产业功能确定的分析过程，以更直观展示城市产业功能类别的内涵。

农业型城市以漳州市为例。漳州市地处福建省最南部，是"国家外向型农业示范区"和"海峡两岸农业合作实验区"。漳州市产业首位度仅为3.06，首位功能为农业生产，第二核心功能为初级加工，区位熵大于1的产业不含高端功能类型产业，因而综合来看漳州市产业功能属于农业型城市。

资源型城市以唐山市为例。唐山市位于河北省东部，是典型的重工业城市，这里诞生了中国第一座机械化采煤矿井，是我国重要的钢铁制造、煤炭生产和加工基地。唐山市产业首位度为6.90，首要核心产业为原料采集业，其次是一般制造业，而其区位熵大于1的产业均不含高端类产业，因而在产业功能类别上

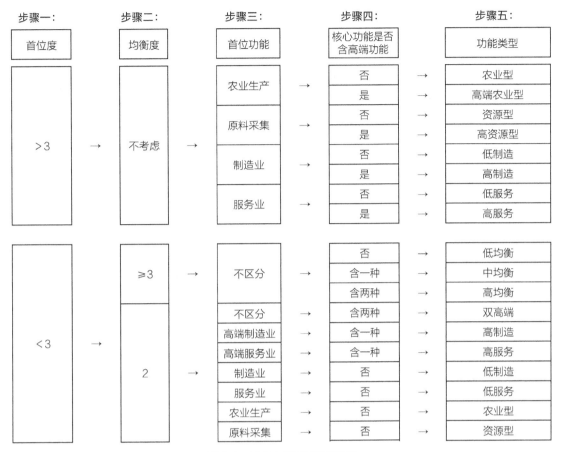

图 5.1 城市功能类型分类标准
资料来源：作者自绘。

归为资源型城市。

低均衡城市指产业均衡度较高，但产业等级较低的城市。以茂名市为例。茂名市位于广东省西南部，是全国重要的石油化工基地和能源基地。茂名市产业首位度为 1.27，均衡度为 5，有 5 个区位熵大于 1 的产业；与其他湾区城市相比具有产业优势，但其核心功能分别为农业生产和公共服务，其他区位熵大于 1 的产业也均非高端产业，因而综合来看茂名市产业功能类型为低均衡型城市。

中均衡城市指产业均衡度较高，且具备一种具有产业优势的高端产业的城市。以扬州市为例。扬州市位于江苏省中部、长江与京杭大运河交汇处，是国家首批历史文化名城。扬州市产业首位度为 1.46，均衡度为 3，主要产业功能为普通服务业和高级制造业，在原料采集业方面也具备一定的产业比较优势，因而综合来看，扬州市的产业功能类型为中均衡型城市。

高均衡城市指产业均衡度高且有多重高端产业具有比较优势的城市。以天津市为例，作为首批沿海开放城市和中国北方最大的港口城市，天津市经济社会发达。天津市产业首位度为 1.54，产业均衡度为 5，多项产业均有比较优势，其中最突出的产业为原料采集业和一般制造业，其他区位熵大于 1 的产业中包含高级制造业和高端服务业两项高级产业，因而综合来看，天津市产业高级且均衡，产业功能类型为高均衡型城市。

低制造型城市是指产业以一般制造业为主，缺乏高端产业支撑的城市。以莆田市为例，莆田市地处福建省沿海中部，是消费品工业"三品"战略示范城市。莆田市产业首位度为 2.08，产业均衡度为 2，主要产业功能为初级加工和普通服务业，不包含任何高端产业，因而综合来看莆田市的产业功能属于低制造型城市。

高制造型城市则是指产业以制造业为主，并且主要产业功能中含有高端制造业的城市。以苏州市为例，作为长江三角洲重要中心城市之一，苏州市是国家高新技术产业基地和风景旅游城市。其产业首位度为1.19，产业均衡度为3，在高级制造业、一般制造业和初级加工业方面具有比较优势，因而综合来看其产业功能类型属于高制造型城市。

低服务型城市指城市功能以一般服务业为主，核心产业功能不含高端产业的城市。以南京市为例。南京虽然为国家重要科教中心，首批入选国家历史文化名城，但其产业首位度为1.64，产业均衡度仅为1，相对具有比较优势的产业类型为普通服务业，高端服务业及其他高端产业类型区位熵均小于1，综合来看产业功能类型归属为低服务型城市。

高服务型城市则指城市产业功能以服务业为主同时核心功能具备高端产业的城市。北京市就是典型的高服务型城市。作为我国的政治中心、文化中心、国际交往中心、科技创新中心，北京的产业首位度为1.65，均衡度为2，核心功能为高端服务业和普通服务业，综合来看是典型的高服务型城市。

双高端城市是指两类高端产业均具有比较优势，且核心产业发展较为均衡的城市。以上海市为例，作为我国国际经济、金融、贸易、航运、科技创新中心，其产业首位度为1.45，产业均衡度为3，核心功能为高端服务业和普通服务业，高级制造业的区位熵也大于1，具备产业比较优势，因而综合来看上海市产业功能为双高端型城市。

高端农业型城市以海口市为例。作为海南省省会，气候舒适宜人，生态环境一流，是我国著名的旅游城市。海口市产业首位度为7.44，产业均衡度为3，核心功能为农业生产和高端服务业，因而综合来看，海口市的产业功能类型属于高端农业型城市。

表5.3 产业类型划分标准举例

类别		农业型	资源型	低均衡	中均衡	高均衡	低制造	高制造	低服务	高服务	双高端	高端农业型
城市		漳州市	唐山市	茂名市	扬州市	天津市	莆田市	苏州市	南京市	北京市	上海市	海口市
步骤一	首位度	3.06	6.90	1.27	1.46	1.54	2.08	1.19	1.64	1.65	1.45	7.44
步骤二	均衡度	3	4	5	3	5	2	3	1	2	3	3
步骤三	第一功能	农业生产	原料采集	农业生产	普通服务	原料采集	初级加工	高级制造	普通服务	高端服务	高端服务	农业生产
步骤四	第二功能	初级加工	一般制造	公共服务	高级制造	一般制造	普通服务	一般制造	公共服务	普通服务	普通服务	高端服务
区位熵	农业生产	5.24	2.27	2.36	0.05	0.67	0.22	0.01	0.11	0.57	0.63	11.39
	原料采集	0.08	15.93	1.04	1.11	2.35	0.20	0.02	0.06	0.61	0.01	0.00
	初级加工	1.71	0.40	0.50	0.72	0.68	2.68	1.80	0.64	0.56	0.53	0.20

续表

类别		农业型	资源型	低均衡	中均衡	高均衡	低制造	高制造	低服务	高服务	双高端	高端农业型
城市		漳州市	唐山市	茂名市	扬州市	天津市	莆田市	苏州市	南京市	北京市	上海市	海口市
区位熵	一般制造	1.60	2.31	1.31	0.54	1.53	0.96	2.27	0.55	0.10	0.74	0.12
	高级制造	0.70	0.36	0.12	1.25	1.06	0.61	2.71	0.91	0.25	1.08	0.45
	普通服务	0.85	0.61	1.13	1.82	0.77	1.29	0.44	1.51	1.12	1.09	0.87
	高端服务	0.56	0.76	0.58	0.43	1.07	0.39	0.46	0.90	1.85	1.59	1.53
	公共服务	1.29	1.41	1.86	0.80	1.09	0.90	0.58	0.92	0.86	0.56	1.35

5.2 五大湾区城市功能特征

环渤海湾湾区产业功能特质为复合型。环渤海湾湾区城市产业功能类型相对丰富，从初级的农业型城市到功能类型较为高级的城市都有，但大多数城市功能类型为相对初级的功能，其中最多的类型为资源型城市，有10个；其次是高服务型城市，有6个；此外还有5个低制造型城市。从分布特征来看，相对发达的高服务型城市和高制造型城市分布相对分散，相对发达的城市周围聚集着资源型城市、低制造型城市和其他产业等级相对初级的城市，大致形成了北京、大连、石家庄三个集聚中心，以相对高级产业带动周边地区发展（表5.4）。

表5.4 环渤海湾湾区城市产业功能

城市	序号	类别	农业生产	原料采集	初级加工	一般制造	高级制造	公共服务	普通服务	高端服务
北京市	9	高服务	0.569	0.609	0.556	0.099	0.254	0.862	1.124	1.855
石家庄市	9	高服务	0.218	0.587	0.799	0.779	0.666	1.559	0.751	1.063
秦皇岛市	9	高服务	0.141	0.140	0.256	2.333	0.280	1.688	0.647	1.053
沈阳市	9	高服务	0.179	2.261	0.583	0.496	0.957	1.216	1.040	1.046
营口市	9	高服务	0.277	0.170	0.460	2.163	0.460	1.367	0.671	1.210
济南市	9	高服务	0.147	0.304	0.507	0.442	0.788	1.157	1.310	1.013
保定市	8	低服务	0.114	0.101	0.855	0.850	0.631	1.456	1.198	0.679
衡水市	8	低服务	0.431	0.000	0.259	1.558	0.186	1.998	0.937	0.704
大连市	7	高制造	0.404	0.219	0.040	0.083	2.730	0.915	0.829	0.995

续表

城市	序号	类别	农业生产	原料采集	初级加工	一般制造	高级制造	公共服务	普通服务	高端服务
青岛市	7	高制造	0.211	0.075	1.049	1.528	1.396	1.224	0.645	0.818
威海市	7	高制造	0.313	0.130	1.888	1.361	2.010	0.980	0.488	0.605
廊坊市	6	低制造	0.189	0.000	0.829	2.038	0.642	1.538	0.819	0.679
鞍山市	6	低制造	0.475	0.837	0.933	2.427	0.677	1.280	0.762	0.796
潍坊市	6	低制造	0.265	0.518	3.441	0.049	0.040	1.732	0.719	0.428
德州市	6	低制造	0.347	0.811	0.216	3.477	0.192	1.809	0.717	0.580
滨州市	6	低制造	0.036	0.745	2.021	3.316	0.459	1.276	0.532	0.497
天津市	5	高均衡	0.665	2.350	0.682	1.525	1.065	1.088	0.767	1.070
辽阳市	4	中均衡	1.393	0.259	0.803	1.854	1.043	1.615	0.629	0.624
本溪市	3	低均衡	0.285	7.316	0.611	3.453	0.236	1.254	0.787	0.679
葫芦岛市	3	低均衡	1.750	5.373	0.284	2.127	0.505	1.716	0.694	0.714
烟台市	3	低均衡	0.150	5.710	3.943	0.013	0.010	1.358	0.505	0.697
唐山市	2	资源型	2.273	15.935	0.396	2.309	0.356	1.407	0.614	0.757
邯郸市	2	资源型	0.244	10.428	0.517	1.147	0.438	1.691	0.891	0.613
邢台市	2	资源型	0.158	7.001	0.957	0.393	0.649	1.990	0.737	0.512
张家口市	2	资源型	1.323	4.949	0.369	0.629	0.352	2.162	0.682	0.774
承德市	2	资源型	1.149	3.433	0.402	0.849	0.303	1.976	0.704	0.936
沧州市	2	资源型	1.272	6.318	0.300	0.791	0.473	1.913	0.714	0.860
锦州市	2	资源型	2.256	2.300	0.777	0.979	0.356	1.652	0.806	0.950
盘锦市	2	资源型	40.214	41.785	0.720	0.287	0.192	0.938	0.447	0.548
淄博市	2	资源型	0.230	5.218	1.049	1.578	0.755	1.147	1.258	0.414
东营市	2	资源型	0.076	39.768	0.888	0.803	0.383	0.941	0.631	0.709
丹东市	1	农业型	1.698	1.327	0.759	0.728	0.744	1.664	0.844	0.802

资料来源：作者依据《中国城市统计年鉴》数据计算绘制。

环长江口湾区产业功能特征为高级制造型。环长江口湾区城市产业功能类型主要包含相对高级的产业功能，从数量来看，最多的城市类型为高制造型城市，其次是低服务型城市，体现出长江口湾区城市以制造业为主的发展特征。从空间格局分布情况来看，以双高端型城市上海市为核心，集聚着大量高制造型城市，高制造型城市邻近则为低服务型城市、中均衡型城市，此外还有高服务型城市杭州市和高端农业型城市舟山市。环长江口湾区城市类型的空间分布体现出以制造业为主的城市发展到相对高级阶段时的空间分布特征（表5.5）。

表5.5 环长江口湾区城市产业功能

城市	序号	类别	农业生产	原料采集	初级加工	一般制造	高级制造	公共服务	普通服务	高端服务
舟山市	11	高端农业型	6.270	0.223	0.252	0.217	1.169	0.936	1.554	0.835
上海市	10	双高端	0.626	0.014	0.533	0.743	1.080	0.560	1.090	1.586
杭州市	9	高服务	0.074	0.031	0.622	0.475	0.732	1.027	1.407	1.023
南京市	8	低服务	0.110	0.056	0.635	0.547	0.908	0.917	1.506	0.904
南通市	8	低服务	0.429	0.000	1.014	0.604	0.790	0.553	2.220	0.393
绍兴市	8	低服务	0.032	0.143	1.117	0.670	0.686	0.823	2.022	0.338
金华市	8	低服务	0.074	0.027	0.564	0.573	0.356	1.383	1.675	0.586
无锡市	7	高制造	0.179	0.000	1.024	2.111	2.143	0.863	0.690	0.569
常州市	7	高制造	0.106	0.000	0.210	0.359	3.118	1.145	0.646	0.619
苏州市	7	高制造	0.010	0.021	1.798	2.275	2.711	0.576	0.439	0.462
镇江市	7	高制造	0.238	0.243	1.107	1.782	1.816	1.157	0.545	0.663
泰州市	7	高制造	0.261	0.000	0.675	0.834	1.166	0.703	1.940	0.413
宁波市	7	高制造	0.061	0.000	0.992	0.998	1.504	1.139	0.785	0.868
嘉兴市	7	高制造	0.146	0.000	2.015	1.465	1.504	1.170	0.475	0.633
湖州市	7	高制造	0.098	0.207	1.357	0.991	1.045	1.225	1.078	0.570
台州市	7	高制造	0.131	0.009	0.629	1.112	1.168	1.257	1.169	0.633
盐城市	4	中均衡	2.870	0.196	1.017	0.548	1.029	1.181	1.324	0.575
扬州市	4	中均衡	0.046	1.106	0.717	0.541	1.246	0.798	1.823	0.435

资料来源：作者依据《中国城市统计年鉴》数据计算绘制。

海峡西岸湾区产业功能特征为中等制造型。海峡西岸湾区城市产业功能类型大多数为相对中级的产业功能，数量最多的城市产业功能类型为低均衡型城市和高制造型城市。从空间分布格局来看，体现出北高级、南低级的整体分布特征，北部城市产业功能相对高级，包含高制造型城市和低服务型城市，低均衡型城市主要位于湾区西侧，南部城市则主要是农业型城市、资源型城市和低制造型城市。海峡西岸湾区城市功能体现出以制造业为主的城市发展到中等程度的分布形态，未来更多的城市可以向高制造型和高服务型城市方向发展（表5.6）。

表5.6 海峡西岸湾区城市产业功能

城市	序号	类别	农业生产	原料采集	初级加工	一般制造	高级制造	公共服务	普通服务	高端服务
衢州市	8	低服务	0.235	0.065	1.000	0.629	0.666	2.019	0.510	0.846
丽水市	8	低服务	0.513	0.122	0.284	0.425	0.309	2.623	0.422	0.874
福州市	8	低服务	0.255	0.075	0.945	0.847	0.567	1.038	1.537	0.727
温州市	7	高制造	0.104	0.053	0.357	0.288	1.427	1.564	0.957	0.754

续表

城市	序号	类别	农业生产	原料采集	初级加工	一般制造	高级制造	公共服务	普通服务	高端服务
厦门市	7	高制造	0.190	0.002	1.012	0.864	1.207	0.628	1.497	0.798
宁德市	7	高制造	0.811	0.000	0.560	0.988	1.058	1.602	0.835	0.763
鹰潭市	7	高制造	0.409	0.653	1.145	2.368	1.170	1.143	0.877	0.478
莆田市	6	低制造	0.225	0.201	2.683	0.965	0.611	0.896	1.289	0.386
泉州市	6	低制造	0.438	0.280	2.945	1.851	0.621	0.744	1.159	0.313
南平市	3	低均衡	4.471	0.530	1.026	0.444	0.299	1.863	0.742	0.914
赣州市	3	低均衡	1.707	1.916	1.165	1.088	0.708	2.246	0.388	0.458
抚州市	3	低均衡	1.414	0.517	1.105	0.541	0.477	1.684	1.217	0.473
上饶市	3	低均衡	2.130	2.696	1.392	0.435	0.422	2.053	0.835	0.386
三明市	2	资源型	2.353	2.848	0.716	0.497	0.262	2.041	0.780	0.786
漳州市	1	农业型	5.240	0.082	1.712	1.603	0.703	1.287	0.846	0.558
龙岩市	1	农业型	1.710	1.420	0.619	0.534	0.384	1.705	0.962	0.938

资料来源：作者依据《中国城市统计年鉴》数据计算绘制。

粤港澳湾区产业功能为高端均衡型。粤港澳湾区城市产业功能类型相对简单，但功能高级，仅包含低均衡型、低制造型、高制造型、高服务型和双高端型五种城市产业功能类型，其中数量最多的城市功能类型为低制造型和高制造型，分别有6个和8个城市。从空间格局分布来看，以最为发达的产业功能为双高端型的城市深圳市和高服务型城市广州市为核心，集聚分布着产业功能类型为高制造业的城市，高制造型城市周围则分布着低均衡型城市和低制造型城市。城市产业类型体现出从高级到低级扩散的特征，符合产业和城市发展规律（表5.7）。

表5.7 粤港澳湾区城市产业功能

城市	序号	类别	农业生产	原料采集	初级加工	一般制造	高级制造	公共服务	普通服务	高端服务
深圳市	10	双高端	0.015	0.156	0.626	1.504	2.320	0.407	0.859	1.065
广州市	9	高服务	0.059	0.000	2.087	0.058	0.063	0.983	0.917	1.494
珠海市	7	高制造	1.368	0.076	0.996	0.875	2.398	0.669	0.842	0.795
佛山市	7	高制造	0.018	0.042	1.783	3.892	1.769	0.676	0.371	0.503
江门市	7	高制造	0.122	0.021	2.127	1.511	1.120	1.117	0.636	0.665
肇庆市	7	高制造	0.281	0.640	1.450	1.811	1.046	1.559	0.580	0.492
惠州市	7	高制造	0.131	0.078	1.703	2.178	2.367	0.874	0.301	0.565
汕尾市	7	高制造	0.587	0.227	1.264	3.527	1.027	1.477	0.463	0.311
东莞市	7	高制造	0.019	0.003	2.416	2.413	2.973	0.404	0.280	0.377
中山市	7	高制造	0.000	0.000	2.925	2.195	1.895	0.554	0.475	0.468

续表

城市	序号	类别	农业生产	原料采集	初级加工	一般制造	高级制造	公共服务	普通服务	高端服务
汕头市	6	低制造	0.147	0.207	3.105	0.030	0.020	1.212	1.117	0.675
梅州市	6	低制造	0.323	0.554	0.626	1.575	0.152	2.180	0.784	0.541
河源市	6	低制造	0.375	0.400	1.193	1.982	0.797	1.704	0.477	0.654
清远市	6	低制造	0.431	0.221	1.206	2.239	0.426	1.713	0.640	0.601
潮州市	6	低制造	0.101	0.019	0.026	5.708	0.011	1.495	0.740	0.444
揭阳市	6	低制造	0.681	0.000	2.252	1.814	0.652	1.473	0.743	0.312
韶关市	3	低均衡	0.688	3.189	0.564	2.084	0.345	1.637	0.938	0.602
茂名市	3	低均衡	2.362	1.036	0.502	1.310	0.116	1.864	1.132	0.576
阳江市	3	低均衡	2.207	0.087	2.243	0.119	0.011	1.777	0.998	0.539
云浮市	3	低均衡	0.382	2.309	0.701	2.761	0.681	1.752	0.659	0.393

资料来源：作者依据《中国城市统计年鉴》数据计算绘制，缺香港、澳门资料。

环北部湾湾区产业功能特征为初级农业型。环北部湾湾区城市产业功能类型相对单一，大多数城市产业功能类型相对初级，大多数城市产业功能为农业型和低均衡型。从空间分布情况来看，湾区西部城市为农业型城市，东部则为低均衡型城市，两个产业功能相对高级的城市分布在初级功能城市两侧，分别是低服务型城市南宁市和高端农业型城市海口市。环北部湾湾区体现出城市产业发展相对落后的城市分布格局，未来有望从农业型城市向高端农业型城市和服务业为主的城市发展（表5.8）。

表5.8 环北部湾湾区城市产业功能

城市	序号	类别	农业生产	原料采集	初级加工	一般制造	高级制造	公共服务	普通服务	高端服务
海口市	11	高端农业型	11.390	0.003	0.198	0.124	0.450	1.345	0.871	1.530
南宁市	8	低服务	1.887	0.029	0.421	0.631	0.263	1.404	1.355	0.971
湛江市	3	低均衡	3.997	1.894	0.411	1.078	0.030	1.775	1.072	0.824
北海市	3	低均衡	5.422	0.648	1.006	0.724	0.739	1.852	0.629	0.717
玉林市	3	低均衡	3.406	0.000	1.112	0.774	0.374	2.095	0.788	0.501
防城港市	1	农业型	20.314	0.137	0.039	0.800	0.039	1.972	1.025	0.704
钦州市	1	农业型	2.286	0.514	0.766	0.615	0.254	2.067	1.111	0.431
崇左市	1	农业型	15.140	3.905	0.740	0.657	0.048	2.399	0.451	0.620
儋州市	1	农业型	122.396	0.076	0.280	0.563	0.061	0.536	1.166	0.369

资料来源：作者依据《中国城市统计年鉴》数据计算绘制。

5.3 五大湾区总体城市功能格局分析

从产业发展阶段来看，五大湾区城市产业功能类型大多数为初级和中级的产业功能类型，少部分城市发展到相对高级的产业功能形态。从具体产业类型来看，首先以制造业为主要产业功能的城市最多，其中高制造型城市多于低制造型城市；其次是产业功能复合但相对初级的低均衡型城市；此外资源型城市和以服务业为主要产业类型的城市数量也较多。湾区城市以制造业带动城市发展，部分城市以服务业为主要产业类型推动经济发展，城市发展到较高水平后，则推动城市产业升级，转型成为高端型服务业和高级制造业为主要产业功能的城市。但仍有大量城市仍处于产业发展的初级阶段，以农业和资源开采为主要产业功能，产业功能有待更新升级。少部分城市则发展到相对高级的产业阶段，成为双高端型或高均衡型城市，成为湾区的主要增长极，可以通过产业扩散、集聚效应带动湾区内其他城市产业发展（表5.9）。

表5.9 各湾区各功能类型城市统计

湾区	农业型	资源型	低均衡型	中均衡型	高均衡型	高端农业型	低制造型	高制造型	低服务型	高服务型	双高端型
海峡西岸湾区	2	1	4	0	0	0	2	4	3	0	0
环北部湾湾区	4	0	3	0	0	1	0	0	1	0	0
环渤海湾湾区	1	10	3	1	1	0	5	3	2	6	0
环长江口湾区	0	0	0	2	0	1	0	9	4	1	1
粤港澳湾区	0	0	4	0	0	0	6	8	0	1	1
总和	7	11	14	3	1	2	13	24	10	8	2

资料来源：作者依据《中国城市统计年鉴》数据计算绘制，不包括香港、澳门。

从产业类型空间分布格局来看，东部沿海地区产业功能大多为相对高级的产业类型，西部城市产业类型则相对初级。北部的环渤海湾湾区则产业功能复合多样，且拥有最多的资源型城市；中部的环长江口湾区和南部的粤港澳湾区城市最为发达，拥有最多的高级制造型城市；两个湾区中间的位于东南部的海峡西岸湾区也以制造业为主，但产业功能相对处于初级和中级阶段；南部的环北部湾湾区则产业功能最为落后，有待从农业型和低均衡型城市向更为高端的产业类型方向发展。

5.4 本章小结

本章通过对产业功能类型进行划分，分析了五大湾区的城市产业功能格局特征，得到以下结论。

第一，东部湾区产业功能比南部和北部湾区更为高级。从产业发展阶段来看，北部环渤海湾湾区城市功能类型复杂，南部环北部湾湾区产业功能相对落后，处于初级产业阶段，而东部的三个湾区则具有更多的高级产业功能，整体城市发展水平更高。

第二，湾区产业功能特征明显。从产业类别来看，东部三大湾区集聚了大量高制造业城市，也有较多的高均衡型城市；北部环渤海湾地区则拥有相对较多的资源型城市，各湾区城市产业功能格局特征区别明显，体现出了不同的湾区功能。

第三，湾区内城市产业功能格局分布符合产业发展规律。每个湾区内都有一到两个最为发达的城市作为湾区增长极，核心城市附近则集聚着与核心城市产业相关联的其他城市。从核心城市到边缘城市，产业功能逐渐降低，核心城市主要为双高端型和高服务型，周围城市则相应为高制造型或低制造型、低服务型城市，体现出区域内产业扩散的特点。

由此，提出以下三点政策建议。

首先，遵循产业发展规律，区域内互联互通，升级改造初级产业。在湾区内相对发达的城市通过投资、技术支持、信息交流等方式，带动周边相对落后的城市发展，帮助更多的城市提升产业功能，从低制造、低服务型城市迈向产业功能更为高级的高制造、高服务型城市。

其次，挖掘湾区内部特征，充分发挥湾区比较优势，培育具有湾区特征的产业功能。东部三个湾区以制造业为主，且已处于相对发达的水平，可以进一步向双高端型城市发展，进一步提升湾区整体发展水平。

最后，增强区域间交流协作，分享产业发展经验，促进合作共赢。相对发达的湾区具有更多的产业发展经验，与相对落后的湾区增强交流，帮助环北部湾湾区的城市和其他湾区产业功能相对初级的城市实现产业转型升级，缩小区域间差距，从而增强我国湾区整体产业水平。

第6章 聚能蓄力：湾区产业集聚分析

产业集聚是指在一个适当大的区域范围内，生产某种产品的若干个不同类企业，以及为这些企业配套的上下游企业、相关服务业，高度密集地聚集在一起。不同区域由于地理区位、社会经济发展水平不同，产业集聚类型和程度也不同，可以说，产业集聚反映了不同区域的产业特殊竞争力。

湾区依托港口等强大的集输枢纽、现代化的交通体系和良好的投资环境，产生了强劲的物资流、信息流、资金流、人流的集聚能力，促进湾区城市产业集聚发展。产业集聚是集聚主体意识在空间上的反映，既是促成城市与湾区出现的诱因，也是经济发展和增长的源泉，对湾区产业集聚的分析是理解湾区生命力的关键。本章通过对三大产业结构分析、区位熵分析、三大产业空间格局分产业演变分析与综合演变分析、全局与局部空间自相关分析、偏离份额分析，对五大湾区的产业集聚现象进行全方位、多角度的解析。

6.1 区域产业结构分析

6.1.1 五大湾区三产结构整体对比

总体上看，2007—2016年间，五大湾区三产比重均大幅上升。2016年各大湾区第一产业占比由低到高依次是粤港澳湾区、环长江口湾区、环渤海湾湾区、海峡西岸湾区、环北部湾湾区，且各湾区第一产业占比均小于20%；第二产业占比由低到高依次是粤港澳湾区、环北部湾湾区、环渤海湾湾区、环长江口湾区、海峡西岸湾区；第三产业占比由低到高依次是海峡西岸湾区、环北部湾湾区、环渤海湾湾区、环长江口湾区、粤港澳湾区（图6.1，图6.2）。在图中，从下向上依次为第一产业（以下简称"一产"）、第二产业（以下简称"二产"）、第三产业（以下简称"三产"）。

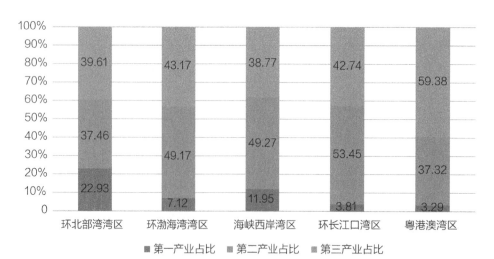

图6.1 2007年五大湾区第一产业、第二产业、第三产业占比对比
资料来源：作者依据《中国城市统计年鉴》数据计算绘制。

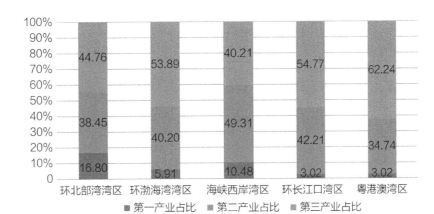

图 6.2　2016 年五大湾区第一产业、第二产业、第三产业占比对比
资料来源：作者依据《中国城市统计年鉴》数据计算绘制。

6.1.2　环渤海湾湾区

环渤海湾湾区共有 32 座城市，大多数城市一产、二产、三产占比结构均表现为三产占比大于二产占比，二产占比大于一产占比，但二产、三产占比大多相差不大，一产占比则相差较大。其中，三产占比大于 50% 的有 15 座城市，北京市三产占比甚至达到 80% 以上；二产占比大于 50% 的有 7 座城市，排名前 3 位的是东营市、唐山市、辽阳市；一产占比均小于 10%（图 6.3，图 6.4，表 6.1）。

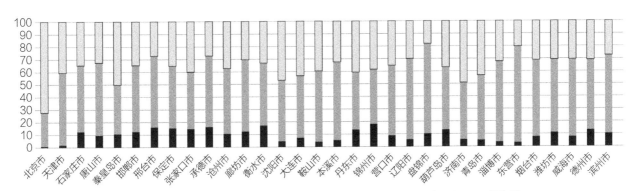

图 6.3　2007 年环渤海湾湾区各市第一产业、第二产业、第三产业占比对比
资料来源：作者依据《中国城市统计年鉴》数据计算绘制。

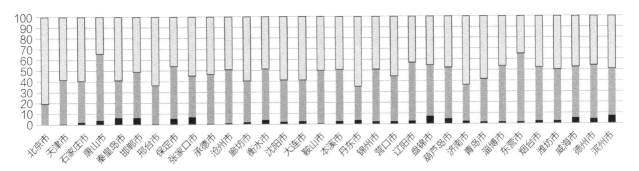

图 6.4　2016 年环渤海湾湾区各市第一产业、第二产业、第三产业占比对比
资料来源：作者依据《中国城市统计年鉴》数据计算绘制。

表 6.1　环渤海湾湾区第一产业、第二产业、第三产业产值变化最大的前五个城市

第一产业	产值（亿元）	第二产业	产值（亿元）	第三产业	产值（亿元）
大连市	320.18	天津市	4629.52	北京市	13156.50
唐山市	312.02	青岛市	2506.40	天津市	7825.16
潍坊市	276.56	北京市	2410.30	青岛市	4099.82
烟台市	267.83	烟台市	1994.87	沈阳市	2929.95
保定市	237.27	大连市	1972.69	大连市	2869.10

资料来源：作者依据《中国城市统计年鉴》数据计算绘制。

6.1.3　环长江口湾区

环长江口湾区共有 18 座城市，大部分城市一产、二产、三产占比结构为三产＞二产＞一产，以二产、三产为主，一产占比则极低。其中，三产占比大于 50% 的有 13 座城市；二产占比大于 50% 的仅有泰州市；一产占比均小于 10%（图 6.5，图 6.6，表 6.2）。

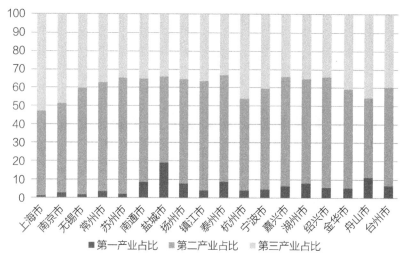

图 6.5　2007 年环长江口湾区各市第一产业、第二产业、第三产业占比对比
资料来源：作者依据《中国城市统计年鉴》数据计算绘制。

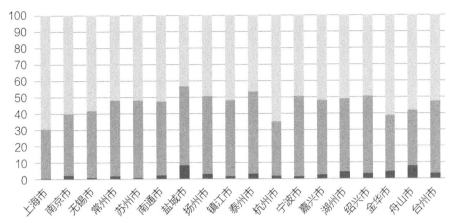

图6.6 2016年环长江口湾区各市第一产业、第二产业、第三产业占比对比
资料来源：作者依据《中国城市统计年鉴》数据计算绘制。

表6.2 环长江口湾区第一产业、第二产业、第三产业产值变化最大的前五个城市

第一产业	产值（亿元）	第二产业	产值（亿元）	第三产业	产值（亿元）
盐城市	274.06	苏州市	3645.45	上海市	12770.96
南通市	192.85	上海市	2731.94	苏州市	6005.61
南京市	166.18	宁波市	2556.24	杭州市	5008.82
宁波市	150.78	南京市	2510.26	南京市	4543.18
扬州市	150.51	无锡市	2090.31	无锡市	3180.78

资料来源：作者依据《中国城市统计年鉴》数据计算绘制。

6.1.4 海峡西岸湾区

海峡西岸湾区共有16座城市，其中9个城市一产、二产、三产占比结构为三产＞二产＞一产，7个城市占比结构为二产＞三产＞一产。其中，二产占比大于50%的有7座城市，福州市、温州市、丽水市列前3位；三产占比大于50%的有5座城市；一产占比均小于15%（图6.7，图6.8，表6.3）。

表6.3 海峡西岸湾区第一产业、第二产业、第三产业产值变化最大的前五个城市

第一产业	产值（亿元）	第二产业	产值（亿元）	第三产业	产值（亿元）
福州市	248.47	泉州市	2564.95	福州市	2022.71
漳州市	202.57	福州市	1683.02	温州市	1700.55
南平市	187.72	漳州市	1039.04	泉州市	1590.90
宁德市	164.79	温州市	1016.32	厦门市	1410.80
赣州市	159.89	厦门市	881.97	漳州市	808.58

资料来源：作者依据《中国城市统计年鉴》数据计算绘制。

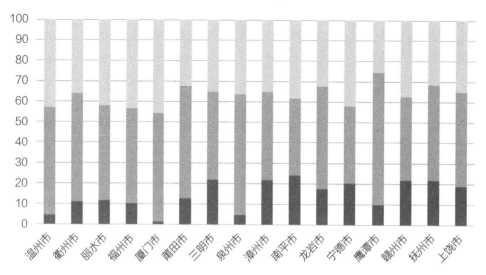

图 6.7 2007 年海峡西岸湾区各市第一产业、第二产业、第三产业占比对比
资料来源：作者依据《中国城市统计年鉴》数据计算绘制。

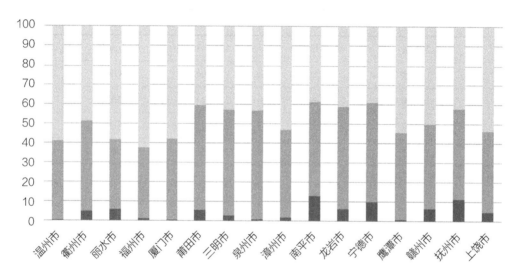

图 6.8 2016 年海峡西岸湾区各市第一产业、第二产业、第三产业占比对比
资料来源：作者依据《中国城市统计年鉴》数据计算绘制。

6.1.5 粤港澳湾区

粤港澳湾区共有 22 座城市，12 个城市一产、二产、三产占比结构为二产＞三产＞一产，10 个城市表现为三产＞二产＞一产，且以二、三产为主；一产占比则极低。其中，香港与澳门三产占比高达 90% 以上。此外，三产占比大于 50% 的还有 6 座城市；二产占比大于 50% 的有 8 座城市；除云浮市外，一产占比均小于 15%（图 6.9，图 6.10，表 6.4）。

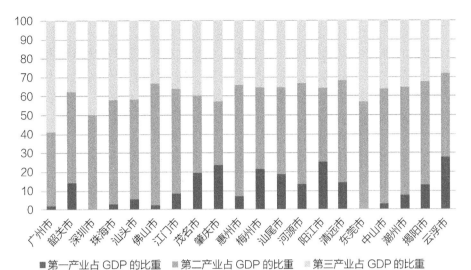

图 6.9　2007 年粤港澳湾区各市第一产业、第二产业、第三产业占比对比

资料来源：作者依据《中国城市统计年鉴》数据计算绘制。

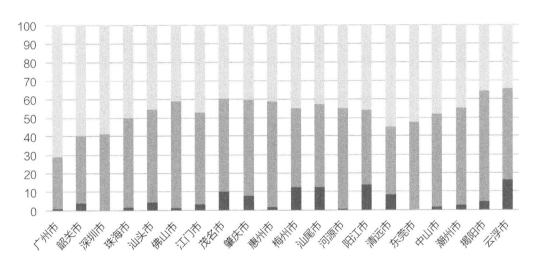

图 6.10　2016 年粤港澳湾区各市第一产业、第二产业、第三产业占比对比

资料来源：作者依据《中国城市统计年鉴》数据计算绘制。

表 6.4　粤港澳湾区第一产业、第二产业、第三产业产值变化最大的前五个城市

第一产业	产值（亿元）	第二产业	产值（亿元）	第三产业	产值（亿元）
茂名	237.49	深圳	4374.63	广州	9403.68
肇庆	177.45	广州	2944.15	深圳	8315.40
清远	129.72	佛山	2818.25	香港	6820.79
梅州	119.27	东莞	1382.59	东莞	2281.26
阳江	116.67	惠州	1186.18	佛山	2143.85

资料来源：作者依据《中国城市统计年鉴》数据计算绘制。

6.1.6 环北部湾湾区

环北部湾湾区共有10座城市以及3个县，6个城市一产、二产、三产占比结构表现三产＞二产＞一产，4个城市及澄迈、昌江2县表现为二产＞三产＞一产。三产占比大于50%的有3座城市，其中海口市高达77.37%；二产占比大于50%的有北海市和防城港市，一产占比大于50%的有临高县（图6.11，图6.12，表6.5）。

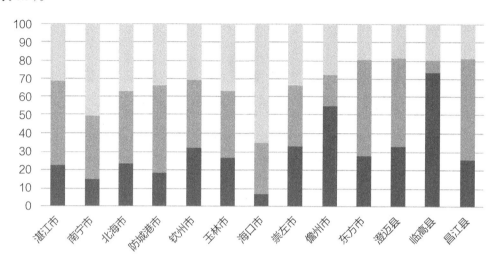

■第一产业占GDP的比重　■第二产业占GDP的比重　■第三产业占GDP的比重

图6.11　2007年环北部湾湾区各市第一产业、第二产业、第三产业占比对比
资料来源：作者依据《中国城市统计年鉴》数据计算绘制。

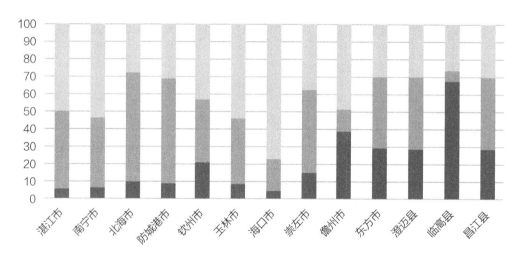

■第一产业占GDP的比重　■第二产业占GDP的比重　■第三产业占GDP的比重

图6.12　2016年环北部湾湾区各市第一产业、第二产业、第三产业占比对比
资料来源：作者依据《中国城市统计年鉴》数据计算绘制。

表6.5　环北部湾湾区第一产业、第二产业、第三产业产值变化最大的前五个城市

第一产业	产值（亿元）	第二产业	产值（亿元）	第三产业	产值（亿元）
湛江市	286.15	南宁市	1048.29	南宁市	1255.66
南宁市	235.98	湛江市	543.66	湛江市	780.03

续表

第一产业	产值（亿元）	第二产业	产值（亿元）	第三产业	产值（亿元）
玉林市	147.12	玉林市	487.23	海口市	738.15
钦州市	120.89	北海市	368.29	玉林市	396.71
北海市	109.57	防城港市	301.57	钦州市	283.97

资料来源：作者依据《中国城市统计年鉴》数据计算绘制。

6.2 产业竞争优势分析

偏离-份额分析法是把区域经济的变化看作一个动态的过程，以其所在区域或整个国家的经济发展为参照系，将区域自身经济总量在某一时期的变动分解为三个分量，即份额分量、结构偏离分量和竞争力偏离分量，以此说明区域经济发展和衰退的原因，评价区域经济结构优劣和自身竞争力的强弱，找出区域具有相对竞争优势的产业部门，进而可以确定区域未来经济发展的合理方向和产业结构调整的原则。[50] 其公式为：

$$G = RS + PS + DS = \sum Y_i^o R + \sum Y_i^o (R_i - R) + \sum Y_i^o (r_i - R_i) \quad (6-1)$$

式中，G 为区域经济增长；RS 为地区增长份额；PS 为产业结构偏离份额；DS 为竞争力份额；Y_i 为区域第 i 个产业初始产值；R 为整个地区GDP增长率；R_i 为整个地区第 i 个产业增长率；r_i 为区域第 i 个产业增长率。

6.2.1 环渤海湾湾区

环渤海湾湾区32个城市中有1个快速增长型（PS、DS 均大于0）、3个结构优势推动型（$PS>0$、$DS<0$）、15个竞争优势推动型（$PS<0$、$DS>0$）、13个增长滞后型（PS、DS 均小于0）。即仅有1/32的城市增长水平较高，3/32的城市产业结构具有优势，但有15/32（近一半）的城市竞争力较强，也同时有13/32（近一半）的城市发展落后。因此，湾区产业结构仍需进一步完善，且需要注重带动落后城市发展，缩小城市间差距，实现均衡发展，从而综合带动各城市的增长水平（图6.13）。

6.2.2 环长江口湾区

环长江口湾区18个城市中有3个快速增长型（PS、DS 均大于0）、1个结构优势推动型（$PS>0$、$DS<0$）、8个竞争优势推动型（$PS<0$、$DS>0$）、6个增长滞后型（PS、DS 均小于0）。即有1/6的城市增长水平较高，仅1/16的城市产业结构具有优势，1/2的城市竞争力较强，且有1/3的城市发展落后。因此，湾区产业结构仍需进一步完善，且需要注重带动落后城市发展，缩小城市间差距，实现均衡发展，从而综合带动各城市的增长水平（图6.14）。

6.2.3 海峡西岸湾区

海峡西岸湾区16个城市中有1个快速增长型（PS、DS 均大于0）、3个结构优势推动型（$PS>0$、$DS<0$）、12个竞争优势推动型（$PS<0$、$DS>0$）、0个增长滞后型（PS、DS 均小于0）。即仅有1/16的城市增长水平较高，3/16的城市产业结构具有优势，但有3/4的城市竞争力较强（城市竞争力较好），且没有城

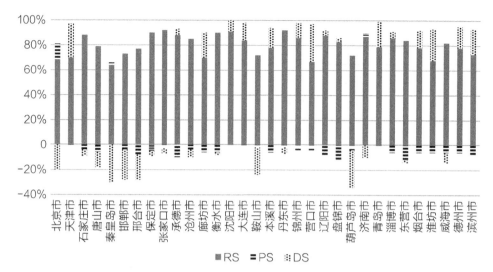

图 6.13　环渤海湾区 2007—2016 年各市偏离 – 份额分析图
资料来源：作者依据《中国城市统计年鉴》数据计算绘制。

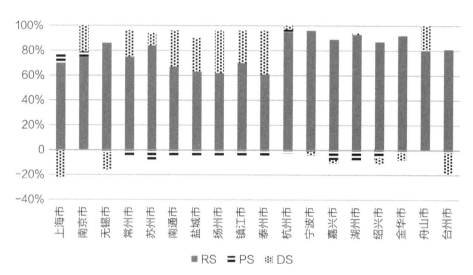

图 6.14　环长江口湾区 2007—2016 年各市偏离 – 份额分析图
资料来源：作者依据《中国城市统计年鉴》数据计算绘制。

市处于发展落后状态。不过尽管湾区内城市相对来说发展水平较高，但其整体发展水平相对来说并不是很高，因此仍需整体提升各城市发展水平（图 6.15）。

6.2.4　粤港澳湾区

粤港澳湾区 22 个城市中有 1 个快速增长型（PS、DS 均大于 0）、1 个结构优势推动型（$PS>0$、$DS<0$）、18 个竞争优势推动型（$PS<0$、$DS>0$）、2 个增长滞后型（PS、DS 均小于 0）。即仅有 1/22 的城市增长水平较高，1/22 的城市产业结构具有优势，但有 9/11 的城市竞争力较强，且仅有 1/11 的城市发展落后。因此，湾区整体发展水平较高，但产业结构仍需完善（图 6.16）。

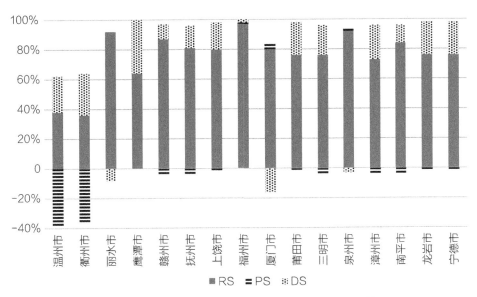

图 6.15　海峡西岸湾区 2007—2016 年各市偏离 - 份额分析图
资料来源：作者依据《中国城市统计年鉴》数据计算绘制。

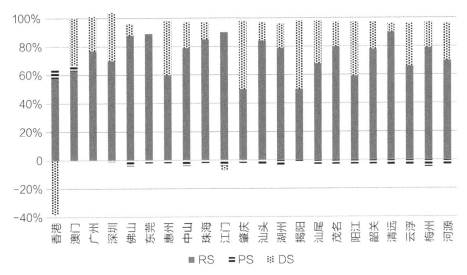

图 6.16　粤港澳湾区 2007—2016 年各市偏离 - 份额分析图
资料来源：作者依据《中国城市统计年鉴》数据计算绘制。

6.2.5　环北部湾湾区

环北部湾湾区 13 个城市中有 1 个快速增长型（PS、DS 均大于 0）、1 个结构优势推动型（$PS>0$、$DS<0$）、5 个竞争优势推动型（$PS<0$、$DS>0$）、5 个增长滞后型（PS、DS 均小于 0）。即仅有 1/13 的城市增长水平较高，1/13 的城市产业结构具有优势，5/13 的城市竞争力较强，有 5/13（近一半）的城市发展落后。因此，湾区产业结构仍需进一步完善，其需要注重带动落后城市发展，缩小城市间差距，实现均衡发展，从而综合带动各城市的增长水平（图 6.17）。

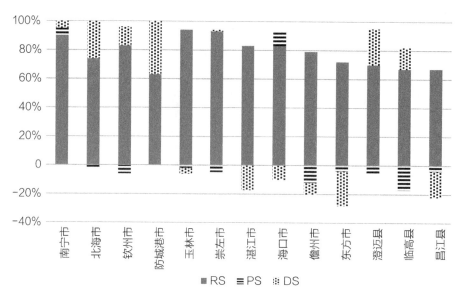

图 6.17 环北部湾湾区 2007—2016 年各市偏离 - 份额分析图
资料来源：作者依据《中国城市统计年鉴》数据计算绘制。

6.3 产业集聚特征分析

在分析三产结构、区位熵、三次产业空间格局演变、产业结构水平空间演变、偏离 - 份额、产业结构总体空间的基础上，本节进一步分析五大湾区内各城市的产业结构的专业化与多样化、相关性与无关性。其中，我们采用份额系数来分析产业结构的专业化与多样化，用相关系数来分析产业结构的相关性与无关性。[51]

6.3.1 份额系数特征及变化

在大部分从产业间的份额出发来考察区域产业专门化与多样化程度的相对均衡数值法中，最为常见的是赫芬达尔（Herfindahl）提出的 Hi 指数及各种改进形式，如 J. J. 蒙森尼（J. J. Monseny，2005）提出的 Hi 倒数形式[52]；宋志刚等（2012）提出的以 b_j^i 为 j 产业的权重进行修正后的 Hi 倒数形式[53]；马诺和大冢（Y. Mano & K.Otsuka，2000）提出的 1-Hi 形式[54]。本书的产业集聚模式份额系数是 Hi 指数的变形，计算公式如下：

$$Hh_{i \cdot t} = \ln \sum_{j=1}^{n} (\frac{b_{j \cdot t}^i}{b_{j \cdot t}})^2 \qquad (6-2)$$

其中，$Hh_{i \cdot t}$ 为份额系数；i 为城市下标；j 为产业下标；$b_{j \cdot t}^i$ 是第 t 年城市 i 产业 j 产出占城市 i 全部产业产出的比重；$b_{j \cdot t}$ 是第 t 年全部样本城市产业 j 的产出占全部产业产出的比重。在根据式（6-2）计算得出样本城市的 $Hh_{i \cdot t}$ 后，对其进行正态分布的标准化。

从五大湾区平均份额系数来看，2016 年环北部湾湾区的平均份额系数最高，高达 3.53；其次为环渤海湾湾区，为 3.30。且两者均有波动性上升趋势，说明这两个湾区的城市专业化程度较高。粤港澳湾区由 1998 年的 3.16 逐步下降至 2.97，逐步从专业化向多样化发展。海峡西岸湾区与环长江口湾区则相对更加多样化（图 6.18）。

从城市角度来看，份额系数排名前 10 位的城市，是专业化较强的城市。其中有 6 个为环渤海湾湾区的城市，盘锦市、东营市分列前两位；德州市、沧州市、北京市列第 4 至 6 位；沈阳市列第 10 位；环北部湾湾区的海口市列第 3 位；防城港市列第 8 位；海峡西岸湾区的鹰潭市列第 7 位；粤港澳湾区的广州市列第 9 位。

从份额系数排名名次的提升来看，提升名次最多的前10位城市中，环渤海湾湾区所占名额最多，天津市、张家口市、沧州市分列前三甲；石家庄市、沈阳市、本溪市列第8至10位；环长江口湾区的上海市与杭州市，列第4、5位；粤港澳湾区的广州市列第6位；海峡西岸湾区的鹰潭市列第7位。这些城市的专门化趋势明显（图6.19）。

从份额系数排名后10位的城市，则是多样性较强的城市。其中海峡西岸湾区的泉州市、莆田市分列第1、3位；粤港澳湾区的惠州市、江门市分列第2、6位；环长江口湾区的苏州市、南通市、扬州市分别为第4、5、10位；环渤海湾湾区的威海市、潍坊市、烟台市分列第7至9位。

从份额系数排名名次的下降来看，下降名次最多的前10位城市中，粤港澳湾区所占名额最多，河源市、肇庆市、汕头市、中山市分列第1、2、6、10位；环渤海湾湾区的威海市、烟台市、保定市列第4、5、9位；海峡西岸湾区的温州市、漳州市列第7、8位；环长江口湾区的台州市列第3位。这些城市的多元化趋势明显（图6.20）。

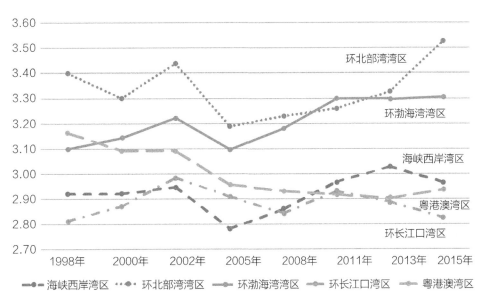

图6.18　五大湾区平均份额系数（1998—2015年）
资料来源：作者依据《中国城市统计年鉴》数据计算绘制。

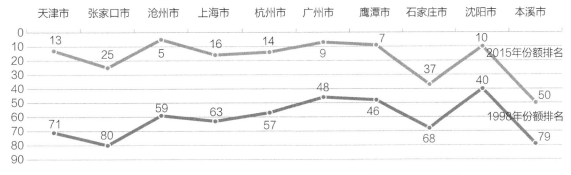

图6.19　五大湾区份额系数排名提升的前10位城市（1998—2015年）
资料来源：作者依据《中国城市统计年鉴》数据计算绘制。

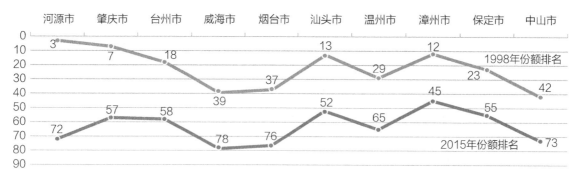

图 6.20 五大湾区份额系数排名下降的前 10 位城市（1998—2015 年）
资料来源：作者依据《中国城市统计年鉴》数据计算绘制。

6.3.2 相关系数特征及变化

虽然众多学者已经认识到产业间关系对产业集聚模式的影响，但相关研究在理论分析中的解析模型与经验分析中的计量模型均很少考虑衡量产业间关系的指标。本书衡量产业结构相关性与无关性的方法，采用作者之前提出的衡量产业间关系的相关系数指标，依据 W. W. 莱昂蒂夫（W. W. Leontief，1953，1966）建立的投入－产出分析体系[55, 56]，其计算公式为：

$$Iae_{i,t} = \ln \sum_{j=1}^{m} \sum_{j^*=1, j^* \neq j}^{m} LC_{i,j,t} \cdot LC_{i,j^*,t} \cdot u_{j,j^*,o,t} \quad (6-3)$$

其中，$Iae_{i,t}$ 为 i 城市第 t 年的相关系数；$LC_{i,j,t}$ 为 i 城市 t 年 j 产业的人力资本；$LC_{i,j^*,t}$ 为 i 城市 t 年 j^* 产业的人力资本；$u_{j,j^*,o,t}$ 为 i 城市所在 o 省第 t 年 j 产业与 j^* 产业的投入－产出指数。

投入－产出指数 u_{j,j^*} 的计算公式为：

$$u_{j,j^*,o,t} = \frac{Flin_{j,j^*,o,t} + Flin_{j^*,j,o,t}}{\sum_{j}\sum_{j^*} Flin_{j,j^*,o,t}} \quad (6-4)$$

其中，$Flin_{j,j^*,o,t}$ 为 i 城市所在 o 省第 t 年 j 行业流入 j^* 行业的产品与服务价值；$Flin_{j^*,j,o,t}$ 为 i 城市所在 o 省第 t 年 j^* 行业流入 j 行业的产品与服务价值。只考虑产业间的相互联系，不考虑单项联系，根据式（6-4）计算可得，$u_{j,j^*,o,t} = u_{j^*,j,o,t}$。在根据式（6-3）计算得出样本城市的 Iae 后，对其进行正态分布的标准化。

从五大湾区平均相关系数来看，2016 年五大湾区的相关系数均得到一定程度的提升，其中环长江口湾区的相关系数最高，环渤海湾湾区、海峡西岸湾区、粤港澳湾区的相关系数较为接近，环北部湾湾区的相关系数较低，湾区内部城市内的产业相关性较小（图 6.21）。

从城市角度来看，相关系数排名前 10 位的城市，是相关性较强的城市。其中有 4 个为环长江口湾区的城市，上海市、苏州市、宁波市、杭州市分列第 1、第 6—8 位；环渤海湾湾区的北京市、天津市、青岛市为第 2、3、10 位；粤港澳湾区的深圳市、广州市列第 4、5 位，海峡西岸湾区的泉州市列第 6 位。

从相关系数排名名次的提升来看，提升名次最多的前 10 位城市中，粤港澳湾区与环长江口湾区各有 3 个城市入榜。粤港澳湾区的河源市、中山市、珠海市列第 1、5、10 位；环长江口湾区的台州市、嘉兴市、绍兴市列第 4、6、7 位；环渤海湾湾区的廊坊市、东营市列第 2、3 位；海峡西岸湾区的温州市、龙岩市列第 8、9 位（图 6.22）。

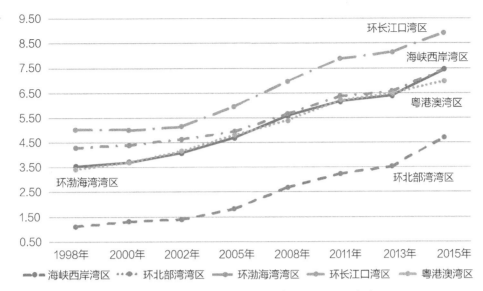

图 6.21　五大湾区平均相关系数（1998—2015 年）
资料来源：作者依据《中国城市统计年鉴》数据计算绘制。

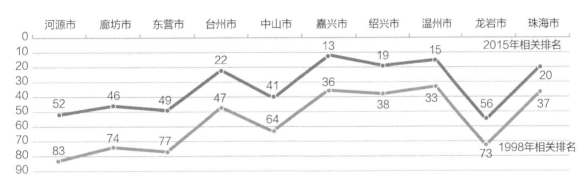

图 6.22　五大湾区相关系数排名提升的前 10 位城市（1998—2015 年）
资料来源：作者依据《中国城市统计年鉴》数据计算绘制。

相关系数排名后 10 位的城市，是相关性较弱的城市。其中有 4 个为粤港澳湾区的城市，阳江市、潮州市、梅州市、揭阳市分列第 1、6 至 8 位；环渤海湾湾区的北京市、天津市、青岛市列第 4、6、7、10 位；环北部湾湾区的防城港市、钦州市、北海市列第 1、2、5 位；海峡西岸湾区的鹰潭市列第 3 位；环渤海湾湾区的承德市列第 9 位；环长江口湾区的舟山市列第 10 位（图 6.23）。

从相关系数排名名次的提升来看，提升名次最多的前 10 位城市中，环渤海湾湾区有 6 个城市入榜，张家口市、邯郸市、本溪市、鞍山市、锦州市、沈阳市分列第 2、3、4、6、7、9 位；粤港澳湾区有 3 个城市入榜，茂名市、梅州市、佛山市分列第 1、8、10 位；海峡西岸湾区的三明市列第 5 位。

6.3.3　五大湾区产业集聚模式特征与分类

根据样本城市 1998—2015 年年均份额系数、相关系数的高低，可以将五大湾区的产业集聚模式分为三类（表 6.6）。

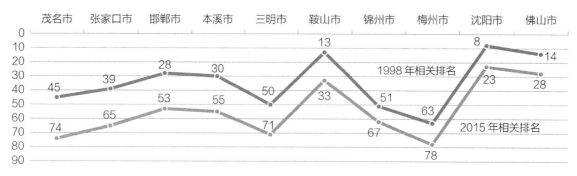

图 6.23　五大湾区相关系数排名下降的前 10 位城市（1998—2015 年）
资料来源：作者依据《中国城市统计年鉴》数据计算绘制。

表 6.6　依据两种系数划分中国城市产业集聚模式类别准则

	相关系数高（>5.5）	相关系数低（<5.5）
份额系数高（>3.1）	环渤海湾湾区	环北部湾湾区
份额系数低（<3.1）	粤港澳湾区、海峡西岸湾区、环长江口湾区	—

资料来源：作者依据《中国城市统计年鉴》数据计算绘制。

6.3.4　五大湾区内部城市产业集聚类型的分布

从环渤海湾湾区内部各城市的产业集聚类型分布来看，北京市属于份额系数与相关系数均高的城市；天津市、青岛市则是相关系数高但份额系数低的城市；盘锦、东营、沧州、德州 4 个城市属于份额系数高但相关系数低的城市；其他城市的份额系数与相关系数均较低（图 6.24）。

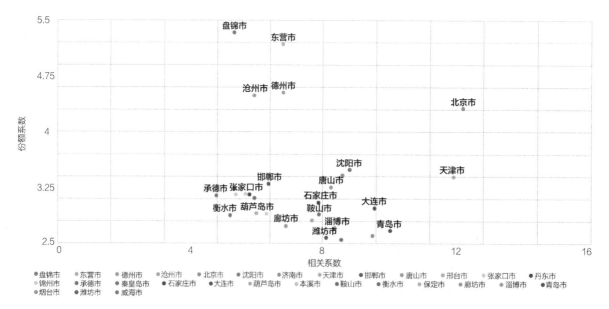

图 6.24　环渤海湾湾区各城市的份额系数与相关系数交互（2015 年）
资料来源：作者依据《中国城市统计年鉴》数据计算绘制。

对于环长江口湾区而言，各城市的份额系数均低于 3.25，其中上海市的相关系数最大，舟山市最小，其他城市位于中间，相关系数较为接近（图 6.25）。

对于海峡西岸湾区而言，鹰潭市属于份额系数高但相关系数低的城市；泉州、厦门、福州、温州则相反，份额系数低但相关系数高；其他城市的份额系数与相关系数均较低（图 6.26）。

对于粤港澳湾区而言，各城市的份额系数也都较低，但广州与深圳相对较高，且广州、深圳的相关系数也较高。其他城市的两个系数均较低（图 6.27）。

与其他湾区城市相比，环北部湾湾区的城市相关系数均较低，其中南宁的相关系数相对较高。从份额系数上看，海口市与防城港市的份额系数较高，其余城市的份额系数则较低（图 6.28）。

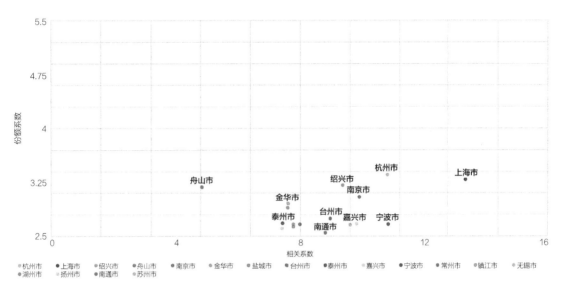

图 6.25　环长江口湾区各城市的份额系数与相关系数交互（2015 年）
资料来源：作者依据《中国城市统计年鉴》数据计算绘制。

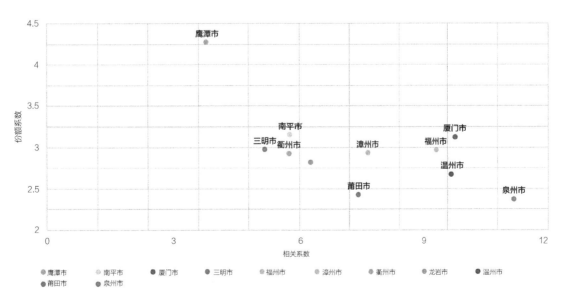

图 6.26　海峡西岸湾区各城市的份额系数与相关系数交互（2015 年）
资料来源：作者依据《中国城市统计年鉴》数据计算绘制。

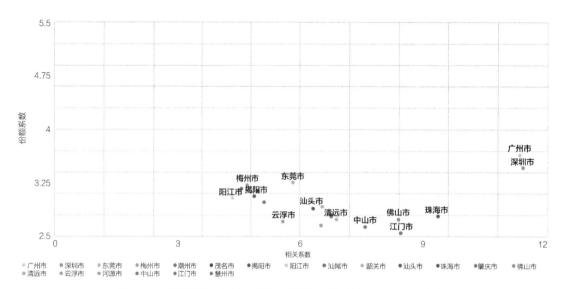

图 6.27　粤港澳湾区各城市的份额系数与相关系数交互（2015 年）
资料来源：作者依据《中国城市统计年鉴》数据计算绘制。

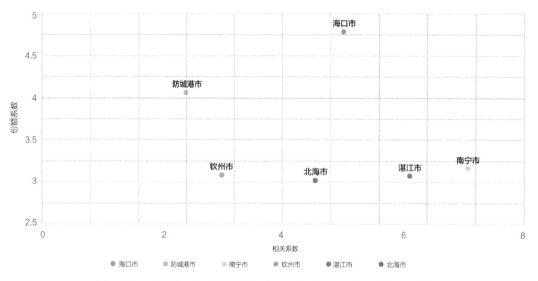

图 6.28　环北部湾湾区各城市的份额系数与相关系数交互（2015 年）
资料来源：作者依据《中国城市统计年鉴》数据计算绘制。

6.4　产业联系网络分析

6.4.1　基于行业间投入－产出引力模型的联系驱动因素分析

1. 引力模型

在通过理论构建模型估算城市间联系时，应用范围最广的是引力模型，也被称为潜力模型、重力模型[57, 58]，其源于 W. J. 赖利（W. J. Reilly，1931）对城市贸易市场的研究中提出的"赖利零售业引力法则"[59]；P. D. 匡威（P. D. Converse，1930）将其推广到用于理论势力范围的分界[60]；G. K. 齐普夫（G. K.

Zipf, 1949) 对该理论进行了理论演绎和应用推广[38]; E. J. 塔菲 (E. J. Taaffe, 1962) 运用其估算了区域间的经济联系。除估算城市联系外, 引力模型常被用于国际贸易、旅游、物流、交通等领域。[61]

事物集群存在的根本原因在于"万有引力"的作用 (包括人的心理过程), 而城市作为人的集聚地, 相互之间也会受万有引力的作用。

经典的测算城市之间联系的引力模型可以表示为 (董青等, 2010)[62]:

$$C = \kappa \frac{Q_i \cdot Q_{i^*}}{d_{i,i^*}^b} \quad (i \neq i^*) \quad (6-5)$$

式 (6-5) 中, C 为城市之间的联系 (Contact); Q_i、Q_{i^*} 为两城市的城市质量, 即反映各种资源 (Quality) 的指标; d_{i,i^*} 为两城市之间的距离 (Distance); b 为距离摩擦系数; κ 为介质系数。可以看出, 在用引力模型估算城市间联系时, 主要需要对三个参数进行确定: 一是城市质量的确定, 二是两城市间距离的衡量与距离摩擦系数的设定, 三是介质系数的确定。

第一, 与物理学中物质质量相比, 城市质量更难以衡量。在以往相关文献中, 多数文献往往采用城市人口、经济 (GDP)、建成面积、城市流强度、信息化指数等各种资源指标来表示[63-65], 或单一, 或加总, 或综合。如蒋进德等 (2012) 以考虑人口素质的复合人口代替人口。[66]

有学者认为以单一指标不能反映城市发展全貌[67], 因此以多指标的城市综合质量来表示。如黄建毅和张平宇 (2009) 从城市经济实力、城市科技实力、城市开放程度和城市人民生活水平四个方面, 选取了 14 项指标构建指标体系[68]; 郭爱君和冯琦媛 (2009) 将 12 项指标进行加权计算城市生活质量。[69]

需要指出的是, 城市质量考虑的因素并非越多、越全面越好, 而应该更多地考虑引起城市之间联系的显著因素, 剔除非显著因素 (王欣等, 2006)。[70] 另外, 也有学者通过对两个城市质量加幂来对城市质量进行修正, 但这种对科布-道格拉斯 (Cobb-Douglas) 函数的"机械模仿"缺乏理论依据, 且会增加模型的复杂性。

第二, 对于 d_{i,i^*} 与 b, 本质是城市联系的交易成本, 其常见的主要有直线距离、最近交通距离、时间距离与经济距离等。直线距离又称为乌鸦距离 (Crow Distance), 以此来衡量两城市间的距离时, 在交通设施差别不大的匀质性地区, 彼此之间的影响也不大。但不同区域在交通技术、交通方式、交通设施网的质量、密度、容量等方面一般都会存在差异, 此时以直线距离衡量 d_{i,i^*}, 显然不符合实际情况。

因此, 一些学者采用最近交通距离, 即乳牛距离 (Cow Distance) 作为 d_{i,i^*}, 如黄健毅和张平宇 (2009)[68]、汤放华等 (2013)[71] 都在研究中采用最近交通距离。也有学者在研究中通过距离摩擦 (衰减) 系数 b 修正直线距离的不足。对 b 的取值, 塔菲 (1996) 通过经验分析得出为 2[61]; P. R. 克鲁格曼 (P. R. Krugrman, 2000) 认为其可能接近于 1[72]; 顾朝林和庞海峰 (2008) 认为选择 $b=1$ 适用于在国家尺度范围内进行城市群的经济联系研究。[73] 有学者认为不同区域, 由于条件不同, 人流、物流、信息流的流动速度也不同, 选用相同的 b 会产生误差。因此在研究中根据不同城市间的交通便利情况来调整 b 的取值, 但这种做法相当于在定量模型中混合了定性方法, 使模型的客观性与说服力大打折扣。

此时, 若采用两城市间的交通时间来衡量距离, 则可在一定程度上避免上述问题。不过, 有些学者在计算时间、距离时所用方法存在不足, 如刘辉等 (2013)、郑良海等 (2011) 直接采用公路里程除以固定速度计算的交通时间, 这与最近交通距离几乎没有差别。[74, 75] 另一些学者计算交通时间时, 考虑了多种交通方式的影响, 如朱道才等 (2011) 以公路里程、铁路里程及空间经纬距离 (航空) 的几何平均值作为城市间距离。[76] 郭爱君和冯琦媛 (2009)[69]、江进德等 (2012)[66] 考虑到不同交通方式的状况将距离进行修正。不过也有学者表示对于中国而言, 常见城际间的交通方式还是以公路与铁路为主, 航空的经济成本较大、运量小, 航运的时间成本较大, 因此在城市联系的测算时可以忽略。建议在研究时使用城市间公路、铁路的最短时间距离来换算 (黄健毅和张平宇, 2009)。[68] 对于城市内部的交通距离 d_{i,i^*}, 党安荣等 (2002) 提出, 可

以采用 i 城市面积的平均半径或离其最近城市距离来衡量。[77] 孙晶和许崇正（2011）从时间成本和货币成本出发，提出了由两者综合反映的经济距离。[67]

总之，对于 $d_{i,j}$ 的衡量，最适宜的方法就是从交通时间上衡量，不过在多数研究中，很少考虑不同年份间由于交通条件变化引起的交通时间变化。

第三，与物理系统不同，地理系统的质量在相互作用时更为复杂。有很多原因会引起地区之间的效率损失，除交通条件不足外，还存在其他原因。比如，区域间存在经济壁垒与落差[71]、区域间因为产业同质性引起的竞争[78]、区域间存在政治意识形态、政区、文化、语言等方面的差异。特别是在产业同质性方面，一些学者，如李学鑫（2009）[78]、邓春玉（2009）[65]、江进德等（2012）[66]指出，城市经济由产业构成，而引力模型将城市作为不考虑产业结构的质点显然不符合客观现实，城市间的联系除与各种资源与距离有关外，还与城市间的产业分工有关。因此他们以克鲁格曼指数作为介质系数来改进引力模型。上述学者从产业分工角度对引力模型的缺陷提出质疑是值得肯定的，但其选用改进介质系数 κ 的克鲁格曼指数，所体现的是城市产业的专业化程度，以其来衡量城市间的产业分工有待商榷。另外，还有学者在介质系数中同时考虑交通便捷程度[79]，这种做法并不可取，因为交通条件的差异已在距离与摩擦系数中考虑。

除以上对参数的选择与改进进行分析的文献外，还有学者从其他方面对引力模型进行改进。如刘继生和陈彦光（2000）通过引入时间函数和时滞参数，基于互相关函数的形式改进了引力模型，以解决城市间作用的反应延迟和能量累积问题。[80]

本书在采用理论模型法分析湾区内部联系的驱动因素的基础上，进一步采用现实数据绘制桑葚图与网络图，分析湾区内分行业联系强度与湾区内各城市产业分工网络中的节点地位及演变。

2. 行业间投入-产出引力模型

以引力模型来衡量城市间的联系强度，其背后的含义是：各种条件不同的城市间存在的"势能差"促使各种要素进行流动，从而形成城市间紧密联系的关系网络。传统引力模型将城市作为两个质点，其缺陷在于对城市的差异因素考虑不足。仅仅从各种资源总量的差别考虑城市间的关系，在对湾区进行基于绩效分布的城镇体系分析时并无问题，但以此来分析城市间的联系强度却颇有不妥。因为仅从各种资源总量的角度考虑城市间关系，其落脚点势必会只考虑城市间的层级关系，而忽略城市的其他网络关系。

城市间的产业联系在很大程度上依托于城市间产业结构差异等因素决定的产业竞合关系。如果城市之间存在产业链的供需联系，即产业互补性越强，则城市间的各种经济要素流就越密切（黄建毅和张平宇，2009）。[68]美国地理学家 E. L. 厄尔曼（E. L. Ullman, 1957）提出空间相互作用的三个前提条件分别是互补性（Complementarily）、中介机会（Intervening Opportunity）、可运输性（Transferability）。可以说传统的引力模型仅考虑了可运输性，而没有考虑互补性和中介机会。[81]

对于引力模型，学者们从城市质量、城市间距离及摩擦系数、介质系数等方面做出了很多改进，虽然有学者从产业分工角度对引力模型的缺陷提出质疑，但没有给出适宜的方法将城市间的产业分工引入引力模型。[78]

本书曾从城市间产业分工与合作的角度考虑城市间产业投入-产出关系，提出行业间投入-产出引力模型（Inter-industry Input-output Gravity Model，以下简称IIG模型）。[82]该模型的公式为：

$$C_{i,i^*,t} = \frac{\sum_{j=1}^{19}\sum_{j^*=1}^{19} LC_{i,j,t} \cdot LC_{i^*,j^*,t} \cdot u_{j,j^*}}{dt_{i,i^*,t}} \tag{6-6}$$

其中，$C_{i,i^*,t}$ 为 i 城市与 i^* 城市间 t 年考虑城市间产业投入–产出关系的联系引力；$LC_{i,j,t}$ 为 i 城市 t 年 j 产业的人力资本；$LC_{i^*,j^*,t}$ 为 i^* 城市 t 年 j^* 产业的人力资本；u_{j,j^*} 为 j 产业与 j^* 产业的投入–产出指数；$dt_{i,i^*,t}$ 为 i 城市与 i^* 城市间 t 年的时间距离。该模型的理论依据是以区域的投入–产出表衡量区域内产业间的投入–产出关系，两个产业间在投入–产出间关系越大，说明两个产业的关系就越强；而两个城市的产业的总关系越强，其联系的需求也就越大。IIG 模型不仅更符合现实，而且可以从规模、结构与通达性三个方面分析联系的驱动力来源。

m 湾区内的 i 城市的联系总强度为 i 城市与 m 湾区内其他所有城市的联系引力之和，其公式为：

$$C_{i,t} = \sum_{i,i^* \in m, i \neq i^*} C_{i,i^*,t} \tag{6-7}$$

将所有属于 m 湾区的城市的 $C_{i,i^*,t}$ 加总即为 m 湾区的总联系引力（i 城市到 i^* 城市与 i^* 城市到 i 城市的联系引力只计算一次），将 m 湾区的总联系引力除以网络内联系链的数量，即为 m 湾区联系链强度，其公式为：

$$C^*_{m,t} = \frac{C_{m,t}}{NC_m} = \frac{\sum_{i,i^* \in m} C_{i,i^*,t}}{N(N-1)} \tag{6-8}$$

其中，$C^*_{m,t}$ 为 m 湾区第 t 年的联系链强度，$C_{m,t}$ 为 m 湾区第 t 年的联系强度，NC_m 为 m 湾区的联系链数量，N 为 m 湾区的城市数量。

3. 计算步骤

第一，确定城市分行业的人力资本。投入–产出表衡量的是产业间中间品的消耗关系，因此最为恰当的是以城市分行业产值衡量城市分行业质量，但地级市分行业产值的数据较难获取。在假定行业壁垒较小，城市内行业间的要素可以相对自由流动，各行业间的利润率差别不大的情况下，以分行业间的人力资本作为其产值的替代变量是较为可行的。

第二，确定投入–产出指数。投入–产出指数 u_{j,j^*} 的计算公式为：

$$u_{j,j^*} = \frac{Flin_{j,j^*} + Flin_{j^*,j}}{\sum_j \sum_{j^*} Flin_{j,j^*}} \tag{6-9}$$

其中，$Flin_{j,j^*}$ 为 j 行业流入 j^* 行业的产值；$Flin_{j^*,j}$ 为 j^* 行业流入 j 行业的产值。本书只考虑行业间的相互联系，不考虑单项联系，根据式（6-9）计算可得 $u_{j,j^*} = u_{j^*,j}$。根据附录 A 的说明，此处的分产业就业人口数据中为 19 种产业。

第三，确定城市间交通时间距离。本书选用城市间的公路交通时间来计算 $dt_{i,m,t}$。选用公路的原因在于，就我国区域建设情况与货运的交通方式的实际情况来看，即便是高铁、空港密集的长三角地区，其货物运输也主要依靠公路（陈莞和谢富纪，2010）。[57] 这是因为虽然城市间存在高铁、航空等更为快捷的交通方式，但由于交通成本过高，一般只作为客流，特别是商务客流的出行方式；而对于货运，城市间货物运输的交通方式还是以公路与一般铁路为主，两者的交通时间与成本基本相同，因此本书选择城市间的交通时间来衡量 $dt_{i,x,t}$。

货流选择公路作为交通方式时主要有两种选择，即走高速与不走高速。通过网络搜索，获得了城市间已有高速公路的通车时间。

在此基础上，本书将城市间交通时间距离的计算分为两步：

首先，确定邻近城市间的交通时间距离。本书对应地从百度地图（http://map.baidu.com/）搜索了邻近城市间走高速与不走高速最短时间的最新数据。对于之前年份的交通时间确定，本书假定在某一时间节点城市间没有高速公路时，货流选择不走高速的最近时间距离路径；而在某一时间节点城市间已建成高速公路时，货流选择走高速公路的交通方式；而由于城市间高速的复杂性，城市间的高速可能由多条线路组成。某一时间城市间可能存在部分有高速，部分没有高速的情况时，其交通时间按走高速与不走高速路程的时间及路程所占比例综合计算得出。除此之外，本书假定各年由交通技术引起的行车速度不存在变化。

因此，本书给出邻近城市之间的交通时间计算公式为：

$$dt_{i,i^*,t} = dth_{i,i^*,t} \frac{h_{i,i^*,t}}{h_{i,i^*,t} + l_{i,i^*,t}} + dtl_{i,i^*,t} \frac{l_{i,i^*,t}}{h_{i,i^*,t} + l_{i,i^*,t}} \qquad (6-10)$$

其中，$dt_{i,i^*,t}$、$dth_{i,i^*,t}$、$dtl_{i,i^*,t}$ 分别为城市之间的交通时间、城市 i 至城市 i^* 的走高速与不走高速最短时间；$h_{i,i^*,t}$、$l_{i,i^*,t}$ 分别为城市 i 至城市 i^* 间已建与未建高速里程数。

其次，在获得所有年份、所有邻近城市间的交通时间数据的基础上，计算不相邻城市的交通时间，即为交通路径上的邻近城市的交通时间之和。考虑到邻近城市间的交通时间包括了市内交通时间，因此在计算时进行市内距离修正，其计算公式为：

$$dt_{i,i+n,t} = \sum_{n^*=1}^{n} (dt_{i+n^*,i+n^*+1,t}) - 2n \cdot t_{\text{inter}} \qquad (6-11)$$

其中，$dt_{i,i+n,t}$、$dt_{i+n^*,i+n^*+1,t}$ 分别为第 t 年 i 城市到（$i+n$）城市与（$i+n^*$）城市到（$i+n^*+1$）城市的交通时间；t_{inter} 为市内距离修正时间。其取值考虑规模，一般城市取 0.3h，特大城市取 0.6h。

第四，计算湾区联系链强度。在确定城市分行业人力资本、投入－产出指数与城市间交通距离后，按照式（6-9）至式（6-11）计算出 m 湾区第 t 年的联系强度 $C_{m,t}$ 与联系链强度 $C_{m,t}^*$。

4. 变动因素分析

从上式可以看出，湾区联系强度 $C_{m,t}$ 与联系链强度 $C_{m,t}^*$ 主要受城市间的行业结构、城市的行业规模与城市间的交通时间三个因素的影响，即湾区的引力增长主要靠三个方面：一是由通过改进城市行业结构促进城市间的产业合作引起的引力增长；二是通过扩大行业规模带动的引力增长；三是通过修建交通基础设施，缩短城市间的交通时间促进的引力增长。我们称三种引力增长分别为结构调整型引力增长（Structural Adjustment-type Gravitational Growth）、规模扩张型引力增长（Scale Expansion-type Gravitational Growth）与交通缩减型引力增长（Traffic Reduction-type Gravitational Growth）。

基于以上思考，可以以式（6-6）为基础构建三个限制条件模型。

假定其他条件不变，仅考虑产业结构的变动情况，构建结构，改善引力模型：

$$Cst_{i,i^*,t} = \frac{\sum_{j=1}^{19}\sum_{j^*=1}^{19}(\frac{LC_{i,j,t} \cdot LC_{i,(t-1)}}{LC_{i,t}} \cdot \frac{LC_{i^*,j^*,t} \cdot LC_{i^*,(t-1)}}{LC_{i^*,t}}) \cdot u_{j,j^*}}{dt_{i,i^*,t-1}} \qquad (6-12)$$

其中，$Cst_{i,i^*,t}$ 为结构改善引力；$LC_{i,j,t}$ 为 t 年 i 城市 j 行业的人力资本投入量；$LC_{i^*,j^*,t}$ 为 t 年 i^* 城市 j^* 行业的人力资本投入量；$LC_{i,(t-1)}$、$LC_{i,t}$ 分别是 i 城市 $t-1$ 年与 t 年的总人力资本投入量；$LC_{i^*,(t-1)}$、$LC_{i^*,t}$ 分别是 i^* 城市 $t-1$ 年与 t 年的总人力资本投入量；$dt_{i,i^*,t-1}$ 为 i 城市与 i^* 城市间 $t-1$ 年的时间距离。

假定其他条件不变，仅考虑产业规模的变动情况、构建规模，改善引力模型：

$$Csc_{i,i^*,t} = \frac{\sum_{j=1}^{19}\sum_{j^*=1}^{19}(\frac{LC_{i,j,(t-1)} \cdot LC_{i,t}}{LC_{i,(t-1)}} \cdot \frac{LC_{i^*,j^*,(t-1)} \cdot LC_{i^*,t}}{LC_{i^*,(t-1)}}) \cdot u_{j,j^*}}{dt_{i,i^*,t-1}} \qquad (6-13)$$

其中，$Csc_{i,i*}$ 为规模改善引力；$LC_{i,j,(t-1)}$ 为 t–1 年 i 城市 j 行业的人力资本投入量；$LC_{i*,j*,(t-1)}$ 为 t–1 年 $i*$ 城市 $j*$ 行业的人力资本投入量。

假定其他条件不变，仅考虑交通条件的变动情况，构建交通，改善引力模型：

$$Ctr_{i,i*,t} = \frac{\sum_{j=1}^{19}\sum_{j*=1}^{19} L_{i,j,t-1} \cdot L_{i*,j*,t-1} \cdot u_{j,j*}}{dt_{i,i*,t}} \quad (6-14)$$

其中 $Ctr_{i,i*,t}$ 为交通改善引力；$dt_{i,i*,t}$ 为 i 城市与 $i*$ 城市间 t 年的时间距离。

在此基础上，根据式（6-12）至式（6-14），可以计算出 m 湾区第 t 年的结构改善引力 $Cst_{m,t}$、规模改善引力 $Csc_{m,t}$ 与交通改善引力 $Ctr_{m,t}$，并可以计算出因行业结构、城市的行业规模与城市间的交通时间三个因素单独变化引起的联系链引力增长占总的联系链增长的比率，其计算公式分别为：

$$Est_{m,t}^* = \frac{Cst_{m,t}^* - C_{m,(t-1)}^*}{C_{m,t}^* - C_{m,(t-1)}^*} \quad (6-15)$$

$$Esc_{m,t}^* = \frac{Csc_{m,t}^* - C_{m,(t-1)}^*}{C_{m,t}^* - C_{m,(t-1)}^*} \quad (6-16)$$

$$Etr_{m,t}^* = \frac{Ctr_{m,t}^* - C_{m,(t-1)}^*}{C_{m,t}^* - C_{m,(t-1)}^*} \quad (6-17)$$

其中，$C_{m,t}^*$、$C_{m,(t-1)}^*$ 分别为 m 湾区 t 年与 t–1 年的联系链引力；$Est_{m,t}^*$、$Esc_{m,t}^*$ 与 $Etr_{m,t}^*$ 分别定义为结构引力效应、规模引力效应与交通引力效应。表示 m 湾区第 t 年较 t–1 年行业结构变动、行业规模扩张与城市间的交通时间缩减引起的联系链引力的变化比例。

通过表 6.7 可以看出，我国五大湾区引力的驱动因素主要还是靠规模扩张，五大湾区中的规模效应都大于 85%。其中环渤海湾区、海峡西岸湾区都大于 100%，粤港澳湾区与环北部湾湾区也在 95% 左右。从结构效应上来看，五大湾区的结构效应都较低，其中环渤海湾区、海峡西岸湾区、粤港澳湾区均小于 0。说明近 10 年，其产业结构调整并未提升联系的强度，反而减弱了。由于五大湾已过了基础建设的高峰期，交通时间缩短引起的引力增长比较有限，其交通效应均小于 5%。

表 6.7 湾区联系来源的三种效应

名称	结构	交通	规模
环渤海湾区	−13.92%	1.85%	120.36%
环长江口湾区	5.44%	3.05%	87.86%
海峡西岸湾区	−10.42%	0.39%	112.76%
粤港澳湾区	−1.83%	2.80%	97.61%
环北部湾湾区	0.54%	3.92%	94.46%

本节通过笔者提出的行业间投入–产出引力模型，分析了五大湾区联系强度的三个驱动因素，即结构调整、规模扩张、交通缩减，分析了五大湾区三种效应的差异。

6.4.2 湾区内分行业联系强度

以龙信量子数聚公司提供的 1996 年、2006 年、2016 年三个年份的制造业、批发零售、交通运输、金融、信息技术、科学研究六个区域代表性行业内部资本互投数据进行分析，生成产业联系强度图谱，从中可以看出三个时间断面五大湾区内部城市之间产业联系的强弱，特别是从资本流出与流入的城市一致性与多样性，可以进一步发现区域产业分工的发育程度。2016 年数据见表 6.8—表 6.12。1996 年和 2006 年的数据见附录 C。

表 6.8　环渤海湾湾区产业联系强度图谱（2016 年）

	2016 年
制造业	
批发零售业	

续表

	2016年
交通运输、仓储和邮政业	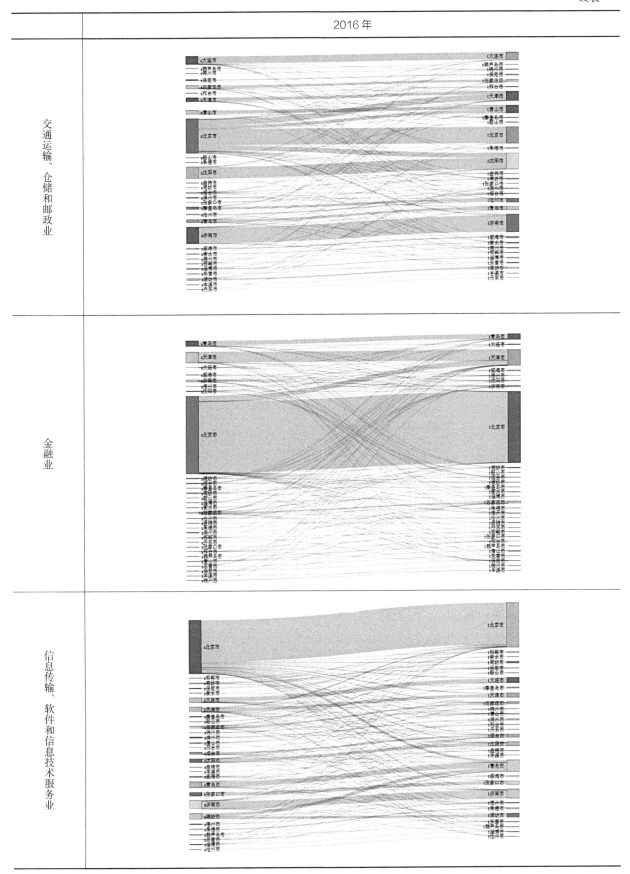
金融业	
信息传输、软件和信息技术服务业	

续表

	2016年
科学研究、技术服务和地质勘察业	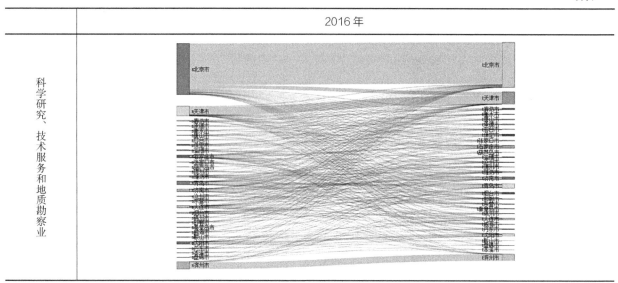

资料来源：作者依据龙信量子数聚公司提供的数据计算绘制。

表6.9　环长江口湾区产业联系强度图谱（2016年）

	2016年
制造业	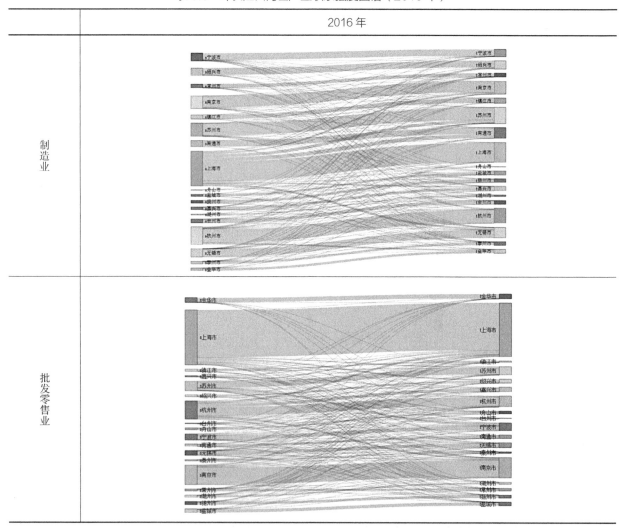
批发零售业	

续表

	2016年
交通运输、仓储和邮政业	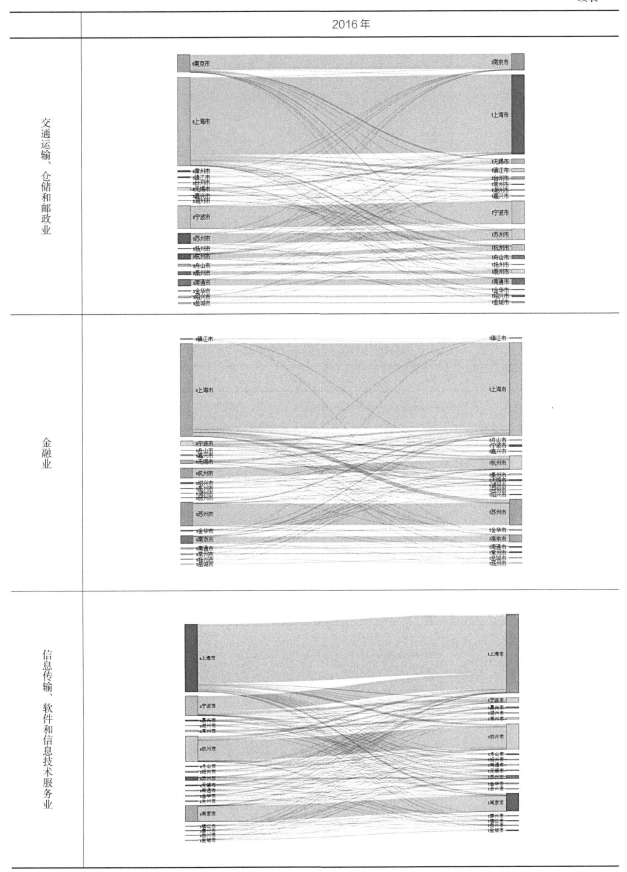
金融业	
信息传输、软件和信息技术服务业	

续表

	2016年
科学研究、技术服务和地质勘察业	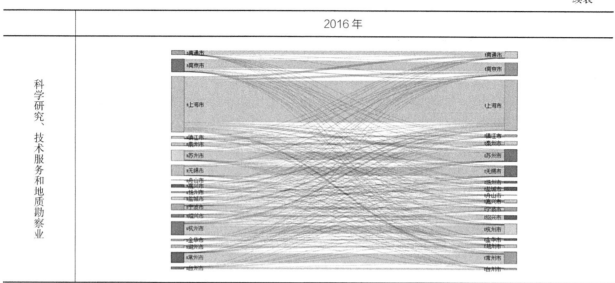

资料来源：作者依据龙信量子数聚公司提供的数据计算绘制。

表6.10　海峡西岸湾区产业联系强度图谱（2016年）

	2016年
制造业	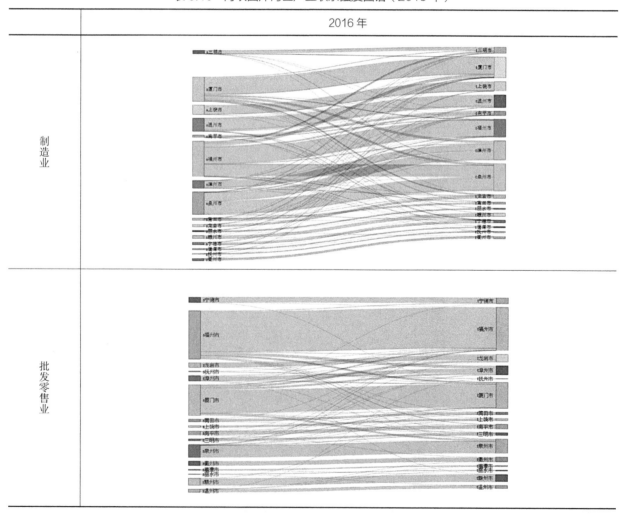
批发零售业	

续表

	2016年
交通运输、仓储和邮政业	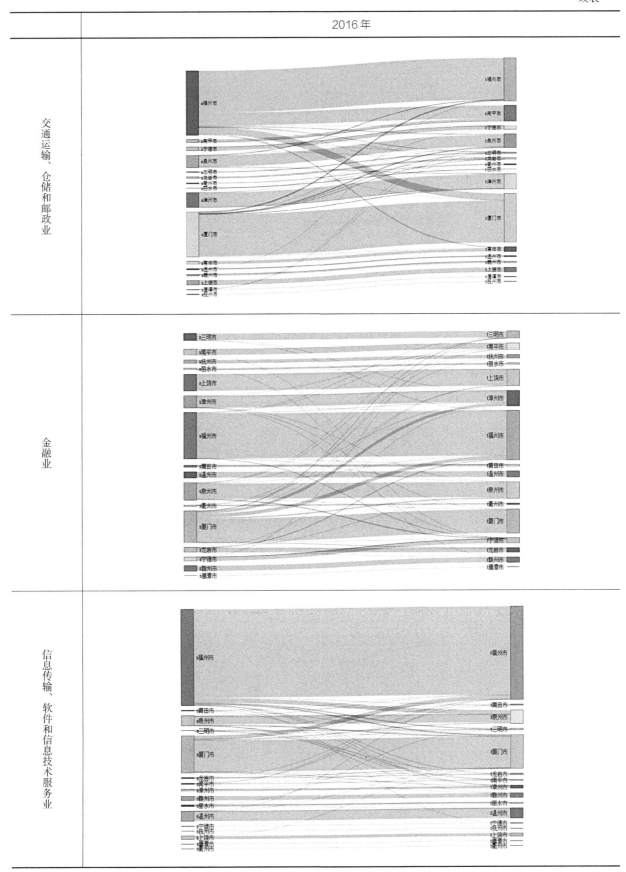
金融业	
信息传输、软件和信息技术服务业	

	2016年
科学研究、技术服务和地质勘察业	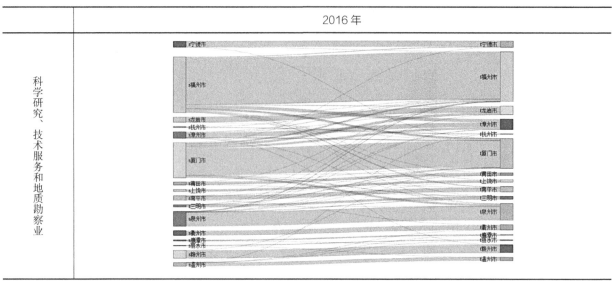

资料来源：作者依据龙信量子数聚公司提供的数据计算绘制。

表6.11　粤港澳湾区产业联系强度图谱（2016年）

	2016年
制造业	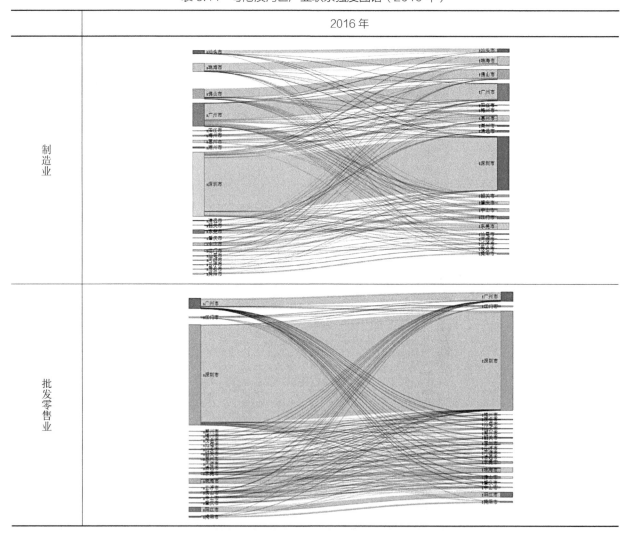
批发零售业	

续表

	2016年
交通运输、仓储和邮政业	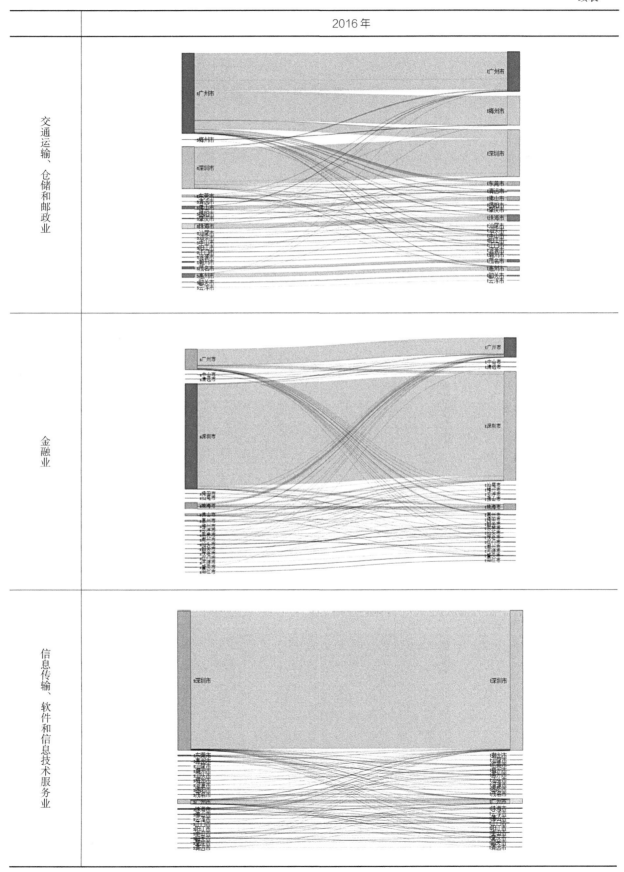
金融业	
信息传输、软件和信息技术服务业	

	2016年
科学研究、技术服务和地质勘察业	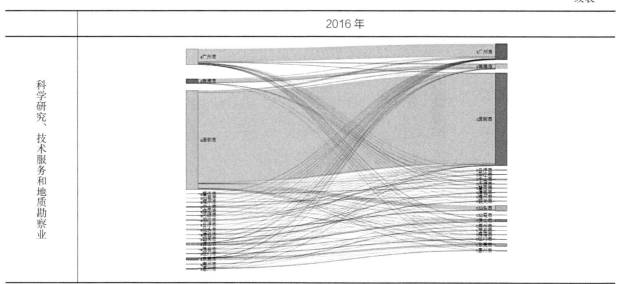

资料来源：作者依据龙信量子数聚公司提供的数据计算绘制。

表6.12　环北部湾湾区产业联系强度图谱（2016年）

	2016年
制造业 批发零售业	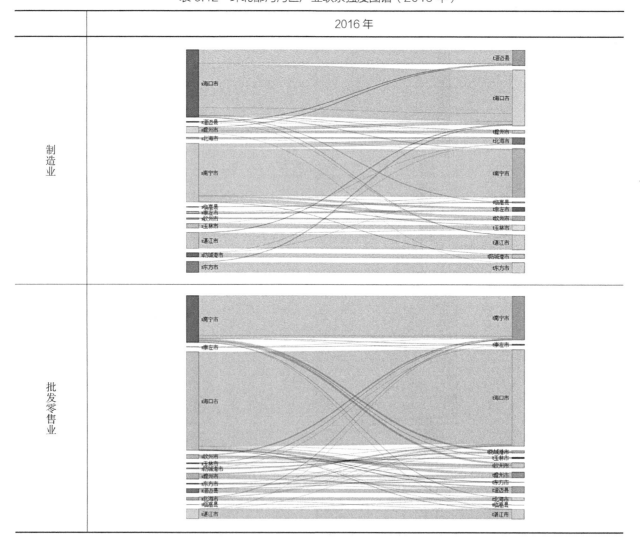

续表

	2016年
交通运输、仓储和邮政业	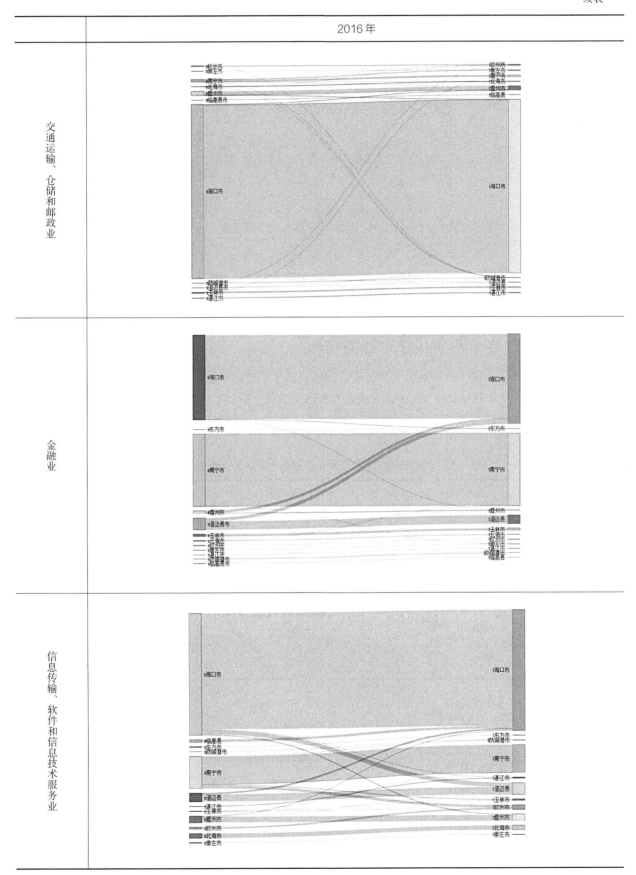
金融业	
信息传输、软件和信息技术服务业	

续表

	2016年
科学研究、技术服务和地质勘察业	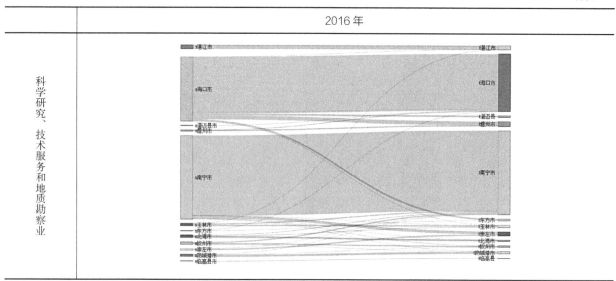

资料来源：作者依据龙信量子数聚公司提供的数据计算绘制。

6.4.3 湾区产业网络中城市节点地位及其演变

以龙信量子数聚公司提供的1996年、2006年、2016年三个年份的制造业、批发零售、交通运输、金融、信息技术、科学研究六个区域代表性行业内部资本互投数据进行分析，生成产业网络演变图谱，从中可以看出三个时间断面五大湾区内部产业网络的发育与网络中关键性节点的演变（表6.13—表6.17）。

表6.13　环渤海湾湾区产业网络的发育与网络关键性节点演变

	1996年	2006年	2016年
制造业			
批发零售			

续表

	1996年	2006年	2016年
交通运输			
金融			
信息技术			
科学研究			

资料来源：作者依据龙信量子数聚公司提供的数据计算绘制。

表 6.14　环长江口湾区产业网络的发育与网络关键性节点演变

	1996 年	2006 年	2016 年
制造业			
批发零售			
交通运输			
金融			

续表

	1996年	2006年	2016年
信息技术	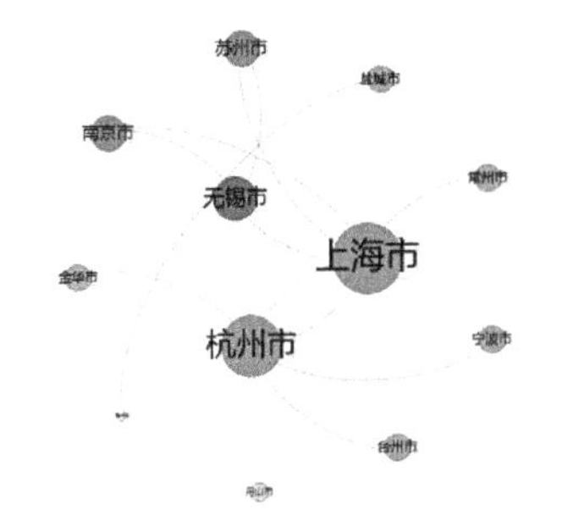	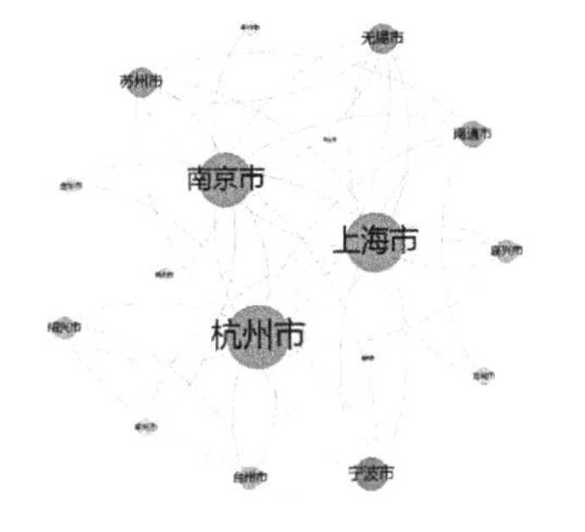	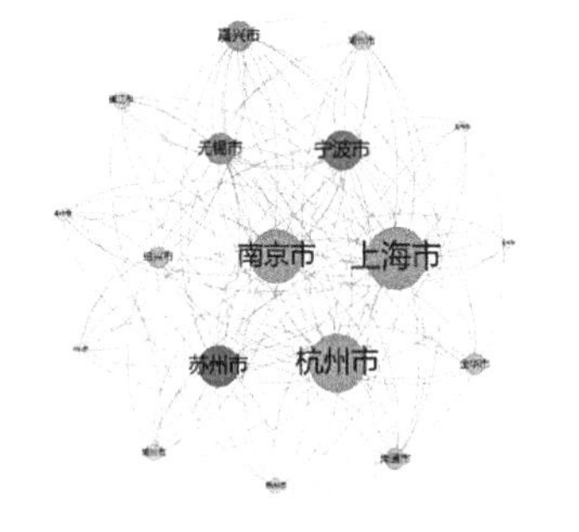
科学研究	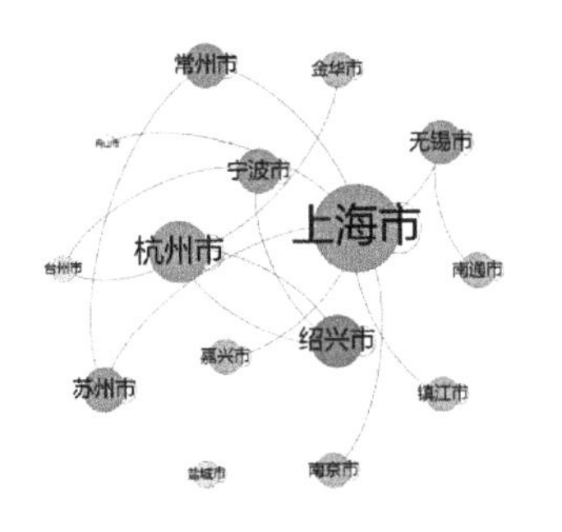	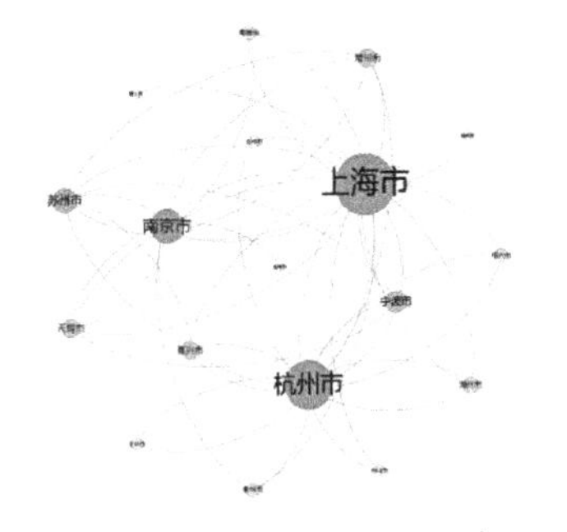	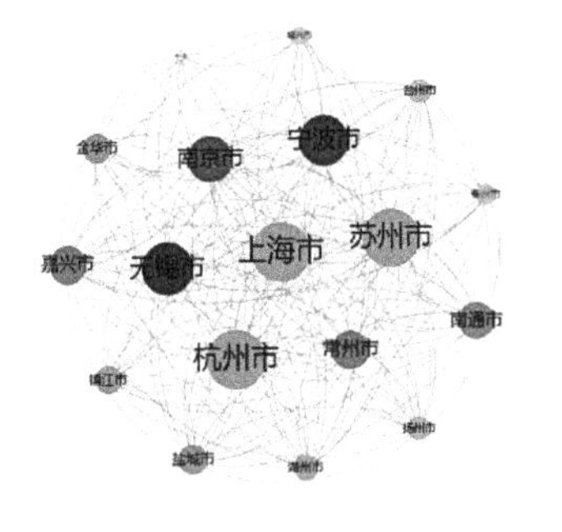

资料来源：作者依据龙信量子数聚公司提供的数据计算绘制。

表6.15　海峡西岸湾区产业网络的发育与网络关键性节点演变

	1996年	2006年	2016年
制造业	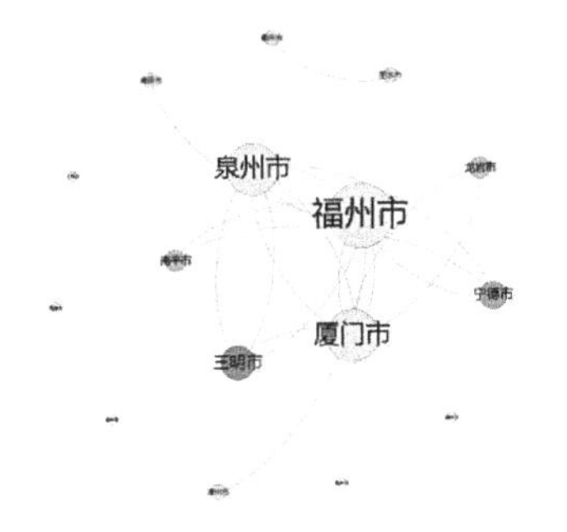	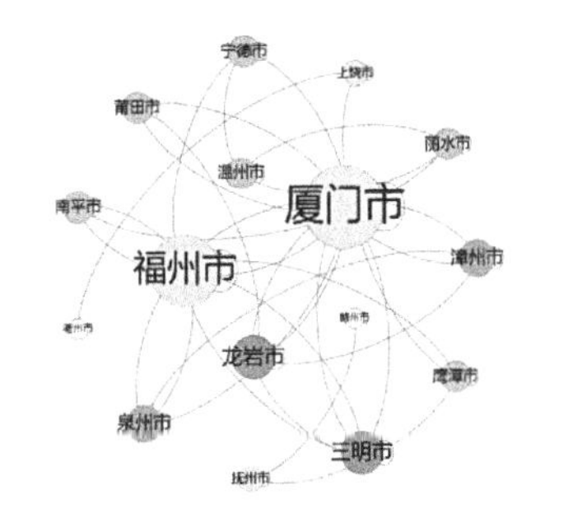	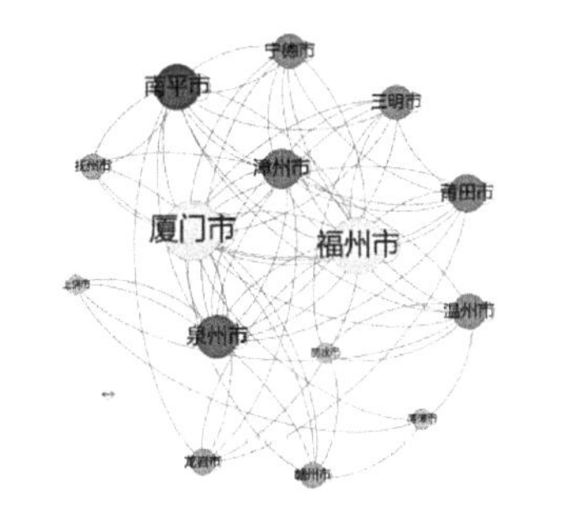
批发零售	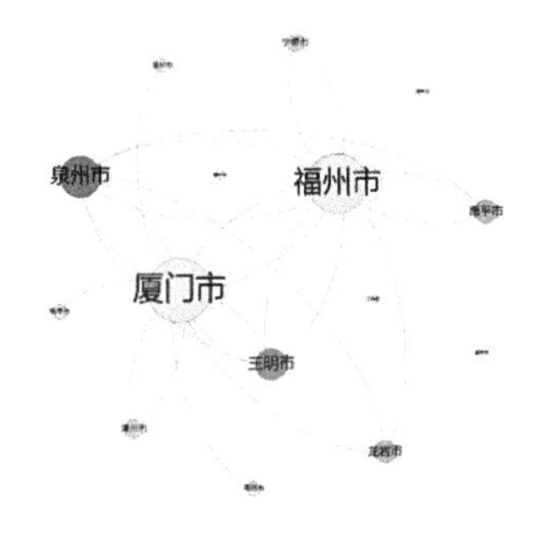	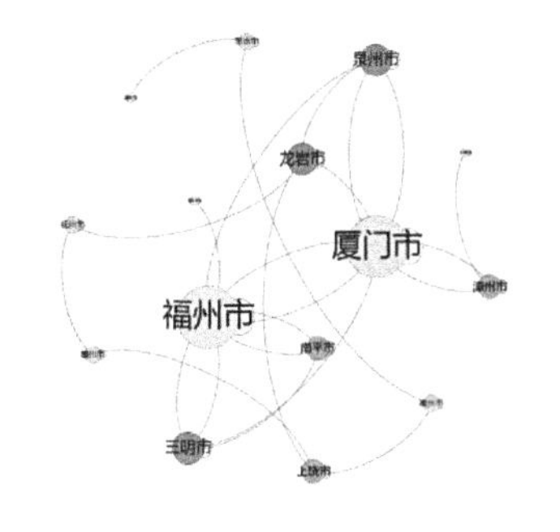	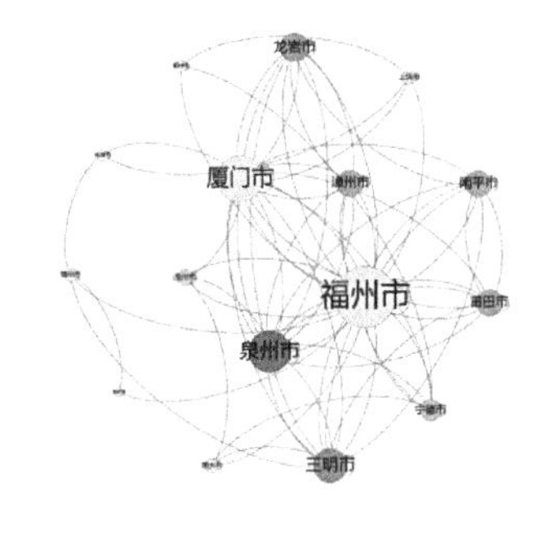

	1996 年	2006 年	2016 年
交通运输			
金融			
信息技术			
科学研究			

资料来源：作者依据龙信量子数聚公司提供的数据计算绘制。

表 6.16 粤港澳湾区产业网络的发育与网络关键性节点演变

	1996 年	2006 年	2016 年
制造业			
批发零售			
交通运输			
金融			

续表

	1996年	2006年	2016年
信息技术			
科学研究			

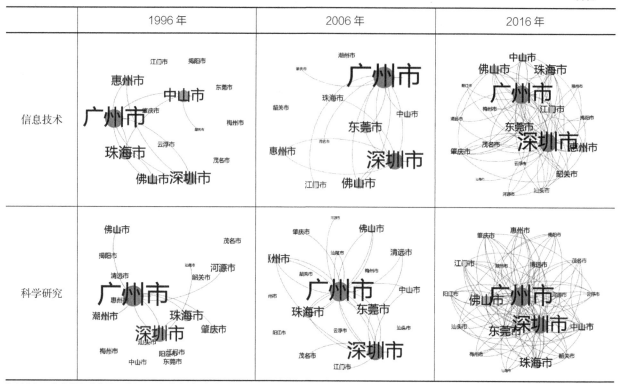

资料来源：作者依据龙信量子数聚公司提供的数据计算绘制。

表6.17 环北部湾湾区产业网络的发育与网络关键性节点演变

	1996年	2006年	2016年
制造业			
批发零售			

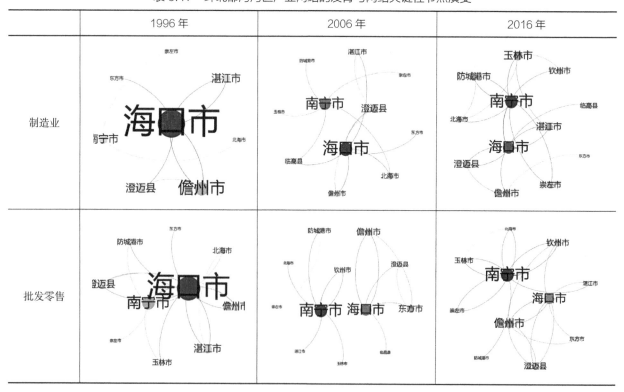

续表

	1996年	2006年	2016年
交通运输	儋州市、海口市	南宁市、海口市、儋州市、防城港市、玉林市、崇左市	防城港市、钦州市、南宁市、儋州市、北海市、崇左市、海口市、澄迈县
金融	海口市、东方市	无数据显示网络联系	崇左市、东方市、南宁市、北海市、澄迈县、儋州市、海口市
信息技术	海口市、临高县、澄迈县、儋州市	海口市、儋州市、澄迈县	钦州市、玉林市、湛江市、南宁市、海口市、防城港市、儋州市、澄迈县
科学研究	海口市、东方市、儋州市	南宁市、东方市、崇左市、海口市	崇左市、防城港市、钦州市、南宁市、湛江市、玉林市、儋州市、海口市、北海市、澄迈县、东方市

资料来源：作者依据龙信量子数聚公司提供的数据计算绘制。

6.5 本章小结

本章通过对五大湾区三大产业结构分析、三大产业空间格局分析、产业演变分析与综合演变分析、基于偏离-份额的产业竞争优势分析、基于份额与相关系数的产业集聚特征分析，以及基于 IIG 模型与网络图的产业联系驱动与图谱分析，可以发现：

首先，环北部湾湾区和海峡西岸湾区更加侧重一产、二产产业的发展；环渤海湾湾区侧重一产、二产、三产产业的同时发展；环长江口湾区更加侧重二产、三产产业的发展；粤港澳湾区更加侧重第三产业的发展，这说明，不同的湾区会根据自身发展条件，确定与发展主导产业和优势产业，以提升自身的经济发展水平。10 年间，产业发展速度较快的城市多集中在环渤海湾湾区和环长江口湾区，这两个湾区的发展较为明显，发展也更为稳定。

其次，从份额系数和相关系数来看，环渤海湾湾区产业专业化程度高，产业相关性高；环北部湾湾区产业专业化高，但产业相关性低；粤港澳湾区、海峡西岸湾区以及环长江口湾区产业更加多样化，城市间产业联系更为紧密。

因此，提出以下建议：

首先，加快环北部湾湾区和海峡西岸湾区二产、三产发展。环北部湾湾区和海峡西岸湾区要充分发挥临海优势以及对外开放优势，发展海洋经济，以海洋经济为核心，构建未来高质量、高增长的产业体系，比如临港工业、滨海文化旅游产业等，从而实现二产、三产发展的战略突破。

其次，促进产业专业化水平提升，同时围绕现有产业发展多样化产业。湾区应促进专业化程度高的产业转型升级，提升自主创新能力，避免湾区城市间恶性竞争。同时应围绕现有产业基础，发展多样化产业，打造"特色经济"，孵化更多创新产业。

最后，按照习近平总书记在《国家中长期经济社会发展战略若干重大问题》一文中提出的要求"一是要拉长长板，巩固提升优势产业的国际领先地位，锻造一些"杀手锏"技术，提升产业质量，拉紧国际产业链对我国的依存关系，形成对外方人为断供的强有力反制和威慑能力。二是要补齐短板，就是要在关系国家安全的领域和节点构建自主可控、安全可靠的国内生产供应体系，在关键时刻可以做到自我循环，确保在极端情况下经济正常运转。"五大湾区要基于国内、国际双循环构建多层级价值链体系，打造创新型地域生产综合体，一方面要切实维护后疫情时期我国产业链供应链稳定，赢得长期可持续高质量发展的主动权，把固链、补链、延链、强链作为我国构建开放型经济体系的基础性工作；另一方面加速推动区域内创新链、产业链、资金链、政策链、人才链等"五链"深度融合，注重数字化时代的实体经济、科技创新、现代金融、人力资源协同发展和相互促进，链接全球价值链，获取外部先进知识和技术，形成具有新型优势的先进产业体系。

第 7 章　织网汇流：湾区开放网络分析

自经济地理学的"关系转向"以来，网络成为城市和区域研究的一个重要视角。而伴随着流动空间的日益显现，多种关系数据都开始被重视并运用到城市网络的研究中。城市网络的形成与强化得益于城市之间的各种联系，包括资金流通、人员流动、物质交换、信息交流等各种体现和承载城市之间各种联系的关系性数据。在估算城市间联系强度时，学者们一般采用两种方法，一种是现实数据法，即通过现实数据来反映城市间"真实"的联系（包括交通与信息流量、劳动力流动、承载联系的各种载体等）；另一种是运用理论模型（包括引力模型、威尔逊模型等），去衡量城市间"理论"的联系。

现实数据法可细分为关系流数据法与替代数据法。其中关系流数据法主要是以区域流数据来反映城市间的联系。如欧洲多中心巨型城市区域的可持续管理项目（POLYNET）对欧洲 8 个城市群的通勤、交通和通信流等数据以及商务服务网络数据进行的分析；陈斌和杨涛（2006）、李玉鸣等（2009）使用问卷调查的方式，分别研究了辽中南、南京城市群内部的人口流动现象[83, 84]；王兴平和赵虎（2010）对沪宁高速列车的客流进行了调查，研究了高速列车对环长江口湾区内职住分离现象的影响[85]；杜小敏和陈建宝（2010）通过人口普查数据的现住地与 5 年前居住地的对比，反映区域间的人口迁徙[86]；王茂军等（2011）基于 1932 年山东省城镇间土洋货流通的基础数据，建立了城镇间的关系矩阵[87]；焦华富和杨成凤（2012）通过对客运公司的调查，获取了江淮城市群内部客流特征[88]；甄峰等（2012）通过抽样的新浪微博数据，对城市群的互联网联系进行了研究[89]；司尚奇和冯锋（2010）基于网络信息检索，对中国六大跨区域技术转移联盟中的 38 个城市合作网络进行了分析[90]；熊丽芳等（2014）以 2009—2012 年长三角、珠三角和京津冀三个城市群内部两城市的百度用户关注度数据，研究了城市信息网络的联系特征。[91] 此类数据一般是研究者通过问卷调查、访谈等途径获得，获取难度较大，同时可能存在抽样选择性样本的问题。

由于现实数据难以获取，一些研究采用替代数据法。替代数据法一般是以承载联系的基础设施、总客运货运量等数据反映城市对外联系。一些学者以公路、铁路、航运、航空、信息网等设施或渠道来反映城市与外界联系的基础。如李红等（2011）分析了中原城市群 4 个年份高速公路的建设情况[92]；A. M. 汤森（A. M. Townsend，2001）、E. J. 麦基（E. J. Malecki，2002）、孙中伟等（2010）以互联网流量、带宽和连线数据为对象，研究了城市的互联网联系。[93-95]

另一些学者以城市的邮件量、客运量与货运量来研究城市联系。如 R. L. 米切尔森和 J. O. 惠勒（R. L. Mitchelson & J. O. Wheeler，1994）以包裹邮件为研究对象[96]；唐娟等（2009）、陈伟劲等（2013）以火车或汽车日发车频次及搭乘的旅客人数，估算出客流量[97, 98]；钟业喜和陆玉麒等（2011）研究了城市始发火车列车数据[99]；塔菲（1962）[61]、A. R. 格茨（A. R. Goetz，1992）[100]、松本（H. Matsumoto，2004）[101] 分别利用航空货运量，研究了美国、东北亚、日本的航空网络与能级；周一星和胡智勇（2002）[102]、朱英明（2003）[103]、薛俊菲（2008）[104] 运用飞机客运量、吞吐量占全国之比、航线数据，研究了中国的航空网络；吕康娟和张蓉蓉（2012）以航运公司的集装箱吞吐量数据，研究了国内外共 144 个城市的航运网络[105]。此外，还有学者以不变替代弹性生产函数（CES）推导出的规模系数 h 来衡量城市联系，这实际上是将联系等同于产业分工与专业化形成规模经济。[106]

替代数据法反映的是承载联系的基础，而不是城市间某一时间段真实流联系，因此其可信性有一定程度的降低。

理论联系测度法是构建各种理论模型来估算城市间联系。常见的模型主要有引力模型、威尔逊模型、阿隆索模型、口粒子扩散模型、神经空间相互作用模型、区域间投入–产出模型、通达性模型、知识溢出模型等。对城市联系强度估算的相关方法见表7.1。

表7.1 城市联系强度估算的相关方法分类

方法分类		具体方法与指标
现实数据法	关系流数据法	通勤流、交通流、通信流等
	替代数据法	交通基础设施、航线、总客运货运量（不含来源地与目的地）等
理论模型法		引力模型、威尔逊模型、阿隆索模型、口粒子扩散模型、神经空间相互作用模型、区域间投入–产出模型、通达性模型、知识溢出模型等

本章在采用国际旅游人口、外商投资、对外贸易、互联网宽带接入用户数量等数据对人、资金、信息的资源特征进行分析的基础上，通过城市间列车班次、资本的出资地与投资地、百度指数中城市间的相互搜索次数等数据分别从人口迁徙流、资金流与信息流三个方面进行分析。

7.1 人流网络分析

7.1.1 国际旅游人口比较

从五大湾区5A级景区数目来看，环长江口湾区与环渤海湾湾区5A级景区数量较多，均超过30个，粤港澳湾区排第三位；环北部湾湾区与海峡西岸湾区5A级景区数量较少，未来还需要对景区资源进一步开发，并提升质量与水平（表7.2）。

根据各省统计年鉴数据，我们整理出五大湾区2016年接待国际游客人数及外汇收入情况。从图7.1可以清晰地看到，最受国际游客青睐的旅游目的地为环长江口湾区，2016年接待国际游客人数最多；而粤港澳湾区2016年国际旅游外汇收入最高；环北部湾湾区接待国际旅游人数及外汇收入最低，而且与其他湾区差距相当大。

表7.2 五大湾区5A级景区数目、国外游客人数与国际旅游外汇收入（2016年）

湾区	5A级景区数目（个）	国外游客人数（万人）	国际旅游外汇收入（亿美元）
环渤海湾湾区	33	1034.13	103.69
环长江口湾区	39	1967.66	148.52
海峡西岸湾区	9	1003.16	95.17
粤港澳湾区	15	1227.89	184.92
环北部湾湾区	11	148.72	5.78

资料来源：各省2017年统计年鉴。

进一步计算得出五大湾区国际游客人均消费（图7.2）。从图中可见，前往粤港澳湾区的国际游客人均消费最高；接下来是去往环渤海湾湾区的；到海峡西岸湾区和环长江口湾区的国际游客的人均消费基本相

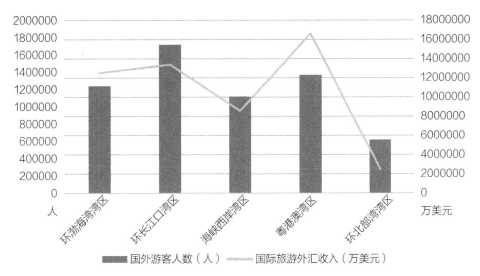

图 7.1　2016 年五大湾区接待国际游客人数及外汇收入
资料来源：作者依据《中国城市统计年鉴》数据计算绘制。

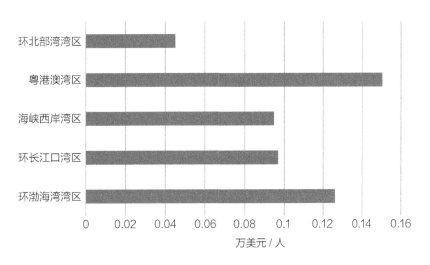

图 7.2　2016 年五大湾区国际游客人均消费
资料来源：作者依据《中国城市统计年鉴》数据计算绘制。

等；而前往环北部湾湾区的人均消费最低。由此也可以得出，各湾区城市的物价水平差异，粤港澳湾区、环渤海湾湾区的相对较高，环北部湾湾区物价水平相对较低。

7.1.2　湾区内部人口迁徙流分析

在分析国际旅游人口的基础上，本节进一步对湾区内部的人口迁徙进行分析。以铁路、航空等为载体的交通流同时涉及城市间的生产和生活联系，具有较强的综合性，其数据也较容易获取并具有更高的可靠性。而在各种交通方式中，铁路交通数据来源可靠，且长期来看稳定性较强，能够较为准确、客观地反映城市间的网络联系。因此，本节将分别采用城市间铁路客运日通行班次与春节期间日均人口迁徙流来衡量人流网络。

本书在进行网络分析时，采用了度中心性、网络密度、凝聚子群等方法。其中，度中心性（Degree Centrality）是在网络分析中刻画节点中心性（Centrality）的最直接度量指标。一个节点的节点度越大，就意味着这个节点的度中心性越高，该节点在网络中就越重要。在图论（Graph Theory）与网络分析（Network

Analysis）中，中心性是判定网络中节点重要性的指标，是节点重要性的量化。[107] 在无向图（Undirected Graph）中，度中心性表示测量网络中一个节点与所有其他节点相联系的程度。对于一个拥有 g 个节点的无向图，节点 i 的度中心性是 i 与其他 $g-1$ 个节点的直接联系总数。该值越大，与其他节点的联系越多，其在网络中的中心性就越强。在网络图中，点面积越大，中心性越强，表示该城市在湾区网络中越处于中心的位置，更易获得相关资源和信息，拥有更大的权力和对其他城市的影响力；位于网络图谱外围的城市与其他城市的联系较弱或没有联系，处于区域的边缘。将运输流－城市间每日经停的列车班次原始数据导入 ucinet 软件中，利用 NetDraw 生成人口迁徙网络和中心性的可视化结构图。城市间连线的粗细反映城市在相关领域联系的强弱。通过进一步计算各城市的度中心性后，可以得到以点的大小表示的城市中心性的强弱，并可以进一步计算网络的密度。

网络密度指的是网络中各个成员之间联系的紧密度，可以通过网络中实际存在的关系数与理论上可能存在的关系数相比得到，成员之间的联系越多，该网络的密度越大。整体网络密度越大，该网络对其中行动者的态度、行为等产生的影响可能越大。

凝聚子群用来分析城市经济网络中的"小团体"现象，即是否存在某种联系较为密切的城市小集群。这种城市子群间体现的是某种联系方面的密切程度，而非具有城市联盟的含义。当网络中某些行动者之间的关系特别紧密，以至于结合成一个次级团体时，这样的团体在社会网络分析中被称为凝聚子群。凝聚子群之间具有相对较强的、直接的、紧密的、经常的或者积极的关系（凝聚子群是行动者之间具有相对较强、直接、紧密、经常的或者积极的关系的一个行动者子集合）。城市网络凝聚子群是用于揭示和刻画湾区、城市群等城市网络内部节点的结构状态，找到城市网络中凝聚子群的个数以及每个凝聚子群包含哪些城市成员，分析凝聚子群间关系及连接的方式。本章利用 Ucinet 6.0 中 CONCOR 算法进行凝聚子群分析。CONCOR 是一种迭代相关收敛法，它的基本计算方法如下：首先计算矩阵的各个行（或者各个列）之间的相关系数，得到一个相关系数矩阵（$C1$），再把系数矩阵 $C1$ 作为输入矩阵，继续计算此矩阵的各个行或者各个列之间的相关系数，得到的各个"相关系数的相关系数"又构成一个新的系数矩阵 $C2$。然后继续依次计算，最后得到"相关系数的相关系数的相关系数的……矩阵"，经过多次迭代计算之后，CONCOR 利用树形图（tree-diagram）表达各个位置之间的结构对等性程度，并且标记出各个位置拥有的网络成员。

此外，在使用 Ucinet 对人口迁徙流以及后文中的信息流进行网络分析时，需将多值关系转换为二值关系，其中截断值的选取直接影响可视化的结果。若两城市的矩阵值在截断值以上，则意为它们之间有联系，反之则无。

1. 环渤海湾湾区

环渤海湾湾区人口迁徙流网络密度的最大值为 1；环渤海湾湾区的人口迁徙网络的密度仅为 0.3379，密度较低。作为承载人口流动的基础设施，环渤海湾湾区内部的交通基础建设还需要进一步推进。网络呈现出"核心－次核心－半边缘－边缘"的四层网络格局。北京、天津、沈阳、济南、沧州、德州、唐山、锦州组成了网络的核心。其中，北京、天津和沧州的中心性尤其显著。由于从北京、天津通往山东省济南市时必经沧州，因此沧州的中心性较高；而德州也是进入山东的关键节点，所以德州也成为网络的核心之一。同理，从北京、天津去辽宁省沈阳市时，需经过唐山或锦州，因此唐山、锦州的中心性也较高，这 8 个城市之间的人口迁徙流均非常紧密，联系强度高。在此之外，秦皇岛、葫芦岛、廊坊、石家庄这 4 个城市与核心的大部分城市联系紧密，是人口迁徙网络的次核心城市。青岛、潍坊、淄博、衡水、邢台、邯郸、保定 7 个城市组成了环渤海湾湾区交通网络的半边缘，它们与个别核心城市和个别次核心城市有较强的人口迁徙网络联系。

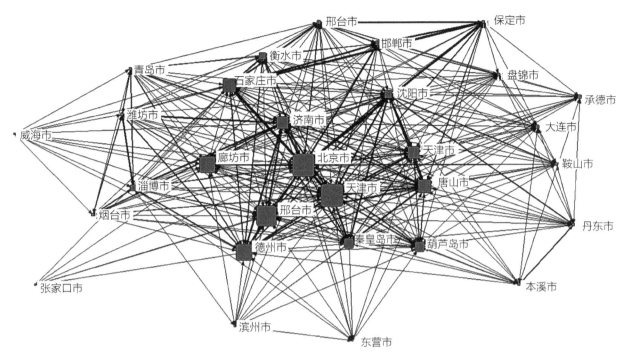

图 7.3 环渤海湾湾区人口迁徙流联系网络结构
资料来源：作者自绘。

威海、烟台、张家口、滨州、东营、本溪、丹东、鞍山、大连、盘锦、承德这些城市则是环渤海湾湾区的边缘城市，它们大多仅与自己的邻近城市或某个中心城市有较强的网络联系，与湾区内部其他城市均没有较强的网络联系（图7.3）。

从凝聚子群来看，人口迁徙流联系网络中，北京、张家口、衡水组成一个凝聚子群，保定、承德、邯郸、石家庄、邢台组成一个凝聚子群，这两个凝聚子群之间也有一定的网络联系。秦皇岛、大连、唐山、天津、盘锦、葫芦岛、锦州、沈阳组成一个凝聚子群，丹东、本溪、鞍山组成一个凝聚子群，这两个凝聚子群之间也有一定的网络联系。沧州、廊坊、德州组成一个凝聚子群，滨州、东营组成一个凝聚子群，这两个凝聚子群之间也有一定的网络联系。淄博、潍坊、济南、青岛组成一个凝聚子群，烟台、威海组成一个凝聚子群，这两个凝聚子群之间也有一定的网络联系（图7.4）。从环渤海湾湾区内部来看，形成了北京与周边河北省城市、山东省内部与辽宁省内部三个联系相对紧密的组。环渤海湾湾区的未来发展需要"对症下药"，人口迁徙流中的非核心城市之间的交通建设应该大力推进，以此为城市间人口的顺畅流动做好铺垫。

2. 环长江口湾区

环长江口湾区人口迁徙流网络的密度为0.52，结构相对紧密，为中位水准，表现尚可，但需加强核心与边缘城市的交通设施建设。其中上海、南京、苏州、杭州等城市处于核心地位，在湾区人口迁徙流网络中扮演着重要的枢纽作用，人口在迁徙时都需经过它们流动到湾区内其他城市。人口迁徙流空间网络结构的另一特征是明显的组团划分，其中泰州、盐城、扬州、南通处于湾区的边缘地位，它们内部相互联系，但与其他城市分隔，只能通过南京这一枢纽建立交流。这反映出交通基础建设的缺失，不仅限制了这四座城市的发展，对于湾区的区域均衡一体化也是不利的（图7.5）。

150 / 湾区方略——中国东部沿海区域规划研究

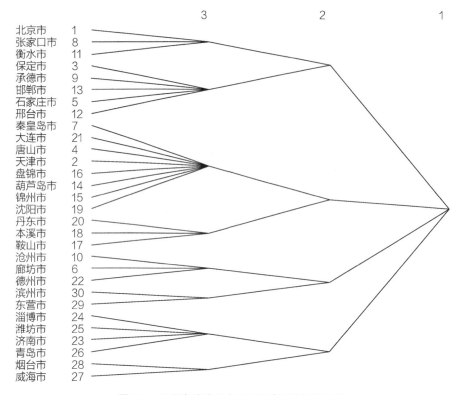

图 7.4 环渤海湾湾区人口迁徙流网络凝聚子群
资料来源：作者自绘。

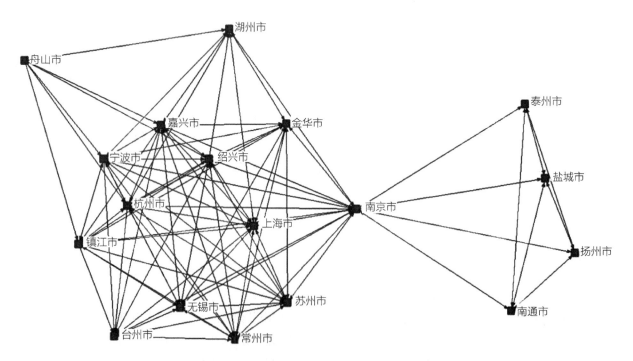

图 7.5 环长江口湾区人口迁徙流联系网络结构
资料来源：作者自绘。

从环长江口湾区的人口迁徙流凝聚子群分析结果来看，有四大子群：第一，由南京自己组成的凝聚子群；第二，由上海、杭州、无锡、常州、苏州、绍兴、金华、宁波、镇江、台州、嘉兴组成的凝聚子群，它与南京的网络联系相对更为紧密；第三，由舟山、湖州两市组成的凝聚子群；第四，由南通、盐城、扬州、泰州组成的凝聚子群；同时，南京作为区域内的关键枢纽将其他凝聚子群联系起来，构成了湾区完整的联系网络（图7.6）。从环长江口湾区内部来看，以上海为核心，形成了上海向北到苏州、无锡、常州与南京，向南到嘉兴、杭州，杭州与绍兴、宁波之间的迁徙流。

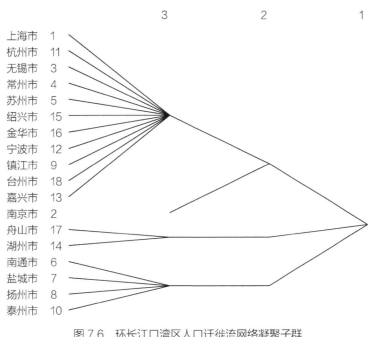

图 7.6　环长江口湾区人口迁徙流网络凝聚子群
资料来源：作者自绘。

3. 海峡西岸湾区

海峡西岸湾区的人口迁徙流空间网络结构见图7.7。从人口迁徙流网络结构图来看，赣州市的中心性最强，其次是厦门、龙岩、梅州、漳州，其余城市的中心性较弱。对照原始数据发现，赣州市几乎与所有的城市都有直达火车的联系；相比之下，福州、厦门、莆田、泉州等城市虽然列车数更多，但与三个以上的城市有明显的网络联系缺失。

从海峡西岸湾区的人口迁徙流凝聚子群分析结果来看，海峡西岸湾区不同省份的人口迁徙流具有高度的联系性，即省内网络联系更为紧密。省内联系是经济发展的第一步，但也应当适当打破行政区域的界限，加强与周边跨省域城市的联系，这样更有利于海峡西岸湾区整体的发展（图7.8）。海峡西岸湾区内部则形成了漳州、厦门、泉州、莆田、福州由南至北沿海城市的迁徙流。

4. 粤港澳湾区

粤港澳湾区的人口迁徙流空间网络结构见图7.9。人口迁徙流网络的密度仅为0.20，这意味着湾区内部城市间的网络联系比较弱。从网络体系来看，广州、深圳、东莞构成了三角形，处于迁徙网络中最为发达的部分。这些城市在粤港澳湾区的人口迁徙网络中扮演着重要的枢纽作用，与大部分城市都建立了联系。惠州、佛山、珠海、中山与中心区域联系较为紧密，可达性较高，有利于承接中心城市的人口外溢，但对区域内其他城市联系较少。至于江门、清远、云浮等城市，处于区域人口迁徙流密度最低的外围区域，这些城市与其他城市联系较少，可达性较低，不利于人口流动。澳门、香港和阳江由于与区域内其他城市没有列车连通，取值为零。

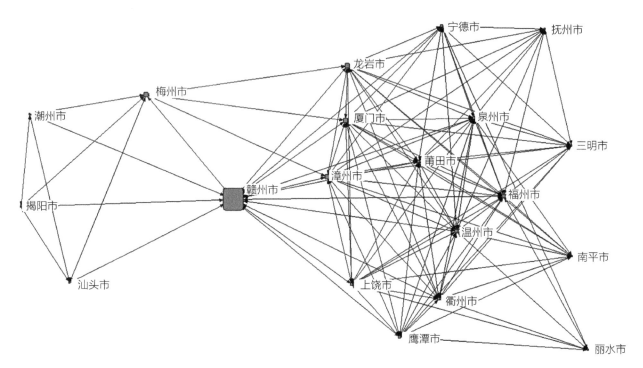

图 7.7 海峡西岸湾区人口迁徙流联系网络结构
资料来源：作者自绘。

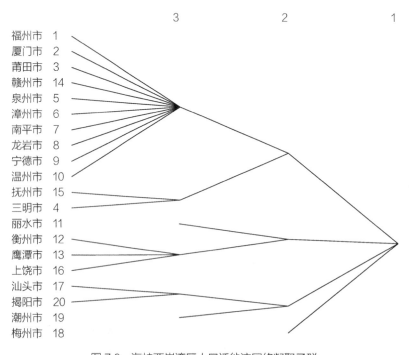

图 7.8 海峡西岸湾区人口迁徙流网络凝聚子群
资料来源：作者自绘。

从粤港澳湾区的人口迁徙流凝聚子群分析结果来看，粤港澳湾区的城市可分为四个子群：第一子群为澳门、香港、阳江；第二子群为广州、深圳、惠州、河源、汕头；第三子群为珠海、中山、江门、韶关、清远、佛山、茂名、云浮、肇庆和湛江；第四子群为梅州、东莞、汕尾、揭阳和潮州。其中，澳门、香港、阳江作为同一子群城市的原因在于三个城市与湾区内其他城市的网络联系显著低下，港澳与内地的连通性仍在一定程度上阻碍着湾区协同发展；第二子群城市则属于交通发达，与其他城市网络联系紧密的城市，这些城市围绕珠江口岸分布，空间距离较近（图7.10）。粤港澳湾区的迁徙流主要存在于广州与佛山、广州与深圳、深圳与惠州之间。

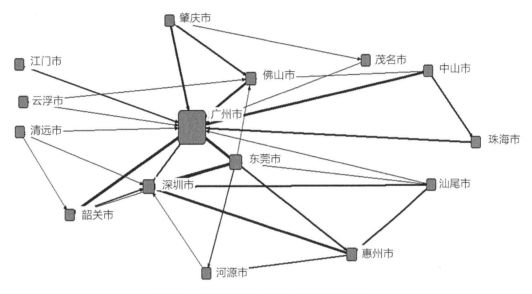

图 7.9　粤港澳湾区人口迁徙流联系网络结构
资料来源：作者自绘。

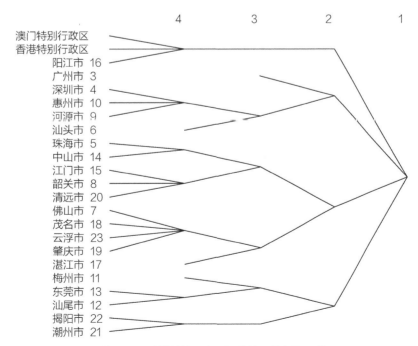

图 7.10　粤港澳湾区人口迁徙流网络凝聚子群
资料来源：作者自绘。

5. 环北部湾湾区

环北部湾湾区的人口迁徙流空间网络结构见图 7.11。从城市人口迁徙流网络密度来看，环北部湾湾区城镇体系的联系网络较为稀疏和简单，人口迁徙流强度较弱。

总的来讲，环北部湾湾区城镇体系人口迁徙流以南宁、玉林和湛江为核心城市节点，其他城市为外围城市。其中，南宁在环北部湾湾区人口迁徙流网络中处于最中心位置，是沟通区域的中心城市。其向东联系茂名、玉林和湛江等次级城市，向南连接防城港与北海。南宁与海口及海南省其他市、县的铁路客运网络联系较弱，在一定程度上表明了区域协同发展通道的部分阻断、区域网络联系的失衡。此外，包括海口与儋州、澄迈等外围市县的海南组团内部网络联系也较少，在一定程度上说明了儋州、澄迈等市县的交通设施较为薄弱。

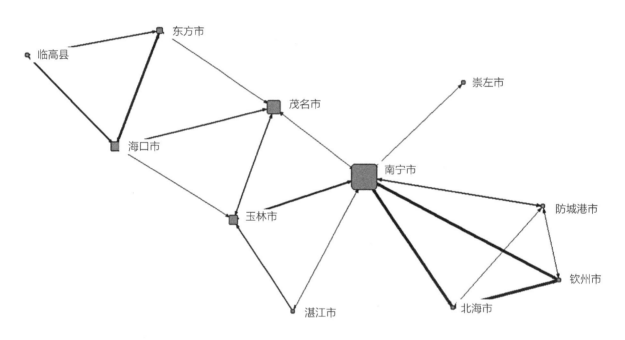

图 7.11　环北部湾湾区城市信息流联系网络结构
资料来源：作者自绘。

从环北部湾湾区的人口迁徙流凝聚子群分析结果来看，环北部湾湾区可以将环北部湾湾区的城镇体系联系网络大致分为四大子群：第一，由南宁、防城港和钦州、北海组成的凝聚子群联系较为紧密，组成第一子群；第二，玉林、湛江和崇左组成的凝聚子群交通来往较为紧密；第三，以海口为次枢纽连接同省城市临高、东方与茂名组成第三子群；第四，儋州、东方、昌江和阳江等发展水平相对较低的市县组成第四子群。四类凝聚子群基本符合环北部湾湾区的地理分布位置（图 7.12）。环北部湾湾区形成了广西壮族自治区内部和海南省内部相对独立的两个组团。广西壮族自治区内部，主要是南宁与崇左、玉林、钦州、北海的通勤流；海南省内部则是海口到儋州、临高、澄迈、昌江等地的通勤流。

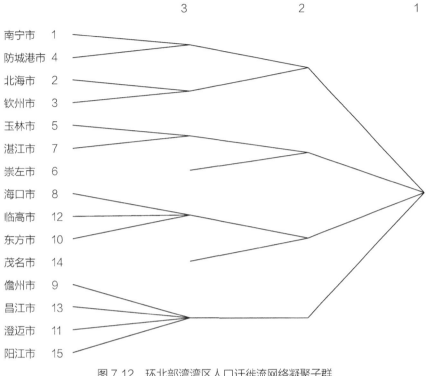

图 7.12 环北部湾湾区人口迁徙流网络凝聚子群
资料来源：作者自绘。

7.2 资金流网络分析

全球化意味着开放的贸易、全球性的资本和劳动力流动与科技和观念交流，以及多元化下的文化融合与创新。对外开放是中国的一项基本国策，2017年10月18日，习近平同志在党的十九大报告中指出，中国开放的大门不会关闭，只会越开越大。利用国外的资金和技术是对外开放的重要形式。中国五大湾区是中国对外开放水平最高的区域，但能否跻身世界一流湾区行列，其中一个关键要素就是能否有效提高其对外开放程度，在更高的水平上构建对外开放新格局。为了进一步优化湾区的对外开放路径，需要科学测度与衡量当前五大湾区的对外开放水平。结合相关研究和湾区实际情况，本书将从外商投资、对外贸易两个方面分析中国五大湾区的资本开放环境，并在此基础上进一步分析对外开放水平与内部资本互投。

7.2.1 外商投资分析

2018年，环渤海湾湾区市均实际利用外资为16.6亿美元，其中北京市、天津市、青岛市分别为173.11亿美元、48.51亿美元、58.04亿美元。与2007年相比，虽然区域间的外商投资差距仍十分明显，但差距幅度有一定程度减小（图7.13）。

2018年，环长江口湾区市均实际利用外资为31.56亿美元，最大值为上海市的173亿美元，最小值为台州市的2.89亿美元（图7.14）。

2018年，海峡西岸湾区市均实际利用外商投资为5.44亿美元，最大值为赣州市的18.44亿美元，其次为厦门市的17.25亿美元，最小值为宁德市的0.18亿美元（图7.15）。

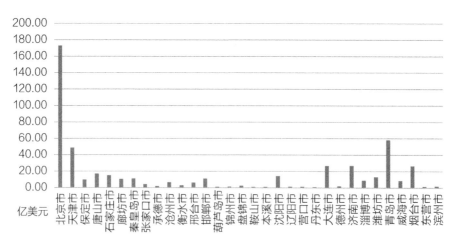

图 7.13　2018 年环渤海湾湾区各市当年实际使用外资金额
资料来源：2019 年《中国城市统计年鉴》。

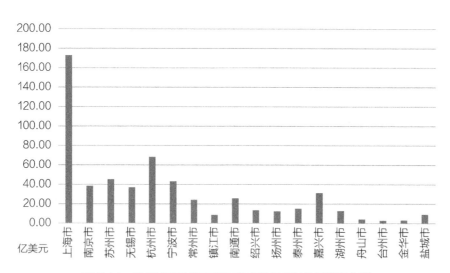

图 7.14　2018 年环长江口湾区各市当年实际使用外资金额
资料来源：2019 年《中国城市统计年鉴》。

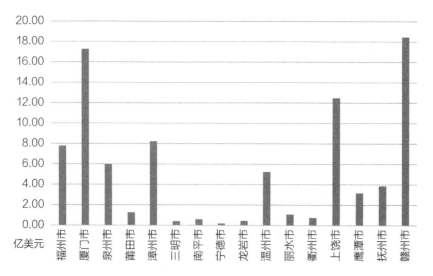

图 7.15　2018 年海峡西岸湾区各市当年实际使用外资金额
资料来源：2019 年《中国城市统计年鉴》。

2018年，粤港澳湾区市均实际利用外商投资为14.52亿美元，最大值为深圳的82.03亿美元，最小值为揭阳的0.16亿美元（图7.16）。

2018年，环北部湾湾区市均实际利用外商投资为0.84亿美元，最大值为海口市的2.54亿美元，最小值为防城港市的0.16亿美元（图7.17）。

从五大湾区总体来看，五大湾区实际利用外资额差距十分巨大，最大为环长江口湾区，其次为环渤海湾湾区，最低的为海峡西岸湾区和环北部湾湾区。

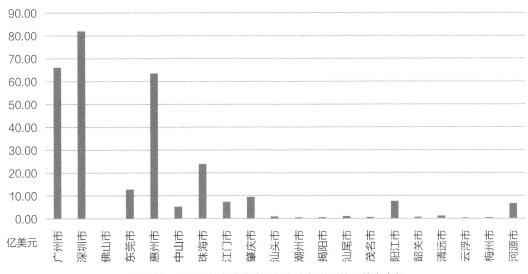

图7.16　2018年粤港澳湾区各市当年实际使用外资金额
资料来源：2019年《中国城市统计年鉴》。

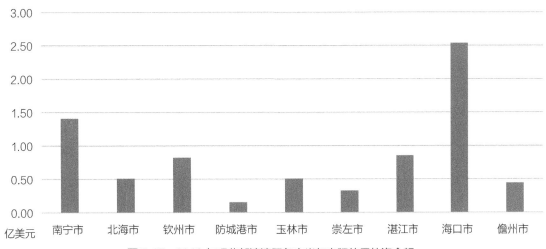

图7.17　2018年环北部湾湾区各市当年实际使用外资金额
资料来源：2019年《中国城市统计年鉴》。

7.2.2　对外贸易比较

从进口来看，2018年，环渤海湾湾区进口商品总额平均到每个市的平均值为1245.21亿元。其中最大值为北京市的22303.93亿元，最小值为承德市的0.79亿元。从出口来看，2018年，环渤海湾湾区出口总额为

21725.03亿元，北京、天津、大连作为出口的三大引擎，出口带动作用明显。环渤海湾湾区凭借腹地丰富的煤炭、矿产资源成为我国重要的能源、原材料生产基地，使得沿线港口具备了增长的良好动力。因此区域经济重心北移，将为环渤海湾湾区枢纽港带来新的发展机遇和长期的投资机会（图 7.18）。

从进口来看，2018 年，环长江口湾区的进口商品总额平均值为 2434.58 亿元，最大值为上海市的 20343.08 亿元，最小值为金华的 110.76 亿元。从出口来看，2018 年，环长江口湾区的出口行为仍然主要集中在江苏南部、上海和浙江北部的沿海地区，因得益于自贸试验区政策，出口数额上相较于 2007 年有了很大提升，金融、投资、贸易、航运等领域对外开放的力度也在进一步加大（图 7.19）。

从进口来看，2018 年，海峡西岸湾区的进口商品总额平均值为 336.88 亿元，最大值为厦门市的 2663.54 亿元，最小值为南平市的 5.44 亿元。从出口来看，2018 年，海峡西岸湾区出口额更加全面均衡，发挥了对外开放的"窗口"示范作用，为促进中部崛起、西部开发提供了全新的思路（图 7.20）。

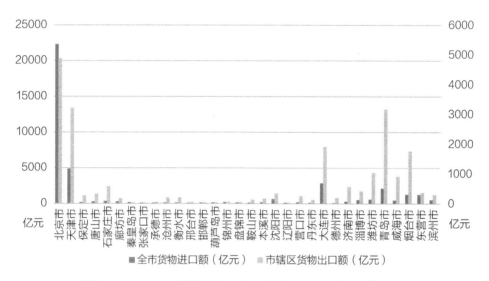

图 7.18　2018 年环渤海湾湾区全市货物进口额与市辖区货物出口额

资料来源：2019 年《中国城市统计年鉴》。

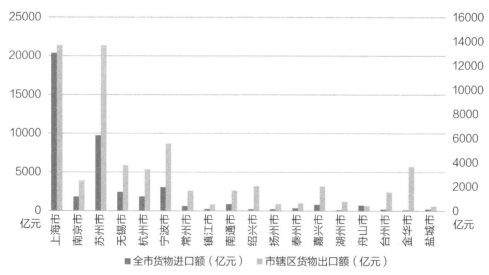

图 7.19　2018 年环长江口湾区全市货物进口额与市辖区货物出口额

资料来源：2019 年《中国城市统计年鉴》。

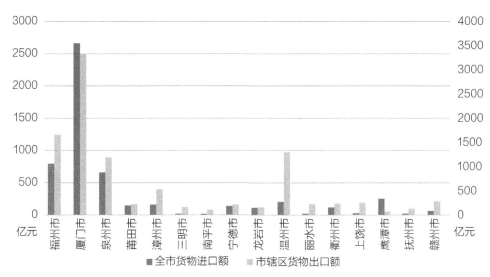

图 7.20　2018 年海峡西岸湾区全市货物进口额与市辖区货物出口额

资料来源：2019 年《中国城市统计年鉴》。

从进口来看，2018 年，粤港澳湾区进口商品总额平均值为 435.996 亿元，最大值为深圳的 13709.05 亿元，最小值为梅州市的 17.32 亿元。从出口来看，2018 年粤港澳湾区出口总额为 42426.57 亿元，深圳已经成为粤港澳湾区除香港之外的另一大出口贸易增长极（图 7.21）。

从进口来看，2018 年，环北部湾湾区的进口商品总额平均值为 242.38 亿元，最大值为防城港市的 603.21 亿元，最小值为儋州市的 0.93 亿元。从出口来看，2018 年，环北部湾湾区出口额有了飞速提升，但还是呈现增长极单一化的情况，未来应当发挥带动作用，从点到面、从外向里，逐步推进环北部湾湾区出口额的提升（图 7.22）。

从五大湾区进口商品总额总体来看，环渤海湾湾区进口商品总额较大，其次为环长江口湾区与粤港澳湾区，而环北部湾湾区与海峡西岸湾区的进口商品总额则较少。从五大湾区出口商品总额总体来看，我国五大

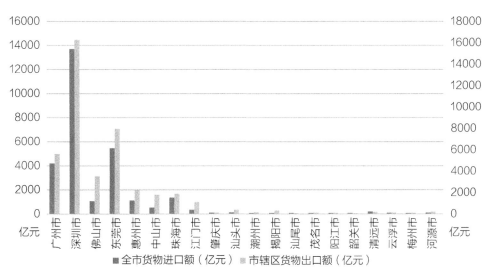

图 7.21　2018 年粤港澳湾区全市货物进口额与市辖区货物出口额

资料来源：2019 年《中国城市统计年鉴》。

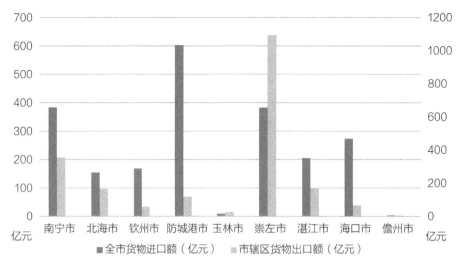

图 7.22　2018 年环北部湾湾区全市货物进口额与市辖区货物出口额
资料来源：2019 年《中国城市统计年鉴》。

湾区出口额之间差距还十分巨大，内部也存在较大差距。环渤海湾湾区、环长江口湾区、粤港澳湾区作为传统的经济发展强点，出口额在五大湾区中排在前列，而海峡西岸湾区与环北部湾湾区起步较晚，还有较大的发展空间。其次在每个湾区内部都有一到几个城市占到较大出口份额，如环渤海湾湾区中的北京，粤港澳湾区中的香港与深圳等。

7.2.3　对外开放水平

在分析外商投资与对外贸易的基础上，进一步对五大湾区的综合对外开放水平进行分析，综合考虑实际利用外资与进出口贸易总额两个指标，并通过熵权法确定指标权重，计算各城市的综合对外开放水平。

对于环渤海湾湾区而言，2005 年到 2015 年，各城市综合对外开放水平的变化不大，除了京津地区对外开放的数值显著高于其他地区外，剩余地区的对外开放数值均较低，因而呈现平面状（图 7.23）。比较特别的是山东半岛的青岛等城市，2005 年的对外开放的数值本处于较高的状态，在趋势面中呈现凸起，而到 2015 年时，其数值反而下降了。这主要是青岛市 2015 年实际利用外资额较低所导致的。

对于环长江口湾区而言，苏州、上海仍然是环长江口湾区对外开放的核心城市。可以看出与 2005 年相比，2015 年苏州、上海主要中心的辐射范围进一步扩大（图 7.24），除了苏州、上海的对外开放双核心外，

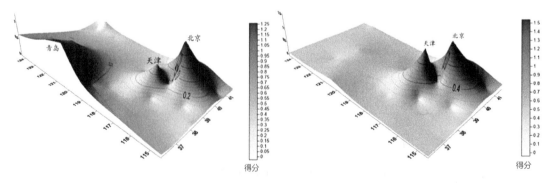

图 7.23　2005 年与 2015 年环渤海湾湾区综合对外开放水平
资料来源：作者依据《中国城市统计年鉴》数据计算绘制。

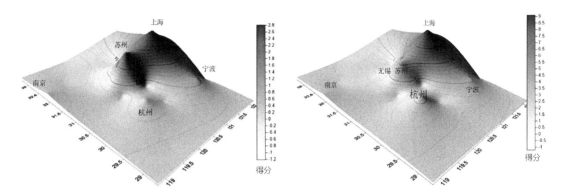

图 7.24　2005 年与 2015 年环长江口湾区综合对外开放水平
资料来源：作者依据《中国城市统计年鉴》数据计算绘制。

宁波、杭州也是对外开放的区域双中心，对外开放程度随着由沿海向内陆的深入而逐渐降低。

对于海峡西岸湾区而言，福州、厦门仍然是海峡西岸湾区对外开放的核心城市。2005 年大部分城市该项得分均为负值；而 2015 年，大部分城市对外开放的得分提升至 0—1 之间，湾区总体对外开放程度大幅上升。作为对外开放的核心城市的福州、厦门，该项得分上涨非常明显，分别由 1、1.4 上升至 2.5、7，与其他城市差距进一步增大。但与 2005 年相比，2015 年其他城市的对外开放水平差别变化并不大（图 7.25）。

对于粤港澳湾区而言，图 7.26 中深圳市明显处于区域顶峰，是粤港澳湾区对外开放的增长极；广州、东莞略逊色于深圳。香港、澳门的反映开放水平的相关数据虽也略低于深圳，但因其统计标准与内地存在差异，如果将对外开放的指标与湾区内其他城市的指标直接进行对比的话，准确性会受到较大影响。2005—2015 年间，形态结构没有明显变化，总体呈现出湾区内核心城市发展水平较高，湾区内其他城市发展水平明显偏低的格局。湾区内核心城市中，东莞和广州与深圳的差距在逐渐缩小。

对于环北部湾湾区而言，2005 年，环北部湾湾区在对外开放方面呈现较明显的单极特征，海口、阳江及湛江等东南沿海城市具有明显优势。经过 10 年的发展，湾区的对外开放格局发生了明显变化，以南宁为首，钦州、北海、防城港等周边城市对外开放水平上升，单极化趋势减弱，湾区总体开放程度提高，但城市之间的差距依旧存在，且小范围的极化特征更为明显（图 7.27）。

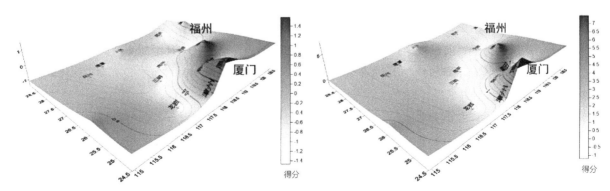

图 7.25　2005 年与 2015 年海峡西岸湾区综合对外开放水平
资料来源：作者依据《中国城市统计年鉴》数据计算绘制。

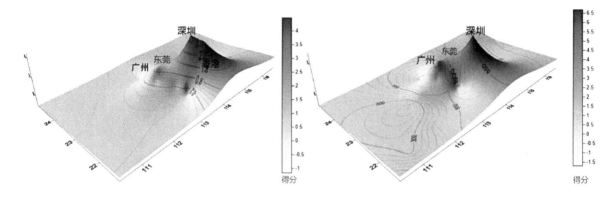

图 7.26　2005 年与 2015 年粤港澳湾区综合对外开放水平
资料来源：作者依据《中国城市统计年鉴》数据计算绘制。

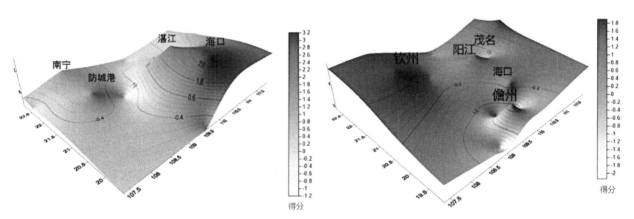

图 7.27　2005 年与 2015 年环北部湾湾区综合对外开放水平
资料来源：作者依据《中国城市统计年鉴》数据计算绘制。

7.2.4　资本互投分析

资本互投分为城市内部投资（为某湾区内同一城市内部投资占该湾区总资本互投的比例）、向湾区内其他城市投资（为某湾区内不同城市间的资本互投占该湾区总资本互投的比例）、向其他湾区投资（为某湾区内城市与其他湾区内城市的资本互投占湾区总资本互投的比例）、向其他地区投资（为某湾区内城市与非五大湾区的其他区域内城市的资本互投占湾区总资本互投的比例）四种。资本是区域与城市发展的重要因素。本书采用的企业注册资本数据来源于龙信量子数聚公司，以注册资本的出资地与投资地来反映地区间的互投关系。

从五大湾区向其他地区的投资来看，2008—2015 年间，环长江口湾区与环渤海湾湾区对湾区外部投资较大，分别为 41946 亿元与 38494 亿元；粤港澳湾区对湾区外部投资为 18291 亿元，位列第三；海峡西岸湾区与环北部湾湾区对湾区外部投资较少。

从投资结构来看，环北部湾湾区与海峡西岸湾区因为投资总量少，以其城市内部的投资居多，分别达到 30.51% 与 27.68%；环渤海湾湾区居中，为 22.43%；环长江口湾区与粤港澳湾区则较低，分别为 16.70% 与 13.90%，资本束缚性小，流动更活跃。从向湾区内其他城市投资来看，环长江口湾区高达 30.58%，显示出湾区内部流动的活跃性；环渤海湾湾区、粤港澳湾区、海峡西岸湾区均在 20% 左右；环北部湾湾区内的资本投资仅为 9.19%。从向其他湾区投资来看，粤港澳湾区、海峡西岸湾区、环北部湾湾区分别为 28.52%、

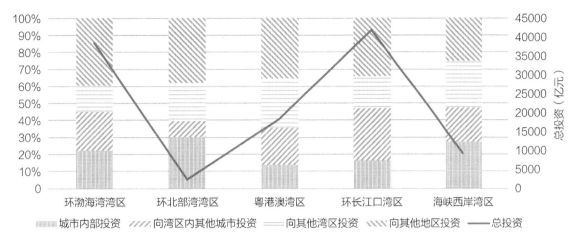

图 7.28　五大湾区向其他地区投资（2008—2015 年）
资料来源：作者依据龙信量子数聚公司提供的数据计算绘制。

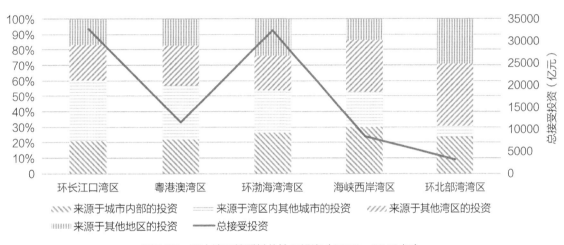

图 7.29　五大湾区接受其他地区投资（2008—2015 年）
资料来源：作者依据龙信量子数聚公司提供的数据计算绘制。

27.27%、22.49%；环长江口湾区、环渤海湾湾区则低于 20%。从向其他地区投资来看，环渤海湾湾区高达 39.43%；环北部湾湾区、粤港澳湾区、环长江口湾区也在 35% 左右；海峡西岸湾区仅为 24.93%（图 7.28）。

从吸收投资的总量与结构来看，基本与投资较为相似。略有差别的是，因为吸引投资少于对湾区外部投资，因此与吸引投资相比，环长江口湾区与粤港澳湾区来源于湾区内其他城市的投资占比更大，分别达到了 39.05% 与 34.84%。环北部湾湾区来源于其他湾区的投资较多，达到了 39.97%。与吸引投资相比，五大湾区来源于其他湾区的投资较少，反映出五大湾区作为沿海开放的先行区，资本有向中西部地区转移的趋势（图 7.29）。

通过图 7.30、图 7.31 对 2003—2007 年与 2008—2015 年两个时间段五大湾区间资本互投和弦图，能够更加直观地看出五大湾区内部投资、湾区间相互投资与湾区外部投资的比重。可以看出五大湾区向湾区外部的资本投资基本与其投资总规模相符；环渤海湾湾区与环长江口湾区的资本互投相对密切。

从环渤海湾湾区内部资本互投来看，城市间内部投资占比较大，北京市、天津市、沈阳市、石家庄市、青岛市的内部投资分列前五位。从城市间投资来看，北京市是最大的资本互投城市，与天津市、沈阳市、廊坊市、青岛市、石家庄市等联系都较强。此外，大连市与沈阳市、青岛市与烟台市、青岛市与潍坊市、沈阳

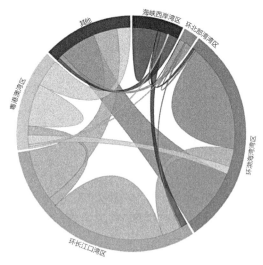

图 7.30　2003—2007 年间五大湾区间资本互投
资料来源：作者依据龙信量子数聚公司提供的数据计算绘制。

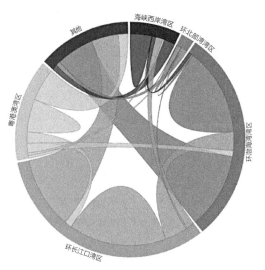

图 7.31　2008—2015 年间五大湾区间资本互投
资料来源：作者依据龙信量子数聚公司提供的数据计算绘制。

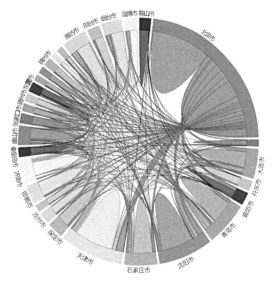

图 7.32　2003—2007 年环渤海湾湾区内城市资本互投
资料来源：作者依据龙信量子数聚公司提供的数据计算绘制。

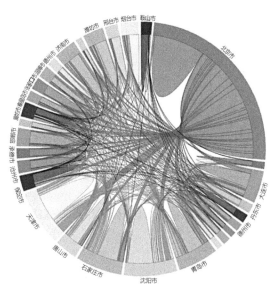

图 7.33　2008—2015 年环渤海湾湾区内城市资本互投
资料来源：作者依据龙信量子数聚公司提供的数据计算绘制。

市与鞍山市、石家庄市与邢台市也存在较强联系（图 7.32，图 7.33）。

从环长江口湾区内部资本互投来看，城市间内部投资占比也较大，上海市、南京市、杭州市的内部投资分列前三位。从城市间投资来看，上海市作为最大的资本互投城市，与苏州市、杭州市、无锡市、南京市、南通市等城市均存在较强的联系。此外，两个省会与副省级城市，杭州市与宁波市、嘉兴市、湖州市，南京市与苏州市、无锡市也存在较强的联系（图 7.34，图 7.35）。

从海峡西岸湾区内部资本互投来看，主要以城市间内部投资为主，福州市、温州市、泉州市、赣州市、上饶市、三明市、漳州市、厦门市的内部投资分列前八位。从城市间投资来看，厦门市与其他城市联系较为密切，其与漳州市、泉州市、福州市等联系也较为密切。此外，福州市作为最大的资本互投城市，除厦门市外，其与泉州市、南平市、三明市、宁德市、漳州市也存在较强的联系（图 7.36，图 7.37）。

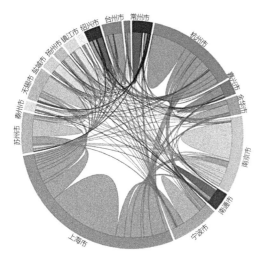

图 7.34 2003—2007 年环长江口湾区内城市资本互投
资料来源：作者依据龙信量子数聚公司提供的数据计算绘制。

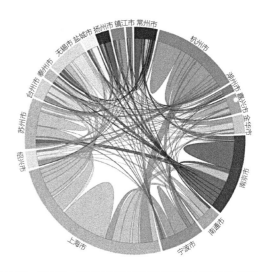

图 7.35 2008—2015 年环长江口湾区内城市资本互投
资料来源：作者依据龙信量子数聚公司提供的数据计算绘制。

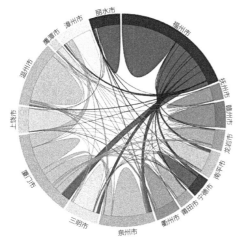

图 7.36 2003—2007 年海峡西岸湾区内城市资本互投
资料来源：作者依据龙信量子数聚公司提供的数据计算绘制。

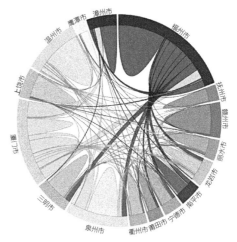

图 7.37 2008—2015 年海峡西岸湾区内城市资本互投
资料来源：作者依据龙信量子数聚公司提供的数据计算绘制。

从粤港澳湾区内部资本互投来看，广州市、深圳市、佛山市、梅州市、肇庆市的内部投资分列前五位。从城市间投资来看，广州市与深圳市、佛山市、清远市存在较强的联系；佛山市则与广州市、惠州市存在较强的联系（图 7.38，图 7.39）。

从环北部湾湾区内部资本互投来看，也主要是以城市内部投资为主，湛江市、南宁市、海口市、玉林市、崇左市、防城港市、北海市的内部投资分列前七位。城市内部投资远高于城市间的相互投资。城市间的相互投资主要以南宁市为主，其与崇左市、防城港市、北海市、玉林市存在一定的联系。此外，海口市与湛江市也存在一定的联系（图 7.40，图 7.41）。

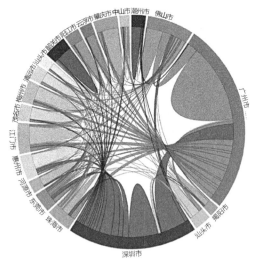

图 7.38　2003—2007 年粤港澳湾区内城市资本互投
资料来源：作者依据龙信量子数聚公司提供的数据计算绘制。

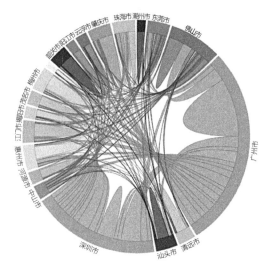

图 7.39　2008—2015 年粤港澳湾区内城市资本互投
资料来源：作者依据龙信量子数聚公司提供的数据计算绘制。

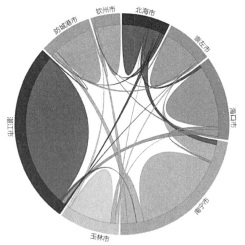

图 7.40　2003—2007 年环北部湾湾区内城市资本互投
资料来源：作者依据龙信量子数聚公司提供的数据计算绘制。

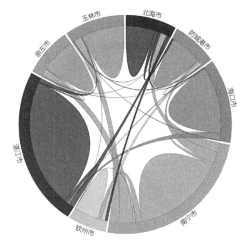

图 7.41　2008—2015 年环北部湾湾区内城市资本互投
资料来源：作者依据龙信量子数聚公司提供的数据计算绘制。

7.3　信息流网络分析

7.3.1　互联网用户总量分析

与公路、铁路、航线等实体的交通渠道不同，互联网是一种虚拟的联系渠道。此处，我们以互联网宽带接入用户数量来分析湾区的信息网络及其极点。

对于环渤海湾湾区而言，总体来讲，2015 年的互联网宽带用户数量平均值要比 2005 年高出许多，两个年份的趋势面变化不大，高数值都集中于京津冀区域，其余区域均较平坦且数值较低。值得一提的是，2015 年的高峰集中在唐山市一带，这或许与唐山市实施的创新驱动发展战略有关（图 7.42）。

对于环长江口湾区而言，从信息化程度指标可以看出，2015 年与 2005 年相比，除信息化程度早在 2005

年已具规模的上海市外,环长江口湾区的信息化程度整体增高,中心地区也由苏州市、上海市向浙江的杭州市、宁波市辐射。信息化程度较高的城市还集中在上海市周边,包括苏州市、无锡市等地。南京市、杭州市作为地区中心,并未带动周边信息化程度增加。从形态图中可以看出,南京市周边的镇江市、杭州市周边的湖州市,仍然成为信息化程度的"洼地"(图7.43)。

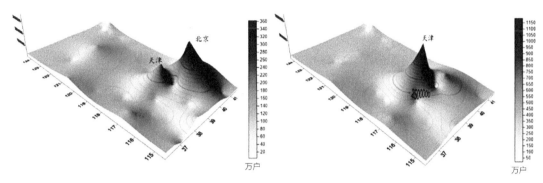

图 7.42　2005 年与 2015 年环渤海湾区互联网宽带接入用户数量
资料来源:作者依据龙信量子数聚公司提供的数据计算绘制。

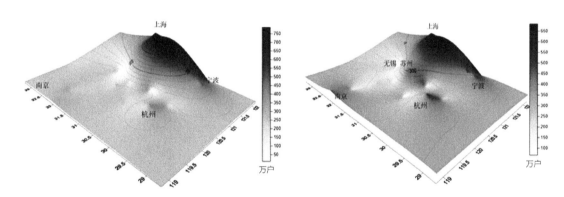

图 7.43　2005 年与 2015 年环长江口湾区互联网宽带接入用户数量
资料来源:作者依据龙信量子数聚公司提供的数据计算绘制。

对于海峡西岸湾区而言,从信息化程度指标可以看出,2015 年与 2005 年相比,海峡西岸湾区整体形态变化不大,主要以温州市、福州市、泉州市为指标中心。但有所不同的是,莆田市也成为信息化的中心城市,这与 10 年来的人口迁移与莆田市的快速发展不无关系。并且从单位轴也可看出,湾区整体指标均有增长,这也与国家大力发展对外开放以及推进信息化、网络化普及工作有关。赣州市也在 2015 年发展成为信息化程度较高的城市,逐渐成为江西省的区域中心。整个湾区信息化形态仍以浙江南部、福建沿海城市为中心,向内陆逐渐减小(图 7.44)。

对于粤港澳湾区而言,从信息化程度来看,广州市、深圳市信息化率明显高于该区域其他城市,信息化形态图呈现出明显的双峰结构。2005—2015 年,双峰结构始终明显,但肇庆市、东莞市等城市发展较快,已经逐渐形成次一级的峰值(图 7.45)。

对于环北部湾湾区而言,从信息化水平来看,区域内城市的相对水平变化不大,宽带接入户数均有所增加。形态上,南宁表现较为突出,10 年间从南宁-海口两极逐渐呈现出南宁-海口-茂名三极的态势,趋势面趋于平缓,区域差距缩小(图 7.46)。

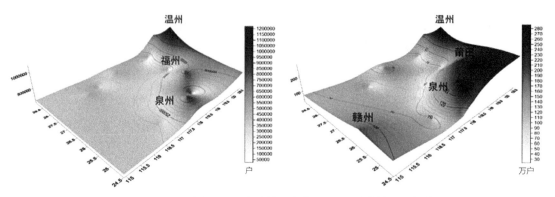

图 7.44　2005 年与 2015 年海峡西岸湾区互联网宽带接入用户数量
资料来源：作者依据龙信量子数聚公司提供的数据计算绘制。

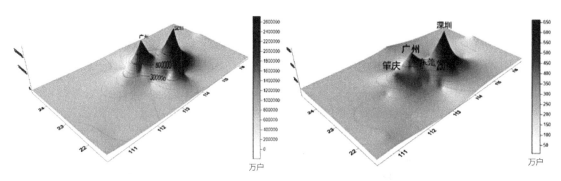

图 7.45　2005 年与 2015 年粤港澳湾区互联网宽带接入用户数量
注：2005 年的数据不含香港、澳门、惠州、云浮；2015 年的数据不含香港、澳门。
资料来源：作者依据龙信量子数聚公司提供的数据计算绘制。

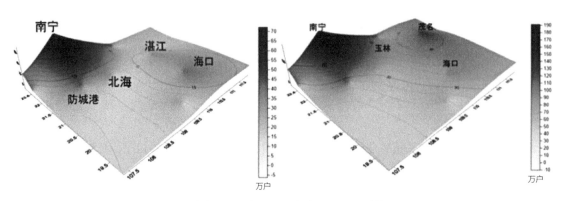

图 7.46　2005 年与 2015 年环北部湾湾区互联网宽带接入用户数量
资料来源：作者依据龙信量子数聚公司提供的数据计算绘制。

7.3.2　湾区内部信息流分析

在上文中对五大湾区的人口迁徙流、资本互投进行分析的基础上，本节以信息流为分析对象，进行五大湾区网络结构与凝聚子群的分析。信息流通过网络，可以将分散各地的城市连接成为一个空间相互作用密切的城市网络，在此网络空间里网络和关系成为重要词汇。百度指数是国内著名的以海量网民行为数据为基础的数据分享平台，它能够很好地反映城市间社会经济等方面的联系。因此，本节以百度指数来衡量信息流。

湾区城市百度信息指数数据进行二值化处理。网络时代信息的流通不受地理位置的限制,若仍选取0作为截断值,最后的结果将是湾区内的所有城市相互关联,信息流的网络特征将难以判断,因此基于直接、客观等原则,将部分联系较弱的城市从网络中剔除,图形可以更加清晰地显示出重要信息。选取各城市之间信息流指数取整后的平均值,在该值以上才能说明城市之间具有有效的信息互通。

1. 环渤海湾湾区

环渤海湾湾区信息流网络呈现"核心 – 次核心 – 边缘"的三层网络格局。在信息流中的处理过程中,我们筛选、剔除了小于平均值的数据,因此图7.47中城市的信息联系均属于信息联系强度大于平均值的联系,即联系比较密切。可以看出,北京、天津是信息流的核心,它们在信息流上几乎与湾区所有城市联系密切;另外,这两个核心城市内部也有密切联系。大连、沈阳、青岛、济南、石家庄、保定、秦皇岛是信息流网络的次核心边缘,它们与核心城市的联系密切。可以看出,大连、沈阳是辽宁省的核心,青岛、济南是山东省的核心,石家庄、保定、秦皇岛是河北省的核心。湾区其他城市均只与湾区内部其他个别城市有较强的信息联系,为边缘城市。边缘城市基本由省份划分为辽宁、山东、河北三地。值得注意的是,德州作为山东省的城市,不仅与山东省内青岛、济南有较强的联系,而且除核心城市北京、天津外,它还与河北省的石家庄联系紧密。葫芦岛作为辽宁省的城市,仅与省内大连、沈阳有较强联系;除核心城市北京、天津外,它还与河北省的石家庄、保定、秦皇岛联系紧密。所以德州、葫芦岛这两个城市是环渤海湾湾区间联系的纽带,在环渤海湾湾区的发展中扮演着枢纽的角色。信息流网络的密度仅为0.3069,信息流网络结构的紧密程度略弱于人口迁徙流网络结构,但是差别不是很大。可以看出,环渤海湾湾区的人口迁徙联系与信息联系均较弱。由于湾区内部的北京和天津过于突出,以致吸引了湾区内部绝大部分的信息流,而其他城市如何提升自身的影响力与吸引力,是其发展的重中之重。

从信息流网络的凝聚子群来看,北京、天津、沧州、唐山、张家口、廊坊、秦皇岛、承德、邯郸组成一个凝聚子群,石家庄、衡水、邢台、保定组成一个凝聚子群,这两个凝聚子群之间有一定的信息联系。东营、滨

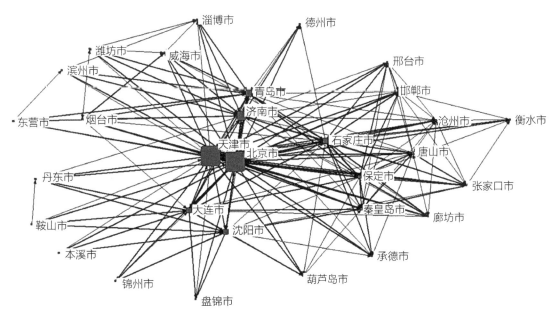

图7.47 环渤海湾湾区信息流联系网络结构

资料来源:作者自绘。

州、德州、淄博组成一个凝聚子群，潍坊、济南、威海、烟台、青岛组成一个凝聚子群，这两个凝聚子群之间也有一定的信息联系。盘锦、锦州、葫芦岛组成一个凝聚子群，大连、鞍山、沈阳组成一个凝聚子群，这两个凝聚子群之间也有一定的信息联系。本溪、丹东组成一个凝聚子群，这个凝聚因子群比较独立（图7.48）。

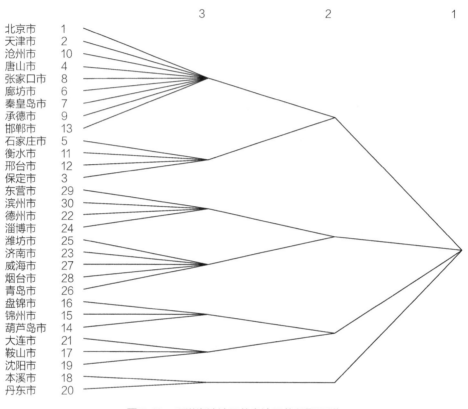

图7.48　环渤海湾湾区信息流网络凝聚子群
资料来源：作者自绘。

总体而言，相较于人口迁徙流的网络结构，环渤海湾湾区信息流的网络结构更松散，但是相差不大。处于信息流网络边缘的城市应该提升自身城市品牌建设与营销的力度。

2. 环长江口湾区

环长江口湾区的信息联系网络的密度约为0.4，处于下游水准，信息流网络结构较为均匀稀疏，呈现明显的"中心－外围"格局，上海、无锡、杭州、南京、苏州、宁波是湾区的"明星"，在湾区内部受到关注，具有流量优势，而其余城市处于信息网络的外围。信息资源的分散和流动凝滞将会是湾区发展的瓶颈（图7.49）。

从环长江口湾区的信息流凝聚子群分析结果来看，主要形成了五类子群：第一，由上海自己组成的一类凝聚子群，是湾区内的"巨星"，侧面说明了该城市对各种信息的巨大吸引力；第二，以宁波为中心，包括杭州、金华两市的凝聚子群；第三，以南京为中心、包括无锡、苏州两市的凝聚子群；第四，由南通、常州、泰州、台州、舟山、嘉兴、湖州、绍兴组成的凝聚子群；第五，由盐城、扬州、镇江三市组成的凝聚子群。信息网络具有地理依赖性，相邻的城市往往会凝聚成一个小网络，更具实力的城市会成为小网络的中心。由于交通设施的快速发展、信息技术的变革，城市之间的信息交流更易受跨域地理的限制，从而将一个个小网络密切联系起来构成湾区整体的信息联系空间网络（图7.50）。

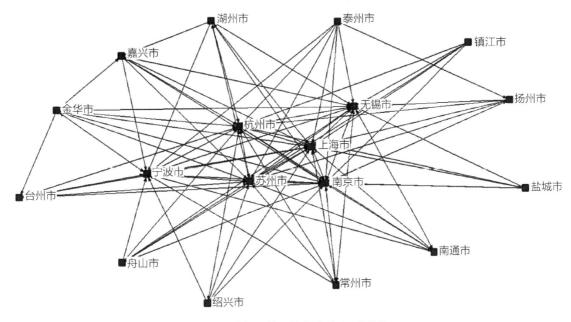

图 7.49 环长江口湾区信息流联系网络结构
资料来源：作者自绘。

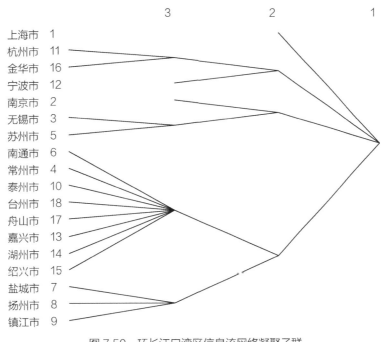

图 7.50 环长江口湾区信息流网络凝聚子群
资料来源：作者自绘。

3. 海峡西岸湾区

从信息流网络结构图来看，海峡西岸湾区城市之间的联系较为均匀，没有明显的中心性，可能是由于省内联系弥补了跨省域联系的不足（图 7.51）。

从海峡西岸湾区的信息流凝聚子群分析结果来看，省内联系更加紧密的结论依然成立，在福建省内更是细分了三个子群，江西省也细分了两个子群。对照城市的地理位置可以发现，这些子群具有空间上的邻近性，大概是因为人们通常更加关注周边的城市，人的活动范围更具有局限性（图 7.52）。

172 / 湾区方略——中国东部沿海区域规划研究

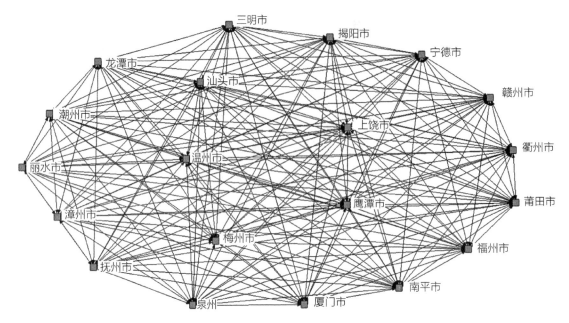

图 7.51　海峡西岸湾区信息流联系网络结构
资料来源：作者自绘。

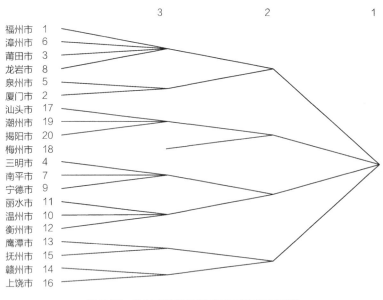

图 7.52　海峡西岸湾区信息流网络凝聚子群
资料来源：作者自绘。

4. 粤港澳湾区

从整体来看，粤港澳湾区的信息流网络中各城市之间的联系较为密切。具体来讲，广州、深圳、东莞位于第一圈层，信息流密度较高，说明这些城市获得的关注和对外界的关注都处于较高水平；佛山、汕头、惠州、香港等城市信息流强度相对较强，属于第二圈层；而肇庆、梅州等城市处于信息的边缘。其中，由于百度指数原数据限制，缺少澳门对其他城市的关注度。虽然存在部分数据缺失，但仍能发现，香港、澳门与内地城市之间的相互关注度并不高，与其经济实力在区域内部的地位不相匹配。这暗示着，虽然港澳经济发展水平较高、资源集中，但这些资源并没有更好地向周围城市扩散，粤港澳湾区的一体化进程仍然在路上（图 7.53）。

从粤港澳湾区的信息流凝聚子群分析结果来看，粤港澳湾区的城市可分为四个子群：第一，澳门、香港、肇庆、河源等；第二，中山、珠海、清远等；第三，深圳、广州、东莞和佛山；第四，江门和惠州。其中，第三子群的深圳、广州、东莞和佛山四个城市信息流强度较高，受到更多的关注，在区域内部具有重要地位，四个城市之间的关系也十分密切；第一子群的澳门和香港受到的关注与对区域其他城市的关注相比均较低，子群内的城市相互之间的关注度也处于较低水平，这意味着不只是广东省经济发展水平较为落后的城市仍处于区域协同发展的边缘，即使港澳在湾区内部，也处于边缘化地位，这与其城市功能定位和城市经济实力相悖（图7.54）。

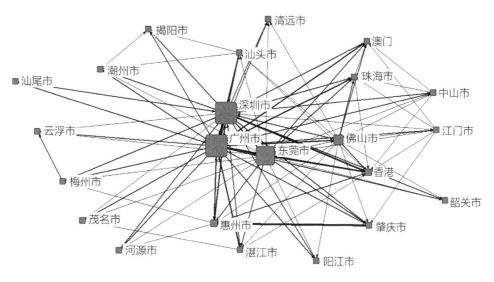

图 7.53 粤港澳湾区信息流联系网络结构
资料来源：作者自绘。

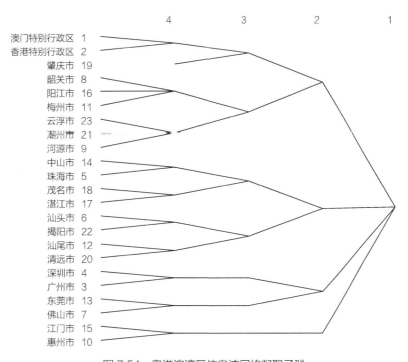

图 7.54 粤港澳湾区信息流网络凝聚子群
资料来源：作者自绘。

5. 环北部湾湾区

环北部湾湾区的信息流空间的网络相对紧密，结构较为完整。其中海口处于信息流网络的中心位置，与北海、湛江和海南省其他城市存在较强的信息联系，支配大部分的信息资源。南宁、北海和湛江等城市处于网络次级核心地位，在环北部湾湾区的信息流网络中起连接作用，与大部分城市都建立了联系，要素资源可通过它们的交通网络运输到其他城市。临高、东方、崇左等城市处于网络外围，与区域内其他城市的信息联系较少，中心性也较弱，处于环北部湾湾区信息流网络的最低层级。总体而言，环北部湾湾区的城市信息联系较为完整，呈现"核心－半边缘－边缘"格局；但多中心特征不明显，且部分城市未参与到信息流中，网络结构有待优化（图7.55）。

从环北部湾湾区的信息流凝聚子群分析结果来看，环北部湾湾区可以将环北部湾湾区城镇体系信息联系网络大致分为以下五大子群：第一，南宁作为区域中心城市，独为一子群；第二，阳江、湛江和茂名三个城市信息联系较为紧密，形成第二子群；第三，钦州、北海、防城港和玉林联系较为紧密，处于同一发展水平，组成第三子群；第四，崇左位于西部组图的边缘，发展水平较低，独成一类；第五，海口、昌江组成的凝聚子群与儋州、澄迈、临高和东方组成的凝聚子群联系较强，组成第五子群。对比环北部湾湾区范围图，发现信息流网络具有地理依赖性，相邻的城市往往会凝聚成一个子群（图7.56）。

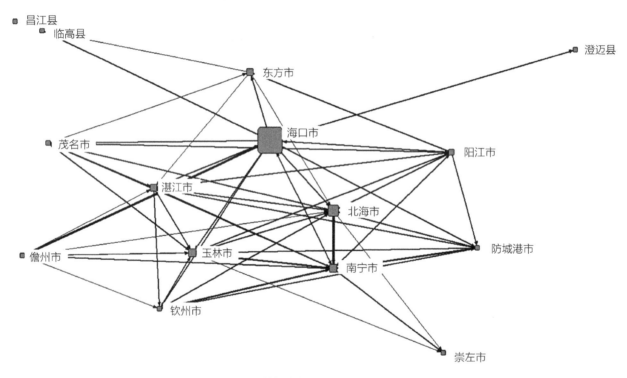

图7.55 环北部湾湾区信息流联系网络结构
资料来源：作者自绘。

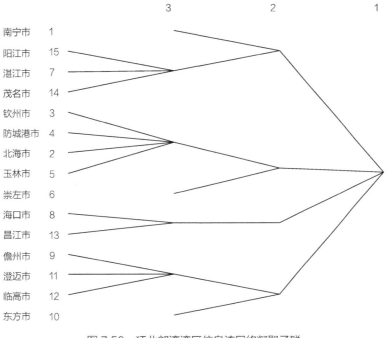

图 7.56　环北部湾湾区信息流网络凝聚子群
资料来源：作者自绘。

7.4　本章小结

本章在对五大湾区国际旅游、外商投资、对外贸易等方面分析的基础上，又对五大湾区人口迁徙流、资金流、信息流等多种湾区联系进行了分析，总结得出以下结论。

第一，比较分析五大湾区实际利用外资、进出口总额及国际旅游人数等数据，可以发现五大湾区对外开放不均衡。改革开放以来，各类对外开放政策及自由贸易试验区等率先在京津冀、长三角、珠三角地区试验推广，环渤海湾湾区、环长江口湾区及粤港澳湾区在40年来的对外开放历程中建立了与国际对标的市场经济制度，资本、人员、贸易与世界经济网络密切交织，成为中国最具对外开放活力的区域。而海峡西岸湾区、环北部湾湾区仍处于起步期，与世界级湾区相比，市场经济制度仍不成熟、不完善，对外开放政策力度不够，对外开放仍有很大的提升空间。

第二，湾区内部发展的不均衡，制约了湾区对外的开放程度。湾区对外开放程度呈现明显的梯度分布，开放程度高的城市主要为湾区核心城市，并从湾区核心城市到湾区腹地逐步降低。目前，粤港澳湾区等湾区内部城市互联互通不足，湾区腹地与湾区核心城市缺乏良性互动，影响整体经济效益。

第三，随着经济发展水平的提升，湾区正处于从以出口为主转向进出口日渐均衡的相对成熟阶段。从过去出口创汇"卖全球"到今天扩大进口"买全球"，进口与出口互促互利，推动中国经济尤其湾区经济更高质量的发展。

第四，五大湾区联系网络存在差异。环渤海湾湾区、环长江口湾区以及粤港澳湾区资本流动、人口迁移、交通往来、信息联系更为紧密，海峡西岸湾区和环北部湾湾区的网络联系则较为松散。

第五，湾区的资本流、人口迁徙流、信息流网络互相交织。湾区内部资本流、人口迁徙流、信息流等网络的密度与结构存在一致性，说明湾区联系的建立是资本、人口、交通和信息流动互相影响、互相促进的结果，应培育和发展薄弱领域的网络联系，促进湾区经济联系的良性循环发展。

最后，湾区联系强度受结构调整、规模扩张和交通缩减三个驱动因素影响。其中，规模扩张明显提升湾区联系强度，产业结构调整未明显提升湾区联系强度，交通时间缩短略微提升湾区联系强度。

因此，提出以下建议：

第一，湾区发展研判应从传统的城市体系和地理邻近分析转向超越空间感知的网络联系分析。交通与信息等流动日益突破地理空间的限制，只有研究湾区的资本流、人口迁徙流、信息流等联系网络，才能反映湾区联系的真实状况，为因地施策提供依据。

第二，在信息化和全球化时代，人口迁徙流和信息流的塑造尤为重要。王缉宪教授提出，与全球化相关的处于最高级形态的是信息/金融流，其次是空运、海运和陆路运输。各种流是沿着高速公路、高速铁路和机场等交通基础设施和互联网等通信基础设施流动的。湾区在全球经济发挥的作用主要取决于其在交通和信息网络方面的连接能力。

第三，各种流的塑造需要贴近实际、紧跟前沿。传统的、低效的、低质量的流动将降低湾区整体效益。比如，传统的高速公路等区域交通设施建设在加强湾区联系上影响越来越弱，高铁、城际/轻轨、地铁、轨道公交化等建设才能实现人流、物流等快速便捷地中转流通。互联网、物联网、VR等新一代信息技术将改变传统的信息运输效率，人口迁移的质量也需提高，人口流动方式不应仅限于返工、商务等。

第四，湾区应继续以改革促开放。加强顶层设计和规划，提升湾区在国家开放和发展战略的地位。充分发挥经济特区、自贸区的叠加效应，以完善交通基础设施、提升人力资本水平、深化市场经济改革为着力点，促进湾区经济的对外开放。

第五，湾区应充分发挥其协同效应。充分发挥湾区核心城市的带动作用，辐射和带动腹地地区的对外开放和共同发展。加快区域协同发展的体制机制和交通基础设施建设，疏通国际资源向腹地转移的渠道，形成湾区核心城市与腹地协同发展的良性对外开放格局。

最后，扩大进口，活跃湾区经济。通过积极扩大进口，引入更多国外优质产品、服务、企业，将打破对一些产业的过度保护，迫使企业增强竞争力，建立公平开放、竞争有序的市场秩序，激发湾区的市场活力。

第 8 章　宜居包容：湾区公共服务分析

随着现代城市的发展，广为人知的马斯洛需求层次理论扩展到对城市居住行为方面的解释，即人们对居住的需求从单纯、低层次的生存性需求逐步向多元、高层次的发展性需求延伸。狭义的公共服务常指能直接满足公民某种具体的直接需求的政府行为，这些需求主要包括生产、生活、发展和娱乐的需求，而供给公共服务设施是政府供给公共服务的重要部分。公共服务设施包括公路、铁路、机场、通信、水电燃气等基础建设，也包括教育、科技、医疗卫生、体育、文化等社会事业基础设施。

正是基于这种人的高层次发展性需求与人本主义的理念，湾区城市建设中更加注重宜居宜业环境的打造，以吸引大量的人才、投资和新兴产业的进驻，为湾区发展注入新的活力。本章选择能源供给设施、邮电通信设施等方面基础设施指标和房价这一侧面指标来衡量五大湾区的公共服务水平，同时通过湾区污染物排放、污染物处理率、环境绩效来分析湾区城市环境绩效水平，反映湾区的生态环境治理水平。

8.1　五大湾区基础设施建设水平分析

8.1.1　五大湾区基础设施总体建设水平对比

为分析五大湾区的基础设施建设水平，我们拟从能源供给设施、邮电通信设施、道路交通设施与生态环境设施 4 个方面共 13 个指标来展开（表 8.1）。由于基础设施建设水平评价指标涉及多个方面，各指标度量单位不一致，不利于进行统一评价，因此，在综合评价比较之前，需要进行无量纲化处理。无量纲化也叫数据的标准化，将百分数等有量纲指标转化为无量纲指标，以便于进行多指标综合评价。无量纲化方法有直线形无量纲化方法、折线形无量纲化方法和曲线形无量纲化方法。因本章进行基础设施水平分析，所涉及的所有指标数据均是对基础设施建设水平起正向作用的指标，因此此处采取直线形无量纲化方法中的极值法。

表 8.1　基础设施评价指标体系说明

评价领域	评价指标
能源供给设施	X1: 每万人城市天然气供气总量（万立方米）
	X2: 每万人拥有排水管道长度（公里）
	X3: 每万人拥有的城市供水管道长度（公里）
	X4: 每万人拥有的供水生产能力（立方米/年）
	X5: 城市用水普及率（%）
	X6: 每万人拥有的生活用电量（千瓦时）
邮电通信设施	X7: 互联网宽带接入用户数（10 万户）
	X8: 交通运输、仓储和邮政业从业人员占比（%）

续表

评价领域	评价指标
道路交通设施	X9: 人均城市道路面积（平方米）
	X10: 每万人拥有出租汽车数（辆）
	X11: 每万人拥有公共交通车辆（辆）
生态环境设施	X12: 每万人建成区绿化覆盖率（%）
	X13: 每万人公园绿地面积（公顷）

对于维度内部指标间与维度间的权重，本书采用熵权法进行确定。

熵权法是一种根据各项指标提供信息量的大小来确定指标权重的方法，某指标所含的信息越多，其权重就越大；某指标所含的信息越少，其权重就越小。运用该种客观赋权法可以有效避免主观因素的影响。采用熵权法进行指标权重确定时，需要对数据指标进行标准化处理，本书采用处于该指标当年最大值的方法进行数据标准化。

熵权法是一种客观赋权方法。在具体使用过程中，熵权法根据各指标的变异程度，利用信息熵计算出各指标的熵权，再通过熵权对各指标的权重进行修正，从而得出较为客观的指标权重。计算生命力各指标值权重的过程为：

首先，计算第 j 个指标下第 i 个城市的指标值的比重 p_{ij}：

$$p_{ij} = r_{ij} \bigg/ \sum_{i=1}^{m} r_{ij} \tag{8-1}$$

其中 r_{ij} 为指标值第 j 个指标下第 i 个城市的指标值，m 为城市数量。

其次，计算第 j 个指标的熵值 e_j：

$$e_j = -k \sum_{i=1}^{m} p_{ij} \cdot \ln p_{ij} \tag{8-2}$$

式（8-2）中，$k=1/\ln m$。

最后，计算第 j 个指标的熵权 w_j：

$$w_j = (1-e_j) \bigg/ \sum_{j=1}^{n} (1-e_j) \tag{8-3}$$

式（8-3）中，熵权 w_j 即为指标 j 的权重。

1. 能源供给设施

在能源供给设施方面，我们选取了每万人城市天然气供气总量、每万人拥有排水管道长度、每万人拥有的城市供水管道长度、每万人拥有的供水生产能力、城市用水普及率、每万人拥有的生活用电量6项指标，这6项指标2007年的权重分别为0.162、0.071、0.118、0.079、0.001、0.083。可以看出，因为五大湾区的每万人城市天然气供气总量差别较大，因此所占权重最大；其次为每万人拥有的城市供水管道长度、每万人拥有的供水生产能力与每万人拥有的生活用电量；城市用水普及率差别很小，因此所占权重也很小。至2017年，6项指标的权重分别为0.054、0.094、0.114、0.115、0.0001、0.082，与2007年相比，除城市用水普及率外，其他指标权重都在0.05—0.12之间（表8.2）。

表 8.2　能源供给设施指标标准化后得分与分项平均得分（2007 年与 2017 年）

年份	湾区	X1	X2	X3	X4	X5	X6	能源供给设施
2007 年	环渤海湾湾区	0.76	0.52	0.36	0.40	0.99	0.51	0.05
	环长江口湾区	1.00	1.00	0.59	0.58	1.00	0.76	0.07
	海峡西岸湾区	0.04	0.28	0.19	0.24	0.97	0.34	0.02
	粤港澳湾区	0.32	0.73	1.00	1.00	0.93	1.00	0.06
	环北部湾湾区	0.35	0.29	0.20	0.31	0.83	0.19	0.02
	权重	0.162	0.071	0.118	0.079	0.001	0.083	
2017 年	环渤海湾湾区	0.76	0.59	0.51	0.61	1.00	0.43	0.04
	环长江口湾区	1.00	1.00	1.00	0.91	1.00	0.81	0.07
	海峡西岸湾区	0.47	0.33	0.30	0.27	0.99	0.42	0.03
	粤港澳湾区	0.87	0.75	0.96	1.00	0.97	1.00	0.07
	环北部湾湾区	0.36	0.26	0.28	0.26	0.96	0.32	0.02
	权重	0.054	0.094	0.114	0.115	0.0001	0.082	

注：X1—X6 分别为每万人城市天然气供气总量、每万人拥有的城市排水管道长度、每万人拥有的城市供水管道长度、每万人拥有的供水生产能力、城市用水普及率、每万人拥有的生活用电量标准化后的得分。

从人均城市天然气供气总量来看，2007 年，环长江口大湾区的每万人城市天然气供气总量最多，达 36.60 万立方米；其次是环渤海大湾区（26.84 万立方米）、粤港澳湾区（25.39 万立方米）；最后，环北部湾湾区与海峡西岸湾区的万人天然气供求总量则最少。2017 年，各湾区的每万人城市天然气供气总量均大幅提升，但位次几乎未变，环长江口湾区、粤港澳湾区、环渤海湾湾区、海峡西岸湾区、环北部湾湾区分别达到 556.85 万立方米、311.82 万立方米、270.32 万立方米、169.41 万立方米和 128.74 万立方米。

从每万人拥有的城市排水管道长度来看，2017 年，在每万人拥有排水管道长度上，环长江口湾区和粤港澳湾区处于优势地位，分别达到了 8.2 公里和 6.2 公里；环渤海湾湾区处于中间水平，达到 4.8 公里；而海峡西岸湾区和环北部湾湾区则在这项指标上较为落后，每万人只拥有 2 公里多的排水管道。通过 2007 年和 2017 年的对比，可以发现在这项指标上，五个湾区都有增长，其中环长江口湾区和粤港澳湾区增长最多。

五大湾区 2017 年在供水管道指标上的水平分布差距与排水管道指标上的差距具有一致性，同样是环长江口湾区和粤港澳湾区处于优势地位，分别达到了 11.3 公里和 10.8 公里；其他三个湾区与这两个湾区具有较大差距，环渤海湾湾区处于中间水平，为 5.7 公里；海峡西岸湾区和环北部湾湾区较为落后，每万人只拥有 3 公里多的供水管道。

从每万人拥有的供水生产能力来看，这项指标的总体格局与排水与供水管道类似。2017 年，粤港澳湾区、环长江口湾区、环渤海湾湾区、海峡西岸湾区和环北部湾湾区依次达到 163.96 万立方米/年、149.49 万立方米/年、100.83 万立方米/年、44.65 万立方米/年和 43.08 万立方米/年。通过 2007 年和 2017 年的对比，可以发现在这项指标上，得益于南水北调工程的成熟，环渤海湾湾区和环长江口湾区有所增长，而海峡西岸湾区、粤港澳湾区和环北部湾湾区则有所下降。

从城市用水普及率来看，在 2017 年城市用水普及率上，大致呈现五大湾区由北往南依次递减的态势。环长江口湾区普及率最高，达到 99.96%；随后依次是环渤海湾湾区、海峡西岸湾区、粤港澳湾区和环北部湾湾区，分别为 99.69%、99.08%、96.53% 和 95.53%；粤港澳湾区和环北部湾湾区在这项指标上相对落后。通过 2007 年和 2017 年的对比，可以发现五个湾区在这项指标上都有所增长，其中粤港澳湾区和环北部湾湾区增长较多。

从每万人拥有的生活用电量来看，五大湾区 2017 年在生活用电量上的水平分布与用电量相近，同样是环长江口湾区和粤港澳湾区处于优势地位；其他三个湾区与这两个湾区具有较大差距，环渤海湾湾区与海峡西岸湾区处于中等偏下的水平，环北部湾湾区较为落后。通过 2007 年和 2017 年的对比，可以发现五个湾区在这项指标上均有所增长，其中粤港澳湾区增长最多。

总的来看，在能源供给设施方面，2007 年，环长江口湾区与粤港澳湾区较强，两者较为接近。随后是环渤海湾湾区，其能源供给约为前两者的 3/4。环北部湾湾区与海峡西岸湾区分列第 4、5 位，两者仅为环渤海湾湾区的 1/2 与 1/3。2017 年，环长江口湾区、粤港澳湾区、海峡西岸湾区的能源供给设施均得到提升；而环渤海湾湾区与环北部湾湾区则略有下降，其中海峡西岸湾区的能源供给设施超越了环北部湾湾区（图 8.1，图 8.2）。在图中，从下向上依次为天然气、排水管道、供水管道、供水生产能力与生活用电量。

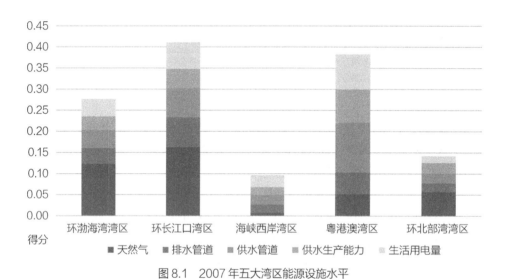

图 8.1　2007 年五大湾区能源设施水平
资料来源：作者依据《中国城市统计年鉴》数据计算绘制。

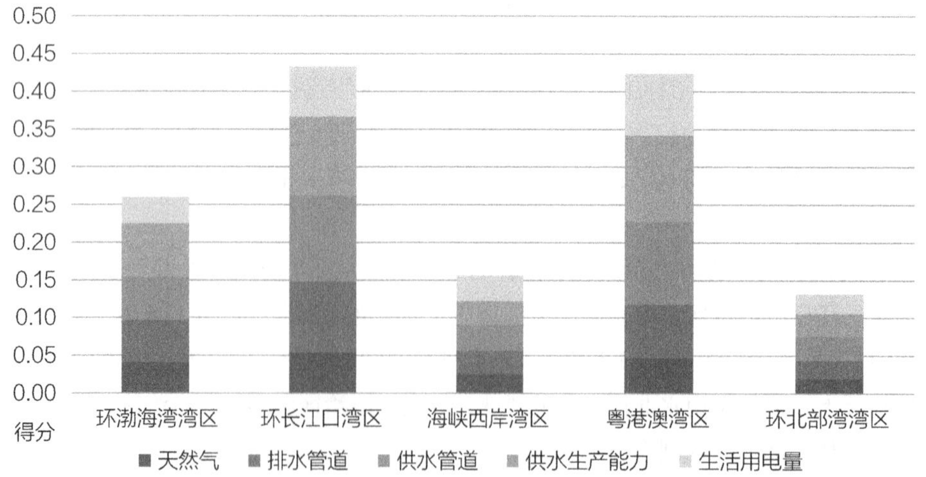

图 8.2　2017 年五大湾区能源设施水平
资料来源：作者依据《中国城市统计年鉴》数据计算绘制。

2. 邮电通信设施

在邮电通信设施方面，我们选取了互联网宽带接入用户数与交通运输、仓储和邮政业从业人员两项指标，两指标2007年的权重分别为0.16、0.02。可以看出，因为互联网宽带接入用户数差别较大，因此所占权重最大；交通运输、仓储和邮政业从业人员所在权重较小。至2017年，两项指标的权重分别为0.14、0.01；与2007年相比，均略有下降（表8.3）。

表8.3 邮电通信设施标准化后得分与分项平均得分（2007年与2017年）

年份	湾区	互联网宽带接入用户	交通运输、仓储和邮政业从业人员占比	邮电通信设施
2007年	环渤海湾区	0.89	0.84	0.08
	环长江口湾区	1.00	0.73	0.09
	海峡西岸湾区	0.24	0.41	0.02
	粤港澳湾区	0.48	0.69	0.05
	环北部湾湾区	0.06	1.00	0.02
	权重	0.16	0.02	0.00
2017年	环渤海湾区	1.00	1.00	0.08
	环长江口湾区	0.75	0.86	0.06
	海峡西岸湾区	0.40	0.57	0.03
	粤港澳湾区	0.59	0.78	0.05
	环北部湾湾区	0.11	0.83	0.01
	权重	0.14	0.01	0.00

从互联网宽带接入用户数来看，2017年，环渤海湾区互联网宽带接入用户数达到4715万户，而环长江口湾区、粤港澳湾区、海峡西岸湾区和环北部湾湾区的互联网宽带接入用户数则依次减少，最低的环北部湾湾区为503万户。通过2007年和2017年的对比，可以发现在这项指标上，五个湾区都有所增长。其中环渤海湾湾区增长最多，由第2位升至第1位；环长江口湾区和粤港澳湾区次之；环北部湾湾区最少。

从交通运输、仓储和邮政业从业人员占比来看，2017年，五大湾区由高至低为环北部湾湾区（6.96%）、环渤海湾湾区（5.82%）、环长江口湾区（5.07%）、粤港澳湾区（4.80%）与海峡西岸湾区（2.88%）。除环北部湾湾区交通运输、仓储和邮政业从业人员占比较高之外，其他排序与互联网宽带接入用户数排序相同。2017年，五大湾区的交通运输、仓储和邮政业从业人员占比均下降，环北部湾湾区由第1位降至第3位。具体数值为，环渤海湾湾区为5.44%，环长江口湾区为4.67%，环北部湾湾区为4.50%，粤港澳湾区为4.23%，海峡西岸湾区为3.12%。

总的来看，对于邮电通信设施而言，2017年，环渤海湾湾区、环长江口湾区、粤港澳湾区、海峡西岸湾区和环北部湾湾区五大湾区得分依次降低，得分最高的环长江口湾区为0.18（按指标项平均后为0.09），得分最低的环北部湾湾区为0.1，邮电通信设施水平最低。

182 / 湾区方略——中国东部沿海区域规划研究

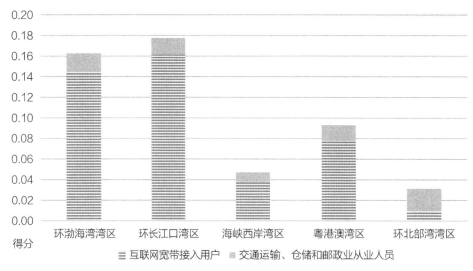

图 8.3 2007 年五大湾区邮电通信设施水平
资料来源：作者依据《中国城市统计年鉴》数据计算绘制。

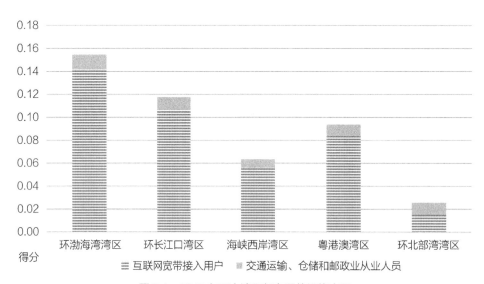

图 8.4 2017 年五大湾区邮电通信设施水平
资料来源：作者依据《中国城市统计年鉴》数据计算绘制。

通过 2007 年和 2017 年的对比，因为互联网宽带接入用户数的快速增长，环渤海湾湾区超越了环长江口湾区，其他湾区位次不变（图 8.3，图 8.4）。

3. 道路交通设施

在道路交通设施方面，我们选取人均城市道路面积、每万人拥有出租汽车数、每万人拥有公共交通车辆 3 项指标。3 指标 2007 年的权重分别为 0.05、0.10、0.06。2017 年，人均城市道路面积的权重变化不大，而每万人拥有出租汽车数、每万人拥有公共交通车辆分别提升至 0.11、0.12，说明五大湾区在这两项指标方面的差距扩大（表 8.4）。

表8.4 道路交通设施标准化后得分与分项平均得分（2007年与2017年）

年份	湾区	城市道路	出租车	公交车	交通设施
2007年	环渤海湾区	0.03	0.10	0.05	0.06
	环长江口湾区	0.04	0.07	0.06	0.06
	海峡西岸湾区	0.02	0.02	0.02	0.02
	粤港澳湾区	0.05	0.05	0.05	0.05
	环北部湾湾区	0.02	0.02	0.02	0.02
	权重	0.05	0.10	0.06	
2017年	环渤海湾区	0.04	0.11	0.07	0.07
	环长江口湾区	0.05	0.08	0.07	0.07
	海峡西岸湾区	0.02	0.03	0.03	0.03
	粤港澳湾区	0.05	0.05	0.11	0.07
	环北部湾湾区	0.02	0.03	0.03	0.03
	权重	0.05	0.11	0.12	

在人均城市道路面积方面，到2017年年底，环长江口湾区人均城市道路面积最大，约为7.4平方米；其次是粤港澳湾区，约为7平方米；海峡西岸湾区人均城市道路面积最低，只有3.1平方米左右。通过2007年和2017年的对比，可以发现环长江口湾区的人均城市道路面积增长最多，环渤海湾区和粤港澳湾区次之，海峡西岸湾区和环北部湾湾区增长相对较少。

在每万人拥有出租汽车数方面，2017年，环渤海湾区每万人拥有出租车数最多，约有13辆；环长江口湾区、粤港澳湾区依次减少；而海峡西岸湾区和环北部湾湾区最低，只有3.6辆。通过2007年和2017年的对比，粤港澳湾区和环渤海湾区的该指标都是变小的，而其余三个湾区都有所增加。

在每万人拥有公共交通车辆方面，到2017年年底，粤港澳湾区每万人拥有公共交通车辆高达8.6辆，环长江口湾区和环渤海湾区次之，海峡西岸湾区较低，约为2.4辆；而环北部湾湾区最低，只有不到2辆。通过2007年和2017年的对比，可以看出该指标五个湾区都是增加的，其中以粤港澳湾区增加得最多，环渤海湾区和环长江口湾区其次，海峡西岸湾区和环北部湾湾区最少。

总的来看，对于道路交通设施而言，2007年，环渤海湾区、环长江口湾区、粤港澳湾区、海峡西岸湾区和环北部湾湾区五大湾区得分依次降低。得分最高的环渤海湾区为0.18（按指标项平均后为0.06），得分最低的环北部湾湾区为0.054（按指标项平均后为0.028）。2017年环渤海湾区、环长江口湾区、粤港澳湾区的道路交通设施均得到一定提升。五大湾区基本分为两大等级，粤港澳湾区超越了环渤海湾区、环长江口湾区，排名第一，但三者差别不大；海峡西岸湾区和环北部湾湾区则与三者存在较大差距（图8.5，图8.6）。

4. 生态环境设施

在生态环境设施方面，我们选取建成区绿化覆盖率、人均绿地公园面积两项指标，两指标2007年的权重分别为0.01、0.08。可以看出，与建成区绿化覆盖率相比，人均绿地公园面积差别较大，因此所占权重较

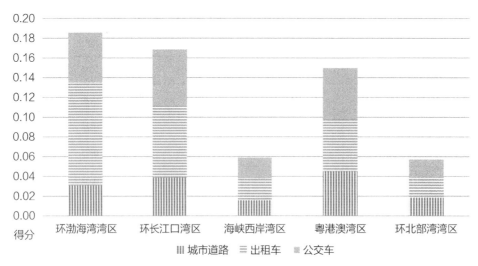

图 8.5 2007 年五大湾区交通设施水平
资料来源：作者依据《中国城市统计年鉴》数据计算绘制。

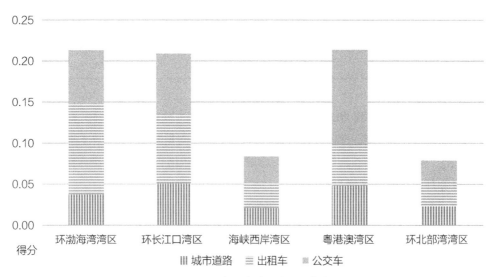

图 8.6 2017 年五大湾区交通设施水平
资料来源：作者依据《中国城市统计年鉴》数据计算绘制。

大。至 2017 年，两项指标的权重为 0.01、0.10；与 2007 年相比，说明五大湾区在人均绿地公园面积方面的差距进一步扩大（表 8.5）。

表 8.5 生态环境设施指标标准化后得分与分项平均得分（2007 年与 2017 年）

年份	湾区	建成区绿化覆盖率	公园绿地	生态环境设施
2007 年	环渤海湾湾区	0.007	0.046	0.03
	环长江口湾区	0.007	0.058	0.03
	海峡西岸湾区	0.012	0.084	0.05
	粤港澳湾区	0.009	0.018	0.01

续表

年份	湾区	建成区绿化覆盖率	公园绿地	生态环境设施
2007年	环北部湾湾区	0.011	0.023	0.02
	权重	0.01	0.08	
2017年	环渤海湾湾区	0.007	0.047	0.03
	环长江口湾区	0.008	0.057	0.03
	海峡西岸湾区	0.01	0.1	0.05
	粤港澳湾区	0.011	0.025	0.02
	环北部湾湾区	0.011	0.032	0.02
	权重	0.01	0.10	

无论是每万人建成区绿化覆盖率，还是每万人绿地公园面积，海峡西岸湾区的这两个指标都是最高的；随后为环长江口湾区、环渤海湾湾区、环北部湾湾区与粤港澳湾区。2017年，五个湾区在每万人绿地公园面积都有所增长，其中环长江口湾区和粤港澳湾区增长最多。在建成区绿化覆盖率方面，除了粤港澳湾区有小幅度下降以外，其余湾区均有所增长。

总的来看，海峡西岸湾区的生态环境设施最高，自然环境最好，粤港澳湾区与环北部湾湾区的生态环境设施得分虽有提升，但还有较大的上升空间（图8.7，图8.8）。

5. 基础设施水平总体评价

总的来看，环长江口湾区的基础设施水平总得分最高，为0.27；其次为环渤海湾湾区（0.25），粤港澳湾区排在第3位。但经过10年的发展，已由2007年的0.20提升至0.24，缩小了与环长江口湾区与环渤海湾湾区的差距。海峡西岸湾区与环北部湾湾区虽然分别由2007年的0.12与0.08上升至0.15与0.10，有一定进步，但与三大较为成熟的湾区相比，还有较大发展空间（图8.9，图8.10）。

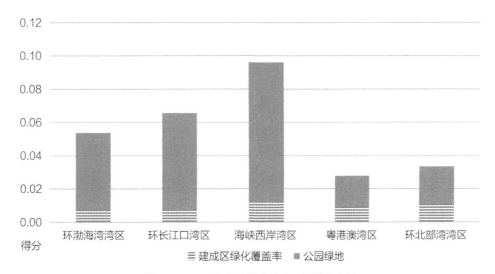

图8.7 2007年五大湾区生态环境设施水平
资料来源：作者依据《中国城市统计年鉴》数据计算绘制。

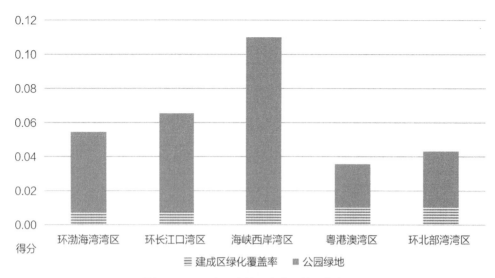

图 8.8　2017 年五大湾区生态环境设施水平
资料来源：作者依据《中国城市统计年鉴》数据计算绘制。

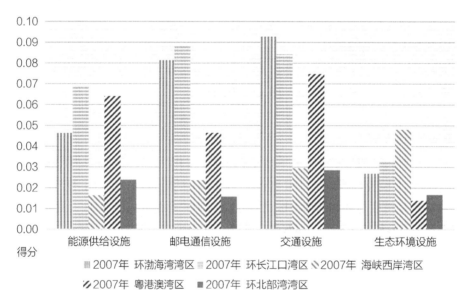

图 8.9　2007 年五大湾区基础设施建设水平
资料来源：作者依据《中国城市统计年鉴》数据计算绘制。

从分项功能来看，环长江口湾区、环渤海湾湾区与粤港澳湾区相对成熟，体现在能源供给、邮电通信设施与道路交通设施都远高于海峡西岸湾区与环北部湾湾区。2017 年，粤港澳湾区在能源供给与邮电通信方面，基本上与环渤海湾湾区和环长江口湾区不分伯仲；在邮电通信设施方面，还需进一步提升；而环渤海湾湾区的邮电通信设施则超越环长江口湾区跃升至第一位。

海峡西岸湾区的生态环境设施是五大湾区中最好的，其他方面存在较大发展空间。环北部湾湾区基础设施发展相对滞后，全面落后于其他湾。先前能源供给设施优于海峡西岸湾区，但 2017 年被海峡西岸湾区反超，邮电通信的差距也被进一步拉大。

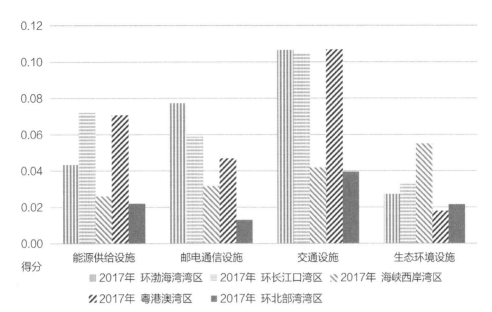

图 8.10 2017 年五大湾区基础设施建设水平
资料来源：作者依据《中国城市统计年鉴》数据计算绘制。

8.1.2 五大湾区内部各城市基础设施差异分析

在对五大湾区基础设施建设水平总体分析基础之上，我们按照各指标与指标对应权重，计算出各湾区、各城市的基础设施水平得分，通过 sufer 图分析五大湾区内部各城市基础设施水平的差异程度。

此外，可采用第 3.4 节中的式（3-9）计算不同设施的空间基尼系数。一般而言，空间基尼系数 0.2 以下被视为空间分布的绝对平均；0.2—0.3 视为空间分布的比较平均；0.3—0.4 视为空间分布的相对合理；0.4—0.5 视为空间分布的差距较大；当基尼系数达到 0.5 以上时，则表示空间分布的悬殊。为了更加详细地分析基础设施的空间布局情况，我们将能源供给设施进一步细分为供气、供水与供电设施三类。

1. 能源供给设施

1）环渤海湾湾区

从图 8.11 中可以看出，对于环渤海湾湾区，在能源设施方面，北京市、天津市、山东省的一些城市如济南市和青岛市，以及辽宁省的沈阳市和大连市等有较高水平，其他城市相对较低。

从各类能源供给基础设施基尼系数来看，供气设施 2007 年的基尼系数为 0.609，2016 年的基尼系数为 0.547。基尼系数有所降低，说明环渤海湾湾区的供气设施水平有均等化趋势。总体而言，该指标基尼系数位于 0.5—0.7，设施水平差距比较大。给水排水设施 2007 年的基尼系数为 0.143，2016 年的基尼系数为 0.142。基尼系数有所降低，说明环渤海湾湾区的给水排水设施水平有均等化趋势。总体而言，该指标基尼系数位于 0.1—0.2，设施水平是平均的。供电设施 2007 年的基尼系数为 0.204，2016 年的基尼系数为 0.317，基尼系数有所提升，说明环渤海湾湾区的供电设施水平有差距拉大趋势。总体而言，该指标基尼系数位于 0.2—0.4，设施水平相对平均。

2）环长江口湾区

从图 8.12 中可以看出，对于环长江口湾区，在能源基础设施方面，该指标京沪线和沪甬线沿线城市水平较高，如上海、南京、苏州、无锡、杭州和宁波，其他城市整体水平也较高。

从各类能源供给基础设施基尼系数来看，供气设施 2007 年的基尼系数为 0.430，2017 年的基尼系数为 0.380。基尼系数有一定下降，说明供气设施水平有均衡化的趋势，但由于该项数据缺失较多，不能绝对说明。总体而言，该指标基尼系数位于 0.4 附近，差距处于一个相对合理的范围。给水排水设施 2007 年的基尼系数为 0.057，2017 年的基尼系数为 0.0642。基尼系数有所增加，说明环长江口湾区的给水排水设施水平有不均等化发展趋势。总体而言，该指标基尼系数位于 0.2 以下，可以将差距忽略不计。供电设施 2007 年的基尼系数为 0.259，2017 年的基尼系数为 0.281。基尼系数在增加，说明环长江口湾区的供电设施水平有不均衡化发展的趋势。总体而言，该指标基尼系数位于 0.2—0.3，可以说设施水平比较平均。

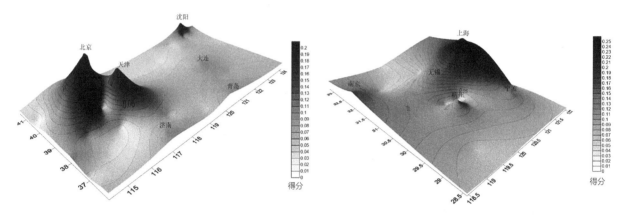

图 8.11　2017 年环渤海湾湾区能源供给设施水平趋势面
资料来源：作者依据《中国城市统计年鉴》数据计算绘制。

图 8.12　2017 年环长江口湾区能源供给设施水平趋势面
资料来源：作者依据《中国城市统计年鉴》数据计算绘制。

3）海峡西岸湾区

从图 8.13 中可以看出，对海峡西岸湾区而言，在能源基础设施方面，厦门市、福州市和温州市水平较高，其他城市能源基础设施水平较低。

从各类能源供给基础设施基尼系数来看，供气设施 2007 年的基尼系数为 0.735，2017 年的基尼系数为 0.617。基尼系数有一定下降，说明供气设施水平有均衡化的趋势。总体而言，该指标基尼系数较大，城市间供气设施分布不均。给水排水设施 2007 年的基尼系数为 0.158，2017 年的基尼系数为 0.131。基尼系数降低，说明海峡西岸湾区的给水排水设施水平有均等化发展趋势。总体而言，该指标基尼系数位于 0.2 以下，可以将差距忽略不计。供电设施 2007 年的基尼系数为 0.525，2017 年的基尼系数为 0.484。基尼系数有一定下降，说明供电设施水平有均衡化的趋势。总体而言，该指标基尼系数位于 0.5 附近，差距稍大。

4）粤港澳湾区

从图 8.14 中可以看出，在能源设施方面，对于粤港澳湾区而言，越靠近湾区环海中心位置的城市，其供气水平越高。广州、深圳、佛山、东莞等城市能源设施水平要高于其他城市，珠海、惠州、江门、中山等城市也有较高的基础设施水平。

从各类能源供给基础设施基尼系数来看，供气设施指标 2007 年和 2017 年的基尼系数分别为 0.712、0.664，均大于 0.4，可见内部各城市的供气设施水平差距悬殊。给水排水设施指标 2007 年和 2017 年的基尼系数分别是 0.172、0.183，均小于 0.2，可见内部各城市的供水设施水平基本均衡。供电设施指标 2007 年和 2017 年的基尼系数分别是 0.327、0.408，在相对合理的范围内，内部各城市的供电设施水平相对平衡。

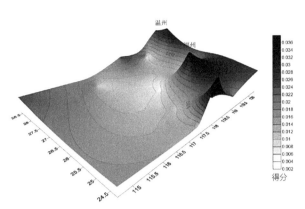

图 8.13　2017 年海峡西岸湾区能源供给设施水平趋势面
资料来源：作者依据《中国城市统计年鉴》数据计算绘制。

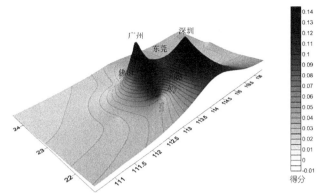

图 8.14　2017 年粤港澳湾区能源供给设施水平趋势面
资料来源：作者依据《中国城市统计年鉴》数据计算绘制。

5）环北部湾湾区

由图 8.15 可以看出，对于环北部湾湾区而言，虽然存在数据缺失问题，但从已有数据显示，南宁市和海口市的能源基础设施水平较高。

从各类能源供给基础设施基尼系数来看，供气设施 2007 年的基尼系数为 0.062，2017 年的基尼系数为 0.194。基尼系数虽有一定上升，但不能绝对说明设施平均化水平提升。给水排水设施 2007 年的基尼系数为 0.054，2016 年的基尼系数为 0.040。基尼系数有所减少，说明环北部湾湾区的给水排水设施水平有不均等化发展趋势。总体而言，该指标基尼系数位于 0.2 以下，可以将差距忽略不计。供

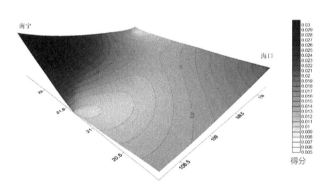

图 8.15　2017 年环北部湾湾区能源供给设施水平趋势面
资料来源：作者依据《中国城市统计年鉴》数据计算绘制。

电设施 2007 年的基尼系数为 0.462，2017 年的基尼系数为 0.360。基尼系数减少，说明环北部湾湾区的供电设施水平有均衡化发展的趋势。而 2017 年该指标基尼系数位于 0.2—0.3，可以说设施水平比较平均。

2. 邮电通信设施

1）环渤海湾湾区

由图 8.16 中可知，对于环渤海湾湾区而言，在邮电通信设施方面，该指标北京、天津、石家庄、沈阳、济南、青岛等城市水平较高，其余城市水平较低。

该指标 2007 年的基尼系数为 0.581，2017 年的基尼系数为 0.534。基尼系数有所降低，说明环渤海湾湾区的邮电通信设施水平有均等化趋势。总体而言，该指标基尼系数位于 0.5—0.6，设施水平差距比较大。

2）环长江口湾区

从图 8.17 中可以看出，对于环长江口湾区而言，该指标总体苏南和浙北水平较高、苏北水平较低。其中上海市水平最高，扬州、镇江、泰州和湖州水平较低。

该指标 2007 年的基尼系数为 0.615，2017 年的基尼系数为 0.425。基尼系数有所降低，说明环长江口湾区的邮电通信设施水平有均等化趋势。总体而言，该指标基尼系数大于 0.4，差距较大。

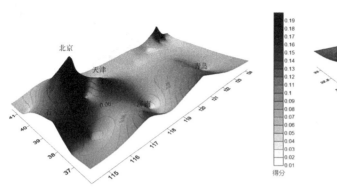

图 8.16　2017 年环渤海湾区邮电通信设施水平趋势面
资料来源：作者依据《中国城市统计年鉴》数据计算绘制。

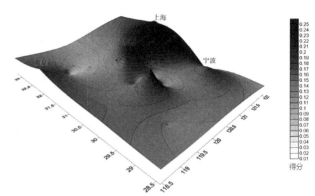

图 8.17　2017 年环长江口湾区邮电通信设施水平趋势面
资料来源：作者依据《中国城市统计年鉴》数据计算绘制。

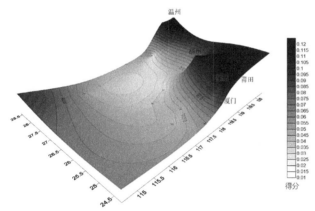

图 8.18　2017 年海峡西岸湾区邮电通信设施水平趋势面
资料来源：作者依据《中国城市统计年鉴》数据计算绘制。

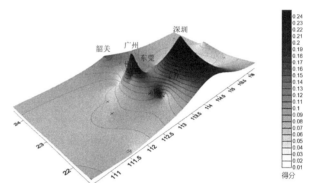

图 8.19　2017 年粤港澳湾区邮电通信设施水平趋势面
资料来源：作者依据《中国城市统计年鉴》数据计算绘制。

3）海峡西岸湾区

从图 8.18 中可以看出，对海峡西岸湾区而言，邮电通信设施东部水平较高、中部水平较低，特别是温州、福州、泉州、莆田和厦门等城市具有较高的邮电通信设施水平。

邮电通信设施 2007 年的基尼系数为 0.410，2017 年的基尼系数为 0.357。基尼系数有所降低，说明海峡西岸湾区的邮电通信设施水平有均等化趋势。总体而言，该指标基尼系数处于 0.3—0.4 的区间内，差距较小。

4）粤港澳湾区

从图 8.19 中看出，对于粤港澳湾区的邮电通信设施而言，从整体上看，距离环海中心越近，城市的邮电通信设施水平越高。

粤港澳湾区邮电通信设施指标 2007 年和 2017 年的基尼系数分别是 0.596、0.552，均大于 0.4，可见湾区内部各城市的邮电通信设施水平差距较大。

5）环北部湾湾区

从图 8.20 中可以看出，在环北部湾湾区的邮电通信设施水平中，南宁市水平最高，防城港市较低。

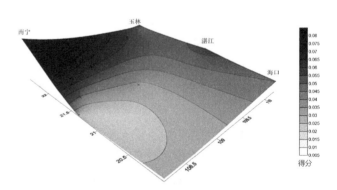

图 8.20　2017 年环北部湾湾区邮电通信设施水平趋势面
资料来源：作者依据《中国城市统计年鉴》数据计算绘制。

该指标 2007 年的基尼系数为 0.620，2017 年的基尼系数为 0.439。基尼系数有所降低，说明环北部湾湾区的邮电通信设施水平有均等化趋势。总体而言，该指标基尼系数大于 0.4，差距较大。

3. 道路交通设施

1）环渤海湾湾区

由图 8.21 中可知，对于环渤海湾湾区而言，道路交通设施水平相对较高的城市有北京、天津、石家庄、沈阳、济南、大连、青岛等。

该指标 2007 年的基尼系数为 0.337，2017 年的基尼系数为 0.294。基尼系数有所降低，说明环渤海湾湾区的道路交通设施水平有均等化趋势。总体而言，该指标基尼系数位于 0.2—0.4，设施水平相对均衡。

2）环长江口湾区

从图 8.22 中可以看出，对于环长江口湾区而言，该指标中部城市较高，如上海、苏州、南京、无锡和杭州等；南北两翼的城市较低，如盐城、泰州和金华等。

该指标 2007 年的基尼系数为 0.399，2016 年的基尼系数为 0.320。基尼系数有所降低，说明环长江口湾区的道路交通设施水平有均等化趋势。总体而言，该指标基尼系数位于 0.3—0.4，差距处于一个相对合理的范围。

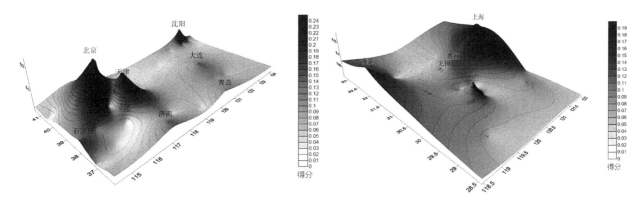

图 8.21　2017 年环渤海湾湾区道路交通设施水平趋势面
资料来源：作者依据《中国城市统计年鉴》数据计算绘制。

图 8.22　2017 年环长江口湾区道路交通设施水平趋势面
资料来源：作者依据《中国城市统计年鉴》数据计算绘制。

3）海峡西岸湾区

从图 8.23 中可以看出，对海峡西岸湾区而言，道路交通设施东部城市较高，西部城市较低。

道路交通设施 2007 年的基尼系数为 0.518，2017 年的基尼系数为 0.500。基尼系数降低，说明海峡西岸湾区的道路交通设施水平有均等化趋势。总体而言，该指标基尼系数位于 0.5 左右，差距稍大。

4）粤港澳湾区

由图 8.24 中可知，粤港澳湾区内部各城市的道路交通设施水平与供气、供水设施的分布规律基本一致，广州、东莞、深圳、珠海等距离湾区中心较近的城市的道路交通设施水平远高于距离湾区中心较远的城市。

粤港澳湾区道路交通设施指标 2007 年和 2017 年的基尼系数分别是 0.709、0.704，均远大于 0.4，可见湾区内部各城市的道路交通设施水平差距很大。

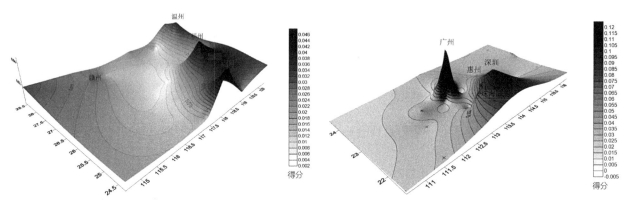

图 8.23　2017 年海峡西岸湾区道路交通设施水平趋势面
资料来源：作者依据《中国城市统计年鉴》数据计算绘制。

图 8.24　2017 年粤港澳湾区道路交通设施水平趋势面
资料来源：作者依据《中国城市统计年鉴》数据计算绘制。

5）环北部湾湾区

从图 8.25 中可以看出，对于环北部湾湾区而言，该指标较高的区域有海口和南宁，而湾区中东部的玉林、湛江表现较弱。

该指标 2007 年的基尼系数为 0.309，2017 年的基尼系数为 0.131。基尼系数有所降低，说明环北部湾湾区的道路交通设施水平有均等化趋势。

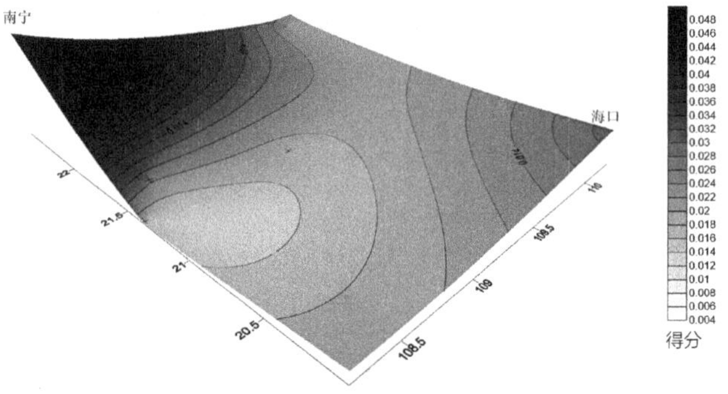

4. 生态环境设施

我们从综合建成区绿化覆盖率、人均绿地公园面积两个方面分析五大湾区各城市生态环境设施的分布情况。

图 8.25　2017 年环北部湾湾区道路交通设施水平趋势面
资料来源：作者依据《中国城市统计年鉴》数据计算绘制。

1）环渤海湾湾区

由图 8.26 和图 8.27 中可知，对于环渤海湾湾区而言，2007 年生态环境设施整体均比较高，仅滨州处于比较低的水平。到了 2016 年，绝大部分城市环境状况变差，人均绿地面积减少，建成区绿地覆盖率减少，不过本溪的环境状况反而变得更好。

总的来说，北京、东营、济南、威海等城市的生态环保设施建设水平较高，而沈阳、丹东城市的生态环保设施优势正在消失。一些城市在不断发展的过程中，并没有采取可持续发展战略，而是任由经济发展破坏环境，使绿地越来越少。

该指标 2007 年的基尼系数为 0.274，2017 年的基尼系数为 0.326。基尼系数有所提高，说明环渤海湾湾区的生态环保设施水平有差距扩大化趋势。总体而言，该指标基尼系数位于 0.2—0.4，设施水平相对均衡。

2）环长江口湾区

从图 8.28 和图 8.29 中可以看出，对于环长江口湾区而言，资源较优的地区主要集中在江苏的南京、镇江和浙江的嘉兴、绍兴、湖州等地。舟山市这一指标也较高，而东、北、南三个方向的城市的指标则较低，如盐城、南通、上海、台州等。至 2017 年，环长江口湾区的这一指标呈明显阶梯状分布；从环长江口湾区的西北部南京市向东南部的宁波、舟山呈下降式阶梯状分布。

该指标 2007 年的基尼系数为 0.299，2017 年的基尼系数为 0.269。基尼系数有所降低，说明环长江

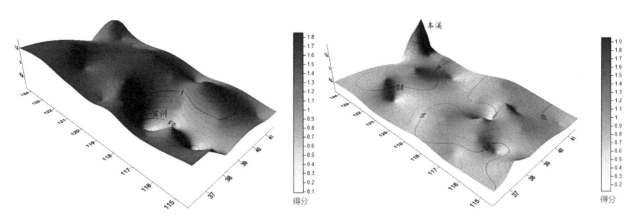

图 8.26　2007 年环渤海湾湾区生态环境设施水平趋势面
资料来源：作者依据《中国城市统计年鉴》数据计算绘制。

图 8.27　2017 年环渤海湾湾区生态环境设施水平趋势面
资料来源：作者依据《中国城市统计年鉴》数据计算绘制。

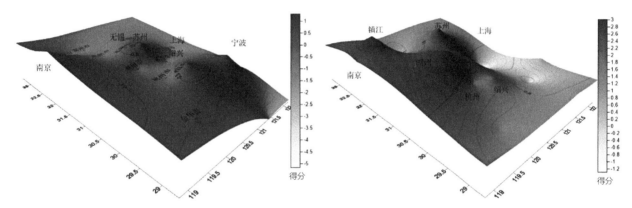

图 8.28　2007 年环长江口湾区生态环境设施水平趋势面
资料来源：作者依据《中国城市统计年鉴》数据计算绘制。

图 8.29　2017 年环长江口湾区生态环境设施水平趋势面
资料来源：作者依据《中国城市统计年鉴》数据计算绘制。

口湾区的生态环保设施水平有均等化趋势。总体而言，该指标基尼系数位于 0.2—0.3，设施水平是比较平均的。

3）海峡西岸湾区

从图 8.30 和图 8.31 中可以看出，对海峡西岸湾区而言，生态环保设施分配较不均匀，中部区域城市的指标较高，厦门市的也较高，而四周的城市则较低。

生态环保设施 2007 年的基尼系数为 0.330，2017 年的基尼系数为 0.290。基尼系数有所降低，说明海峡西岸湾区的生态环保设施水平有均等化趋势。总体而言，该指标基尼系数位于 0.3 附近，设施水平是比较平均的。

4）粤港澳湾区

由图 8.32 和图 8.33 中可见，粤港澳湾区内部各城市的生态环保设施水平也基本服从一般的基础设施分布规律，广州、东莞、深圳、珠海等距离湾区中心较近的城市的生态环保设施水平高于距离湾区中心较远的城市，清远等市城市绿化水平居于末位。2007 年和 2017 年形态结构差异较大。2007 年，河源、深圳城市绿化水平较高，为区域两极；而广州、东莞则处于平均水平。经过 10 年发展，东莞已经成为区域城市绿化水平领先的城市；珠三角区域城市也有较大提高，整体形态由"两极"演变为两个"圈层"。

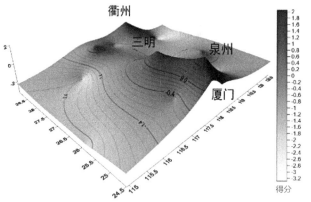

图 8.30　2007 年海峡西岸湾区生态环境设施水平趋势面
资料来源：作者依据《中国城市统计年鉴》数据计算绘制。

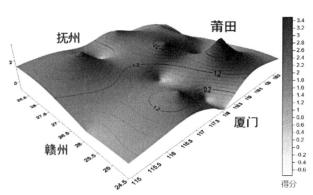

图 8.31　2017 年海峡西岸湾区生态环境设施水平趋势面
资料来源：作者依据《中国城市统计年鉴》数据计算绘制。

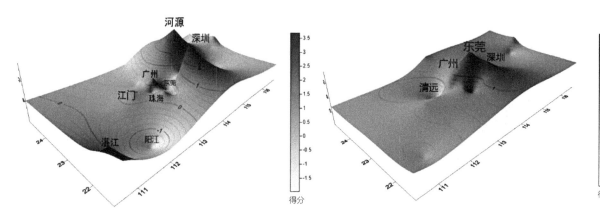

图 8.32　2007 年粤港澳湾区生态环境设施水平趋势面
资料来源：作者依据《中国城市统计年鉴》数据计算绘制。

图 8.33　2017 年粤港澳湾区生态环境设施水平趋势面
资料来源：作者依据《中国城市统计年鉴》数据计算绘制。

粤港澳湾区生态环保设施指标 2007 年和 2017 年的基尼系数分别是 0.425、0.515，均大于 0.4，可见湾区内部各城市的生态环保设施水平差距相对较大。由于缺少数据，香港与澳门的数据未绘制于图内。但根据香港政府网站文章数据，香港全港绿化覆盖率约为 70%，可看出香港的绿化水平高于内地城市；而广东省各地级市中，珠海市建成区绿化覆盖率最高，为 58%。

5）环北部湾湾区

从图 8.34 和图 8.35 中可以看出，对于环北部湾湾区而言，该指标中西部区域城市较高，如北海、防城港等城市，海南省也较高；而东、北两个方向的城市则较低，如玉林、湛江等。2007 年，湛江表现一枝独秀，海口、北海等沿海旅游城市的生态资源状况也较好；防城港、临高、茂名等城市资源状况较差。2017 年，经过 10 年的经济快速发展，湛江的资源优势丧失。与此同时，着重发展旅游业的海南省各市县资源状况在区域内保持较好水平。防城港、临高等城市资源状况依旧较差。从形态上看，防城港、茂名和临高三处明显凹陷，北部趋势面整体下降，只有南部略微突起，说明 10 年内地区生态资源损耗较快，资源状况良莠不齐。

该指标 2007 年的基尼系数为 0.385，2017 年的基尼系数为 0.382。基尼系数有所降低，说明环北部湾湾区的生态环保设施水平有均等化趋势。总体而言，该指标基尼系数位于 0.3 以上，设施水平较不平均。

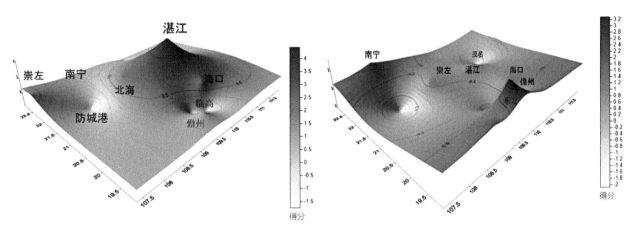

图 8.34　2007 年环北部湾湾区生态环境设施水平趋势面
资料来源：作者依据《中国城市统计年鉴》数据计算绘制。

图 8.35　2017 年环北部湾湾区生态环境设施水平趋势面
资料来源：作者依据《中国城市统计年鉴》数据计算绘制。

5. 区域基础设施整体水平

1）环渤海湾湾区

从区域基础设施整体水平来看，对于环渤海湾湾区而言，北京、天津和沈阳整体基础设施做得比较好（图 8.36）。

该湾区基础设施水平 2007 年的基尼系数为 0.203，2017 年的基尼系数为 0.231。基尼系数有所提高，说明环渤海湾湾区的基础设施水平有差距扩大化趋势。总体而言，该指标基尼系数位于 0.2—0.3，设施水平相对均衡。

2）环长江口湾区

从图 8.37 中可以看出，对于环长江口湾区而言，上海市、南京市和杭州市等京沪线、沪昆线沿线的城市基础设施水平较高；南北两翼的城市特别是盐城市、金华市和台州市基础设施水平较低。

该指标 2007 年的基尼系数为 0.200，2017 年的基尼系数为 0.179。基尼系数有所降低，说明环长江口湾区的基础设施水平有均等化趋势。总体而言，该指标基尼系数位于 0.2 以下，差距可以忽略不计。

3）海峡西岸湾区

从图 8.38 中可以看出，对海峡西岸湾区而言，厦门市基础设施水平较高，上饶市与宁德市基础设施水平较低。

基础设施水平 2007 年的基尼系数为 0.301，2017 年的基尼系数为 0.289。基尼系数有所下降，说明海峡西岸湾区的基础设施水平有均等化趋势。总体而言，该指标基尼系数位于 0.3 附近，差距较小。

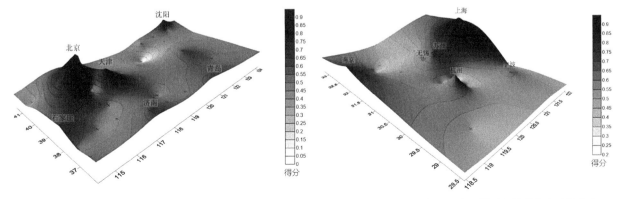

图 8.36　2007 年环渤海湾湾区基础设施总体水平趋势面
资料来源：作者依据《中国城市统计年鉴》数据计算绘制。

图 8.37　2017 年环长江口湾区基础设施总体水平趋势面
资料来源：作者依据《中国城市统计年鉴》数据计算绘制。

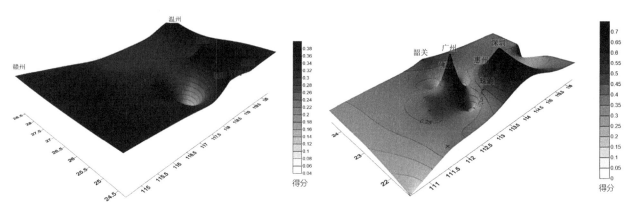

图 8.38　2017 年海峡西岸湾区基础设施总体水平趋势面
资料来源：作者依据《中国城市统计年鉴》数据计算绘制。

图 8.39　2017 年粤港澳湾区基础设施总体水平趋势面
资料来源：作者依据《中国城市统计年鉴》数据计算绘制。

4）粤港澳湾区

由图 8.39 中可知，粤港澳湾区内部各城市总的基础设施水平基本服从上述能源供给、邮电通信等基础设施的一般分布规律，广州、佛山、深圳、珠海等距离湾区中心较近的城市的基础设施水平高于距离湾区中心较远的城市。

粤港澳湾区基础设施总的指标 2007 年和 2017 年的基尼系数分别是 0.275、0.381，都略小于 0.4，可见湾区内部各城市的基础设施水平差距相对较大，但都控制在相对合理的范围内。

5）环北部湾湾区

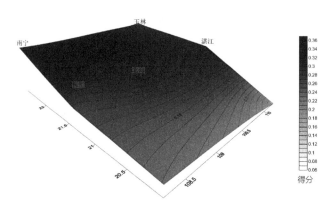

图 8.40　2017 年环北部湾湾区基础设施总体水平趋势面
资料来源：作者依据《中国城市统计年鉴》数据计算绘制。

从图 8.40 中可以看出，环北部湾湾区北部地区的城市基础设施水平较高，如南宁、玉林、湛江等；南部的城市基础设施水平较低，如海口等。

该指标 2007 年的基尼系数为 0.366，2017 年的基尼系数为 0.209。基尼系数有所降低，说明环北部湾湾区的基础设施水平有均等化趋势。总体而言，该指标基尼系数位于 0.2—0.3 以下，差距较小。

8.2　五大湾区科教文卫资源分析

8.2.1　五大湾区科教文卫资源总体水平对比

为分析五大湾区的科教文卫资源水平，我们拟从基础教育资源、文体资源、医疗资源和保险资源 4 个方面共 13 个指标来展开（表 8.6）。在综合评价比较之前，对科教文卫资源各项指标进行无量纲化处理。对于维度内部指标间与维度间的权重，采用熵权法进行确定。具体处理方法同上节。

表8.6 科教文卫资源评价指标体系说明

评价领域	评价指标
基础教育资源	X1: 全市普通中学（个）
	X2: 全市普通小学（个）
	X3: 全市普通中学教师（人）
	X4: 全市普通小学教师（人）
文体资源	X5: 全市公共图书馆图书藏量（本）
	X6: 全市博物馆数（个）
	X7: 全市体育场馆数（个）
医疗资源	X8: 医院数（个）
	X9: 医院床位数（张）
	X10: 执业（助理）医师数（人）
保险资源	X11：城镇职工基本养老保险参保人数（人）
	X12：城镇职工基本医疗保险参保人数（人）
	X13：失业保险参保人数（人）

1. 基础教育资源

在基础教育资源方面，我们选取了全市普通中学、全市普通小学、全市普通中学教师和全市普通小学教师4项指标，在2017年的权重分别为0.028、0.049、0.027和0.030。四项指标权重相似，全市普通小学指标所占比重相对最大，五大湾区基础教育资源具体得分如表8.7所示。

表8.7 基础教育资源分指标标准化后得分与分项总得分

湾区	X1	X2	X3	X4	基础教育资源
海峡西岸湾区	0.008	0.015	0.007	0.011	0.032
环北部湾湾区	0.006	0.018	0.007	0.011	0.033
环渤海湾区	0.008	0.015	0.009	0.013	0.034
环长江口湾区	0.008	0.007	0.009	0.012	0.029
粤港澳湾区	0.007	0.011	0.008	0.013	0.032
权重	0.028	0.049	0.027	0.030	

注：X1—X4分别为全市普通中学、全市普通小学、全市普通中学教师和全市普通小学教师标准化后的得分。

从整体上看，五大湾区基础教育资源水平相近，环渤海湾区教育资源总量相对较高，环长江口湾区教育资源总量相对较低。分类别来看，各个湾区普通小学数量和普通小学教师数量相对较多，其他指标各湾区水平相近。对比各湾区来看，环北部湾湾区拥有相对较多的普通小学数量，但相比小学数量，普通小学教师数量较少；环长江口湾区的普通小学数量相对较少，但相对小学数量拥有较多的小学教师（图 8.41）。

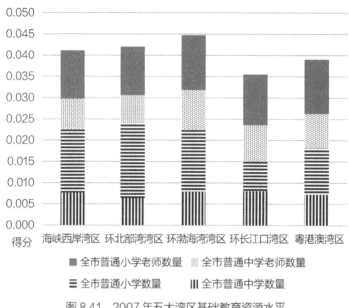

图 8.41 2007 年五大湾区基础教育资源水平
资料来源：作者依据《中国城市统计年鉴》数据计算绘制。

2. 文体资源

在文体资源方面，我们选取了全市公共图书馆图书藏量、全市博物馆数、全市体育场馆数三项指标，在 2017 年的权重分别为 0.127、0.085 和 0.097。可以看出，三项指标中全市公共图书馆藏书量所占比重最大，博物馆数和体育场馆数指标权重相近，五大湾区文体资源指标具体得分情况如表 8.8 所示。

表 8.8 文体资源分指标标准化后得分与分项总得分

湾区	X5	X6	X7	文体资源
海峡西岸湾区	0.008	0.013	0.032	0.053
环北部湾湾区	0.004	0.004	0.008	0.016
环渤海湾湾区	0.008	0.013	0.015	0.036
环长江口湾区	0.018	0.032	0.036	0.086
粤港澳湾区	0.010	0.008	0.009	0.027
权重	0.127	0.085	0.097	

注：X5—X7 分别为全市公共图书馆图书藏量、全市博物馆数、全市体育场馆数标准化后的得分。

对比五大湾区文体资源总量水平，如图 8.42 所示，环长江口湾区拥有最为丰富的文体资源，其次是海峡西岸湾区，而环北部湾湾区文体资源水平相对最低。从文体资源的具体类别来看，环长江口湾区每一项文体资源都远高于其他湾区，特别是对比三类文体资源，其具有最为充足的博物馆和体育场馆。其次海峡西岸湾区也具备丰富的体育场馆资源，博物馆数相比其他湾区也较为充足。粤港澳湾区和环渤海湾湾区每类文体资源相差不大，且在五大湾区中均处于中间水平。环北部湾湾区的体育场馆资源与粤港澳湾区相近，但图书馆藏书量和博物馆数两项资源水平远低于其他湾区。

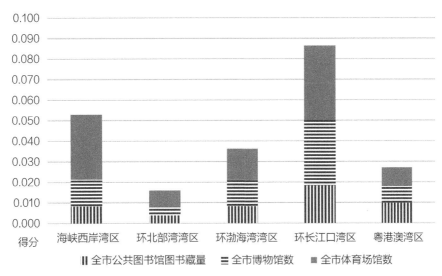

图 8.42　2017 年五大湾区文体资源水平
资料来源：作者依据《中国城市统计年鉴》数据计算绘制。

3. 医疗资源

在医疗资源方面，我们选取了医院数、医院床位数和执业（助理）医师数三项指标，在 2007 年其权重分别为 0.051、0.047 和 0.053。由此看出，医疗资源三项指标权重相差不大，这与各项指标具有一定的关联性有关，五大湾区每项指标的具体得分如表 8.9 所示。

表 8.9　医疗资源分指标标准化后得分与分项总得分

湾区	X8	X9	X10	医疗资源
海峡西岸湾区	0.006	0.007	0.006	0.019
环北部湾湾区	0.005	0.006	0.006	0.017
环渤海湾湾区	0.013	0.012	0.010	0.035
环长江口湾区	0.011	0.014	0.011	0.036
粤港澳湾区	0.005	0.008	0.007	0.020
权重	0.051	0.047	0.053	

注：X8—X10 分别为医院数、医院床位数和执业（助理）医师数标准化后的得分。

从总体上看，五大湾区医疗资源水平具有较大的差异，其中环长江口湾区和环渤海湾湾区的医疗资源最为丰富，且超出其他湾区近一倍；其余三大湾区医疗资源水平相近，其中环北部湾湾区医疗资源水平相对最低。对比各湾区的各项医疗资源水平具体情况，各湾区三项医疗资源指标得分相近，反映出各湾区的医院数、床位数和医师数之间具有一致的比例关系，资源配置合理，各湾区各项指标所代表资源的丰富程度与总体医疗资源水平的特征一致（图 8.43）。

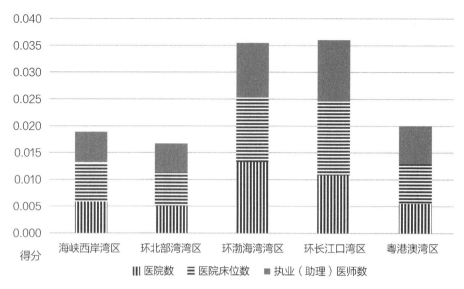

图 8.43　2017 年五大湾区医疗资源水平
资料来源：作者依据《中国城市统计年鉴》数据计算绘制。

4. 保险资源

在保险资源方面，我们选取城镇职工基本养老保险参保人数、城镇职工基本医疗保险参保人数和失业保险参保人数三项指标，三项指标 2017 年的权重分别为 0.099、0.115 和 0.131。可以看出三项指标权重相近，失业保险参保人数所占权重相对较高（表 8.10）。

表 8.10　保险资源分指标标准化后得分与分项总得分

湾区	X11	X12	X13	保险资源
海峡西岸湾区	0.007	0.006	0.006	0.019
环北部湾湾区	0.004	0.003	0.003	0.010
环渤海湾湾区	0.013	0.013	0.012	0.038
环长江口湾区	0.020	0.021	0.023	0.064
粤港澳湾区	0.016	0.014	0.018	0.048
权重	0.099	0.115	0.131	

注：X11—X13 分别为城镇职工基本养老保险参保人数、城镇职工基本医疗保险参保人数和失业保险参保人数标准化后的得分。

从总体上看，五大湾区保险资源水平相差悬殊，其中环长江口湾区保险资源水平远高于其他湾区，其次粤港澳湾区和环渤海湾湾区也具备较为丰富的保险资源，而海峡西岸湾区和环北部湾湾区的保险资源远低于其他湾区，具有较大的完善空间。对比各湾区各项保险资源的具体水平来看，环长江口湾区各项指标均有较高得分，其中失业保险参保人数指标得分最高。粤港澳湾区三项指标水平相近，其中城镇职工基本医疗保险参保人数相对得分较低。其他三个湾区三项指标水平基本持平（图 8.44）。

5. 科教文卫资源总体评价

总的来看，环长江口湾区科教文卫资源最为丰富，总分最高为 0.29；其次为环渤海湾区（0.23），海峡西岸湾区排在第 3 位，得分为 0.20。从分项功能来看，环长江口湾区相对成熟，各项指标均处于领先水平，特别是文体资源和保险资源水平远超出其他湾区。环渤海湾湾区各项指标发展均衡，与其他湾区相比基础教育资源水平相差不大，医疗资源水平发达，但文体资源和保险资源仅处于中等水平。海峡西岸湾区指标间差异较大，基础教育和文体方面发展较好，但医疗和保险资源相对短缺。粤港澳湾区在保险资源方面发展较好，其他指标处于中等水平。环北部湾湾区在科教文卫资源方面仍具有较大的发展空间，除基础教育外，其他资源均有待加强（图 8.45）。

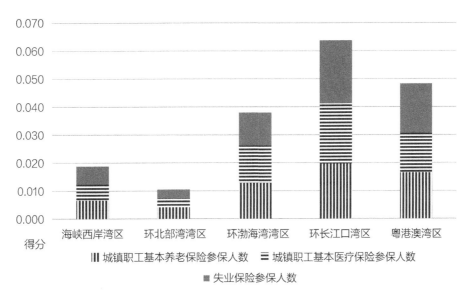

图 8.44　2017 年五大湾区保险资源水平
资料来源：作者依据《中国城市统计年鉴》数据计算绘制。

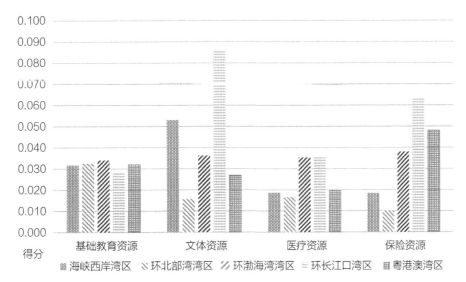

图 8.45　2017 年五大湾区科教文卫资源水平
资料来源：作者依据《中国城市统计年鉴》数据计算绘制。

8.2.2 五大湾区内部各城市科教文卫资源差异分析

在对五大湾区科教文卫资源水平总体分析基础之上，我们按照各指标与指标对应权重，计算出各湾区内各城市的基础设施水平得分，通过 sufer 图分析五大湾区内部各城市基础设施水平的差异程度。

1. 基础教育资源

1）环渤海湾湾区

从图 8.46 中可以看出，对于环渤海湾湾区，在基础教育资源方面，呈现出湾区内西部城市高于湾区内东部沿海城市的特质，特别是保定市、邯郸市、北京市、石家庄市、天津市、沧州市和潍坊市等城市具备相对更为丰富的基础教育资源。

2）环长江口湾区

从图 8.47 可以看出，环长江口湾区的基础教育资源以上海市最为丰富，远超出湾区内其他城市，这与上海市人口多、基础教育资源需求量大有关。其他城市包括苏州市、杭州市、宁波市、盐城市和台州市等也拥有较为丰富的基础教育资源。

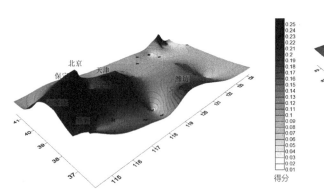

图 8.46　2017 年环渤海湾湾区基础教育资源趋势面
资料来源：作者依据《中国城市统计年鉴》数据计算绘制。

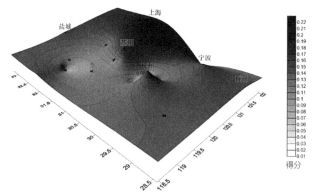

图 8.47　2017 年环长江口湾区基础教育资源趋势面
资料来源：作者依据《中国城市统计年鉴》数据计算绘制。

3）海峡西岸湾区

从图 8.48 可以看出，海峡西岸湾区的基础教育资源城市间差异较大，西部赣州市的基础教育资源远高于湾区内其他城市；东部地区的上饶市、泉州市、温州市、福州市也拥有相对丰富的基础教育资源。

4）粤港澳湾区

从图 8.49 可以看出，粤港澳湾区的基础教育资源城市间差异较大，形成了以广州为核心的集聚中心特征；同时茂名市成为单独的基础教育高水平城市，深圳市、揭阳市、汕头市和东莞市都是基础教育资源相对丰富的城市。

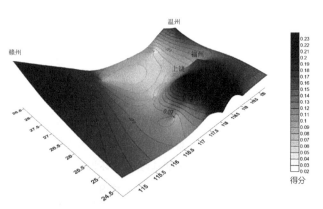

图 8.48　2017 年海峡西岸湾区基础教育资源趋势面
资料来源：作者依据《中国城市统计年鉴》数据计算绘制。

5）环北部湾湾区

从图 8.50 可以看出，环北部湾湾区的基础教育资源城市间差异较大，北部城市高于南部城市，特别是南宁市、玉林市、湛江市和钦州市拥有相对较多的基础教育资源；而湾区内其他城市相对人口较少，基础教育资源水平相对较低。

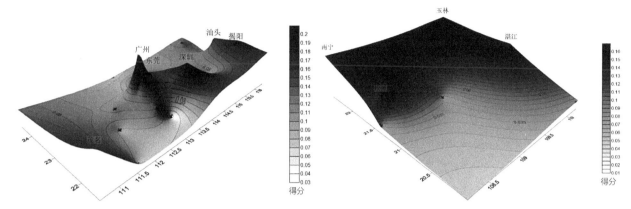

图 8.49 2017 年粤港澳湾区基础教育资源趋势面
资料来源：作者依据《中国城市统计年鉴》数据计算绘制。

图 8.50 2017 年环北部湾湾区基础教育资源趋势面
资料来源：作者依据《中国城市统计年鉴》数据计算绘制。

2. 文体资源

1）环渤海湾湾区

从图 8.51 中可以看出，对于环渤海湾湾区，在文体资源方面，湾区内城市间差异较大，济南市、北京市、大连市、烟台市、天津市、承德市和淄博市等城市具备相对更为丰富的文体资源，部分城市则限于经济和社会发展条件，文体资源相对匮乏。

2）环长江口湾区

从图 8.52 可以看出，环长江口湾区的文体资源以上海和苏州最为丰富，这与城市经济发展状况和对文体工作的重视程度有关。整体上湾区内江苏省的城市比如南京市、无锡市、镇江市和浙江省的台州市也拥有相对丰富的文体资源。

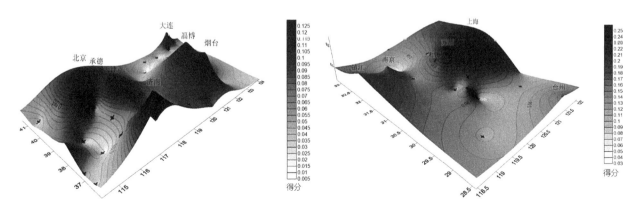

图 8.51 2017 年环渤海湾湾区文体资源趋势面
资料来源：作者依据《中国城市统计年鉴》数据计算绘制。

图 8.52 2017 年环长江口湾区文体资源趋势面
资料来源：作者依据《中国城市统计年鉴》数据计算绘制。

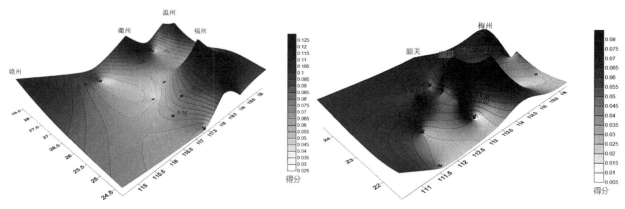

图 8.53 2017 年海峡西岸湾区文体资源趋势面
资料来源：作者依据《中国城市统计年鉴》数据计算绘制。

图 8.54 2017 年粤港澳湾区文体资源趋势面
资料来源：作者依据《中国城市统计年鉴》数据计算绘制。

3）海峡西岸湾区

从图 8.53 可以看出，海峡西岸湾区的文体资源城市间差异较大，大致呈现出周边高、中间低的特质。湾区内福州市、温州市、衢州市、泉州市和赣州市的社会发展程度相对较高，文体资源远高于其他城市。

4）粤港澳湾区

从图 8.54 可以看出，粤港澳湾区的文体资源相较其他资源整体水平较低，城市间具有一定的差异。文体资源以深圳市和东莞市最为丰富，梅州市、广州市、韶关市和肇庆市也有相对较多的文体资源，其他城市则需要进一步加强。

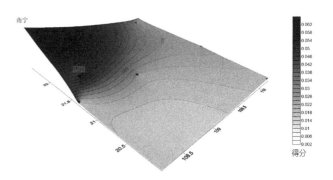

图 8.55 2017 年环北部湾湾区文体资源趋势面
资料来源：作者依据《中国城市统计年鉴》数据计算绘制。

5）环北部湾湾区

从图 8.55 可以看出，环北部湾湾区内各城市社会经济发展水平相对较低，因而拥有的文体资源整体水平较低。南宁市和钦州市拥有相对其他城市具有较多的文体资源，其他城市文体资源都较为匮乏。

3. 医疗资源

1）环渤海湾湾区

从图 8.56 中可以看出，环渤海湾湾区的医疗资源分布与城市等级和经济水平呈现出一致的分布特点。大城市和经济较发达的城市相对拥有更多的医疗资源，特别是北京市集中了全国最为丰富的医疗资源，其他比如天津市、青岛市、沈阳市、保定市、石家庄市、济南市和潍坊市等城市医疗资源也相对较多。

2）环长江口湾区

从图 8.57 可以看出，环长江口湾区的医疗以上海市和杭州市最为丰富，形成了湾区的医疗资源的两个高峰。其他邻近城市包括苏州市、南京市、南通市和宁波市的医疗资源也相对丰富。

3）海峡西岸湾区

从图 8.58 可以看出，海峡西岸湾区的医疗资源总体水平大致呈现东部集中、中部低的特质。东部的温州市、福州市、泉州市和上饶市相对医疗资源较为丰富，西部赣州市也拥有较多的医疗资源。

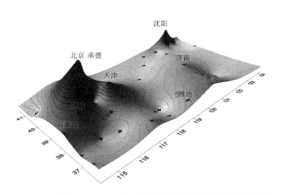

图 8.56　2017 年环渤海湾区医疗资源趋势面
资料来源：作者依据《中国城市统计年鉴》数据计算绘制。

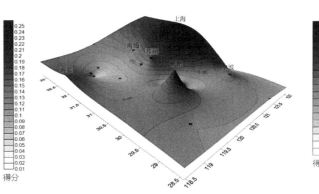

图 8.57　2017 年环长江口湾区医疗资源趋势面
资料来源：作者依据《中国城市统计年鉴》数据计算绘制。

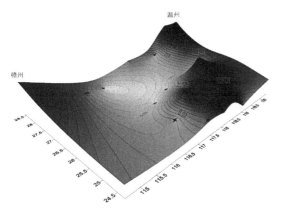

图 8.58　2017 年海峡西岸湾区医疗资源趋势面
资料来源：作者依据《中国城市统计年鉴》数据计算绘制。

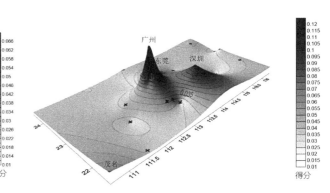

图 8.59　2017 年粤港澳湾区医疗资源趋势面
资料来源：作者依据《中国城市统计年鉴》数据计算绘制。

4）粤港澳湾区

从图 8.59 可以看出，粤港澳湾区的医疗资源城市间差异较大且整体水平较低。医疗资源以广州市最为丰富，其次是深圳市，这两个城市人口多、经济发展水平高，具备医疗资源集聚的社会基础。邻近的东莞市和佛山市也有较多的医疗资源；此外茂名市的医疗资源也较湾区内其他城市相对丰富，其他城市的医疗资源则相对较少。

5）环北部湾湾区

从图 8.60 可以看出，环北部湾湾区的医疗资源城市间差异较大。经济相对发达和人口较为密集的城市拥有较多的医疗资源，比如，南宁市、玉林

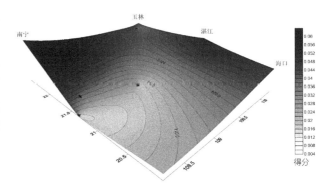

图 8.60　2017 年环北部湾湾区医疗资源趋势面
资料来源：作者依据《中国城市统计年鉴》数据计算绘制。

市、湛江市和海口市的医疗资源比湾区内其他城市更为丰富，其他城市的医疗资源则都相对匮乏。

4. 保险资源

1）环渤海湾湾区

从图8.61中可以看出，对于环渤海湾湾区的保险资源分布情况来说，总体各城市的保险资源较少，经济社会发达的城市相对拥有更多的保险资源，特别是北京的保险资源远高于其他城市。其他城市比如天津市、青岛市、沈阳市、大连市、济南市、烟台市、唐山市和潍坊市等相对其他城市的保险资源也较为丰富。

2）环长江口湾区

从图8.62可以看出，环长江口湾区的保险资源以上海市最为丰富，在发达的经济水平和完备的社会保障体制下，上海市的保险资源水平远高于湾区内其他城市；其次邻近的苏州市也有相对丰富的保险资源，其他城市保险资源相对匮乏。相比杭州市、宁波市、南京市和无锡市具有相对较多的保险资源。

3）海峡西岸湾区

从图8.63可以看出，海峡西岸湾区的保险资源整体水平较低，但大致呈现东部高与西部低的分布特征。东部城市包括厦门市、温州市、福州市和泉州市拥有相对较多的保险资源，西部仅赣州市保险资源略高于其他城市。

4）粤港澳湾区

从图8.64可以看出，粤港澳湾区的保险资源城市间差异较大且整体水平较低。保险资源以深圳市和广州市最为丰富；东莞市和佛山市也有较多的保险资源。其他城市由于社会保障体制有待进一步完善，保险资源拥有量较低，相对而言，中山市和惠州市相对其他城市保险资源水平相对较高。

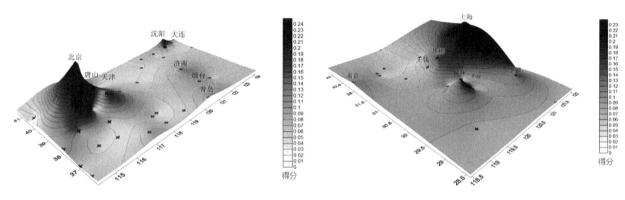

图8.61　2017年环渤海湾湾区保险资源趋势面
资料来源：作者依据《中国城市统计年鉴》数据计算绘制。

图8.62　2017年环长江口湾区保险资源趋势面
资料来源：作者依据《中国城市统计年鉴》数据计算绘制。

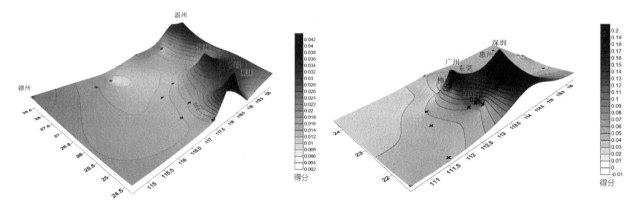

图8.63　2017年海峡西岸湾区保险资源趋势面
资料来源：作者依据《中国城市统计年鉴》数据计算绘制。

图8.64　2017年粤港澳湾区保险资源趋势面
资料来源：作者依据《中国城市统计年鉴》数据计算绘制。

5）环北部湾湾区

从图 8.65 可以看出，环北部湾湾区的保险资源整体水平较低，南宁市、湛江市、海口市相比湾区内其他城市保险资源水平相对较好，但湾区整体的保险资源丰富程度均有待加强。

5. 科教文卫资源整体水平

1）环渤海湾湾区

从图 8.66 中可以看出，环渤海湾湾区的科教文卫资源总体分别呈现出环北京及周边城市高于其他城市的特征。北京拥有的科教文卫资源总水平远超于湾区内其他城市；天津市、保定市、石家庄市、济南市、邯郸市和青岛市也拥有相对丰富的科教文卫资源；而辽宁省的城市除沈阳市和大连市以外，科教文卫资源水平均较低。

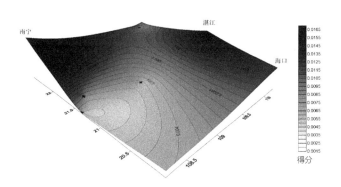

图 8.65　2017 年环北部湾湾区保险资源趋势面
资料来源：作者依据《中国城市统计年鉴》数据计算绘制。

2）环长江口湾区

从图 8.67 可以看出，环长江口湾区的科教文卫资源总体水平大致呈现出东高西低的特点，与社会经济发展水平分布情况相一致。上海市的科教文卫资源水平远高于湾区内其他城市，其次是苏州市、杭州市、南京市、无锡市和宁波市拥有相对较多的科教文卫资源。

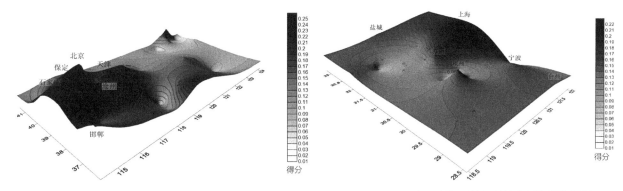

图 8.66　2017 年环渤海湾湾区科教文卫资源趋势面
资料来源：作者依据《中国城市统计年鉴》数据计算绘制。

图 8.67　2017 年环长江口湾区科教文卫资源趋势面
资料来源：作者依据《中国城市统计年鉴》数据计算绘制。

3）海峡西岸湾区

从图 8.68 可以看出，海峡西岸湾区的科教文卫资源总体水平大致呈现出两翼高、中部低的特质，以赣州市科教文卫资源最为丰富，温州市、福州市、泉州市和上饶市的科教文卫资源水平也相对其他城市较高。

4）粤港澳湾区

从图 8.69 可以看出，粤港澳湾区的科教文卫资源城市间差异较大，资源分布呈现出集中于广州和深圳及其周边城市的特征。东莞市、茂名市、佛山市、惠州市、汕头市和揭阳市都是科教文卫资源相对丰富的城市，其他城市相对经济发展水平较差，科教文卫资源也有待丰富。

5）环北部湾湾区

从图 8.70 可以看出，环北部湾湾区的科教文卫资源整体水平较低。南宁市、湛江市和玉林市较湾区内其他城市科教文卫资源相对丰富，但湾区整体的科教文卫资源丰富程度均有待大幅提升。

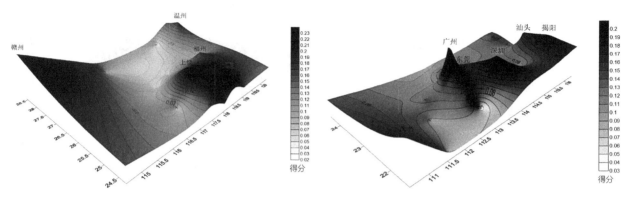

图 8.68 2017 年海峡西岸湾区科教文卫资源趋势面
资料来源：作者依据《中国城市统计年鉴》数据计算绘制。

图 8.69 2017 年粤港澳湾区科教文卫资源趋势面
资料来源：作者依据《中国城市统计年鉴》数据计算绘制。

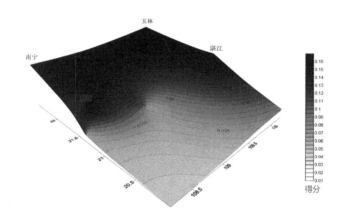

图 8.70 2017 年环北部湾湾区科教文卫资源趋势面
资料来源：作者依据《中国城市统计年鉴》数据计算绘制。

8.3 五大湾区住房压力分析

房屋是人的安身立命之所，也是居民生活的重要组成部分。其价格受其可获得的公共服务设施的影响，因此分析五大湾区各城市的房价，既能够侧面反映出湾区的公共服务水平，也是分析其宜居性的重要途径。

从总体上来看，城市的房价与其经济发展水平呈现正相关关系，房价较高的城市均为湾区的核心城市，核心城市邻近的城市相对远距离城市来说也具有较高的房价水平。

在我国安土重迁的传统观念影响下，居民均为购买自有住房而努力着，购房难易度是衡量城市宜居城市的重要指标，也是居民对城市生活压力的直观感受。相对于绝对房价与房租，用房价收入比和房租收入比可以更直接地衡量城市的实际住房压力，这两个值越大，表明城市居民住房压力越大；从房屋价格角度来看城市居民生活压力更高，相对宜居性较低。

所谓房价收入比，是指住房价格与城市居民家庭年收入之比。该比例对于居民衡量是否选择购房，通过自发行为调节房产市场的供求，以及国家把握住房政策和供给侧改革、需求侧管理，均具有重要意义。国际上通用的房价收入比的计算方式，是以整套住宅价格的中值除以家庭年收入的中值。由于数据获得的有限性，本书采用城市平均房价与城市人均 GDP 的比值作为衡量房价收入比的指标，其中城市平均房价由城市新房均价与城市二手房均价取均值得到。因为该指标的目的并非对观测值进行解释，而是主要观察城市间房价收入比的对比关系，以衡量城市间住房压力差异。

房租收入比类似于房价收入比，用以衡量居民租房压力大小。因为对于部分经济发展水平高、房价过高的城市来说，并非所有居民均有条件购买自有住房。在租售同权的政策导向下，衡量居民租房压力的大小同样是衡量城市生活压力的重要指标。房租收入比用城市内房屋单位租金与城市人均 GDP 的比值来表示。同房价收入比一样，其主要意义是对比该值的相对大小以衡量城市间居民生活压力差异。为更清楚地观察城市间房租收入比差异，对计算结果扩大 10000 倍进行数值处理。

从整体上来看，五大湾区内房价较高的城市居民购房及租房的压力也相对较大。各湾区内的核心城市房价收入比和房租收入比均较高，居民的住房压力较大。

8.3.1 环渤海湾湾区

从房价与房租来看，对于环渤海湾湾区而言，其内部城市发展不均衡。北京市房价远高于其他城市；天津市和青岛市相对房价水平较高；湾区内其余的几个主要城市如济南市、石家庄市、沈阳市与大连市也具有较高的房价。其他城市经济发展缓慢，总体上来说，湾区内部城市间房价差距特别大。

从房价收入比与房租收入比来看，环渤海湾湾区城市间居民住房压力差异特别大。北京市房价收入比和房租收入比均远高于湾区内其他城市；北京周边的保定市、邯郸市、张家口市、邢台市和石家庄市也具有较大的住房压力。整体来说，除北京外，各城市租房压力小于购房压力。但特别注意的是，丹东市经济发展水平有限且处于中朝边界，不论是购房还是租房，其收入比的比值均较高，表明城市居民住房压力较大。

8.3.2 环长江口湾区

从房价与房租来看，环长江口湾区的房价水平在五个湾区中是整体发展最为均衡的，各城市房价水平整体处于五大湾区的前列。以上海市为房价最高峰，杭州市、南京市、苏州市、宁波市等经济发展水平较高的核心城市也具有较高的房价水平。

从房价收入比与房租收入比来看，对比环长江口湾区内各城市居民的住房压力，该湾区居民住房压力总体小于环渤海湾湾区，各城市间差距相对较小，是住房压力分布最为均衡的湾区。其中上海市的房价收入比和房租收入比最高，但其压力仍小于北京市。金华市和杭州市房价收入比也较高，其他城市的房价收入比则相对差别较小。整体上来看，租房压力小于购房压力。

8.3.3 海峡西岸湾区

从房价与房租来看，海峡西岸湾区内的城市房价存在的差距在五大湾区内处于中等水平。对比各城市房价来看，以厦门市的房价最高，其次是福州市与温州市房价水平较高，与湾区内其他城市房价水平存在一定的差距。

从房价收入比与房租收入比来看，对于海峡西岸湾区来说，湾区整体购房压力与其他湾区相近，但居民租房压力较大，湾区内各城市间住房压力相差较大。从房价收入比来看，厦门市和温州市该比值较高。从房租收入比来看，赣州市、温州市、丽水市和厦门市的房租与收入水平相比较高，几乎达到一线发达城市水平。

8.3.4 粤港澳湾区

从房价与房租来看，粤港澳湾区内部城市的房价分布极度不均衡，其中香港房价极高，由于新房供应不足，交易市场上仅为二手房源，房价远高于其他城市。其次澳门特别行政区与深圳市房价水平大致相当，同时与湾区内其他城市房价存在较大差距。此外，处于核心地带的广州市、珠海市和东莞市等城市也具有较高的房价水平。湾区内相对边缘的城市则房价较低，与湾区内其他普通城市房价水平大致相同。

从房价收入比与房租收入比来看，粤港澳湾区城市间住房压力极度不平衡，核心城市的居民购房及租房压力远高于其他城市。从房价收入比来看，香港的房价水平虽然远高于其他城市，但居民收入水平较高，因而总体比值与北京市、上海市相差不大。但香港房租远高于其他城市，房租收入比也相应远高于其他城市。此外，深圳市、汕尾市、东莞市和汕头市也具有较高的房价收入比。而汕头市、梅州市、澳门特别行政区和揭阳市的房租收入比的比值则较高，居民租房压力较大。

8.3.5 环北部湾湾区

从房价与房租来看，环北部湾湾区内各城市居民住房压力差异较大，整体住房压力较高。从房价收入比来看，海南省的各城市（县）该比值较高，甚至部分城市的该比值高于北京市和上海市。相对而言，海口市城市居民收入较高，购房压力相对小于海南省其他城市。房租收入比表现出同样的特点，海南省居民租房压力要远高于湾区内其他城市，甚至高于其他湾区内发达城市。旅游业发展的同时，居民收入尚未显著提升，但居民住房压力已被迫水涨船高而迅速增加。

从房价收入比与房租收入比来看，对于环北部湾湾区而言，除海口、南宁外，湾区内城市整体经济发展水平较低，是五大湾区内整体房价水平最低的湾区。但特别值得注意的是，由于旅游经济的影响，海南省整体消费水平较高，因而带动了房价的增长。东方市、澄迈县、湛江市和临高县房价均在万元每平方米以上。

8.4 五大湾区环境绩效分析

8.4.1 五大湾区污染物排放分析

从 1998 年至 2016 年五大湾区空气中的细颗粒物（PM2.5）含量来看，虽有所波动，但都经历了先增后减的过程。其中海峡西岸湾区的 PM2.5 数值最低，环境相对较好；其次是粤港澳湾区与环北部湾湾区；环渤海湾湾区与环长江口湾区的 PM2.5 数值最高（图 8.71）。

对于环渤海湾湾区而言，1998 年，沧州市、廊坊市、德州市、天津市、衡水市等城市的 PM2.5 数值较高；2016 年，滨州市的 PM2.5 数值有一点下降；济南市的 PM2.5 数值有所上升（图 8.72）。

对于环长江口湾区而言，1998 年，江苏省内的城市 PM2.5 数值较高，其中扬州市、泰州市、镇江市、无锡市的 PM2.5 数值一直居于高位；2016 年，南京市、常州市的 PM2.5 数值有所下降，盐城市、苏州市的 PM2.5 数值有所上升（图 8.73）。

对于海峡西岸湾区而言，1998 年，江西省及浙南地区的 PM2.5 数值相对较高，上饶市、鹰潭市、衢州市、抚州市的 PM2.5 数值也较高；2016 年，温州市、丽水市的 PM2.5 数值有所下降，厦门市、赣州市的 PM2.5 数值则有所上升（图 8.74）。

对于粤港澳湾区而言，1998 年，佛山市、东莞市、中山市、广州市等城市的 PM2.5 数值较高；2016 年，珠海市、茂名市的 PM2.5 数值有所下降，肇庆市的 PM2.5 数值有所上升（图 8.75）。

对于环北部湾湾区而言，1998 年，玉林市、钦州市、北海市、南宁市等城市的 PM2.5 数值较高；2016 年，湛江市的 PM2.5 数值有所下降，防城港市的 PM2.5 数值则有所上升（图 8.76）。

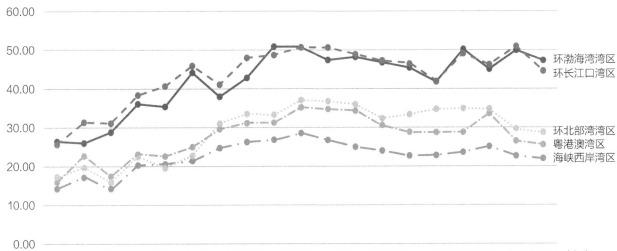

图 8.71　五大湾区 PM2.5（1998—2016 年）
资料来源：作者自绘。

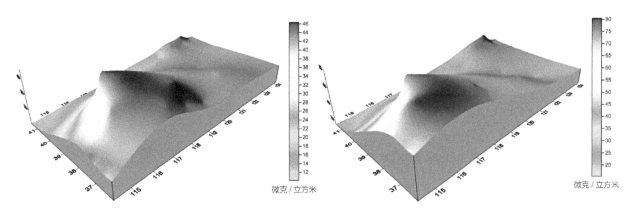

图 8.72　1998 年与 2016 年环渤海湾区 PM2.5 数值
资料来源：作者自绘。

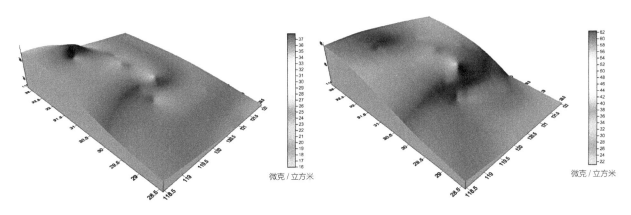

图 8.73　1998 年与 2016 年环长江口湾区 PM2.5 数值
资料来源：作者自绘。

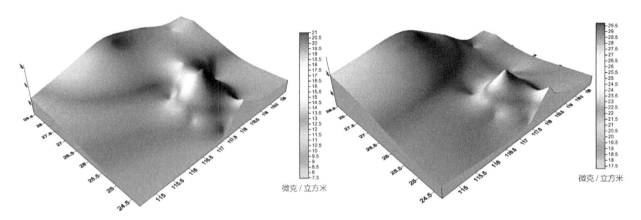

图 8.74　1998 年与 2016 年海峡西岸湾区 PM2.5 数值
资料来源：作者自绘。

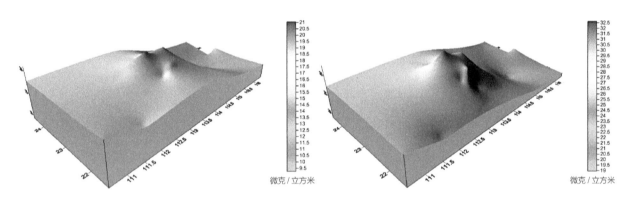

图 8.75　1998 年与 2016 年粤港澳湾区 PM2.5 数值
资料来源：作者自绘。

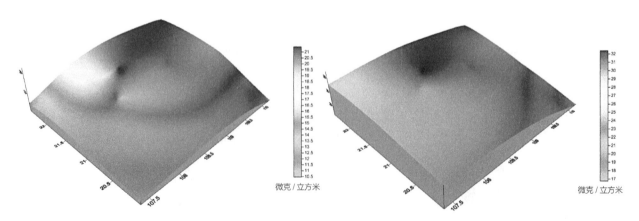

图 8.76　1998 年与 2016 年环北部湾湾区 PM2.5 数值
资料来源：作者自绘。

8.4.2 五大湾区污染物处理率分析

从环境治理的角度上,我们采取了污水处理厂集中处理率、一般工业固体废物综合利用率和生活垃圾无害化处理率三个指标,然后将三个指标进行标准化后加总得到三废处理率。以此对五大湾区污染物处理率进行分析,以便从环境治理的角度反映出湾区的经济形态。

1. 环渤海湾湾区

环渤海湾湾区2005年整体情况较好。辽宁的盘锦在生态治理方面处于领先位置,趋势面西高东低。河北省整体上与环渤海湾湾区其他省份相比较差,特别是承德,在环境治理方面表现得最差。2015年,绝大部分城市的环境保护意识逐渐增强,整体上生态治理方面得到了提升,但是极个别城市如本溪、烟台、沧州、邢台有所松懈。尤其是邢台,在趋势面形成了极其突出的倒峰。2017年,邢台轻工业完成增加值增长8.2%,重工业完成增加值增长5.4%;邢台拥有众多工业园区且二产占比不断提高,因此环境治理方面应该更为重视(图8.77)。

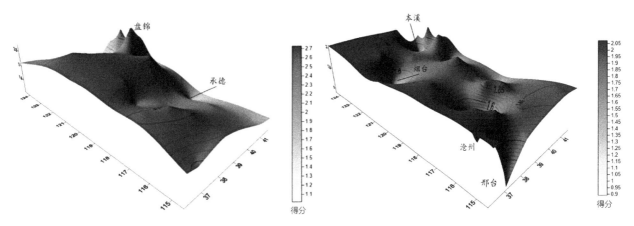

图 8.77　2005 年与 2015 年环渤海湾湾区三废处理率
资料来源:作者依据《中国城市统计年鉴》数据计算绘制。

2. 环长江口湾区

从环境治理指标来看,2005年这一指标纵向形态变化较大,经济规模较大的省会城市与上海市治理能力偏弱,都处于较低分值。但至2015年,上海市的这一指标有大幅上升,虽不及治理能力较强的湖州、无锡等地,较2005年已有很大提高,而南京、杭州的治理能力还需加强(图8.78)。

3. 海峡西岸湾区

从海峡西岸湾区内部的环境治理指标来看,福州、厦门、上饶在2005年三废处理率水平较高,但宁德等地出现洼地;至2015年,福州与厦门依旧保持高处理率,但内陆地区的三废处理效率则相对落后(图8.79)。

4. 粤港澳湾区

港澳地区2005年和2015年的人均绿地面积、建成区绿化覆盖率、污水处理厂集中处理率、一般工业固体废物集中处理率、生活垃圾无害化处理率数据缺失。

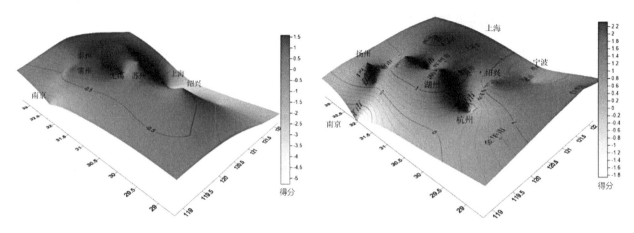

图 8.78　2005 年与 2015 年环长江口湾区三废处理率
资料来源：作者依据《中国城市统计年鉴》数据计算绘制。

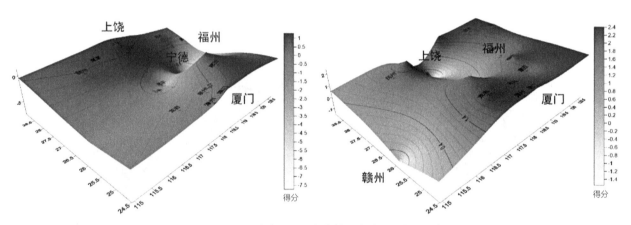

图 8.79　2005 年与 2015 年海峡西岸湾区三废处理率
资料来源：作者依据《中国城市统计年鉴》数据计算绘制。

从环境治理能力来看，湾区内各市治理能力差别并不大。2005 年，云浮、肇庆环境治理能力较差，经过 10 年发展，仍处于较低水平。而其他城市三废处理率不断提升，各项治理指标不断接近 100%。对于香港和澳门特别行政区，由于城市支柱产业以第三产业为主，工业、制造业较少，管控更为细致，治理能力较强（图 8.80）。

5. 环北部湾湾区

从环境治理水平看，2005 年的趋势面较为平缓，位于湾区南部的海南省各市县环境治理水平高于西北部，除海口较为突出外，区域差距不大。2015 年，趋势面起伏较大，位于湾区北部的城市环境治理水平有较为显著的提升且水平较为均衡，而海南省内各市县环境治理水平产生较大差距（图 8.81）。

8.4.3　五大湾区环境绩效

世界可持续发展工商理事会（WBCSD）认为，环境绩效是指系统所提供的产品和服务的价值与环境影响的比值。以此为依据，本书以地区生产总值、常住人口等为产出，以污染排放和能源消耗所造成的环境影响，如工业污染物排放（包括工业废水、工业废气等）和能源消耗等所造成的环境压力作为投入进行湾区的环境绩效分析。

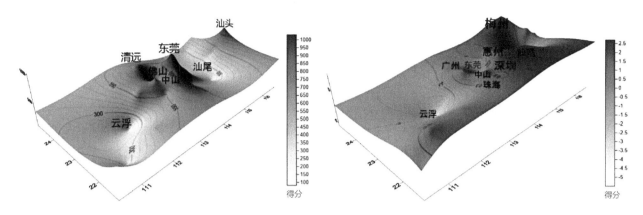

图 8.80　2005 年与 2015 年粤港澳湾区三废处理率
注：不含香港与澳门特别行政区。
资料来源：作者依据《中国城市统计年鉴》数据计算绘制。

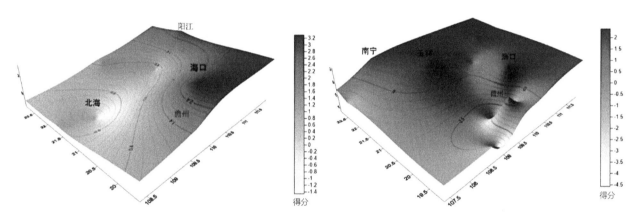

图 8.81　2005 年与 2015 年环北部湾湾区三废处理率
资料来源：作者依据《中国城市统计年鉴》数据计算绘制。

环境绩效的大小可作为测度城市是否能够实现可持续发展能力以及衡量城市环境保护效率水平高低的标准之一。根据对不同城市进行多因素投入与产出的环境评价，综合分析出城市环境的相对效率，并指出非有效评价对象的具体改进方向。

1. 计算方法

数据包络分析方法是一种对被评价对象之间进行相对比较的非参数技术分析方法，在环境绩效评估研究中已得到广泛的应用。该方法通过使用包括多个投入和多个产出的样本数据来构建非参数线性凸面，从而得到决策单元（DMU）的生产前沿，以此作为标准来评价决策单元之间的相对有效性。数据包络分析方法在实际应用中，可根据具体情况使用不同模型。考虑到目前环境治理和生态建设目标，还是以降低环境污染，即改善投入为主，本书选取基于规模报酬可变的投入导向 BCC 模型进行五个湾区环境绩效评价分析。同时，由于 BCC 模型的效率得分在 0 和 1 之间，可能会出现多个决策单元绩效值均为 1 的情况，从而无法进行优劣判断和进一步分析，因此本书将超效率模型与 BCC 模型结合起来，超效率模型允许决策单元的绩效值大于 1，使相对有效决策单元之间也能进行效率高低的比较。综上，本书使用基于规模报酬可变的超效率投入导向 BCC 模型对五个湾区的环境绩效进行静态测度。

由于超效率 DEA 模型可以算出的效率值可以大于 1，若测度得到效率值 $\theta \geq 1$，则表示该决策单元相对有效，且数值越大，表明相对的绩效水平越高。反之，则表示该决策单元相对无效，得分越低表示效率越低。

2. 指标数据

参考现有环境绩效相关研究并综合考虑五大湾区实际情况，本书选取工业废水排放量、工业二氧化硫排放量、居民生活用水量和全年总用电量作为投入指标，并将地区生产总值、常住人口、地方一般公共财政收入作为产出指标，构建湾区城市环境绩效指标体系（如表 8.11 所示）。所采用的指标数据来源于 2017 年和 2018 年的《中国统计年鉴》、2017 年的《中国城市统计年鉴》以及地方政府统计网站提供的数据（其中香港和澳门特别行政区以及葫芦岛和昌江县因部分数据缺失，不予测度）。

表 8.11 五大湾区环境绩效评价体系

指标类型	指标名称	指标单位
投入	工业废水排放量	万吨
	工业二氧化硫排放量	亿立方米
	居民生活用水量	万立方米
	全年总用电量	亿千瓦时
产出	地区生产总值	亿元
	常住人口	万人
	地方财政一般预算收入	亿元

另外，利用 DEA 方法建立城市环境绩效分析模型时，需要满足投入指标与产出等幅增加的条件。这种性质可以利用 Pearson 相关性分析进行验证，用 SPSS 进行计算。

对于环渤海湾湾区、环北部湾湾区和粤港澳湾区而言，投入指标中工业二氧化硫排放量与各产出指标之间无显著相关关系，因此在计算这三个湾区环境绩效时剔除工业二氧化硫排放量这一指标；对海峡西岸湾区而言，投入指标中的工业废水排放量与各产出指标之间无显著相关关系，因此在计算该湾区环境绩效时剔除工业废水排放量这一指标；对环长江口湾区而言，各投入指标与各产出指标之间有较显著的相关性，满足 DEA 模型计算要求，全部纳入计算。

3. 城市环境绩效静态分析结果

利用软件 DEA Solver 5.0 对五个湾区的环境绩效进行静态测度，结果见附录 D。

1）环渤海湾湾区

通过计算结果可知，对环渤海湾湾区而言，其城市环境绩效有以下特点：

第一，在参与测度的 29 个城市中，有 16 个城市的环境绩效达到相对有效，其中环境绩效值较高的城市有保定市、沧州市、承德市和天津市等；环境绩效值较低的城市有滨州市、东营市、淄博市等。环渤海湾湾区较重要的城市中，天津市环境绩效位于前列，石家庄市和北京市排名处于中游。

第二，通过分析环渤海湾湾区城市投入和产出指标松弛（Slacks）情况，可以明确城市环境绩效在投入和产出的哪些方面能进行改进。就环境绩效值最高的保定市而言，工业废水排放量和居民生活用水量两项投入冗余，工业废水排放量的冗余较大，地区生产总值和地方财政一般预算收入产出不足，若要提高保定市的环境绩效值，应增加这两项产出指标值。就环境绩效值最低的滨州市而言，其工业废水排放量投入冗余较大，且常住人口产出不足，若要提高滨州市环境绩效，应从减少该地区工业废水排放量和增加常住人口数入手。

第三，环渤海湾湾区城市的环境绩效水平和经济发展水平之间无显著正相关性。通过对环渤海湾湾区城市人均GDP与环境绩效值进行Pearson相关性检验，发现城市环境绩效值与人均GDP之间的相关系数为−0.05，且相关性不显著（图8.82）。

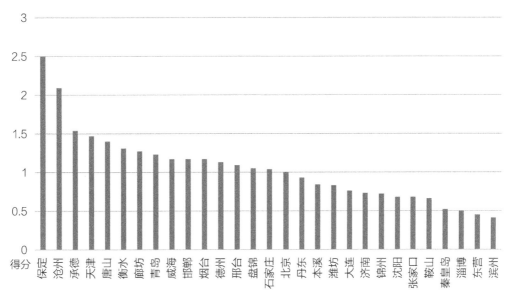

图8.82　2016年环渤海湾湾区环境效率
资料来源：作者依据《中国城市统计年鉴》数据计算绘制。

2）环长江口湾区

环长江口湾区城市环境绩效有以下特点：

第一，在参与测度的18个城市中，有13个城市的环境绩效达到相对有效，湾区环境绩效整体水平较高。其中环境绩效值较高的城市有舟山市、苏州市、嘉兴市等；环境绩效值较低的城市有湖州市、潮州市、绍兴市等。环长江口湾区较重要的城市中，苏州市环境绩效位于前列，杭州市、南京市、上海市排名处于中下游。

第二，分析环长江口湾区城市投入和产出指标松弛情况，就环境绩效值最高的舟山市而言，工业废水排放量和全社会用电量存在较大冗余，地区生产总值、常住人口、地方财政一般预算收入三项产出指标均有不足。若要提高舟山市环境绩效值，应减少工业废水排放量和全社会用电量投入指标值，增加三项产出指标值；就环境绩效值最低的湖州市而言，工业二氧化硫排放量冗余较大，若要提高湖州市环境绩效值，应着力于减少该地区工业二氧化硫排放量。

第三，环长江口湾区城市的环境绩效水平和经济发展水平之间无显著相关关系。通过对环长江口湾区城市人均GDP与环境绩效值进行Pearson相关性检验，发现城市环境绩效值与人均GDP之间的相关系数为0.145，且相关性不显著（图8.83）。

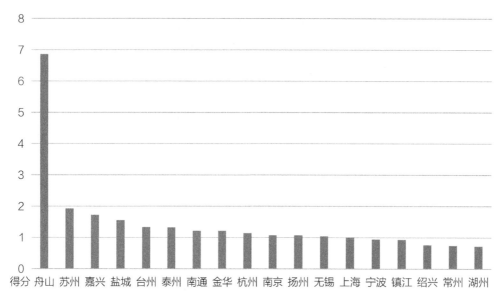

图 8.83　2016 年环长江口湾区环境效率
资料来源：作者依据《中国城市统计年鉴》数据计算绘制。

3）海峡西岸湾区

海峡西岸湾区城市环境绩效有以下特点：

第一，在参与测度的 16 个城市中，有 11 个城市的环境绩效达到相对有效，湾区环境绩效整体水平较高。其中环境绩效值较高的城市有鹰潭市、宁德市、上饶市等；环境绩效值较低的城市有抚州市、赣州市、衢州市等。海峡西岸湾区较重要的城市中，福州市、厦门市和泉州市的环境绩效值均为 1，排名位于中游。

第二，分析海峡西岸湾区城市环境投入和产出指标松弛情况，就环境绩效值最高的鹰潭市而言，居民生活用水投入略有冗余，三项产出指标均有不足。若要提高鹰潭市环境绩效值应减少用水量投入，增加三项产出值，尤其是地区生产总值；就环境绩效值最低的衢州市而言，则应着力于增加常住人口数。

第三，海峡西岸湾区城市的环境绩效水平和经济发展水平之间无显著相关关系。通过对海峡西岸湾区城市人均 GDP 与环境绩效值进行 Pearson 相关性检验，发现城市环境绩效值与人均 GDP 之间的相关系数为 0.051，且相关性不显著（图 8.84）。

4）粤港澳湾区

粤港澳湾区城市环境绩效有以下特点：

第一，在参与测度的 21 个城市中，有 10 个城市的环境绩效达到相对有效，其中环境绩效值较高的城市有河源市、茂名市和湛江市等；环境绩效值较低的城市有东莞市、佛山市和江门市等。广州市和深圳市环境绩效值为 1，环境绩效相对有效，排名处于中游。

第二，分析粤港澳湾区城市投入和产出指标松弛情况，就环境绩效值最高的河源市而言，全社会用电量投入冗余，三项产出指标均不足，若要提高河源市的环境绩效值，应减少全社会用电量投入指标值，增加三项产出指标值；就环境绩效值最低的东莞市而言，全社会用电量投入冗余较大，地区生产总值和地方财政一般预算收入产出不足，低于生产前沿面，因此若要提高东莞市的环境绩效值，应着力于减少该地区全社会用电量值，增加地区生产总值和地方财政一般预算收入值。

第三，粤港澳湾区城市的环境绩效水平和经济发展水平之间无显著正相关性。通过对粤港澳湾区城市人均 GDP 与环境绩效值进行 Pearson 相关性检验，发现城市环境绩效值与人均 GDP 之间的相关系数为 -0.34，且相关性不显著（图 8.85）。

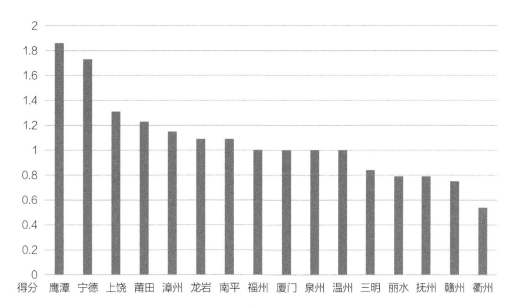

图8.84 2016年海峡西岸湾区环境效率
资料来源：作者依据《中国城市统计年鉴》数据计算绘制。

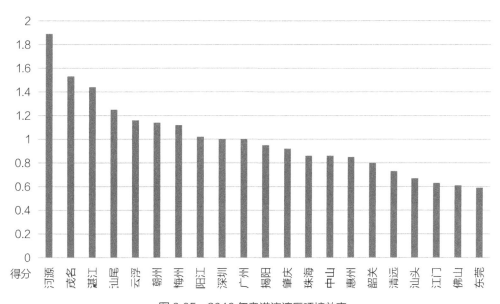

图8.85 2016年粤港澳湾区环境效率
资料来源：作者依据《中国城市统计年鉴》数据计算绘制。

5）环北部湾湾区

环北部湾湾区环境绩效有以下特点：

第一，在参与测度的12个城市中，有10个城市的环境绩效达到相对有效，湾区环境绩效整体水平较高。其中环境绩效值较高的城市有澄迈县、东方市、玉林市等；环境绩效相对无效的城市有北海市和钦州市。海口市环境绩效值为2.7，环境绩效相对较高；南宁市环境绩效值为1，但排名位于下游。

第二，分析环北部湾湾区城市环境投入和产出指标的松弛情况，就环境绩效值最高的澄迈县而言，工业废水排放量和全社会用电量投入冗余，地区生产总值和地方财政一般预算收入存在不足。

第三，环北部湾湾区城市的环境绩效水平和经济发展水平之间无显著相关关系。通过对环北部湾湾区城市人均 GDP 与环境绩效值进行 Pearson 相关性检验，发现城市环境绩效值与人均 GDP 之间的相关系数为 −0.098，且相关性不显著（图 8.86）。

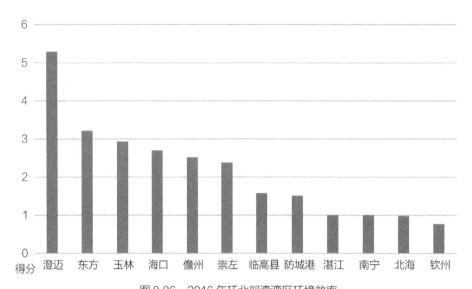

图 8.86　2016 年环北部湾湾区环境效率
资料来源：作者依据《中国城市统计年鉴》数据计算绘制。

8.5　本章小结

本章对五大湾区的基础公共设施、科教文卫资源、住房压力和环境绩效四个方面进行了分析，从而对五大湾区整体宜居包容程度作出评价，得到以下三方面的结论。

第一，从基础设施数量来看，环长江口湾区、环渤海湾湾区与粤港澳湾区公共服务水平较高，其能源供给、邮电通信设施与道路交通设施供给水平高；而海峡西岸湾区和环北部湾湾区基础设施发展相对滞后。

第二，从基础设施均等化程度来看，环渤海湾湾区基础设施水平较高，且湾区内设施水平较为均衡，但差距略有扩大；环长江口湾区基础设施水平较高，且湾区内设施均等化水平高；海峡西岸湾区基础设施水平较高，湾区内设施较为均衡，且差距进一步缩小；粤港澳湾区基础设施水平较高，但城市间差距较大；环北部湾湾区基础设施水平较低，城市间差距不大。

第三，从宜居角度看，湾区及湾区内部城市房价与经济发展水平正相关，经济发达地区仍面临着居住难问题。解决湾区住房问题，才能打造一个宜居宜业的湾区，吸引更多人才，为湾区发展注入活力。

第四，从生态环境角度看，五大湾区的经济社会发展水平不一，其所处的环境污染水平的不同是客观的，环境治理绩效的提升是可为的，未来需加快城市绿色发展转型，提升环境治理能力与治理体系现代化，同时加强区域联防、联控、联治，打造绿色湾区。

第 9 章　创新驱动：湾区创新绩效分析

创新是湾区经济发展持续迭代的根本动力。湾区城市在对外开放中汇集最新的信息和人才资源，激发了创新活力，催生了创新机构，涌现出大批创新成果，成为全球创新引领的先锋城市。比如旧金山湾区被誉为科技湾区，湾区内孕育着大量的高科技企业，每一次信息技术革命都是由旧金山湾区的一家高科技企业（比如英特尔、苹果、谷歌、特斯拉、Facebook、uber、iPhone 等）的成立引领的。

作为区域发展的新战略形态，湾区是国家经济活力最强、科技创新资源最集中、新兴产业发展最活跃的区域，将成为国家参与全球产业和科技竞争的重要空间载体。本章将从创新投入、创新产出、创新效率三个层面对湾区的创新活动进行分析，旨在把握湾区成长的永续动力。

9.1　五大湾区创新投入分析

9.1.1　创新资金投入

在创新资金投入方面，本书采用创新资金支出占 GDP 比重来衡量，以此来消除经济总量对创新资金投入指标的影响，并反映出湾区与城市对于创新资金的投入力度和重视程度。

1. 环渤海湾湾区

对环渤海湾湾区而言，北京，辽东地区的丹东、本溪和靠近北京的河北省城市承德、张家口等对创新的重视程度比较高，资金投入处于峰值。总的来看，河北省大部分城市对于创新都比较重视，山东省对创新的投入程度则较低。从 2005 年到 2015 年，辽东地区的优势减弱；河北省大部分地区更加重视，但是唐山例外，处于趋势面的谷底；山东省对创新的重视程度有了一定的提高，但依旧处于较落后的状态（图 9.1）。

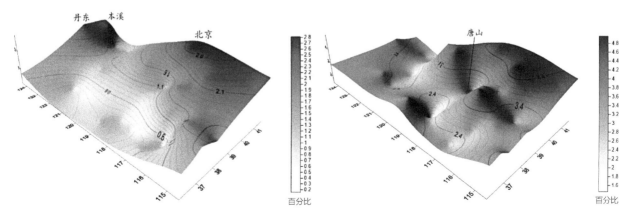

图 9.1　2005 年与 2015 年环渤海湾湾区创新资金支出占 GDP 比重
资料来源：作者依据《中国城市统计年鉴》数据计算绘制。

2. 环长江口湾区

对环长江口湾区而言，2015年城市总体对于创新资金支出较2005年均有提高，总体极点分布在上海市以及南京、杭州。极点之间的城市创新资金支出占比并不大，而苏州、无锡、常州这些经济发达的地区，创新资金支出占比并不高（图9.2）。

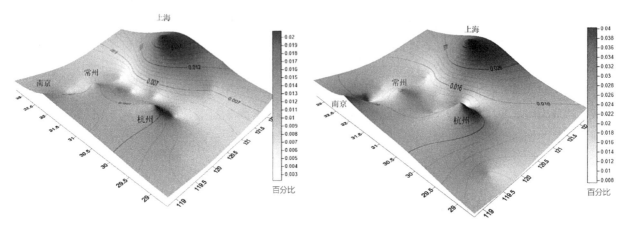

图9.2　2005年与2015年环长江口湾区创新资金支出占GDP比重
资料来源：作者依据《中国城市统计年鉴》数据计算绘制。

3. 海峡西岸湾区

对海峡西岸湾区而言，与其他经济指标或对外开放指标不同的是，海峡西岸湾区的创新资金投入以江西省的内陆城市为中心，向沿海城市逐渐减小。这也与该项指标的分母有关，经济较为发达的沿海地区，创新资金支出尽管占比不高，但可能创新资金支出总量仍高于经济欠发达的内陆城市。2005年，创新资金支出占比较高的主要是江西省的上饶、抚州以及浙江省的丽水市，而经济较为发达的福州、厦门等地甚至成了湾区的"洼地"；至2015年，这一趋势更加明显，赣州带动江西城市这一指标整体增高，甚至占到了GDP的6%（图9.3）。

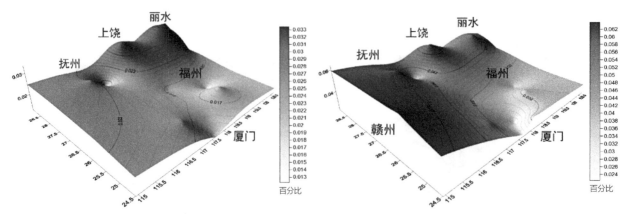

图9.3　2005年与2015年海峡西岸湾区创新资金支出占GDP比重
资料来源：作者依据《中国城市统计年鉴》数据计算绘制。

4. 粤港澳湾区

对粤港澳湾区而言,珠三角地区两大核心城市在创新资金支出占比指标中呈现出较大的劣势,广州、深圳居于末位;梅州、河源创新投入占比较高。2005—2015年间,珠三角地区城市始终处于区域平均水平以下;深圳市和广州市在10年中创新资金支出占比有所增加。需要注意的是,创新资金支出占公共财政资金支出的比例低并不意味着政府对创新的财政投入低。珠三角地区城市普遍具有较高的财政资金支出,从数值上看,广州、深圳、佛山对科学创新的资金支出数额位于区域(不含港澳)前三名,由于城市财政资金支出大,导致创新占比较低(图9.4)。

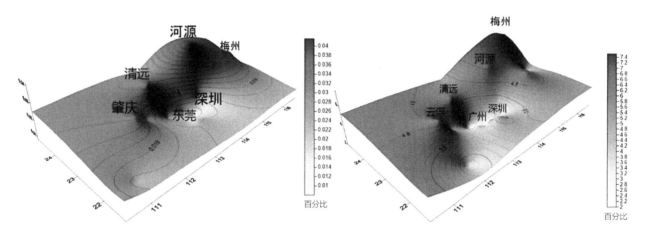

图9.4　2005年与2015年粤港澳湾区创新资金支出占GDP比重
注:不含香港与澳门特别行政区。
资料来源:作者依据《中国城市统计年鉴》数据计算绘制。

5. 环北部湾湾区

对环北部湾湾区而言,2005年,海南省内海口、儋州等城市创新占比较高;广西壮族自治区首府南宁的创新占比也高于其周围城市,但南宁和海口之间存在较为明显的低洼地区。至2015年,环北部湾湾区在创新资金支出水平上有显著的提升,表现为空间趋势面的抬高,且东南部城市的水平较高,呈现出较明显的差异。南宁和海口的地位不再突出,儋州、茂名、湛江、昌江等市县的创新资金支出上升,在空间形态上表现出边缘高、中心低的特点(图9.5)。

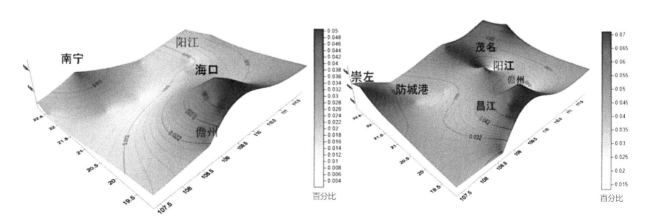

图9.5　2005年与2015年环北部湾湾区创新资金支出占GDP比重
资料来源:作者依据《中国城市统计年鉴》数据计算绘制。

9.1.2 创新人力投资

为反映湾区的创新人力投资，本书分别采用万人高校学生数（人）与人力资本两个指标进行评估。其中万人高校学生数（人）的直接数据来源于《中国城市统计年鉴》，而人力资本则是借助收入模型计算出的，是更具说服力的指标。此外，对高校学生数与人力资本，我们选取了两个时期的数据，进行不同时间段的对比。

1. 每万人拥有高校学生数

1）环渤海湾湾区

对环渤海湾湾区而言，从每万人拥有高校学生数来看，此项指标变化非常大。2005 年，辽宁省的沈阳和大连两个城市的每万人拥有高校学生数指标非常高，处于峰值，可能由于这两个地方本地人口基数少，并且有众多高校；而其他城市每万人拥有高校学生数的比例均较低，因而呈现平面状。2015 年，济南的每万人拥有高校学生数的指标最高，形成东南区域一个峰值。辽宁省的该指标数据大体降低，但是沈阳和大连两座城市的指标依然处于辽东半岛的峰值。北京和河北的该指标数据得到了小幅提升。由此可以推测，由于东北地区经济不景气，辽宁省的高学历人才在向湾区其他城市转移（图 9.6）。

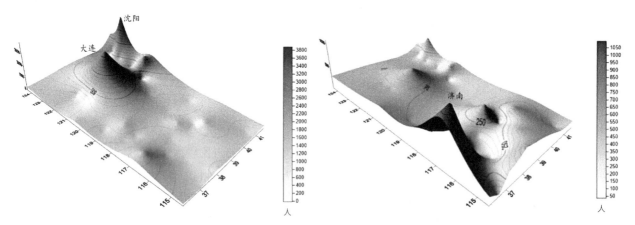

图 9.6　2005 年与 2015 年环渤海湾湾区每万人拥有高校学生数
资料来源：作者依据《中国城市统计年鉴》数据计算绘制。

2）环长江口湾区

对于环长江口湾区而言，从每万人拥有高校学生数来看，趋势面波峰主要集中于南京、杭州这两个省会城市，上海以及苏州、无锡、常州地区这一指标并不占优势。初步分析，可能由于上海人口基数大，导致高校学生数占比并不高；而对于其他城市，高校学生主要集中于省会城市，这就导致了这一指标的极点主要集中于南京、杭州这样的省会城市（图 9.7）。

3）海峡西岸湾区

对于海峡西岸湾区而言，从每万人拥有高校学生数的角度来看，指标变化不大。海峡西岸湾区高校大都集中在厦门、福州，至 2015 年高校学生人数整体增多，这与高校扩招、高等科教的普及以及居民整体经济水平的增长都有关系，是全国性的现象。湾区形态变化不大，仍以福州、厦门为中心；其他地区该项数值与上述两市差距较大（图 9.8）。

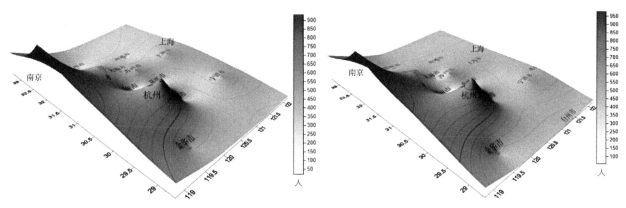

图 9.7　2005 年与 2015 年环长江口湾区每万人拥有高校学生数
资料来源：作者依据《中国城市统计年鉴》据计算绘制。

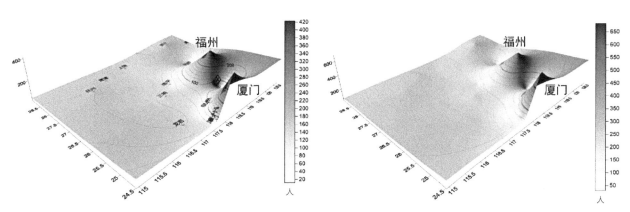

图 9.8　2005 年与 2015 年海峡西岸湾区每万人拥有高校学生数
资料来源：作者依据《中国城市统计年鉴》数据计算绘制。

4）粤港澳湾区

对于粤港澳湾区而言，广州、珠海的万人高校学生数较高，而深圳则相对逊色，其他城市数值较低。2005 年到 2015 年，形态结构没有明显变化。广东省高校数量有限，且主要集中在广州市。经过 10 年发展，深圳市已经逐渐建设了多所高校，获得了一定的增长（图 9.9）。

5）环北部湾湾区

对环北部湾湾区而言，从每万人拥有的高校学生数来看，2005 年，首府城市南宁和省会城市海口的高校学生数较多，区域内其他城市的高校学生数较少，地区差异较大，两峰之间有明显凹陷的"沟壑"。2015 年，海口的高校学生数领先优势明显，区域整体呈现出南高北低的态势。限于数据可得性，趋势面谱图中不包含儋州、东方、澄迈、临高和昌江。通过对比其他衡量创新性的指标，如 2015 年海口市普通中学在校学生数为 10.4 万，儋州市普通中学在校学生数为 5.68 万，东方市 2.9 万，澄迈县 2.25 万，临高县 1.79 万，可知上述市县在校生数与海口市差距较大，属于海南省人才短缺、创新性不足地区，同时也是区域创新性水平低洼地区（图 9.10）。

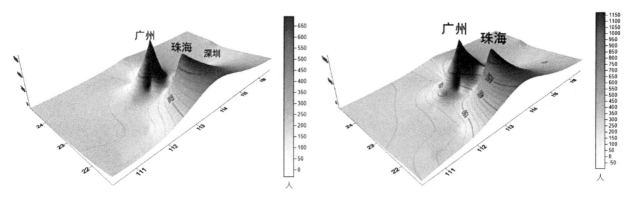

图 9.9　2005 年与 2015 年粤港澳湾区每万人拥有高校学生数
资料来源：作者依据《中国城市统计年鉴》数据计算绘制。

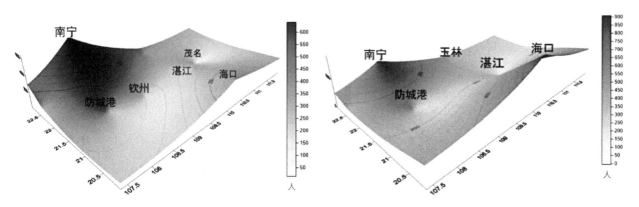

图 9.10　2005 年与 2015 年环北部湾湾区每万人拥有高校学生数
资料来源：作者依据《中国城市统计年鉴》数据计算绘制；不含儋州、东方、澄迈、临高、昌江。

2. 人力资本投入量

计算人力资本的方法有成本法与收入法。本书选择收入法对人力资本进行估算。在传统的收入法中，多以区域劳动者的总收入除以某一类型（主要是低技术工种或低收入者的平均工资）得出人力资本，这样得出的人力资本与 GDP、固定资本存量可比性差。王德劲和向蓉美（2006）求出的人力资本与 GDP、固定资本存量单位相同，但从年龄与性别上来区分劳动力与非劳动力，对劳动力的异质性考虑不足。[108] 本书从各地区分行业就业人口数量与工资的差异性来估算人力资本，计算公式为：

$$LC_{i,t} = LC'_{i,t} / cpi_{o,t} = (\sum_{j=1}^{19} LP_{i,j,t} \cdot wage_{o,j,t}) / cpi_{o,t} \tag{9-1}$$

其中，$LC_{i,t}$ 为 i 城市 t 年的实际人力资本投入量；$LC'_{i,t}$ 为 i 城市 t 年的名义人力资本投入量；$cpi_{o,t}$ 为 t 年 i 城市所处 o 省的 GDP 折算指数；$LP_{i,j,t}$ 为 i 城市 t 年 j 行业的劳动人口；$wage_{o,j,t}$ 为 t 年 i 城市所处 o 省 j 行业的工资。

本书选用按行业分组的单位从业人员作为行业就业人口数据，数据主要来源于 2003—2017 年《中国城市统计年鉴》的"按行业分组的单位从业人员"，选择全市口径。对于研究期间（2003—2017 年）数据差别较大的城市，如 2003 年至 2005 年北京市、2003 年崇左市等城市有可能因为统计口径不一致而引起数据的差别较大，通过查询相关省级与地级市年鉴进行替换或通过其他年份进行换算。

根据《国民经济行业分类（2002 年）》，将单位从业人员数据分为第一产业（农、林、牧、渔业），采矿业，制造业，电力、燃气及水的生产和供应业，建筑业，交通运输、仓储及邮政业，信息传输、计算机服务和软件业，批发和零售业，住宿、餐饮业，金融业，房地产业，租赁和商业服务业，科学研究、技术服务和地质勘查业，水利、环境和公共设施管理业，居民服务和其他服务业，教育，卫生、社会保障和社会福利业，文化、体育和娱乐业，公共管理和社会组织共 19 个行业。

因各地级市分行业工资数据收集相对困难，考虑到同省份的城市同行业工资差别不大，本书以地级市所在省份的分行业工资数据替代，各省分行业工资数据来源于 2003—2017 年《中国统计年鉴》。在将名义人力资本投入量的数据转换为实际人力资本投入量时，为了剔除价格的影响，本书采用由 CPI 计算得出的生产总值折算指数进行折算。将计算出的城市网络内各城市的人力资本投入量进行加总，可以求得五大湾区第 t 年的总人力资本投入量。

从 1998 年至 2016 年间五大湾区人力资本投入量来看，五大湾区的人力资本都得到了大幅提升。其中海峡西岸湾区由 1998 年的 339 亿元提升至 6153 亿元，增幅达 18.15 倍。但由于五大湾区的人力资本投入量的基础差距，环渤海湾湾区与环长江口湾区的人力资本投入量较高。其中环长江口湾区的人力资本投入量于 2013 年超过环渤海湾湾区；粤港澳湾区因为规模相对较小，排在第三位（图 9.11）。

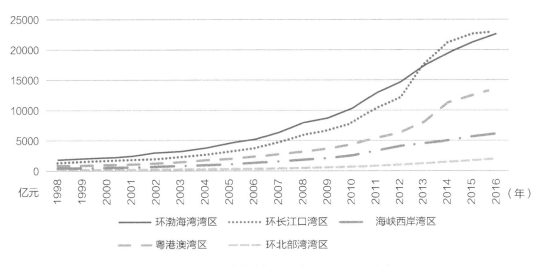

图 9.11　五大湾区人力资本投入量（1998—2016 年）
资料来源：作者依据《中国城市统计年鉴》数据计算绘制。

从 1998 年至 2016 年间五大湾区单位就业人员的人力资本投入量来看，虽然排序与人力资本总投入量相似，但差距并没有总投入量明显。因为湾区规模大小不一，因此从每个就业人员贡献人力资本投入来看，虽有高低，但差别不大。2016 年，环渤海湾湾区、环长江口湾区、海峡西岸湾区、粤港澳湾区与环北部湾湾区的人力资本投入量分别为 7.79 万元、8.23 万元、6.39 万元、7.21 万元与 5.86 万元（图 9.12）。

1）环渤海湾湾区

对环渤海湾湾区而言，就单位就业人员贡献的人力资本投入量来看，北京、天津、东营等城市相对较高。2000 年，排名前 5 位的城市分别为天津、北京、东营、沈阳、丹东；除北京、天津外，辽中南地区的城市表现较好。2016 年，北京市超越了天津市，排名第一；山东半岛的济南、德州发力，超过了辽中南地区的众多城市（图 9.13）。

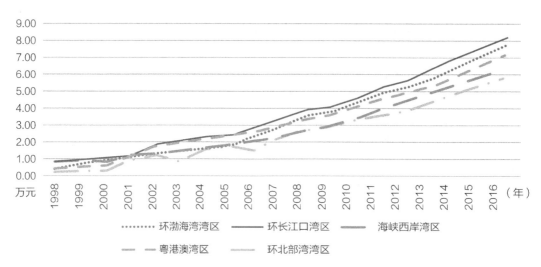

图9.12 五大湾区单位就业人员贡献的人力资本投入量（1998—2016年）
资料来源：作者依据《中国城市统计年鉴》数据计算绘制。

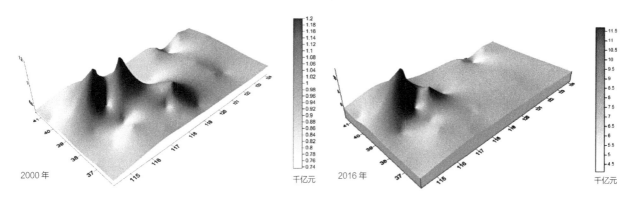

图9.13 2000年与2016年环渤海湾湾区单位就业人员贡献的人力资本投入量
资料来源：作者依据《中国城市统计年鉴》数据计算绘制。

2）环长江口湾区

对环长江口湾区而言，就单位就业人员贡献的人力资本投入量来看，2000年，浙江省的台州市、金华市、舟山市、湖州市、杭州市排名前5位；上海市仅排第6位。2016年，上海、南京、杭州三大核心城市分列前三，随后是镇江、无锡、宁波（图9.14）。

3）海峡西岸湾区

对海峡西岸湾区而言，就单位就业人员贡献的人力资本投入量来看，浙中南的丽水、温州、衢州三市分列前三位。历经10多年的发展，衢州超越温州排第二位。但三个城市仍占据前三甲，并拉开了与福建省其他各城市的距离（图9.15）。

4）粤港澳湾区

对粤港澳湾区而言，就单位就业人员贡献的人力资本投入量来看，呈现出多极化分布，城市间的差距较小。2000年，排名前5位的城市分别为东莞市、梅州市、潮州市、揭阳市、汕头市；广州市在20个城市中排名第12，深圳市排名第17。2016年，除梅州市外，前5名城市纷纷易主，第1名为梅州市，第2名至第5名分别为广州市、河源市、清远市与韶关市；曾经独占鳌头的东莞市则排名倒数第一；深圳依旧排名下段。总的来看，粤港澳湾区的人力资本差别并不大，广州与深圳等核心城市优势在于规模，个体优势并不明显（图9.16）。

第 9 章 创新驱动：湾区创新绩效分析 / 229

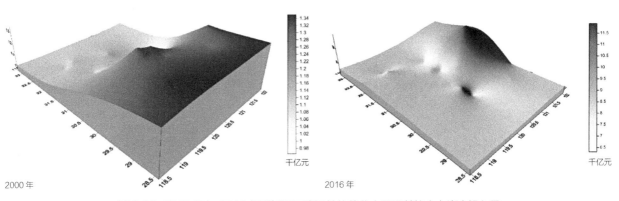

图 9.14　2000 年与 2016 年环长江口湾区单位就业人员贡献的人力资本投入量
资料来源：作者依据《中国城市统计年鉴》数据计算绘制。

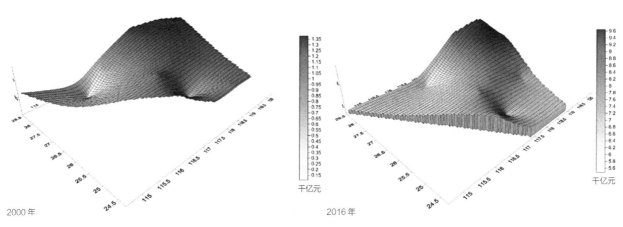

图 9.15　2000 年与 2016 年海峡西岸湾区单位就业人员贡献的人力资本投入量
资料来源：作者依据《中国城市统计年鉴》数据计算绘制。

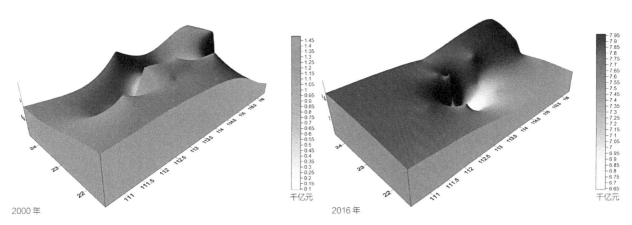

图 9.16　2000 年与 2016 年粤港澳湾区单位就业人员贡献的人力资本投入量
资料来源：作者依据《中国城市统计年鉴》数据计算绘制。

5）环北部湾湾区

对环北部湾湾区而言，就单位就业人员贡献的人力资本投入量来看，呈现出一种以湛江市为中心向边缘递减的趋势。除湛江市，其他城市的单位就业人员的人力资本差别不大。相较于2000年，2016年城市间差异进一步缩小（图9.17）。

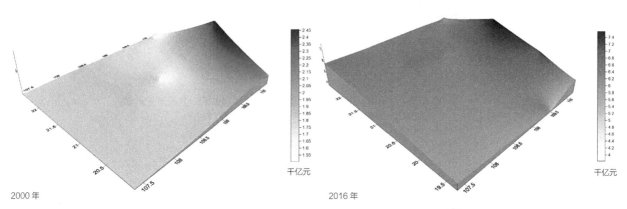

图9.17　2000年与2016年环北部湾湾区单位就业人员贡献的人力资本投入量
资料来源：作者依据《中国城市统计年鉴》数据计算绘制。

9.2　五大湾区创新产出分析

为分析五大湾区内部创新产出的分布情况，我们首先分别采用首位度、空间基尼系数、变异系数与赫芬达尔指数对其创新产出分布的集聚态势进行分析，随后采用分级统计图法、趋势面法与Nich指数分析其创新产出分布的整体态势。

9.2.1　创新产出的集聚态势分析

1. 计算方法

首位度的公式与空间基尼系数的公式分别见第3章的式（3-7）与式（3-9）。变异系数的赫芬达尔指数与空间基尼系数类似，均是反映空间分布集聚态势的指标。其中，变异系数是指样本的标准差与均值的比，能够衡量相对均衡度。

$$CV = \frac{1}{\bar{y}} \sqrt{\sum_{i=1}^{N}(y_i - \bar{y})^2 / N} \quad (9\text{-}2)$$

其中，CV为变异系数；N是地区数目；y_i是第i地区的创新产出；$\bar{y}$是创新产出平均值，值越大，区域创新产出的值越离散。

赫芬达尔指数公式为：

$$HHI_N = \sum_{i=1}^{N} P_i^2 \quad (9\text{-}3)$$

其中，N为区域数目；P_i表示地区i的创新活动占整个区域的比例。指数取值范围为$1/N \sim 1$，值越小则区域整体创新水平越均衡，值越大则区域整体创新越集中。

2. 创新产出分析

此处采用专利授权量来衡量创新产出，通过2000—2017年的专利授权量数据，对五大湾区进行时空分析。

1）环渤海湾湾区

从首位度来看，环渤海湾湾区的创新产出首位度总体波动幅度不大。首位度在2004年达到最高值3.5，即区域内创新产出最高区域是次高区域的3.5倍，分别对应北京市和天津市。之后首位度有波动下降的趋势，说明创新产出次高区域，即天津市近年来创新产出不断提升（图9.18）。

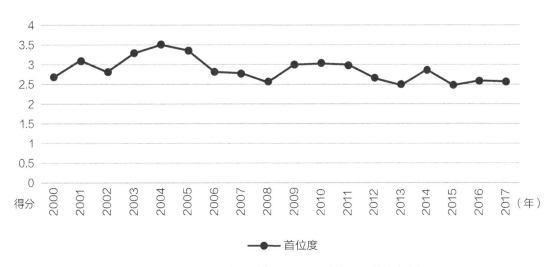

图9.18　2000—2017年环渤海湾湾区城市创新产出首位度变化
资料来源：作者依据《中国城市统计年鉴》数据计算绘制。

可以看出，2000年以来，环渤海湾湾区城市的专利授权总量显著增加，专利授权总量从2000年的18727件到2017年的281845件，总量增长超过15倍。随着整个区域经济发展水平的提高，湾区内城市创新产出增量明显。环渤海湾湾区内创新产出最突出的城市是北京市，其创新产出量远高于其他城市。除此之外，天津市、青岛市创新产出量也较突出，其余城市创新水平相对较低。总体来说，环渤海湾湾区内城市创新产出绝对差异不断增大，相对差异有缓慢增大的趋势。

2000年以来，环渤海湾区内城市创新产出绝对差异不断增大，2017年标准差为19329件，是2000年的约19倍，说明湾区内城市之间创新活动的绝对差异增长迅猛。而通过运用多种相对差异指数计算来看，湾区内城市创新产出的相对差异逐渐增加。从变异系数、赫芬达尔指数、基尼系数可以看出，整个地区内创新产出相对差异从2000年开始缓慢上升，说明环渤海湾湾区内城市间创新产出水平出现集聚趋势，表现为有明显的创新集聚中心（表9.1）。

表9.1　2000—2017年环渤海湾湾区城市创新产出差异

年份（年）	标准差	变异系数	赫芬达尔指数	基尼系数
2000	1006.140	1.719	0.124	0.616
2001	1072.469	1.792	0.132	0.624
2002	1059.380	1.723	0.124	0.618

续表

年份（年）	标准差	变异系数	赫芬达尔指数	基尼系数
2003	1323.705	1.772	0.129	0.627
2004	1490.971	1.853	0.138	0.627
2005	1668.571	1.883	0.142	0.644
2006	1921.821	1.748	0.127	0.643
2007	2550.301	1.716	0.123	0.638
2008	3139.034	1.778	0.130	0.652
2009	3999.969	1.822	0.135	0.664
2010	5668.860	1.811	0.134	0.658
2011	7144.173	1.867	0.140	0.677
2012	7979.822	1.908	0.145	0.684
2013	11266.959	1.976	0.153	0.684
2014	12917.361	2.222	0.186	0.706
2015	16402.308	2.115	0.171	0.690
2016	18037.521	2.195	0.182	0.702
2017	19329.344	2.195	0.182	0.703

资料来源：作者依据《中国城市统计年鉴》数据计算绘制。

2）环长江口湾区

环长江口湾区的创新产出首位度开始经历了短暂波动上升，在2003年后，呈现较平稳下降趋势。首位度在2003年达到最高值4.95，说明湾区内部创新产出最高的城市是次高城市的4.95倍，产出最高的城市便是上海。2003年之后，首位度缓慢下降，这期间创新次发达区域发展速度不断加快，且出现多个创新最发达区域和次发达区域，说明环长江口湾区内近年来出现多个创新中心（图9.19）。

2000年以来，环长江口湾区城市的专利授权量显著增加，总量从2000年的12413件增加到2017年的443012件，增长了近36倍，说明环长江口湾区的创新活力水平提升迅猛。其中，上海市创新产出水平在长时间内遥遥领先于其他城市，且保持较稳定的增长速度。苏州、宁波、无锡、杭州、南通的创新能力也表现非凡，尤其在2009年之后的5年，经历了较大的飞跃增长。总体来说，环长江口湾区内城市创新产出绝对差异增大，相对差异波动逐渐减少。

2000年以来，环长江口湾区内城市创新产出绝对差异不断增大，2017年标准差为16916件，是2000年的约21倍，说明湾区内城市之间创新活动的绝对差异不断增大。而通过运用多种相对差异指数计算来看，湾区内城市创新产出的相对差异逐渐减小。从变异系数、赫芬达尔指数、基尼系数可以看出，整个湾区内的创新产出相对差异在2000年至2003年经历较明显的上升，之后一路走低。到2017年各指数值均达到了最低水平，与2005年相比分别下降了41.43%、37.88%和33.02%，说明环长江口湾区内城市创新活动呈现趋同趋势（表9.2）。

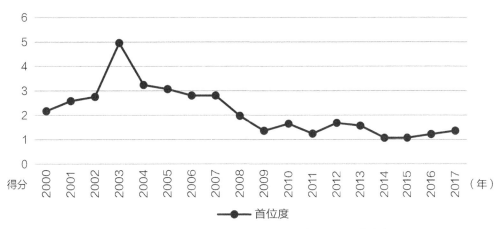

图 9.19 2000—2017 年环长江口湾区城市创新产出首位度变化

资料来源：作者依据《中国城市统计年鉴》数据计算绘制。

表 9.2　2000—2017 年环长江口湾区城市创新产出差异

年份（年）	标准差	变异系数	赫芬达尔指数	基尼系数
2000	809.093	1.173	0.132	0.533
2001	1016.156	1.315	0.152	0.561
2002	1439.870	1.411	0.166	0.582
2003	3076.944	1.847	0.245	0.634
2004	2116.109	1.350	0.157	0.550
2005	2486.679	1.290	0.148	0.540
2006	3176.333	1.142	0.128	0.501
2007	4698.852	1.116	0.125	0.484
2008	5379.387	0.982	0.109	0.470
2009	8058.111	0.902	0.101	0.455
2010	11900.060	0.874	0.098	0.450
2011	16074.005	0.921	0.103	0.474
2012	21592.394	0.975	0.108	0.491
2013	22446.832	0.894	0.100	0.448
2014	14175.067	0.694	0.082	0.368
2015	16408.758	0.628	0.077	0.343
2016	15440.650	0.625	0.077	0.338
2017	16916.411	0.687	0.082	0.357

资料来源：作者依据《中国城市统计年鉴》数据计算绘制。

3）海峡西岸湾区

海峡西岸湾区的创新产出总体呈波动下降趋势。首位度在2009年达到最高值2.3，即区域内部创新产出最高城市是次高城市的2.3倍。之后首位度缓慢下降，说明近年来泉州市在创新领域不断追赶温州，与其差距越来越小（图9.20）。

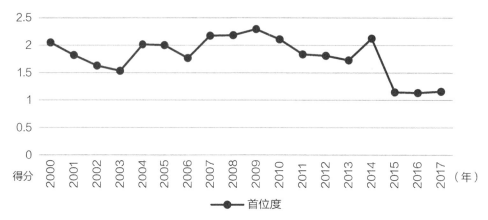

图9.20　2000—2017年海峡西岸湾区城市创新产出首位度变化
资料来源：作者依据《中国城市统计年鉴》数据计算绘制。

2000年以来，海峡西岸湾区城市的专利授权量显著增加，专利授权总量从2000年的4209件增加到2017年的119342件，总量增长超过了28倍，说明2000年以来海峡西岸湾区创新产出水平有了极大提升。其中，温州、泉州引领了整个湾区的创新活动；厦门、福州近年来也表现突出。这四个城市创新产出水平远高于其余地区。总体来说，海峡西岸湾区内城市创新产出绝对差异不断增大，相对差异呈波动下降趋势。

2000年以来，海峡西岸湾区内创新产出绝对差异不断增大，2017年标准差为8367件，是2000年的约22倍，说明湾区内城市之间创新活动的绝对差异呈猛烈增长趋势。而通过运用多种相对差异指数计算来看，湾区内城市创新产出的相对差异呈波动下降趋势。17年来，赫芬达尔指数略有增加，但变异系数和基尼系数的值总体下降较明显，分别下降了23.47%和17.13%。说明海峡西岸湾区内城市创新产出水平有趋同的趋势（表9.3）。

表9.3　2000—2017年海峡西岸湾区城市创新产出差异

年份（年）	标准差	变异系数	赫芬达尔指数	基尼系数
2000	385.549	1.466	0.861	0.643
2001	421.658	1.441	0.872	0.637
2002	573.244	1.581	0.888	0.685
2003	648.019	1.471	0.880	0.662
2004	709.276	1.572	0.877	0.680
2005	713.636	1.537	0.887	0.668
2006	855.192	1.478	0.881	0.656
2007	1208.132	1.541	0.893	0.647

续表

年份（年）	标准差	变异系数	赫芬达尔指数	基尼系数
2008	1269.656	1.449	0.880	0.628
2009	1728.251	1.441	0.871	0.638
2010	2598.916	1.391	0.886	0.625
2011	2875.329	1.296	0.886	0.604
2012	3462.925	1.266	0.900	0.594
2013	6093.184	1.356	0.917	0.609
2014	5774.524	1.310	0.917	0.568
2015	7605.363	1.195	0.912	0.540
2016	8116.249	1.162	0.915	0.524
2017	8366.552	1.122	0.913	0.529

资料来源：作者依据《中国城市统计年鉴》数据计算绘制。

4）粤港澳湾区

粤港澳湾区的创新产出首位度总体上呈现出先波动上升，后缓慢下降的趋势。首位度在 2012 年达到最高值 2.2，即区域内部创新产出最高，是次高区域的 2.2 倍。可见从 2000 年到 2012 年，湾区内城市出现某些发展迅猛区域，其中最突出的就是深圳。2012 年后，首位度有缓慢下降趋势，说明这期间创新次发达区域（即广州）发展速度不断加快，创新实力不断增强（图 9.21）。

2000 年以来，粤港澳湾区城市的专利授权量显著增加，专利授权总量从 2000 年的 16281 件增加到 2017 年的 371808 件，总量增长了近 23 倍。说明随着粤港澳湾区地区经济的不断发展，创新活动愈发活跃，粤港澳湾区已经成为我国乃至世界创新活动最强的地区之一。其中，深圳可以被称为珠三角地区的创新领头羊，近年来创新成果量远远超过其余城市，且呈强势上涨态势。广州、东莞、佛山、中山这几个城市创新实力呈现不断加强的趋势，次于深圳但远强于其余地区。总体来说，粤港澳湾区内城市创新产出绝对差异增大，相对差异波动不明显。

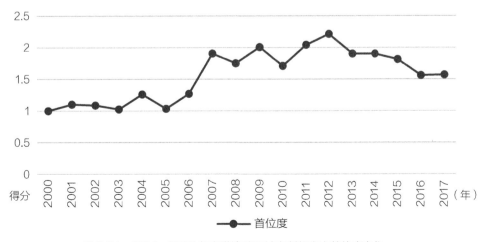

图 9.21　2000—2017 年粤港澳湾区城市创新产出首位度变化
资料来源：作者依据《中国城市统计年鉴》数据计算绘制。

2000年以来，粤港澳湾区内城市创新产出绝对差异不断增大，2017年标准差为22560件，是2000年的约21倍。说明湾区内城市之间创新活动的绝对差异呈猛烈增长趋势。而运用多种相对差异指数计算来看，湾区内城市创新产出的波动性不明显。从变异系数、赫芬达尔指数、基尼指数可以看出，整个地区内的创新产出相对差异从2000年开始经过小幅的波动，到2017年基本又回到2000年的水平，说明粤港澳湾区内城市间的创新产出水平相对差异没有太大变化，也没有出现不断加强的集聚趋势（表9.4）。

表9.4 2000—2017年粤港澳湾区城市创新产出差异

年份（年）	标准差	变异系数	赫芬达尔指数	基尼系数
2000	1054.499	1.490	0.140	0.684
2001	1192.216	1.451	0.135	0.673
2002	1442.798	1.414	0.130	0.668
2003	1979.418	1.484	0.139	0.682
2004	2140.675	1.502	0.142	0.682
2005	2567.313	1.532	0.146	0.686
2006	3026.473	1.535	0.146	0.689
2007	4460.373	1.649	0.162	0.705
2008	4483.160	1.616	0.157	0.704
2009	6155.748	1.649	0.162	0.709
2010	8512.138	1.606	0.156	0.705
2011	9247.981	1.624	0.158	0.699
2012	11037.893	1.627	0.159	0.687
2013	11501.908	1.411	0.130	0.632
2014	12146.551	1.449	0.135	0.636
2015	16583.584	1.490	0.140	0.644
2016	17565.155	1.383	0.127	0.614
2017	22560.218	1.396	0.128	0.624

资料来源：作者依据《中国城市统计年鉴》数据计算绘制。

5）环北部湾湾区

环北部湾湾区的创新产出首位度总体波动较为明显，在2014年达到最高值2.05，即区域内部创新产出最高是次高城市的2.05倍。南宁市的创新产出水平遥遥领先于其余城市；但从首位度的波动情况可以看出，创新次发达区域即湛江市发展速度不断加快，创新实力不断增强（图9.22）。

2000年以来，环北部湾湾区城市的创新授权量显著增加，专利授权总量从2000年的842件增加到2017年12098件，总量增长超过了14倍。其中，南宁是环北部湾湾区内创新产出贡献最突出的城市，专利授权量保持较高的增长速度。此外，湛江、海口、玉林创新产出水平也较高，其余城市则相对较低。

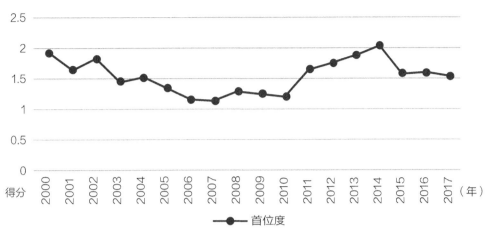

图 9.22 2000—2017 年环北部湾湾区城市创新产出首位度变化
资料来源：作者依据《中国城市统计年鉴》数据计算绘制。

总体来说，环北部湾湾区内城市创新产出绝对差异不断增大，相对差异波动不明显。

2000 年以来，环北部湾湾区内城市创新产出绝对差异不断增加，2017 年标准差为 1314 件，是 2000 年的约 16 倍。从变异系数、赫芬达尔指数、基尼系数的值可以看出，整个地区内的创新产出相对差异从 2000 年开始有轻微波动，到 2017 年，各指数的值与 2000 年相差不大，相对差异波动不明显。说明环北部湾湾区城市间的创新产出水平相对差异没有太大变化，也没有出现不断加强的集聚趋势（表 9.5）。

表 9.5 2000—2017 年环北部湾湾区城市创新产出差异

年份（年）	标准差	变异系数	赫芬达尔指数	基尼系数
2000	79.892	1.233	0.194	0.625
2001	75.989	1.258	0.199	0.637
2002	78.970	1.399	0.227	0.675
2003	85.990	1.326	0.212	0.661
2004	95.666	1.364	0.220	0.673
2005	98.394	1.432	0.235	0.688
2006	103.870	1.326	0.212	0.658
2007	140.308	1.344	0.216	0.669
2008	160.490	1.319	0.211	0.664
2009	204.656	1.300	0.207	0.651
2010	297.321	1.319	0.211	0.662
2011	323.098	1.318	0.211	0.658
2012	429.347	1.353	0.218	0.662
2013	588.316	1.274	0.202	0.629
2014	713.430	1.367	0.221	0.650

续表

年份（年）	标准差	变异系数	赫芬达尔指数	基尼系数
2015	1102.128	1.404	0.228	0.666
2016	1177.182	1.423	0.233	0.670
2017	1313.832	1.412	0.230	0.667

资料来源：作者依据《中国城市统计年鉴》数据计算绘制。

9.2.2 创新产出的整体态势分析

为分析五大湾区创新产出的整体态势，本书采用分级统计图法、趋势面法与 Nich 指数进行分析。分级统计图法与趋势面法在本书前文中已有介绍，而 Nich 指数则是在研究时期内湾区内各城市与整个湾区的创新产出增长速度的比值。

$$N_i = \frac{\frac{Y_{i\in m,t} - Y_{i\in m,0}}{Y_{i\in m,0}}}{\frac{Y_{m,t} - Y_{m,0}}{Y_{m,0}}} \tag{9-4}$$

其中，$Y_{m,t}$、$Y_{m,0}$ 分别是 m 湾区在研究末期和初期的平均创新产出；$Y_{i\in m,t}$ 与 $Y_{i\in m,0}$ 分别是 i 城市在研究末期与初期的创新产出。数值大于 1，则该城市的创新产出增长速度比整个湾区增长速度更快，是识别创新高增长区域的工具。

1. 环渤海湾湾区

对于环渤海湾湾区而言，其创新产出的整体态势可以用"两极化现象总体加剧，创新核心凸显"来概括。2000 年，湾区内各城市创新产出梯度明显，两极化现象非常严重。北京市独占第一梯队，沈阳、天津、青岛位居第二梯队，淄博、济南、东营、大连、潍坊、烟台次之，其余城市创新产出远远落后。自此之后，环渤海湾湾区内城市创新产出水平两极化现象不断加剧。2005 年，除北京市外，其他诸如石家庄市、天津市、沈阳市、潍坊市、济南市、青岛市、烟台市的专利申请数也较多。2005 年、2010 年和 2018 年，超低创新水平城市数量分别上升到 21 个、22 个和 26 个。2010 年至 2018 年，北京市作为湾区创新核心的地位未曾动摇；天津创新实力也不断提升，成为湾区创新的次中心。2018 年与 2005 年相比，总体专利申请量在大幅提高的同时，专利申请也更加集中到北京和天津，特别是第一名北京市，专利申请数是第二位天津市的 1.5 倍。

总体来看，环渤海湾湾区创新产出水平极化现象日趋严峻，北京市作为湾区创新中心的地位不断稳固。

从环渤海湾湾区的 Nich 指数来看，高增长型城市集中于湾区中心。北京市、天津市是两大创新高增长型城市。而 Nich 指数小于 0.5 的城市数量较多，且多分布于湾区外围（表 9.6）。

表 9.6 2000 年、2010 年、2018 年环渤海湾湾区城市专利数量（个）与两个时期
（2000—2010 年、2010—2018 年）的 Nich 指数

城市	2000 年	2010 年	2018 年	Nich 指数（2000—2010 年）	Nich 指数（2010—2018 年）
北京市	1302	32380	123496	1.69	0.66
天津市	414	8582	54680	1.40	1.26
保定市	51	458	8102	0.56	3.92
唐山市	37	247	5308	0.40	4.81
石家庄市	55	915	11450	1.11	2.70
廊坊市	20	418	5547	1.41	2.88
秦皇岛市	25	340	2884	0.89	1.76
张家口市	10	83	1346	0.52	3.57
承德市	19	96	1257	0.29	2.84
沧州市	11	216	4898	1.32	5.09
衡水市	30	213	2587	0.43	2.62
邢台市	1	179	4603	12.59	5.80
邯郸市	21	322	3910	1.01	2.61
葫芦岛市	3	75	881	1.70	2.52
锦州市	10	200	1436	1.34	1.45
盘锦市	97	104	1033	0.01	2.10
鞍山市	36	948	0	1.79	−0.23
本溪市	9	64	403	0.43	1.24
沈阳市	340	3693	12582	0.70	0.56
辽阳市	10	236	898	1.60	0.66
营口市	25	274	623	0.70	0.30
丹东市	25	266	1012	0.68	0.66
大连市	154	1951	10557	0.83	1.04
德州市	11	418	3854	2.62	1.93
济南市	110	1363	20636	0.81	3.32
淄博市	99	1313	6218	0.87	0.88
潍坊市	64	1279	12765	1.34	2.11
青岛市	1089	5409	22521	0.28	0.74
威海市	38	959	4974	1.71	0.98
烟台市	178	1314	7669	0.45	1.13
东营市	25	915	3641	2.52	0.70
滨州市	15	369	3366	1.67	1.91

资料来源：作者依据《中国城市统计年鉴》数据计算绘制。

2. 环长江口湾区

对于环长江口湾区而言，其创新产出的整体态势可以用"两极化现象总体减弱、创新多中心凸显"来概括。

2000年，湾区内各城市创新产出梯度明显，两极化现象比较严重。上海市独占第一梯队，苏州、南京、杭州、宁波位居第二梯队，金华、台州、绍兴、嘉兴、无锡、常州、南通次之，其余城市创新产出远远落后。到2005年，两极化现象加剧，主要表现为超低创新产出水平的城市数量由6个增加到10个，常州、南通、绍兴等城市落后于较低水平。两极化现象在接下来的阶段里有所减弱，主要表现为创新水平较低的城市数量极大减少，而创新产出水平较高的城市数量增多，创新中心不再仅是上海市，与之临近的苏州市创新实力也不相上下。除此之外，杭州、宁波、无锡、南京也成为较突出的创新节点。2018年与2005年相比，总体专利申请量都大幅提高，可能与国家对于科研创新的大力推进、扶持有关，且专利申请不只集中于上海、杭州市。至2018年，苏州市这一指标大幅升高，有超过上海市的趋势，这可能与苏州高新技术产业的飞速发展有关；杭州、宁波以及南京市则为次级中心，但科研创新能力与苏州、上海仍有一定差距。

总体来看，环长江口湾区的科研创新动力主要分布在上海、宁波的沿海区域。江苏地区科研创新投入有限，缺乏驱动力；浙江省科研创新能力尚可，但多集中于省会杭州市，带动能力不足；周边的湖州市的创新能力明显不足。随着时间发展，环长江口湾区城市创新产出水平两极化现象有所减弱，出现多个创新中心。

从环长江口湾区的Nich指数来看，高增长型城市呈带状分布。上海、苏州、无锡、南京、杭州、绍兴和宁波的Nich指数大于1，说明其创新产出增量大于整个环长江口湾区平均创新产出的增量，是创新高增长型城市，在地理空间上呈"上海–苏州–无锡–南京"、"杭州–绍兴–宁波"两条城市带。Nich指数小于0.5的地区有4个，分布在较边远地区（表9.7）。

表9.7 2000年、2010年、2018年环长江口湾区城市专利数量（个）与两个时期
（2000—2010年、2010—2018年）的Nich指数

城市	2000年	2010年	2018年	Nich指数（2000—2010年）	Nich指数（2010—2018年）
上海市	1698	41609	92460	0.82	0.39
南京市	188	6341	44081	1.14	1.91
苏州市	966	31983	75837	1.12	0.44
无锡市	292	11808	35255	1.37	0.64
杭州市	296	8842	55379	1.01	1.69
宁波市	463	9128	44777	0.65	1.25
常州市	149	5051	23334	1.15	1.16
镇江市	35	2917	15348	2.87	1.37
南通市	60	6190	24578	3.56	0.95
绍兴市	93	3978	37288	1.46	2.69
扬州市	88	2354	22804	0.90	2.79
泰州市	62	1241	15633	0.66	3.72
嘉兴市	152	4003	24589	0.88	1.65
湖州市	36	2087	18672	1.99	2.55
舟山市	7	201	2216	0.97	3.22

续表

城市	2000年	2010年	2018年	Nich 指数（2000—2010年）	Nich 指数（2010—2018年）
台州市	200	4521	26288	0.75	1.55
金华市	66	1995	23711	1.02	3.49
盐城市	44	1094	15932	0.83	4.35

资料来源：作者依据《中国城市统计年鉴》数据计算绘制。

3. 海峡西岸湾区

对于海峡西岸湾区而言，其创新产出的整体态势可以用"两极化现象波动变化、创新多中心凸显"来概括。2000年，湾区内地区创新产出梯度明显，两极化现象不突出。温州、福州、厦门、泉州占第一梯队，漳州、莆田、衢州位居第二梯队，其余城市创新产出较低。到2005年，两极化现象明显强化，超低创新水平的城市数量增加到9个，而超高创新产出的城市只有温州市；到2010年，这种状态依旧在持续。到2018年，两极化现象得到缓和，低创新水平城市开始向较高创新水平梯队移动，除福州这一指标稍有萎缩外，温州、厦门仍保持湾区中心的角色。此外，泉州市也成为区域创新中心而内陆城市仍然难以望其项背。总体来看，整个海峡西岸湾区的创新产出整体态势呈现出以沿海的温州、福州、厦门为中心，向内陆城市减小的趋势，创新产出水平两极化现象出现明显"强化→缓和"特征，温州、泉州成为湾区创新中心城市。

从海峡西岸湾区的Nich指数来看，表现为高增长型城市集中于湾区边缘地区。温州、泉州遥遥领先，福州、漳州、丽水、衢州、赣州也是创新高增长型城市，总体位于湾区边缘地区（表9.8）。

表9.8　2000年、2010年、2018年海峡西岸湾区城市专利数量（个）与两个时期
（2000—2010年、2010—2018年）的 Nich 指数

城市	2000年	2010年	2018年	Nich 指数（2000—2010年）	Nich 指数（2010—2018年）
福州市	136	2631	18318	1.61	0.54
厦门市	411	3652	21393	0.69	0.44
泉州市	158	1863	39930	0.94	1.87
莆田市	13	163	2912	1.01	1.54
漳州市	57	767	8212	1.09	0.89
三明市	4	218	2956	4.68	1.15
南平市	5	203	1776	3.47	0.71
宁德市	4	141	2540	3.00	1.55
龙岩市	16	341	4576	1.78	1.13
温州市	335	3312	38181	0.78	0.96
丽水市	7	375	7375	4.60	1.70
衢州市	14	593	6125	3.62	0.85
上饶市	3	101	4221	2.86	3.73
鹰潭市	4	121	2803	2.56	2.02

续表

城市	2000年	2010年	2018年	Nich指数（2000—2010年）	Nich指数（2010—2018年）
抚州市	4	70	4565	1.44	5.86
赣州市	7	81	8982	0.93	10.03

资料来源：作者依据《中国城市统计年鉴》数据计算绘制。

4. 粤港澳湾区

对于粤港澳湾区而言，其创新产出的整体态势可以用"两极化现象波动变化、创新核心凸显"来概括。

2000年，湾区内地区创新产出梯度明显，两极化现象比较严重。深圳、广州、佛山占第一梯队，香港、中山、东莞位居第二梯队，江门、珠海、汕头次之，其余城市创新产出远远落后。到2005年，两极化现象得到缓和，主要表现为超低创新水平的城市晋升到较低或较高水平，创新能力有所提升，如江门、汕头等。但是这种状态并没有持续，接下来湾区内城市创新产出的两极化现象不断强化。至2010年，深圳独占第一梯队，但起先创新较突出的香港却跌至第四梯队，广州、东莞、佛山三市居第二梯队，第四梯队的城市数量显著增多。2015年，广东省内部，深圳市专利申请数量最多，广州市次之，东莞也具有较高水平。可以看出，深圳市创新性更高，专利成果繁多；广州市经过10年发展，专利申请数不断增多，创新性明显提高；东莞则为区域中的后起之秀。2010—2018年，两极化现象稍微缓解，主要表现为原来创新水平较低地区开始赶超，第三、四梯队聚集了大部分城市，但深圳作为粤港澳湾区创新领头羊的地位不断强化。

此外，需要说明的是，该部分未能引入香港和澳门特别行政区的数据，但根据《广州日报》公布的数据和数字化研究院发布的《粤港澳大湾区协同创新发展报告（2017）》，能够看到，粤港澳湾区2012—2016年间，内地区域发明专利数目与增长率均远高于港澳地区，港澳地区基本保持每年2万件发明专利的水平。

总体来看，粤港澳湾区创新产出水平两极化现象出现了明显的"缓和-强化-缓和"的特征，深圳作为创新核心城市的地位不断巩固。

从粤港澳湾区的Nich指数来看，其高增长型城市主要集中于中心地区，深圳、广州遥遥领先，佛山、东莞、中山也是创新高增长型城市。Nich指数小于0.5的地区高达15个，分布在高增长型城市的外围地带。总体来看，粤港澳湾区城市的创新活动，主要由深圳、广州、佛山、东莞四个表现较强的城市辐射带动，而这几个城市也是粤港澳湾区的地理以及创新中心（表9.9）。

表9.9 2000年、2010年、2018年粤港澳湾区城市专利数量（个）与两个时期（2000—2010年、2010—2018年）的Nich指数

城市	2000年	2010年	2018年	Nich指数（2000—2010年）	Nich指数（2010—2018年）
广州市	1080	6719	89826	0.40	2.04
深圳市	991	36845	140202	2.78	0.46
佛山市	232	3112	51010	0.95	2.54
东莞市	818	8629	65985	0.73	1.10

续表

城市	2000年	2010年	2018年	Nich指数（2000—2010年）	Nich指数（2010—2018年）
惠州市	79	1442	14705	1.33	1.52
中山市	472	2854	34114	0.39	1.81
珠海市	312	3050	17090	0.67	0.76
江门市	174	1872	12273	0.75	0.92
肇庆市	27	243	3901	0.62	2.49
汕头市	162	1105	12651	0.45	1.73
潮州市	187	194	5277	0.00	4.33
揭阳市	144	135	4597	0.00	5.46
汕尾市	22	40	2485	0.06	10.09
茂名市	22	55	2591	0.12	7.61
阳江市	30	71	3274	0.11	7.45
韶关市	8	222	3808	2.06	2.67
清远市	7	124	3284	1.29	4.21
云浮市	4	76	1340	1.38	2.75
梅州市	6	195	2018	2.42	1.54
河源市	10	41	2530	0.24	10.02

资料来源：作者依据《中国城市统计年鉴》数据计算绘制。

5. 环北部湾湾区

对于环北部湾湾区而言，其创新产出的整体态势可以用"两极化现象明显缓和、创新多中心凸显"来概括。

2000年，湾区内地区创新产出梯度明显，两极化现象比较严重。南宁独占第一梯队，玉林、湛江、海口位居第二梯队，儋州、北海次之，其余城市创新产出远远落后。自此之后，两极化现象得到缓和，主要表现为超低创新水平的城市数量减少。2005年，环北部湾湾区的科研力量主要集中在湛江市，其专利申请数约为玉林市、南宁市、海口市的两倍。2018年与2005年相比，总体专利申请量在大幅提高的同时，海口市的科研实力得到极大增强，其万人专利申请数为18.89件，排名第一；防城港市与北海市分列第二、三位，湛江市则下滑至第4位。到2018年，崇左、钦州晋升到较高创新产出水平梯队，而南宁、湛江稳占第一梯队。2010—2018年，两极化现象稍微缓解，主要表现为原来创新水平较低地区开始赶超，第四梯队城市数量有所减少，南宁、湛江成为湾区创新中心。

总体来看，环北部湾湾区区创新产出水平两极化现象有所缓解，南宁、湛江成为湾区创新中心。

从环北部湾湾区的Nich指数来看，高增长型城市呈带状分布。其中，南宁、湛江遥遥领先，玉林、海口也是创新高增长型城市（表9.10）。

表 9.10　2000 年、2010 年、2018 年环北部湾湾区城市专利数量（个）与两个时期
（2000—2010 年、2010—2018 年）的 Nich 指数

城市	2000 年	2010 年	2018 年	Nich 指数（2000—2010 年）	Nich 指数（2010—2018 年）
南宁市	28	151	6156	0.87	3.18
北海市	24	54	544	0.25	0.73
钦州市	1	74	909	14.49	0.90
防城港市	1	3	154	0.40	4.02
玉林市	53	320	1749	1.00	0.36
崇左市	0	16	326	—	1.55
湛江市	33	274	5012	1.45	1.38
海口市	70	387	2234	0.90	0.38
儋州市	2	1	214	-0.10	17.02

资料来源：作者依据《中国城市统计年鉴》数据计算绘制。

通过对五大湾区创新产出集聚态势与整体态势的分析，可以总结为表 9.11。

表 9.11　五大湾区创新产出的集聚态势与整体态势

	集聚态势			整体态势		
	绝对差异	相对差异	趋势	两极化现象	创新中心	高增长型城市空间分布
环渤海湾区	增大	波动增大	集聚	逐渐加剧	单中心	中心分布
环长江口湾区	增大	波动减小	分散	逐渐减弱	多中心	带状分布
海峡西岸湾区	增大	波动下降	分散	波动变化	多中心	边缘分布
粤港澳湾区	增大	波动不明显	无	波动变化	单中心	中心分布
环北部湾湾区	增大	波动不明显	无	逐渐减弱	多中心	带状分布

9.3　五大湾区创新效率分析

在分析创新投入与创新产出的基础上，本书进一步计算五大湾区及各城市的创新效率。创新投入选择万人 R&D[1] 人员（人）、万人高校教师（人）与人均 R&D 内部经费支出（元），创新产出选择万人专利申请数（件）。计算方法采用前沿面（CFA）分析方法，参考了廖冠民对上市公司全要素生产力的计算方法。[109]

从 2017 年五大湾区及非湾区地区的创新效率来看，环长江口湾区与粤港澳湾区较高，其中环长江口湾区最高，为 23.56（图 9.23）。

1　R&D（Research and Development）为科学研究与试验发展。

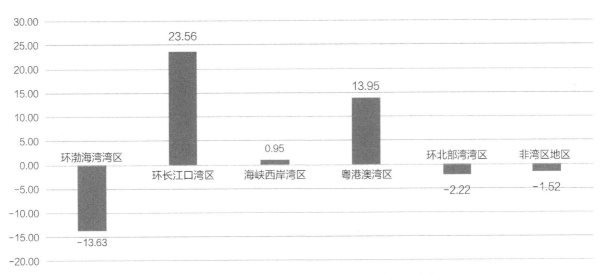

图 9.23 五大湾区及非湾区地区的创新效率（2017年）
资料来源：作者依据《中国城市统计年鉴》数据计算绘制。

1. 环渤海湾湾区

从科研效率来说，环渤海湾湾区各城市的效率均为负数，其中衡水市、张家口市、邯郸市、邢台市、沧州市的效率相对较高。两大核心城市，天津市与北京市分列共30个城市的第19位与第29位（图9.24）。

2. 环长江口湾区

环长江口湾区城市的科研效率较高，除无锡市、上海市之外，基本为正数；南京及其周边的镇江、扬州、常州与浙江的湖州、绍兴的科研效率排名前列（图9.25）。

3. 海峡西岸湾区

海峡西岸湾区的城市科研效率正负参半。作为核心城市的福州市、厦门市同样垫底；浙南三市丽水、温州、衢州，与中国鞋帽之都的泉州市的科研效率较高（图9.26）。

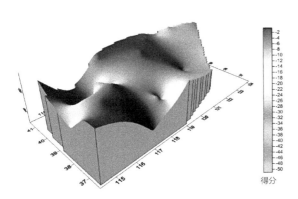

图 9.24　2017年环渤海湾湾区创新效率
资料来源：作者依据《中国城市统计年鉴》数据计算绘制。

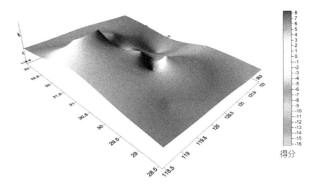

图 9.25　2017年环长江口湾区创新效率
资料来源：作者依据《中国城市统计年鉴》数据计算绘制。

4. 粤港澳湾区

对于粤港澳湾区而言，除韶关市、深圳市的科研效率为负外，其他均为正数。中山市、广州市、佛山市、珠海市、汕头市的科研效率分列前五，广州也是为数不多的科研效率排名靠前的核心城市（图9.27）。

5. 环北部湾湾区

对环北部湾湾区而言，内部城市的科研效率正负参半。其中北海市、湛江市、防城港市、玉林市的科研效率为正，钦州市、崇左市、南宁市、海口市的科研效率为负（图9.28）。

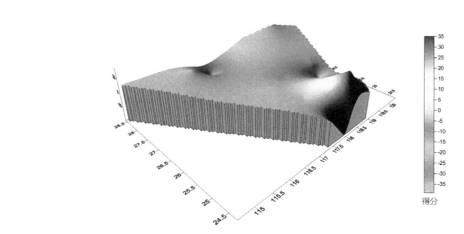

图9.26　2017年海峡西岸湾区创新效率
资料来源：作者依据《中国城市统计年鉴》数据计算绘制。

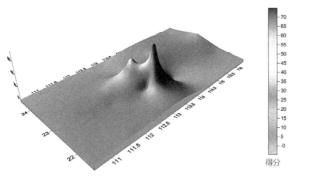

图9.27　2017年粤港澳湾区创新效率
资料来源：作者依据《中国城市统计年鉴》数据计算绘制。

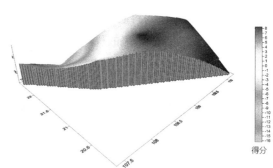

图9.28　2017年环北部湾湾区创新效率
资料来源：作者依据《中国城市统计年鉴》数据计算绘制。

9.4　本章小结

基于以上分析，我们发现：

第一，从创新投入来讲，不同湾区及湾区内部城市创新投入不同。环渤海湾湾区中，山东创新投入较低；环长江口湾区内上海、杭州和南京是创新投入的极点，但经济发达的苏州、无锡、常州地区却是创新投入的洼地；海峡西岸湾区内经济发达的沿海城市创新投入不足，但创新人力资本较多；粤港澳湾区的广州、深圳、佛山是创新投入最多的城市；环北部湾湾区内主要以海口市创新投入为主，整体创新投入不足。

第二,从创新产出来讲,湾区内创新存在空间不均衡现象。环渤海湾湾区中,北京和天津是高创新区域,但城市间创新产出差距大,且绝对差距不断增大;环长江口湾区中,有多个创新集聚区域,各城市创新能力不断增长;海峡西岸湾区内厦门、福州、温州、泉州创新表现最好,与其他城市的相对差异逐渐缩小;粤港澳湾区中深圳、广州、佛山等城市创新产出增长迅猛,各市相对差距波动不大;环北部湾湾区创新产出较弱,主要依靠南宁创新。

第三,从创新效率来讲,湾区差异极大。整体而言,经济发展水平最高、发展最为均衡的环长江口湾区和粤港澳湾区创新效率最高,其余湾区创新效率与这两大湾区差距非常大。

因此,提出以下建议:

首先,**创新投入需要多元化的创新主体**。湾区是参与国际竞争的重要空间单元,要建设一批世界级的创新型、研究型大学,培育一批世界级的引擎企业,并强调政府、高校院所、企业、科技创新中心等不同创新创业主体的密切分工协作。

其次,**湾区创新要有良好的创新金融服务**。与一般的生产经营活动相比,创新需消耗更多的资金,带来更多风险;除政府创新支出、银行贷款等传统融资渠道,湾区企业创新更需要风险投资、创业投资等新型资金来源。中国五大湾区需要借鉴美国旧金山湾区风险投资的成功经验。

最后,**鼓励地区自主创新,创新资源稍向落后地区倾斜**。湾区应鼓励地区自主创新,继续加大创新资金投入,同时建立促进创新创业、鼓励人才流动、万众创新的宽松法律制度环境,培育开放包容、鼓励冒险的创新文化,激发地区创新创业的热情。

第 10 章　治理护航：湾区区域治理分析

当前，我国宏观政策引导鼓励社会经济"区域化"发展的趋势愈发明显，区域协同治理成为国家治理体系中的重要组成。2018 年，《中共中央国务院关于建立更加有效的区域协调发展新机制的意见》提出要加速形成统筹有力、竞争有序、绿色协调、共享共赢的区域协调发展新机制。近年来，五大湾区在区域治理的关系协调、机构构建、治理转型等方面作出了一系列探索，积累了丰富的经验。

本章采用国务院公报高级搜索系统（http://sousuo.gov.cn/a.htm?t=bulletin），搜索查找 2000 年至 2019 年 9 月 5 日，全文中含有环渤海湾湾区、环长江口湾区、海峡西岸湾区、粤港澳湾区、环北部湾湾区五大湾区及其相关区域（京津冀、山东半岛、辽中南、长江三角洲、珠三角）等关键词的公报，进而对湾区相关公报的发文单位与年份，以及涉及的湾区与不同领域进行整体性分析。在此基础上，本章进一步围绕五大湾区的区域治理实践、参与主体、治理机制、典型案例等方面展开具体分析。

10.1　区域治理基础框架

治理既是一种社会统治方式，也是一种社会关系的反映。联合国发展计划署将"治理"定义为国家在所有层面上通过"经济、政治和行政权利"来管理事务。例如利用相关机制让居民和组织等参与并提出意见，或者行使法律权利调解分歧等。区域治理需要关注区域治理的主体、客体、调控机制、工具手段等方面，在实施中要明确主体、方法、保障等各方面要素。

进入 21 世纪以来，随着我国区域公共管理和区域治理研究的不断发展，研究者愈发重视对区域发展治理中府际协调的研究，这类研究主要包含三种理论视角。其一是动机分析。从制度性集体行动理论出发，主要致力于解释地方政府参与区域合作发展的微观动机与现实选择。该视角立足"公共选择"理论，将地方政府视为"经济人"理性的机会参与者，将"成本－收益"的权衡视为地方政府是否选择参与区域合作发展的根本动机。其二是横向结构研究。从横向政府间关系出发，认为网络决策的本质是对象选择、属性构成和建立起什么性质关系的合作。政策网络不仅仅依赖上一级政府或统一的行政领导部门来协调，地方政府间通过信息共享，就可以减少合作的不确定性和不稳定性。不同的网络结构关系会对区域政府参与合作行为产生重要影响，从而改变区域合作的交易成本与风险，形成不同结构的网络治理，包括共享型网络治理（SG）、领导型网络治理（NLO）、行政型网络治理（NAO）。其三是通过空间分析，提出了区域治理"核心－边缘结构"理论。一些学者认为由于空间约束条件的存在，区域治理面临着交通、规模收益递增及市场规模等成本，在发展的过程中，这些成本分布不均衡，从而产生"中心－边缘"的区域不平衡问题。因此，区域合作发展协调的核心内涵在于处在不同空间中的地方政府及其相关部门组织以集体协商的方式，参与以寻求共识为导向的政策制定过程。

本书从区域治理的定义与理论研究出发，构建湾区区域治理的"参与主体－治理手段－协调机制"三个维度的分析框架，对五大湾区具体治理成效进行分析对比。具体来说，区域治理的本质在于通过多元主体间平等、沟通、协商、协力，促进良好治理绩效的实现，使区域内各地方收获共赢（张成福等，2012）。这些主体存在一定差异性和相关性。差异性支持分工，可能体现在职能、资源、价值取向、利益追求等方面;而相关性支撑了协作,可能存在共同的发展目标、资源互补性、相互约束性等。一般来说,区域治理中可能包含政府体系(包括中央政府、地方政府)、经济力量(企业、私人、商会等)、社会群体(公共组织、市民等)三类主体。它们之间的关系特征决定了区域治理的基本模式,如中央政府主导、地方自治为主、市场化发展、网络化治理等。但不论是哪种情境,厘清主体之间的利益关系与权责关系最为重要。

区域治理主体的差异性,决定了它们在应对区域治理时依托的方式不同。政府整合区域资源的职能无法取代,区域治理中必须留有政府权威的空间(洪世键,2009)。因此,依托政府机构职能的行政手段是重要的治理方式之一,行政手段可以参与区域治理决策,并对区域治理进行管理与监督。此外还有市场手段,是区际关系形成的内在机制,也是非政府主体间、公私之间维系关系的重要基础。最后,为了更好地约束行政手段与市场手段,法律手段也必不可少,以作为保障区域治理合理有效、有序开展的依据。稳定成熟的区域治理中,一般都由上述三种手段相辅相成地发挥综合作用。

10.2 湾区治理的政策文本分析

10.2.1 湾区政策的发文单位与涉及领域

从发文单位来看,国务院与国务院办公厅的发文量最高,占总发文次数的50%;随后分别是发展和改革委员会、生态环境部(其前身为环境保护部)、交通运输部、财政部、中共中央、国家领导人讲话、地方政府、商务部等。因涉及多次机构改革,在分析时,我们对具有历史沿革的机构进行合并,如将铁道部并入交通运输部,国家环境保护总局于2008年升格为环境保护部,2018年组建新的生态环境部等(图10.1)。

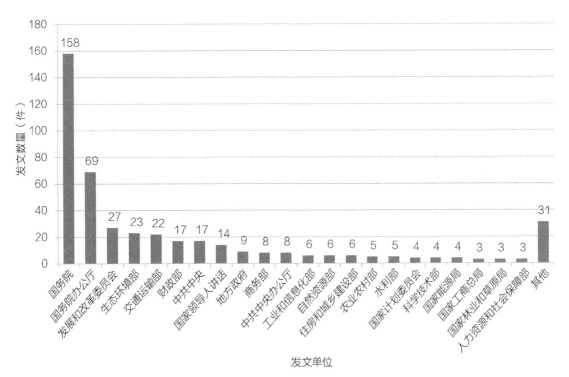

图 10.1 五大湾区相关文件发文单位(2000年至2019年9月5日)

资料来源:作者自绘。

1. 文件涉及的发文单位数量

从文件颁发涉及的部门数量来看，单一部门的发文量最多，共 294 个，占发文总量的 83.76%；两部门发文数量为 42 个，占发文总量的 11.97%；超过两部门共同颁发的文件为 15 个，仅占 4.27%（图 10.2）。

图 10.2　涉及多个发文单位的文件数量（2000 年至 2019 年 9 月 5 日）
注：图中数字为文件数量，单位为件。
资料来源：作者自绘。

从不同年份的文件颁发涉及的部门数量来看，2010 年后，文件颁发涉及的部门数量提升，体现出不同部门间的协作逐渐增强，文件涉及内容逐渐多元化（图 10.3）。

由生态环境部、发展和改革委员会、工业和信息化部、公安部、财政部、交通运输部、商务部、国家市场监管总局、国家能源局、国家铁路局、中国铁路总公司于 2019 年 5 月 10 日共同颁布的《柴油货车污染治理攻坚战行动计划》涉及 11 个部门，是涉及部门最多的文件。

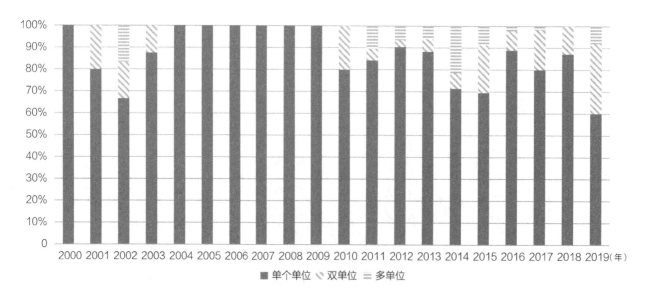

图 10.3　历年涉及多个发文单位的文件数量（2000 年至 2019 年 9 月 5 日）
资料来源：作者自绘。

其他涉及部门较多的文件还有：由生态环境部、外交部、发展和改革委员会、科学技术部、工业和信息化部、财政部、住房和城乡建设部、商务部、国家质量监督检验检疫总局共同出台的《关于加强二噁英污染防治的指导意见》，涉及9个部门。由交通运输部、上海市人民政府、江苏省人民政府、安徽省人民政府、江西省人民政府、湖北省人民政府、湖南省人民政府、重庆市人民政府、四川省人民政府、云南省人民政府10个部门共同印发的《"十二五"时期长江黄金水道建设总体推进方案》。

2. 文件涉及的领域

为分析文件涉及的领域与方向，我们将文件分为重大战略、综合规划与总结、对外关系、产业经济发展、科教、交通通信物流、环保、公共服务、发展环境配套建设、空间规划、区域关系、人口社会文化12个方面，这基本上与本书对湾区的分析结构相同。

在大领域之下，我们根据文件主要涉及的内容进一步给出了细分领域，其中综合规划与总结涉及部门分工、工作报告、工作要点、公报、规划纲要、计划草案、重要决定；对外关系涉及国际合作、外贸以及与东盟和中东欧等具体区域的关系；产业经济发展有的涉及农业、工业、服务业，也有的涉及船舶工业、康复辅助器具产业、再生资源产业、商贸、金融、广告等具体产业，还有的涉及相对综合的数字文化产业、战略性新兴产业、海洋产业；科教领域主要涉及技术转移、知识产权保护、教育、文创；交通通信物流涉及港口、航空、物流、新闻出版与信息化建设；公共服务包括社会保障、给水排水、医疗保健、防灾、食品安全；发展环境配套建设涉及安全生产、标准化建设、财政、产业结构调整、企业家精神培育、体制改革、营商环境、职称改革；空间规划包括城市总体规划、城镇化、地理测绘、功能性区域设置、区域性文件与全国性文件；区域关系包括扶贫、功能协调、区域协同、少数民族地区发展；人口社会文化包括文化发展与文物保护、人口发展（表10.1）。

表10.1 文件涉及的方向领域与细分领域

方向领域	细分领域
综合规划与总结	部门分工、工作报告、工作要点、公报、规划纲要、计划草案、重要决定
对外关系	国际合作、外贸以及与东盟和中东欧等具体区域的关系
产业经济发展	农业、农业－林业、农业－渔业、能源、工业、建筑业、船舶工业、康复辅助器具产业、再生资源产业、生物产业、服务业、商贸业、金融业、保险业、服务外包、广告业、旅游业、体育、医疗保健、人工智能、体育产业、数字文化产业、战略性新兴产业、海洋产业
科教	技术转移、知识产权保护、教育、文创
交通通信物流	港口、航空、物流、新闻出版、信息化
公共服务	社会保障、给水排水、医疗保健、防灾、食品安全
发展环境配套建设	安全生产、标准化建设、财政、产业结构调整、企业家精神培育、体制改革、营商环境、职称改革
空间规划	城市总体规划、城镇化、地理测绘、功能性区域设置、区域性文件、全国性文件
区域关系	扶贫、功能协调、区域协同、少数民族地区发展
人口社会文化	文化发展与文物保护、人口发展

注：在12个方面中重大战略与环保两个方面未区分细分领域。

有些文件涉及了多个领域与方向，如上海、广东等地的自由贸易试验区总体方案既涉及对外关系的外贸，又属于空间规划中的功能性区域规划与建设；《国务院关于〈深化改革推进北京市服务业扩大开放综合试点工作方案〉的批复》既属于空间规划中的功能性区域规划与建设，也属于产业经济发展中的服务业发展；

国务院印发的《关于支持山西省进一步深化改革促进资源型经济转型发展的意见》，同时涉及环保与经济发展中的资源型产业发展。对于涉及两个区域的文件，我们对其涉及的领域分别赋值0.5。

从文件涉及的领域来看，涉及经济、空间规划、环保、交通通信物流、对外关系5个方面的文件数较多，占总文件数量的64.96%，说明这些领域对于湾区的发展至关重要（图10.4）。

3. 不同年份涉及的领域

我们将文件颁布的年份与涉及的领域进行交叉分析，经济发展、环保是湾区最重视的，其在多个年份的发文数量都数一数二。空间规划主要是在2001年、2003年以及2015—2017年之间。对外关系在2008年之前，是湾区较为

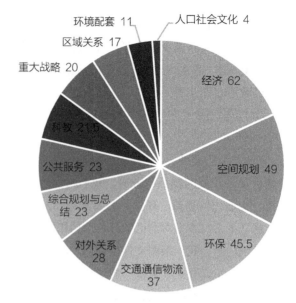

图10.4 文件涉及的方向领域比重（2000年至2019年9月5日）
注：图中数字为文件数量，单位为件。
资料来源：作者自绘。

注重的领域，随后略有下降。科学技术作为"第一生产力"，在2016年之前涉及的文件较少，2016年开始逐步受到重视。与其相似的还有区域关系与环境配套，自2016年开始也得到越来越多的关注。可以看出，湾区的发展已经从最初单一依靠外贸等对外关系的驱动，转向关注科学教育发展、区域关系与环境配套等更注重内涵与更加多元的阶段（图10.5，表10.2）。

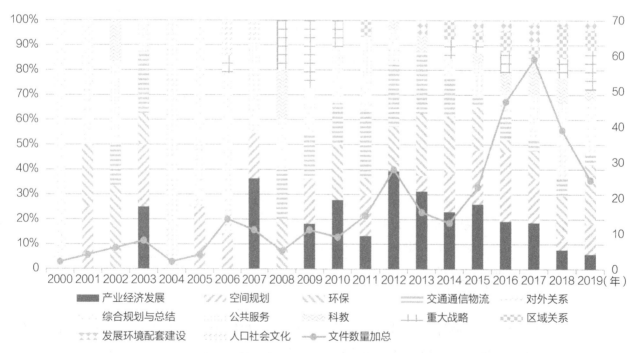

图10.5 历年涉及的方向领域比重变化（2000年至2019年9月5日）
资料来源：作者自绘。

表 10.2　历年各方向领域文件数量（2000 年至 2019 年 9 月 5 日）

类别\年份（年）	2000	2001	2002	2003	2004	2005	2006	2007	2008	2009	2010	2011	2012	2013	2014	2015	2016	2017	2018	2019
产业经济发展				2				4		2	2.5	2	11	5	3	6	9	11	3	1.5
空间规划		1	2	2		1	2	2		2		2.5		1	2	5	13	10.5	2	3
环保		1		1					1		2	1	5	4	3	4	2.5	6.5	6.5	6
交通通信物流			1	2					1	2	1.5	4	7	4	2	1	4.5	3	3	1
对外关系		1		1	2	1	4	3				0.5	2			2	2.5	2	5.5	1.5
综合规划与总结	2	1				2	5		1	1	1	1			1			1		4
公共服务			2					1		1	1	3		1		1	2	7	4	
科教			1						1	3	1				1	1	3.5	8	4	1
重大战略												1				1	4	3	3	4
区域关系					2								2	1	1	1	4	5	5	2
发展环境配套建设							2	1									2	1	1	1
人口社会文化																				
文件数量加总	2	4	6	8	2	4	14	11	5	11	9	15	28	16	13	23	47	59	39	25

10.2.2 五大湾区政策及领域对比分析

1. 五大湾区涉及政策数量历年变化

从五大湾区政策的历年发布量来看，发文量呈现波动性上升的态势，这与我国的五年规划有较大关系，一般在五年规划的前几年，发文量会较多。从五大湾区的文件分布来看，环渤海湾湾区、环长江口湾区与粤港澳湾区这三大较为成熟的湾区，发文量较大（图10.6）。

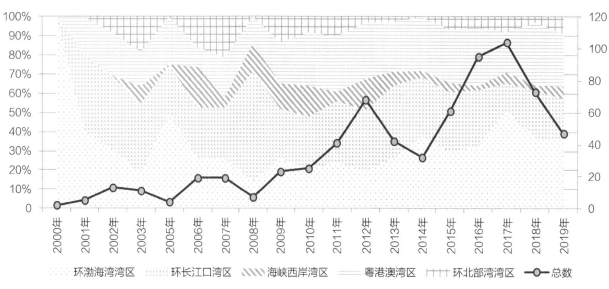

图 10.6　历年涉及五大湾区的比重变化（2000 年至 2019 年 9 月 5 日）

资料来源：作者自绘。

2. 五大湾区涉及政策数量及领域对比

为分析不同湾区关注领域的差别，我们借鉴区位熵方法计算了五大湾区各领域的信息熵。可以看出环渤海湾湾区的科教、公共服务、环境配套的信息熵较高；环长江口湾区的交通通信物流、空间规划的信息熵较高；粤港澳湾区的综合规划与总结、对外关系、区域关系的信息熵较高；海峡西岸湾区的综合规划与总结、产业经济发展、区域关系的信息熵较大；环北部湾湾区的对外关系、空间规划、区域关系的信息熵较高（图10.7，表10.3）。

从文件所涉及的五大湾区数量来看，虽然涉及单一湾区的文件占了较大部分，但涉及多个湾区的文件也较多，其中涉及3个湾区、4个湾区与5个湾区的文件分别占比为26%、7%与3%。如 2018 年国务院办公厅印发的《关于深化产教融合的若干意见》指出，"要加强京津冀、长江经济带城市间协同合作，引导各地结合区域功能、产业特点探索差别化职业教育发展路径"。2018 年国务院办公厅印发的《关于保持基础设施领域补短板力度的指导意见》指出，"推进京津冀、长三角、粤港澳大湾区等地区城际铁路规划建设，加快国土开发性铁路建设，实施一批集疏港铁路、铁路专用线建设和枢纽改造工程"；"加快启动一批国家高速公路网待贯通路段项目和对'一带一路'建设、京津冀协同发展、长江经济带发展、'粤港澳大湾区'建设等重大战略有重要支撑作用的地方高速公路项目，加快推进重点省区沿边公路建设"。在 2019 年中共中央办公厅、国务院办公厅印发的《关于做好地方政府专项债券发行及项目配套融资工作的通知》中，指出"鼓励地方政府和金融机构依法合规使用专项债券和其他市场化融资方式，重点支持京津冀协同发展、长江经济带发展、'一带一路'建设、粤港澳湾区建设、长三角区域一体化发展、推进海南全面深化改革开放等重大战略和乡村振兴战略"。可见在很多文件中，对五大湾区都赋予了较高的发展标准与政策红利（图10.8）。

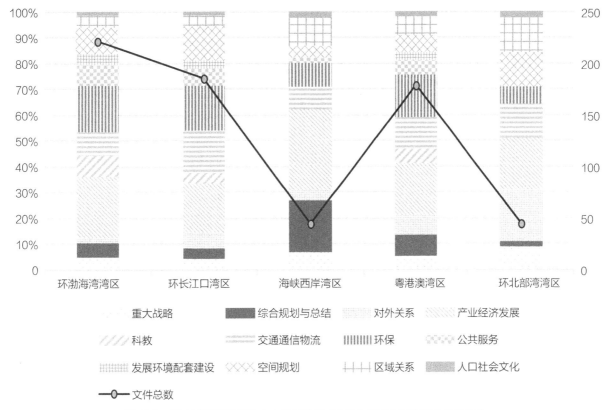

图 10.7 五大湾区所涉及的方向领域比重（2000 年至 2019 年 9 月 5 日）

资料来源：作者自绘。

表 10.3 五大湾区所涉及的方向领域信息熵（2000 年至 2019 年 9 月 5 日）

	环渤海湾区	环长江口湾区	海峡西岸湾区	粤港澳湾区	环北部湾湾区
重大	0.90	0.86	1.33	1.00	1.77
综合规划与总结	0.88	0.57	3.01	1.26	0.33
对外关系	0.36	1.04	0.72	1.26	3.22
经济	1.09	0.87	1.44	0.93	0.93
科教	1.52	0.81	0.00	1.05	0.00
交通通信物流	0.77	1.32	0.73	1.00	1.09
环保	1.12	1.10	0.55	1.01	0.41
公共服务	1.34	1.07	0.37	0.92	0.00
环境配套	1.31	1.04	0.00	1.08	0.00
空间规划	1.03	1.34	0.44	0.67	1.33
区域关系	0.74	0.62	1.83	1.20	2.20
人口社会文化	0.83	0.99	1.37	1.03	1.37

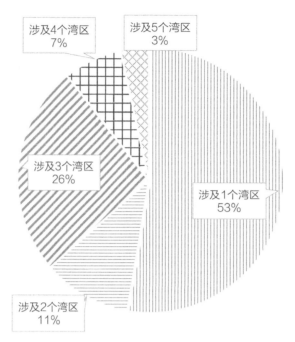

图 10.8 涉及五大湾区数量的文件比重（2000 年至 2019 年 9 月 5 日）
资料来源：作者自绘。

3. 重大战略文件解读

在众多文件中，其中有对湾区区域发展起到重要作用的标志性文件，我们称之为重大战略文件。在我们筛选的 20 个重大战略文件中，其中涉及环渤海湾湾区的有 7 个，分别为：2006 年，国务院印发《国务院关于推进天津滨海新区开发开放有关问题的意见》；2014 年，国务院印发《国务院关于近期支持东北振兴若干重大政策举措的意见》；2015 年，国务院印发《国务院关于环渤海地区合作发展纲要的批复》；2016 年，国务院印发《国务院关于深入推进实施新一轮东北振兴战略加快推动东北地区经济企稳向好若干重要举措的意见》与《国务院关于京津冀系统推进全面创新改革试验方案的批复》；2018 年，中共中央、国务院印发《中共中央、国务院关于对〈河北雄安新区规划纲要〉的批复》；2019 年，中共中央、国务院印发《中共中央、国务院关于支持河北雄安新区全面深化改革和扩大开放的指导意见》及《国务院关于河北雄安新区总体规划（2018—2035 年）的批复》。

涉及环长江口湾区有 4 个，包括：2008 年，国务院印发《国务院关于进一步推进长江三角洲地区改革开放和经济社会发展的指导意见》；2009 年，国务院印发《国务院关于推进上海加快发展现代服务业和先进制造业建设国际金融中心和国际航运中心的意见》；2016 年，国务院印发《国务院关于长江三角洲城市群发展规划的批复》；2018 年，习近平总书记在首届中国国际进口博览会开幕式上的主旨演讲《共建创新包容的开放型世界经济》。

涉及海峡西岸湾区的仅有 2 个，且时间较为久远，分别为：2009 年，国务院印发《国务院关于支持福建省加快建设海峡西岸湾区经济区的若干意见》；2010 年，工业和信息化部印发《工业和信息化部关于支持福建省加快海峡西岸湾区经济区工业和信息化发展的意见》。

涉及粤港澳湾区的有 3 个，包括：2016 年，国务院印发《国务院关于深化泛珠三角区域合作的指导意见》；2019 年，中共中央、国务院印发《粤港澳大湾区发展规划纲要》；2019 年，中共中央、国务院印发《中共中央、国务院关于支持深圳建设中国特色社会主义先行示范区的意见》。

涉及环北部湾湾区的有3个，包括：2009年，国务院印发《国务院关于进一步促进广西经济社会发展的若干意见》；2017年，国务院印发《国务院关于北部湾城市群发展规划的批复》；2018年，中共中央、国务院印发《中共中央、国务院关于支持海南全面深化改革开放的指导意见》。

10.2.3 五大湾区的功能性区域设置概述

在第1章中，我们曾回顾了东部沿海对外开放设置的各种功能性区域，从政策角度而言，这些功能性区域也是特殊政策的载体，承载了湾区区域经济的发展。总的来看，与其他地区相比，湾区开发区的设置数量还是比较多的。按照单位地级行政区拥有的开发区来算，非湾区地区平均为1.18个；环渤海湾湾区、环长江口湾区、海峡西岸湾区、粤港澳湾区、环北部湾湾区分别为2.93、5.89、2.69、1.32、1.38。其中环长江口湾区最高，是开发区密度最高的地区；其次为环渤海湾湾区、海峡西岸湾区。需要说明的是，作为经济发达的粤港澳湾区开发区数量设置却较少，这与深圳、珠海、汕头本身就是经济特区有一定关系（表10.4）。

表10.4 五大湾区功能性区域（开发区）分类数量

湾区	拥有功能性区域的城市	地级行政区	高新区	经开区	海关监管	边境合作	其他	开发区总计
环渤海湾湾区	26	30	30	32	22	1	3	88
环长江口湾区	17	18	20	45	35		6	106
海峡西岸湾区	16	16	12	17	8		6	43
粤港澳湾区	13	22	12	5	12			29
环北部湾湾区	8	13	3	6	6	2	1	18
其他	145	234	87	114	52	16	7	276
总计	225	333	164	219	135	19	23	560

注："高新区"、"经开区"、"海关监管"、"边境合作"、"其他"分别为高新技术产业开发区、经济技术开发区、海关特殊监管区域、边境/跨境经济合作区、其他类型开发区的简称。

从环渤海湾湾区功能性区域（开发区）分布来看，32个城市中，有26个城市拥有开发区。其中，北京市、天津市作为环渤海湾湾区的两大核心城市，开发区数量排名前两位，分别为13个与12个；随后是大连、青岛、沈阳、济南，均为省会或副省级城市；再次是山东沿海的威海、烟台、东营；石家庄作为省会城市，仅有3个开发区。从分类数量来看，高新技术产业开发区、经济技术开发区、海关特殊监管区域的数量较多，边境/跨境经济合作区只有丹东市有（表10.5）。

表10.5 环渤海湾湾区功能性区域（开发区）分类数量

城市	高新区	经开区	海关监管	边境合作	其他	总计
北京市	11	1	1			13
天津市	1	6	5			12
大连市	1	3	3		1	8
青岛市	1	2	3		1	7
沈阳市	1	2	1		1	5

续表

城市	高新区	经开区	海关监管	边境合作	其他	总计
济南市	2	1	1			4
威海市	1	2	1			4
烟台市	1	2	1			4
东营市	1	1	1			3
石家庄市	1	1	1			3
唐山市	1	1	1			3
潍坊市	1	1	1			3
滨州市		2				2
德州市	1	1				2
锦州市	1	1				2
廊坊市		1	1			2
秦皇岛市		1	1			2
鞍山市	1					1
保定市	1					1
本溪市	1					1
沧州市		1				1
承德市	1					1
丹东市				1		1
邯郸市		1				1
盘锦市		1				1
淄博市	1					1

注:"高新区"、"经开区"、"海关监管"、"边境合作"、"其他"分别为高新技术产业开发区、经济技术开发区、海关特殊监管区域、边境/跨境经济合作区、其他类型开发区的简称。

从环长江口湾区功能性区域（开发区）分布来看，18个城市中，多达17个城市拥有开发区。其中，上海作为核心城市，开发区数量最多，临近上海的苏州也不遑多让，这两个城市远高于并列第三的浙江双子星杭州与宁波，随后是无锡、南通、嘉兴等城市，这些城市也距离上海较近。从分类数量来看，与环渤海湾湾区类似，环长江口湾区的高新技术产业开发区、经济技术开发区、海关特殊监管区域的数量较多，由于不临近陆地边境，因此没有边境/跨境经济合作区（表10.6）。

表10.6 环长江口湾区功能性区域（开发区）分类数量

城市	高新区	经开区	海关监管	边境合作	其他	总计
上海市	2	7	10		2	21
苏州市	3	8	7		1	19

续表

城市	高新区	经开区	海关监管	边境合作	其他	总计
杭州市	2	5	1		1	9
宁波市	1	4	4			9
无锡市	2	2	2		1	7
南通市	1	4	1			6
嘉兴市	1	3	1			5
南京市	1	2	1		1	5
常州市	1		2			3
湖州市	1	2				3
金华市		2	1			3
绍兴市	1	2				3
泰州市	1	1	1			3
盐城市	1	1	1			3
扬州市	1	1	1			3
镇江市	1	1	1			3
舟山市			1			1

注："高新区"、"经开区"、"海关监管"、"边境合作"、"其他"分别为高新技术产业开发区、经济技术开发区、海关特殊监管区域、边境/跨境经济合作区、其他类型开发区的简称。

从海峡西岸湾区的功能性区域（开发区）分布来看，16个城市中均拥有开发区。其中，福州市、厦门市作为核心城市，开发区数量最多，随后是赣州、泉州、漳州等城市，浙南地区的三个城市位于中游。从分类数量来看，与环渤海湾区与环长江口湾区相比，海峡西岸湾区的海关特殊监管区域的数量只集中在福建的福州、厦门、泉州以及江西的赣州，由于不临近陆地边境，因此也不存在边境/跨境经济合作区（表10.7）。

表10.7 海峡西岸湾区功能性区域（开发区）分类数量

城市	高新区	经开区	海关监管	边境合作	其他	总计
福州市	1	2	3		2	8
厦门市	1	1	3		2	7
赣州市	1	3	1			5
泉州市	1	2	1			4
漳州市	1	3				4
龙岩市	1	1				2
莆田市	1				1	2
衢州市	1	1				2

续表

城市	高新区	经开区	海关监管	边境合作	其他	总计
温州市	1	1				2
抚州市	1					1
丽水市		1				1
南平市					1	1
宁德市		1				1
三明市	1					1
上饶市		1				1
鹰潭市	1					1

注:"高新区"、"经开区"、"海关监管"、"边境合作"、"其他"分别为高新技术产业开发区、经济技术开发区、海关特殊监管区域、边境/跨境经济合作区、其他类型开发区的简称。

从粤港澳湾区功能性区域（开发区）分布来看，22个城市中，只有13个城市拥有开发区，粤港澳湾区核心区及外围的差异较大。其中，广州、深圳作为核心城市，开发区数量分别为9和5，作为东部沿海最早开发的地区，开发区数量仅与环渤海湾湾区与环长江口湾区的第二梯队城市，如大连、苏州等相似，其他诸如珠海、惠州、汕头，开发区数量只有2个。从分类数量来看，粤港澳湾区的高新区较多，因为深圳本身具有经济特区的加持，未另设经济开发区。但粤港澳湾区最大的优势是拥有香港与澳门特别行政区，具有得天独厚的开放优势（表10.8）。

表10.8 粤港澳湾区功能性区域（开发区）分类数量

城市	高新区	经济开发区	海关监管	边境合作	其他	总计
广州市	1	3	5			9
深圳市	1		4			5
珠海市	1	1	0.5			2.5
惠州市	1	1				2
汕头市	1		1			2
东莞市	1					1
佛山市	1					1
河源市	1					1
江门市	1					1
清远市	1					1
肇庆市	1					1
中山市	1					1
澳门特别行政区			0.5			0.5

注:"高新区"、"经开区"、"海关监管"、"边境合作"、"其他"分别为高新技术产业开发区、经济技术开发区、海关特殊监管区域、边境/跨境经济合作区、其他类型开发区的简称。

从环北部湾湾区的功能性区域（开发区）分布来看，9个地级市1个县级市及3个县中，有8个地级城市拥有开发区。环北部湾湾区内部各城市的开发区数量差异较小。南宁最多为4个；随后为北海市、钦州市，有3个；崇左市、儋州市、海口市各有2个。环北部湾湾区的海关监管区域较多，此外还有2个边境合作区，与越南、老挝等国家存在较强的外贸关系（表10.9）。

表10.9 环北部湾湾区功能性区域（开发区）分类数量

城市	高新区	经济开发区	海关监管	边境合作	其他	总计
南宁市	1	2	1			4
北海市	1		1		1	3
钦州市		2	1			3
崇左市			1	1		2
儋州市		1	1			2
海口市	1		1			2
防城港市				1		1
湛江市		1				1

注："高新区"、"经开区"、"海关监管"、"边境合作"、"其他"分别为高新技术产业开发区、经济技术开发区、海关特殊监管区域、边境/跨境经济合作区、其他类型开发区的简称。

10.2.4 五大湾区行政区划调整与权力中心指数变动

除出台的各种文件与设置的各种功能性区域外，还有一类重要的政策是区域的区划调整。区划调整对城市的发展空间、所拥有的各种资源都有重要影响。因为探讨的是地级市，因此这里主要分析县级行政区域的区划调整。县级行政区域主要包括（地级）市辖区（以下建成区）、县、县级市、自治县、旗、自治旗、林区、特区。其中对于位于中国沿海的五大湾区，比较常见的是区、县与县级市等县级行政区域的区划调整，主要包括撤县/县级市设区、撤县/区设县级市两类。

从地级市的角度而言，其对区、县、县级市的控制力是不同的，其中区作为地级市（及以上）的二级派出机构，地级市政府对区的控制力最强。相较于区而言，县级市则是由地级市代管的，其自主性更强。县的经济水平要差于县级市与区，地级市对其的控制力也介于区与县级市之间。如德州市的夏津县、庆云县、乐陵市、宁津县、临邑县、平原县，滨州市的惠民县、阳信县、无棣县等都是由山东省直接领导和管理，享有财政自主权或其他社会管理权利。

因此，在进行区划调整时，撤县/县级市设区与撤县/区设县级市就属于两种方向。对于地级市而言，撤县/县级市设区会使地级市的控制范围与发展空间更大，而撤县/区设县级市则相反。

本书通过全国行政区划信息查询平台（http://xzqh.mca.gov.cn/description?dcpid=1）中的县级以上行政区划变更情况，整理计算数据并绘制图表。总的来说，五大湾区的行政区划调整主要以第一种撤县/县级市设区为主，撤县/区设县级市的情况较少，仅在2017年的台州市、承德市有两起（图10.9）。

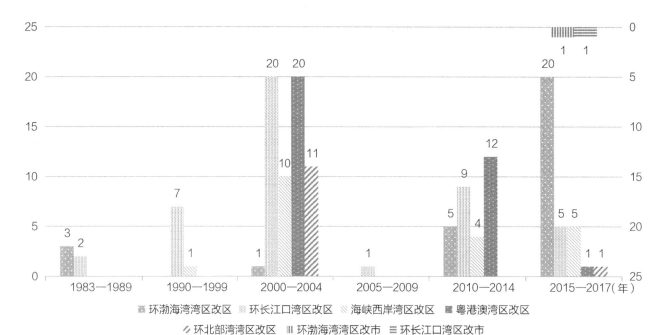

图 10.9 五大湾区行政区划数量（1983—2017 年）
资料来源：作者自绘。

为了分析五大湾区行政区划调整的效果，我们构建了地级市的权力中心指数：

$$Q_{i,t} = b_{q,i,t} + 0.5 b_{x,i,t} + 0.25 b_{s,i,t} \qquad (10\text{-}1)$$

其中，$Q_{i,t}$ 为 i 城市 t 年的权力中心指数，$b_{q,i,t}$、$b_{x,i,t}$、$b_{s,i,t}$ 分别为 i 城市 t 年市辖区、县与县级市占全部县级行政区的比例。我们进一步求出五大湾区的权力中心指数：

$$WQ_{w,t} = \frac{\sum_{i \in w} Q_{i,t} \cdot S_{i,t}}{\sum_{i \in w} S_{i,t}} \qquad (10\text{-}2)$$

其中，$WQ_{w,t}$ 为 w 湾区 t 年的湾区权力中心指数，$S_{i,t}$ 为 i 城市 t 年的 GDP。从计算结果来看，粤港澳湾区、环长江口湾区、环渤海湾湾区的权力中心指数在 1998—2016 年都得到了一定增长。特别是粤港澳湾区与环长江口湾区，在 1999—2004 年间，快速提升了权力中心指数，这段时期也是两个湾区大规模进行撤县/县级市设区的时期。环北部湾湾区与海峡西岸湾区的权力中心指数上升并不明显，而海峡西岸湾区的权力中心指数还低于非湾区地区，说明海峡西岸湾区的县域经济较为发达，而地级市的权利较为分散，可运用的资源不足（图 10.10）。

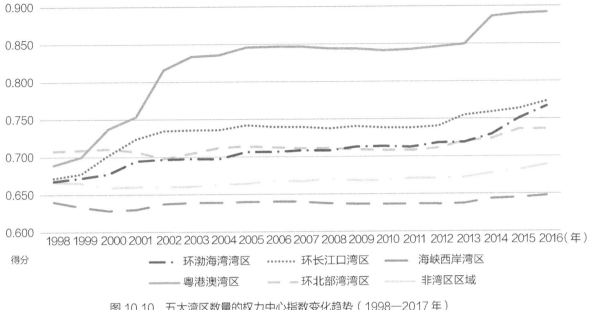

图 10.10　五大湾区数量的权力中心指数变化趋势（1998—2017 年）
资料来源：作者自绘。

10.3　环渤海湾湾区区域治理经验

环渤海湾湾区的中心地区是京津冀地区，京津冀协同发展的水平将在很大程度上影响甚至决定环渤海大湾区建设的水平。实施京津冀协同发展战略，以北京、天津为中心引领京津冀的城市群发展，带动环渤海湾湾区地区协同发展，提升环渤海湾湾区地区整体实力和综合竞争力，打造我国最具综合优势和发展潜力的经济增长极，形成战略性资源、战略性产业和战略性的集聚区，改变我国经济南强北弱的格局，推动我国在更高层次上参与国际分工，加快培育我国参与国际经济合作竞争的新优势，是推动京津冀协同发展的战略意义所在。

10.3.1　区域治理大事件

关于京津冀的区域协作，一直以来受到各级政府与学界的广泛重视与支持。京津冀的区域协作最早可追溯到 1981 年"华北地区经济技术合作协会"的成立。2014 年第一届京津冀协同发展论坛在北京召开，中国国家主席习近平明确提出京津冀区域协同发展，目的是实现三地合作共赢，将京津冀协同发展上升为国家战略。2017 年习主席再次强调区域协调发展的重要性，以增强京津冀区域发展的协同性和整体性。总的来看，京津冀协同发展的规划体系基本建立，协同发展的理念更加深刻，京津冀协同发展取得重大进展。以下文件及事件对京津冀协同发展，提升环渤海湾湾区区域治理水平起到了重要的推动作用（表 10.10）。

表 10.10　环渤海湾湾区区域治理主要事件和文件一览

时间	重要文件／事件	主要内容
1981 年	华北经济技术协作区	通过计划管理方式，加强华北五省市的物资协作、技术协作和经济联合
1996 年	"九五计划"	提出建设"环渤海综合经济圈"，覆盖范围包括辽东半岛、山东半岛和京津冀地区

续表

时间	重要文件/事件	主要内容
2004 年	环渤海经济圈合作与发展高层论坛	研究制定《环渤海经济圈发展战略规划》，争取将其列入国家"十一五"规划
2004 年	《环渤海区域合作框架协议》	建立类似长三角市长联席会议合作联系机制，覆盖环渤海区域的 5 省 2 市
2010 年	《国家"十二五"规划纲要》	提出加快京津冀一体化发展，明确提出抓紧编制首都经济圈一体化发展的相关规划，加强顶层设计
2011 年	首届京津冀区域合作高端会议召开	倡议共同建设起京津冀城市群
2014 年	习近平总书记主持召开京津冀三地协同发展座谈会	强调京津冀要打破"一亩三分地"的思维，建立起科学长效的机制
2014 年	政府工作报告	提出"加强环渤海及京津冀地区经济协作"，提出"京津冀协同发展是重大国家战略"，将京津冀协同发展提上新高度
2014 年	京津冀协同发展领导小组	由时任国务院副总理张高丽担任组长，组织推动京津冀区域发展规划的编制工作
2014 年	中央经济工作会议	提出进一步加快京津冀协同发展
2015 年	《京津冀协同发展规划纲要》	形成"四纵四横一环"的网络化格局，京津石中心城区与新城、卫星城之间形成"一小时通勤圈"
2015 年	《环渤海地区合作发展纲要》	覆盖北京、天津、河北、山西、内蒙古、辽宁、山东 7 省（市、区），助力京津冀协同发展
2016 年	《"十三五"时期京津冀国民经济和社会发展规划》	全国第一个跨省市的"十三五"规划，着力打破京津冀"一亩三分地"格局
2017 年	《京津冀人才一体化发展规划（2017—2030 年）》	通过搭建专家数据库、人才协会联盟等平台，加强跨区域人才合作交流，推进创新成果转化

资料来源：作者依据相关文件整理绘制。

10.3.2 参与主体：中央政府主导、地方政府参与

京津冀协同治理中，目前已形成中央政府主导、地方政府参与的参与主体分工模式。目前的主导推动者为国家层面的相关部委，牵头编制了一系列综合性区域规划。2014 年中央成立了国务院京津冀协同发展领导小组及京津冀协同发展专家咨询委员会，京津冀三地随后也迅速成立了各自的推进京津冀协同发展工作的领导小组。依托这些组织，京津冀初步建立起了协调机制，并将其引入了区域规划的决策过程中。执行层面上，地方政府间为了实现协同发展，开展了多种合作，以签订协议、行动方案、举办联席会议等非制度化突破的方式为主。地方政府积极响应区域规划要求，出台了一系列专项规划、协同发展意见、专业领域协作框架等政策文件来具体指导实践，并开始朝着建立长期稳定的关系转变，在多个领域分别形成了京津冀国土部门定期联席会议制度、京津冀环境执法与环境应急联动工作机制联席会议制度、京津冀政协主席联席会议制度等，地方行政壁垒逐渐减弱。

此外，经济力量和公众的参与不断获得重视。为了形成良性的市场机制，京津冀三地一直致力于壁垒消除与区域市场统一，例如推动产业转移、形成物流信息共享等。2016 年年底还举办了第一届"津冀协同发展社会组织高峰论坛"，计划以此搭建起三地政府、社会组织、企业三者的合作平台，促进非政府组织在区域治理中发挥作用。

10.3.3 治理机制：多层次协同治理机制

环渤海湾湾区的区域治理在借鉴国内外区域治理模式基础上，在实践过程中逐渐形成了自身的区域治理模式，主要包含6种类型（表10.11）。这6种模式是京津冀在实现跨区域治理过程中的重要探索和尝试，也是政府主导下对京津冀区域协同发展的多层次探索。何磊（2015）提出了京津冀区域治理的三大模式：一是中央政府主导模式——适用于京津冀区域治理的早期阶段，主张通过中央政府的权威来协调区域合作，统一制定区域规划，统一进行人才培养和交流合作等；二是平行区域协调模式——适用于京津冀区域治理的中期阶段，倡导充分发挥地方政府的主动性，并通过激励机制吸引多元主体参与区域治理；三是多元驱动网络模式——适用于京津冀区域治理的后期阶段，倡导多元区域主体建立网络化的区域治理结构，更加灵活、自主、高效地参与区域治理。而且治理的范围更为广泛，除公共设施和基础服务外，还包括医疗、科技、教育等专业领域，以此推动区域更快更好地发展。在实践中，政府部门通过制定空间规划、行政区划调整、建立多层次的中央政府统筹协调机制、省际领导协调机制和省际合作机制来主导京津冀的区域合作和区域治理，并将官民共建合作机制作为政府行为的有效补充，在京津冀跨区域合作的低潮期内为京津冀三地政府牵线搭桥。

表10.11 环渤海湾湾区区域治理机制

机制	内涵	举例
空间及区域规划	制定区域规划、城市规划、城市群规划等，以及各类专项规划及实施方案	京津冀北地区城乡空间发展规划研究、京津冀协同发展规划纲要、京津冀协同发展交通一体化规划、京津冀协同发展生态环境保护规划、北京市新增产业的禁止和限制目录、京津冀产业转移指南、"十三五"时期京津冀国民经济和社会发展规划等
行政区划调整	包含省直管县、撤县设市、市辖区内部调整、撤县设区、行政级别升格等	廊坊市升格地级市，撤廊坊地区，武安县撤县设县级市；设立唐山市曹妃甸区；在河北省雄县、容城、安新等3县及周边部分区域设立雄安新区等
省际领导协调机制	包含成立市长联席会、政协组织联席会等，加强跨区域的高层次沟通协调	华北地区经济技术合作协会、环渤海地区经济联合市长联席会、北京及河北城市的市长、专员联席会制度、京津冀三省市信息化工作联席会议制度、京津冀发改委区域工作联席会议等
中央政府统筹协调机制	在中央政府领导下，成立跨区域领导和协作机构，组织重点基础设施建设，重大项目开发等	京津冀协同发展领导小组、京津冀交通一体化领导小组、京津冀协同发展税收工作领导小组、京津冀大气污染防治协作小组等
直辖市、省际合作机制	包括合作协议、备忘录、经济协作区等，加强具体事务的沟通合作	京津冀人才开发一体化合作协议、北京市人民政府和河北省人民政府关于加强经济与社会发展合作备忘录、北京市、天津市关于加强经济与社会发展合作协议等
官民共建合作机制	包括研讨会、论坛等，作为政府合作的有效补充	京津冀区域经济发展战略研讨会、京津冀城市发展协调研讨会、京津冀经济一体化区域合作论坛等

资料来源：作者依据相关文件整理绘制。

10.3.4 典型案例：北京市通州区与河北省廊坊北三县协同发展

1. 项目概述

环渤海湾湾区协同发展的一项重点工作是妥善解决好北京非首都功能疏解对居民生活、工作的影响，实现更高质量和更充分的就业；协调好京津冀三地的利益关系，使各方的利益诉求尽可能得到满足和改善；充分发挥政府、企业、居民和非政府组织不同主体的作用，不断缩小河北与北京、天津公共服务水平和区域经济发展的差距。

北京市通州区下辖 11 个乡镇、5 个街道办事处，面积 906 平方公里（其中北京城市副中心规划面积 155 平方公里），常住人口 157.8 万；河北省廊坊北三县地区包括三河市（县级市）、大厂回族自治县、香河县，下辖 24 个乡镇、8 个街道办事处，面积 1254 平方公里，常住人口 160 万；北京市通州区与河北省廊坊北三县总面积 2160 平方公里，总人口约 320 万。

北京市通州区和河北省廊坊北三县的协同具有京津冀协同发展的典型特点和共性挑战。建议设立通州区与廊坊北三县协同发展改革试验区，以通州与北三县协同发展为突破口，通过促进通州区与廊坊北三县在产业、基础设施、公共服务、体制机制等方面的创新探索，既有利于加快城市副中心建设，促进高质量的都市圈发展，更能够探索突破现有治理格局，创新京津冀协同发展体制机制，为京津冀乃至全国区域协同治理积累经验。

2. 工作机制

自通州区作为北京市城市副中心以来，北京市将区域协同发展作为加快城市副中心建设的内生动力，积极推进北京市城市副中心与河北省廊坊北三县的协同发展，在体制机制、重点领域协同上取得了重大进展。首先，确立协商合作机制。北京市推进京津冀协同发展领导小组办公室（以下简称北京市协同办）与河北省推进京津冀协同发展领导小组办公室（以下简称河北省协同办）沟通对接，建立了通州区与廊坊市协同发展机制，包括定期会晤机制、两地协同办经常性对接制度，共同加强了对协同发展重点工作任务的调度、协调和督促检查。其次，重点项目领域率先突破建立合作。政府间产业协同加快，两省市四地联合举办了北京市与河北省廊坊北三县产业项目推介洽谈会，50 个北京市产业项目拟落地廊坊北三县。聚焦公共服务短板，搭建面向廊坊北三县的集教育、医疗、城市管理等于一体的区域培训平台。合力整治潮白河，启动大运河协同治理，生态协同治理成效明显。交通一体化进程加快，京秦高速全线通车，燕潮大桥实现通车，有效缓解燕郊与副中心的交通压力。再次，"两统一"实现无缝对接。廊坊北三县地区与通州区执行统一产业准入政策和统一的新增产业禁止和限制目录。此外，积极落实"房子不是用来炒"的定位，继通州住宅、商住房限购之后，2016 年廊坊市出台了《关于完善住房保障体系促进房地产市场平稳健康发展的若干意见》等一系列房地产调控政策与措施。

10.3.5 区域协同治理案例：雄安新区

1. 整体概况

为进一步推进京津冀协同发展，采取抓主要矛盾、牵"牛鼻子"的方法，2017 年 4 月 1 日，中共中央、国务院决定在现行区域行政区划基础上，规划河北省保定市雄县、容城、安新 3 县及沧州任丘市部分乡镇，设立国家级新区——雄安新区。雄安新区集中承接北京非首都功能，并进行具有示范意义的体制机制创新，努力打造京津冀地区的新引擎、新支点、新增长极。这一顶层设计的面世成为全球瞩目的"千年大计，国家大事"。这是京津冀协同发展进入深水区和关键期后的重大举措，是区域协同发展进程中至关重要的一步。新区的建设对于缓解北京功能承载过多、疏解北京非首都功能的意义非凡，也是京津冀区域携手打造世界级城市群的发端。雄安新区旨在克服京津冀协同治理理念缺失、合作治理主体碎片化、整合机制匮乏等区域发展短板，秉承"创新、协同、绿色、开放、共享"五大发展理念，致力于全新发展空间的结构调整、整体布局与深度拓展。

2. 具体举措

京津冀协同发展背景下雄安新区整体性治理架构的制度创新，经历了一个探索、互动、博弈的渐进过程。2014年以来，中央充分利用政治经济资源配置权力，通过多种方式全面介入京津冀区域各方利益关系间的互动调整。在功能定位、产业发展、生态环境治理、交通建设和北京非首都功能疏解等方面，统筹规划、组织协调，相应推出并供给了整体领域和具体领域的协调机制，成立了相关机构。雄安新区建设发展中大量政策资金的支持，众多中央企事业单位的进驻以及自身创新发展，将有助于加大河北在京津冀三地博弈互动中资本的提升和话语权，更有力地表达河北和雄安的利益诉求，推动京津冀区域和雄安制度创新变迁的取向更加趋于公平合理，实现区域均衡发展。

中央作为外部强制力量在雄安新区建设、推动京津冀协同治理过程中起到了关键性的作用。在中央力量驱动下，制度上的创新很快体现到具体发展实践中，京津冀区域功能定位更加明确，区域内联系更加紧密。一是北京通过分散和集中的方式，疏解了一般性制造业、区域性物流基地和区域性批发市场、部分教育、医疗、行政性和事业性服务机构等非首都功能，在一定程度上缓解了大城市病。二是天津市吸引了大量来自北京市和河北省的投资，仅2017年京冀企业到天津市投资的到位资金1089.14亿元，占天津市实际利用内资的43.6%。三是河北省在此期间承接来自北京市和天津市的产业功能更加明显。自2014年至2018年7月，仅位于河北省沧州市的渤海新区，就以平均每天签约一个京津项目的速度，承接项目1264个，总投资达5538.7亿元。同时，雄安新区自设立以来，得到来自中央各部委以及区域内各地的大力支持，发展前景光明。

10.4 环长江口湾区区域治理经验

10.4.1 区域治理大事件

自1982年国务院提出成立"上海经济区"以来，长江三角洲地区经历了快速的一体化发展过程，形成了代表中国参与国际竞争的经济聚集群体。作为我国经济最具活力、开放程度最高、吸纳外来人口最多、出口量最大的区域，环长江口湾区高质量一体化发展也已站在新起点，进入全面深化的阶段。然而，在区域一体化深化发展的新时期，寻找新的战略机遇和突破口是环长江口湾区面临的关键问题。无论是上海市的城市总体规划，还是长三角城市群发展规划，都把推进长三角区域整体协调发展、深化区域协同治理作为推进上海大都市圈和长三角世界级城市群的基本方略来看待。环长江口湾区的建设与发展将成为新时代推动长三角一体化高质量发展的核心抓手及中国对外大开放和高质量一体化发展的转型示范。回顾环长江口湾区区域治理历程，主要有以下重要事件和文件起到重要推动作用（表10.12）。

表10.12 环长江口湾区区域治理主要事件和文件一览表

时间	事件/文件	主要内容
1992年	长江三角洲协作部门主任联席会议制度	上海、南京、杭州、宁波、无锡、苏州等14个经济横向联系较为紧密的城市就如何打破行政分割，更好地促进城市合作进行集中讨论，标志着长三角政府协商机制开始全面启动
1997年	长江三角洲城市经济协调会	通过了《长江三角洲城市经济协调会章程》，对长三角城市经济协调会的基本宗旨、基本原则、基本任务、组织结构、活动形式等进行了系统的阐述和具体的规定，构建了长三角城市合作的基本框架

续表

时间	事件/文件	主要内容
2001 年	沪苏浙经济合作与发展座谈会	长三角区域一体化发展机制上升到省级层面
2008 年	《关于进一步推进长江三角洲地区改革开放和经济社会发展的指导意见》	—
2010 年	《长江三角洲地区区域规划》	—
2016 年 5 月	《长江三角洲城市群发展规划（2016—2020）》	提出构建"一核五圈"的区域协同发展空间格局。规划要求以上海为长三角核心城市，加快提升上海核心竞争力和全球城市功能；从国家层面确立了长三角区域发展的总体规划，为长三角各省市制定各行政区域总体规划提供了理论依据和政策指导
2017 年 12 月	《上海市城市总体规划（2017—2035 年）》	提出了"以都市圈承载国家战略和要求"的宏观构想，充分发挥上海作为都市圈中心城市的辐射带动作用；依托交通运输网络推动 90 分钟通勤范围内，与上海在产业分工、文化认同等方面关系紧密的近沪地区及周边协同形成同城化都市圈格局

资料来源：作者依据相关文件整理绘制。

10.4.2 参与主体："三级运作"与社会组织

1. "三级运作"组织架构

长三角协调机制在组织架构上形成了以长三角地区主要领导座谈会为决策层，以长三角地区合作与发展联席会议为协调层，以联席会议办公室、重点合作专题组、城市经济合作组为执行层的"三级运作"机制（图 10.11）。

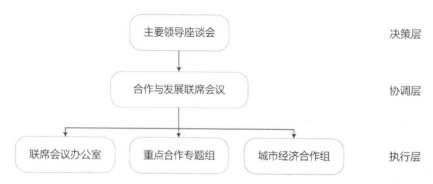

图 10.11 环长江口湾区"三级运作"组织架构示意图
资料来源：作者依据相关文件整理绘制。

省级层面的一体化发展机制主要包括两个层次：一是沪苏浙两省一市由常务副省（市）长主持，各地发改委、专题合作组负责人等相关人员参加的"沪苏浙经济合作与发展座谈会"制度；二是两省一市主要领导参加的"长三角地区主要领导座谈会"定期磋商机制。这一磋商机制由时任浙江省省委书记习近平提议设立，旨在就长三角地区一体化发展中的重大问题进行集中磋商解决，并对未来的一体化发展提出总的方向和要求。

次区域合作主要以都市圈、经济区建设为主要形式，开展省内城市合作和省际城市合作。省内城市合作主要以优化各省内部城镇体系格局、形成相对紧密有序的区域发展空间结构为重要内容，包括杭州都市圈、合肥都市圈以及浙东经济合作区等，主要形式包括成立领导小组以及市长联席会议制度等。例如合肥都市圈在2009年成立合肥都市圈建设领导小组，下设办公室，并建立联席会议制度；浙东经济合作区在市长联席会议制度的基础上以专业组的形式开展专题合作，保障合作机制的高效率和专业性。省际都市圈建设主要包括南京都市圈、上海都市圈，其中南京都市圈在2003年1月出台了《南京都市圈规划（2002—2020）》，对以南京为中心的江苏省、安徽省相关城市的发展进行统一规划和引导。

2. 民间合作组织

长三角民间合作起步较早，主要是企业自发地寻求技术和市场合作的行为。民间组织包括社会团队、行业协会、公益组织、产业联盟等，在区域产业布局、企业商贸合作和技术交流以及一体化政策的实施等方面起着重要作用。当前长三角区域一体化发展当中，民间组织合作机制主要包括成立产业发展联盟、以论坛形式开展各项学术交流和人文交流活动、协会合作等。其中学术团体开展交流和研讨活动、各类院校之间的交流和师资培训等，不仅就长三角区域一体化发展的有关问题进行多方面探讨，同时还增进了长三角各学术团队、各类专家之间的信息交流，对于形成长三角整体学术品牌也有着重要的推动作用；行业协会合作机制主要包括开展政策咨询、信息共享以及其他服务工作，是政府政策实施的有力补充，能够协调企业和政府间的联系和沟通，为企业发展创造良好的营商环境；公益组织合作机制也在稳步推进，例如2018年长三角三省一市合作建设长三角慈善一体化合作机制，通过慈善互助平台建设，努力实现长三角区域慈善事业协同发展。

10.4.3　治理机制：全方位一体化发展机制

纵观环长江口湾区区域一体化发展的历程，合作内容由以往单纯的经贸合作逐步转向全方位的一体化发展，机制建设是区域一体化发展的重要内容，也为长三角区域一体化发展的进一步完善提供了保障。当前，在不同层面、不同专题上形成了相对完善且具有区域特色的一体化发展机制，涉及政府协商、经贸合作、区域治理、资源共享等多个方面。

1 政府协商机制

目前在长三角整体层面上已经形成"三级运作"多层次的跨区域政府协商机制。该项政府协商机制有助于协调解决区域合作中的重大问题与日常事务，实现方向把控与具体实施的结合。政府部门间的合作和往来则主要以专题合作等形式进行，一般由某一城市相关部门牵头，就某一问题进行集中研究，并会同其他城市就相关议题进行协商。例如在交通规划对接方面，一方面以长三角区域合作办公室为平台，出台有关跨区域的交通规划；另一方面则由地区之间，通过规划的对接和政府相关部门合作进行有效衔接。各类专题组和合作组的设置具有一定的灵活性，有助于重点解决区域共同关心的突出问题。

在"三级运作"机制的基础上，长三角区域内部次区域（都市圈、经济区等）层面的城市合作机制也在不断完善，例如浙东经济区、南京都市圈等，采用市长联席会议制度等形式，以及双向互访、挂职锻炼等方式进行政府间的协商，并以专业组的形式解决区域性发展问题，搭建小范围内的合作平台。

2. 经贸合作机制

经贸合作是长三角区域一体化发展的重要内在驱动力。目前长三角经贸合作机制建设主要包括旅游合作开发机制、平台合作机制、专利交易以及知识产权保护机制等。

旅游合作开发机制是通过签署相关合作文件规范旅游市场秩序，推出区域性精品旅游线路，整合区域旅游资源，进行旅游项目联合开发，并在旅游管理方面加强旅游品牌共建和监管工作，比如统一旅游标识牌标准等。

平台合作是产业合作中的重要途径，主要包括园区共建、产销协作机制建设等方式。通过相关平台合作，可以促进湾区内相关产业实现产销结合、产学研结合。例如通过园区托管、双方共建、产业招商等形式，以园区共建为长三角产业转移和承接提供良好的平台；在管理机制和园区政策上进行对接，聚焦产业转移承接以及产业链条分布，明确税收分成比利，以此促进长三角产业合作。农业产销协作方面，上海与江苏盐城、南通等签署"蔬菜产销合作协议"，建立产销对路的农产品供给体系。

专利交易以及知识产权保护机制在科技创新资源利用和开发方面有着重要的作用，主要包括专利技术交易平台建设以及签署知识产权保护协议等，不仅有利于整合区域技术资源，还有利于维护市场秩序。例如通过设立专利技术交易平台，能够促进科技研发成果的有效转化和利用，充分发挥长三角科技创新优势。知识产权保护机制主要包括执法协同、信息共享以及知识产权纠纷解决等。建立知识产权保护机制，有助于强化知识产权在区域高质量发展中的作用，维护市场秩序。

3. 协同管理机制

协同管理是长三角区域一体化的重要内容，对规范整体市场环境、消除区域间的负外部性、强化跨区域治理起到了良好的促进作用。目前长三角区域治理机制主要包括环境联防联控机制、安全共管机制、征信联动机制、司法协作机制等。环境联防联控机制包括建立相关的工作机构，出台工作机制，就环境综合治理、共同执法、生态补偿、纠纷仲裁、应急管理等方面进行制度方面的衔接，强化生态环境的跨区域治理能力。

安全共管机制包括食品安全以及危险品运输两个方面，在食品安全机制建设方面，主要包括长三角食品安全联合监管、应急协作机制建设，重大活动食品安全保障机制建设，食品安全生产标准统一和信息共享机制建设等，并采取定期交流等方式加强长效机制的构建。

危险品运输方面，在安全运输标准的统一和危险品运输信息共享的基础上，通过跨区域的联动监管机制，实现危险品运输的全过程监管，消除可能存在的监管盲点。

征信联动机制是长三角一体化发展的重要内容，主要包括跨区域守信激励和失信惩戒联动机制以及信用信息共享机制等。区域信用的共管、信用信息的互通，可以规范市场秩序、提升长三角整体的诚信形象。

4. 资源共享机制

环长江口湾区资源共享主要集中于科技创新资源的共享、公共服务资源的共享以及信息资源的共享等。科技创新资源共享机制主要包括大型科学仪器的共用，是构建区域科技创新平台的重要手段。环长江口湾区拥有丰富的科技创新资源和设备，通过构建科技资源和大型仪器设施利用平台，以"创新券"的形式建立科学仪器有偿使用机制，避免了部分科技资源的重复建设，提高了科学仪器的利用效率。

当前公共服务资源共享机制主要聚焦医保异地结算以及交通服务的互通。在长三角城市经济协调会的框架下，通过专题研究等方式对医保互通以及交通一体化进行了研究，在推动医保异地报销和交通卡互通方面取得了较大成绩，例如在长三角选择试点城市，开展异地医保直接结算业务。

信息共享机制贯穿于长三角合作机制各个方面，在形式上主要包括政府部门间定期交流和互访、建立统一合作平台、成立专题合作组等方式。

10.4.4　区域合作平台：经济协调会

长三角经济协调会（以下简称"协调会"）的前身，是1992年上海、无锡、宁波、舟山、苏州、扬州、杭州、绍兴、南京、南通、常州、湖州、嘉兴、镇江14个城市协作部门主任自发倡议的联席会议制度，架起了沟通的桥梁。1997年，上述14个城市的市政府和新成立的泰州市共15个城市通过平等协商，自愿组成新的经济协调组织——长江三角洲城市经济协调会，并确定经济协调会每两年举办一次市长会议。在1997年的市长会议上通过的《长江三角洲城市经济协调会章程》，对长三角城市经济协调会的基本宗旨、基本原则、基本任务、组织结构、活动形式等进行了系统的阐述和具体的规定，构建了长三角城市合作的基本框架。会议还就旅游、商贸合作进行了专题讨论，确立了以专题研究推动区域合作的模式。此后，上海联华、农工商等大型超市得以迅速向长三角地区扩张。

2003年，协调会首次扩容，加入了新成员台州市。协调会的成立确实有利于打破地方市场分割、推动区域的市场整合和一体化发展。2004年将两年一次的市长会议改为一年一次，反映出长三角城市合作步伐的加快。2006年经济协调会通过了经济协调会办公室工作会议制度、城市合作专题制度、财务管理制度以及经济协调会办公室新闻发布制度等，标志着长三角经济协调会在制度建设方面逐渐完善。

2010年，长三角经济协调会扩容提速，合肥、盐城、马鞍山、金华、淮安、衢州6市入围；2013年，又加入了徐州、芜湖、滁州、淮南、丽水、温州、宿迁、连云港8市。至此，长三角经济协调会成员扩容至30座城市，其所含范围，也已超越地理意义上的"长江三角洲"，进入"泛长三角"的层面。

经济协调会合作机制的完善和深化体现在两个方面：一方面，长三角城市经济协调会运作机制日益规范，在《长江三角洲城市经济协调会章程》的基础上形成和完善了市长联席会议制度、办公室工作会议制度、专委会暂行管理办法、城市合作专题合作专（课）题工作制度等，进一步明确了城市经济协调会这一区域合作平台的议事流程。另一方面，合作机制建设从经贸领域拓展到生态环保、医疗、信息交流等社会民生和城市治理领域，长三角城市之间通过签署合作协议、设置相关的专题组进行集中研究等方式，在相关部门间开展合作。

10.4.5　合作项目典型案例：长三角生态绿色一体化发展示范区

2019年5月底，中共中央、国务院正式印发《长江三角洲区域一体化发展规划纲要》，提出建设长三角生态绿色一体化发展示范区（以下简称"示范区"）。2019年11月19日国家发改委发布《长三角生态绿色一体化发展示范区总体方案》。2020年6月17日，《长三角生态绿色一体化发展示范区国土空间总体规划》（以下简称示范区总规）已形成规划草案并进行公示。示范区总规由两省一市政府共同组织编制，将报国务院批准。这是我国首个省级行政主体共同编制的跨省域国土空间规划，是区域一体化制度创新的重要成果。

示范区愿景："世界级滨水人居文明典范"，目的是打造一个人类与自然和谐共生、全域功能与风景共融、创新链与产业链共进、江南风和小镇味共鸣、公共服务和基础设施共享的地区。示范区总规范围为青浦、吴江、嘉善"两区一县"约2413平方公里的行政辖区，并将紧邻示范区的需要一并规划研究的区域作为规划协调区。规划协调区包括虹桥主城片区除青浦区以外的区域，嘉兴市嵌入示范区范围内的王江泾、油车港镇以及昆山市毗邻淀山湖的锦溪、周庄、淀山湖镇，三个区域共计约486平方公里。先行启动区的范围为金泽、朱家角、黎里、西塘、姚庄5个镇全域，约660平方公里。

示范区打破了传统的造城思路和开发区模式，是区域一体化发展的国家试验田，目标通过制度创新来为示范区定规则、立标准、开新路。作为长三角高质量发展的"样板间"，示范区规划围绕"生态绿色"和"创新经济"两大关键词展开，在未来规划实施中将打破行政区划藩篱和制度约束，建立标准理念统一、资源信息共享、管理执法一体、协商保障有力的区域一体化发展新机制。

目标定位方面：一是指导思想上，以习近平的新时代中国特色社会主义思想为指导，全面贯彻党的十九大和十九届二中、三中、四中全会精神，全面落实创新、协调、绿色、开放、共享的新发展理念和长三角一体化发展国家战略，坚持走生态优先、绿色发展之路，坚持更高起点的深化改革和更高层次的对外开放，率先探索跨行政区高质量一体化发展路径，将示范区建设成为生态优势转化新标杆、绿色创新发展新高地、一体化制度创新试验田、人与自然和谐宜居的新典范。二是目标愿景上，规划立足世界眼光、国际标准、中国特色，为示范区提出"世界级滨水人居文明典范"的总体发展愿景，具体表述为：未来的示范区，将是一个人类与自然和谐共生、全域功能与风景共融、创新链与产业链共进、江南风和小镇味共鸣、公共服务和基础设施共享的地区。三是发展模式上，重点强调三方面转变。发展动力上，强调动能转换、协同共进，转变以投资和要素投入为主导、土地增量规模扩张的传统发展模式，构建创新驱动、高效集约的新发展方式。空间组织上，强调多中心、网络化、融合式，不搞集中成片、大规模、高强度开发建设，突出"小集中、大分散"的建设用地布局原则，推动存量用地布局优化、结构调整和内涵提升。治理方式上，强调共建共享、共担共赢。

规划策略方面：一是空间布局上，面向区域，深化战略空间联动，深化与上海市区、苏州、嘉兴的错位发展和相互配合。突出生态绿色特征，以示范区生态敏感性最高、生态本底最优质的淀山湖、元荡及周边湖荡为主体构建生态绿心，构建示范区"一心、两廊、三链、四区"的生态格局。在锚固生态格局的基础上，以虹桥商务区为发展动力核，以环淀山湖区域为创新绿核，形成"两核、四带、五片"的城乡空间布局。二是生态环境上，推进水岸联动综合整治，统一示范区水环境管控标准，提升林田空间生态服务功能。三是产业发展上，构建"研－学－产"协同共进的空间布局，形成接轨国际标准与技术前沿的"正面清单"和倒逼传统产能退出与升级的"负面清单"。四是综合交通上，打造绿色、高效、多样的交通体系，统筹构建高效快捷的轨道交通系统，打造扁平化等级道路交通网络，营建风景道、蓝道、绿道等特色交通系统。五是城乡风貌上，形成与水乡古镇风貌相协调的"小尺度、低高度、中密度"空间感觉，塑造江南韵、小镇味、现代风的生活场景。六是公共服务上，统筹布局建设文化、教育、体育、卫生等高等级的公共服务设施，按照均等化、便利化原则构建15分钟社区生活圈。七是市政基础设施上，共同推进协调一体绿色的市政基础设施建设，高标准构建城市智能平台运行支撑系统和韧性安全的综合防灾系统。

规划实施方面：一是加强全域国土空间管控。全面落实国家自然资源和国土空间规划管理新要求，依据空间布局方案，统筹划定生态保护红线、永久基本农田、城镇开发边界、文化保护控制线四条控制线，建立覆盖全域的"四线"管控体系。二是实现全过程规划土地一体化管理。聚焦规划制定、计划安排、项目管理、监督执法四个环节，建立全流程一体化政策机制。优化国土空间规划体系，建立统一的规划管理信息平台。统筹用地计划，建立跨行政区域用地指标统筹管理机制。加强一体化的项目管理服务，统一审批、统筹推进跨区域项目。建立规划实施动态监测、定期评估和及时维护制度，推进联合监督执法。三是推动示范项目建设，聚焦一体化和生态绿色，按照集中示范和分类示范两大类谋划近期示范项目。重点抓好"1+3"集中示范，共建一处水乡客厅。由三地在两省一市交界处，合力打造"江南庭院、水乡客厅"，集中实践和示范城水共生、活力共襄、区域共享的发展理念。在先行启动区内三地发挥各自优势，谋划青浦西岑科创中心、吴江高铁科创新城、祥符荡创新中心三处近期示范片区。同时，从人民有获得感、项目有显示度的角度，共建生态环保、产业功能、人居品质、基础设施四类"项目库"，形成分类示范。

设立长三角生态绿色一体化发展示范区的目的是将其建设成为更高质量一体化发展的标杆，它将有利于集中彰显长三角地区践行新发展理念、推动高质量发展的政策制度与方式创新，更好地引领长江经济带的发展，对全国的高质量发展发挥示范引领作用。

10.5 海峡西岸湾区区域治理经验

10.5.1 区域治理基础

当前海峡西岸湾区建设仍处于构想阶段，已有的海峡西岸湾区经济区（又名海峡西岸湾区城市群）为海峡西岸湾区区域协同治理奠定了基础。海峡西岸湾区经济区是以台湾地区为地理参照的经济区域，是以福州、泉州、厦门、温州、汕头五大中心城市为核心，包含福建省的福州、厦门、泉州、莆田、漳州、三明、南平、宁德、龙岩，浙江省的温州、丽水、衢州，江西省的上饶、鹰潭、抚州、赣州，广东省的汕头、潮州、揭阳、梅州共计20个地级市所组成的国家级城市群。海峡西岸湾区经济区以五大中心城市为中心所形成的经济圈是构筑地域分工明确、市场体系统一、经济联系紧密的对外开放、协调发展、全面繁荣的经济综合体。

海峡西岸湾区经济区是一个涵盖经济、政治、文化、社会等各个领域的综合性概念，总的目标任务是"对外开放、协调发展、全面繁荣"。2009年5月，国务院公布《关于支持福建省加快建设海峡西岸湾区经济区的若干意见》。2011年4月8日，国家发展和改革委员会全文发布《海峡西岸湾区经济区发展规划》。《规划》以"加快转变，跨越发展"为主线，提出了"先行先试、便捷两岸；对接两洲、带动中西；区域协作、联动发展"的基本思路。明确了完善海峡西岸湾区快递发展环境、优化服务网络空间布局、整合两岸快递服务资源、加快快递服务体系建设和培育大型现代快递企业等五项主要任务。党的十七大报告提出，支持海峡西岸湾区和台商投资相对集中的其他地区的经济发展。这是海峡西岸湾区经济区建设首次被写入中国共产党全国代表大会报告。

10.5.2 合作治理案例：政府间环保合作机制

1. 合作主体

环保合作作为城市群合作治理的主要方面，在海峡西岸湾区城市群的合作机制及一体化战略中占据重要地位，形成了省级部门为主，市级部门参与的合作网络。在占据合作网络中心位置的主体中，省级部门的比例最高。除省生态环境厅外，省政府和省公安厅也是合作网络中很重要的主体，反映了省级部门在协调中的重要地位。而市级主体占据网络中心位置的较少，除厦门市外，其他城市生态环境部门的中心度也较低，市级部门处在边缘地位。

从参与部门来看，前期的环保合作主体较为局限，只包含生态环境部门和行政部门，合作形式和范围受到很大限制。随着时间的推移，后期的合作主体更加多元，许多职能部门和社会力量也参与进来，在网络中占据中心位置，成为环保合作发展的新驱动力，从而弥补了传统合作方式专业化程度不够的缺陷和盲区，反映出海峡西岸湾区城市群合作协调能力得到大幅提升。

2. 合作机制

海峡西岸湾区城市群合作机制建立的基础在于环保合作的制度化和纵向协调机制主流化。海峡西岸湾区城市群在2006年之前的环保合作协调基本属于横向自发协调，市级生态环境部门之间的正式、非正式合作是主要的协作机制。在《支持福建省建设海峡西岸湾区经济区的意见》等中央文件下发，海峡西岸湾区城市群概念确立下来后，为提升环保合作的效率，纵向协调机制逐渐取代了横向协调机制。省政府及生态环境部门即据此指导相应的建设纲要，向市级行政生态环境部门传达精神、划分责任、督促执行。在福建省，生态环境厅作为合作总协调，各地市生态环境局作为执行者，并引入大量职能部门参与的协作机制确立下来，成为主导（表10.13）。在此纵向协调机制的作用下，海峡西岸湾区城市群在环保合作治理中逐渐形成了环境联动机制和跨区域协作的治理机制。

表10.13 不同时期海峡西岸湾区城市群环保合作主要参与主体及核心议题

	2005年	2011年	2017年
主体	厦门市原环保局	福建省原环保厅	福建省原环保厅
	泉州市原环保局	厦门市原环保局	福州市原环保局
	福建省政府	泉州市原环保局	厦门市原环保局
	福州市原环保局	福建省政府	原环保部
	核心城市人大常委部门	泉州市政府	泉州市原环保局
	厦门市政府	厦门市政府	公安部门
议题	工业污染治理	水环境治理	水环境治理
	水环境治理	环保行政	环境执法
	生态保护	污染物排放监管	生态保护
	污染物排放监管	生态保护	环保行政
	环保行政	综合举措	环境督查
		工业污染治理	污染物排放监管

资料来源：作者依据相关文件整理绘制。

环境联动机制包括工作会议机制、联合督查机制、执法联动机制、应急机制。环境工作会议机制作为正式沟通的渠道，是针对特定的环境问题通报情况、布置任务，各方交流反馈环保信息，相互沟通协调的全局性会议。基于纵向协调的基础，海峡西岸城市群的环保会议更注重纵向的信息传达而非横向的信息交流。环境联合督查的主体是多个省级职能部门，它们组成专项调查组，由市级生态环境部门配合深入市县，开展环境评测、污染查处、环境信息的收集等督查工作。环境执法联动机制分为两个部分：一是由省级部门主导的、各地方部门相互配合的综合执法活动；二是在综合活动开展后，地方部门依据省级部门执法的经验和相关精神，自发开展后续同类执法活动，对前续事件形成响应。环境应急机制是执法机制的延伸，省级生态环境部门基于海峡西岸湾区城市群所面临的整体环境风险和薄弱环节如流域保护、危险物监管等作出建设环境联动应急体系的部署。地方生态环境部门除参与整体体系建设外，也结合自身重点环境风险加强对特定环保威胁的反应能力，开展有限的横向合作。

海峡西岸湾区城市群的跨域协作治理机制由环保责任的协调机制和城市之间的协作治理平台构成。省级部门是环保责任的划定和协调的主导者。省生态环境厅通过划定生态区、生态红线、建立生态补偿办法的手段，厘清行政区域和生态区域之间混杂的环保责任，以跨域治理的方法覆盖生态盲区。海峡西岸湾区城市群的协作治理平台是地方政府、生态环境部门定期召开的联席会议。福建省内主要分为两个大的都市区：一是闽东北地区的福莆宁大都市区，二是闽南地区的厦漳泉大都市区，它们定期召开环保联席会议，寻求环保合作，签订相应协议。如2012年厦漳泉大都市同城化环境保护领导小组联席会议召开，共同发布了《厦漳泉大都市区生态及环境保护发展专项规划》，推进了环保一体化、同城化进程。

10.6 粤港澳湾区区域治理经验

10.6.1 区域治理大事件

随着珠江三角洲区域经济一体化水平的不断提高，广东省政府开始注重借助湾区效应实现经济、文化等更大发展。粤港澳湾区作为中国对外开放的南大门，在加强对外经贸合作、引进外资、提升国民经济发展水平方面的作用越来越受到中央政府的重视。梳理粤港澳湾区发展历程，主要有以下重大事件推动了湾区发展规划的提出，提高了湾区协同治理水平（表10.14）。

表10.14 粤港澳湾区区域治理主要事件和文件一览

时间	重要文件/事件	主要内容
2012年	广东省发布我国首部海洋经济地图	在地图中将广东沿海区域划分为"六湾区一半岛"
2014年	深圳市政府工作报告	明确提出"湾区经济"的概念，提出大力发展湾区经济，以新的经济形态促进经济全面提质增效。随后深圳市政府将"粤港澳大湾区"构想上报国家发改委及规划司
2013年	《推动共建丝绸之路经济带和21世纪海上丝绸之路的愿景与行动》	充分发挥深圳前海、广州南沙、珠海横琴、福建平潭等开放合作区作业，深化港澳台合作，打造"粤港澳大湾区"
2016年3月	国家"十三五"规划纲要	支持港澳在泛珠三角区域合作中发挥重要作用，推动"粤港澳大湾区"和跨省区重大合作平台建设。标志着"粤港澳大湾区"建设提升至国家战略
2016年3月	《国务院关于深化珠三角区域合作的指导意见》	携手港澳打造"粤港澳大湾区"，建设世界级城市群，以粤港澳大湾区为龙头，以珠江-西江经济带为腹地，引领中南、西南地区发展，为东南、南亚辐射形成重要的经济支持带
2016年4月	广东省"十三五"规划	较为详细地规划了如何打造"粤港澳大湾区"
2016年8月	《关于贯彻落实区域发展战略促进区域协调发展的指导意见》	加快深圳前海、广州南沙、珠海横琴等粤港澳湾区合作平台建设。深化泛珠三角区域合作，支持广东省会同港澳共同编制"粤港澳大湾区"发展规划
2017年3月	国务院政府工作报告	推动内地与港澳深化合作，研究制定"粤港澳大湾区"城市发展规划
2017年7月1日	《深化粤港澳湾区合作，推进大湾区建设框架协议》	标志着"粤港澳大湾区"战略的决策在国家层面正式形成，并开始推进决策落地
2019年2月18日	《粤港澳大湾区发展规划纲要》	"粤港澳大湾区"规划作为国家重大战略规划正式形成并开始全面付诸实施
2019年8月9日	《关于支持深圳建设中国特色社会主义先行示范区的意见》	提出推动深圳"深入实施创新驱动发展战略，抓住'粤港澳大湾区'建设重要机遇，增强核心引擎功能"，深圳作为我国改革开放的重要窗口，示范引领作用得到突出体现

资料来源：作者依据相关文件整理绘制。

10.6.2 参与主体与功能定位

"粤港澳大湾区"发展规划能迅速制定并实施，其重要原因在于得到了中央政府的顶层设计和权威介入。中央政府在粤港澳湾区区域合作发展中的府际协调中承担着以下三方面的角色功能。

第一，作为引导者，促成湾区内政府协调互动。21 世纪以来，在中央政府的支持与引导下，逐渐打破"一个国家，两种制度，三种关税，四种语言"门槛与束缚，不断推动与加深粤港澳湾区三地的合作与共识，以部门研究、会议讨论、央地政府协商、领导人表态、征求意见等多种形式推动内地尤其是广东省与香港、澳门的合作，凸显了中央政府在促进地区互动合作关系中的作用。2017 年 7 月国家发展和改革委员会牵头粤港澳湾区三地签署的建设框架协议，在协调及实施机制方面规定：编制《粤港澳大湾区城市群发展规划》，推进规划落地实施。四方每年定期召开磋商会议，协调解决大湾区发展中的重大问题和合作事项。四方每年提出推进"粤港澳大湾区"建设年度重点工作，由国家发展和改革委员会征求广东省人民政府和香港、澳门特别行政区政府以及国家有关部门达成一致意见后，共同推动落实。广东省人民政府和香港、澳门特别行政区政府共同建立推进"粤港澳大湾区"发展日常工作机制，更好发挥广东省发展和改革委员会、香港特别行政区政府政制及内地事务局[1]、澳门特别行政区政府行政长官办公室在合作中的联络协调作用，推动规划深入实施。

第二，作为协调者，协调湾区内政府间合作互动。在初始阶段后期，中央政府作为粤港澳湾区合作的"中间人"，为其牵线搭桥，使得粤港澳湾区三地政府的合作得以较快速地有序开展。中央政府通过分别与香港、澳门特别行政区签署框架性协议（CEPA），促进广东省与香港、澳门特别行政区进一步融合带动珠江三角洲经济发展，批准了广东省政府编制的《珠江三角洲地区改革发展规划纲要（2008—2020 年）》。2006 年，中央特别批准广东省单独设置省政府港澳事务办公室，专门处理涉港、涉澳事务。2009 年 9 月，广东省政府批准成立社会团体"粤港澳湾区合作促进会"，为促进粤港澳湾区紧密合作、融合发展搭建了民间合作平台。

第三，作为主导者，通过制定发展战略与规划，以引导区域协同发展。随着粤港澳湾区合作不断升级，区域一体化趋势明显加强，促使中央政府开始着手酝酿并主导区域发展规划的制定。2013 年，习近平总书记首次提出"一带一路"倡议，作为海上丝绸之路重要节点的广东、香港、澳门的发展备受瞩目。2015 年《推动共建丝绸之路经济带和 21 世纪海上丝绸之路的愿景与行动》使"粤港澳大湾区"战略在国家层面的地位凸显。2018 年 8 月 15 日，中央成立"粤港澳大湾区"建设领导小组，港澳特首被纳入中央决策组织，搭建起一个大湾区各方彼此沟通协调的机制，推动大湾区建设提速。

10.6.3 治理机制：横向府际关系协调互动机制

在粤港澳湾区各项政策制定和落实的过程中，粤港澳湾区三地政府之间协商互动往来不断，都将彼此作为经济发展的不可分割的一部分，谋求互通有无、协同发展，形成了横向的府际对话和府际契约两种协调互动机制。

1. 府际对话机制：联席会议制度

府际对话机制增进三地政府间沟通联系，促进三地政府友好合作关系建立。《粤港合作框架协议》和《粤澳合作框架协议》都要求建立和完善粤港、粤澳合作联席会议制度，共同研究决定有关合作项目和事项，强

---

[1] 香港特别行政区政府政制及内地事务局（Constitution and Mainland Affairs Bureau,CMAB）是香港特别行政区政府的下属机构、中华人民共和国香港特别行政区政府决策局之一，于 2007 年 7 月 1 日成立。专责中华人民共和国香港特别行政区的政制发展、人权事务、公开资料以及统筹中华人民共和国香港特别行政区与中国内地关系安排的事务，也负责中国台湾和中国香港事务。

化协调和执行职能，设立或调整合作专责小组、联席会议这种高规格的领导机构。粤港两地政府为了使双方合作有序有效开展，建立了合作机制，具体包含以下三方面内容：一是粤港合作联席会议。1998年3月，香港前特首董建华提议建立粤港联席会议制度，很快双方政府举行了首次粤港合作联席会议。粤港联席会议每年举行一次，轮流在广州和香港两地召开。从2003年起，联席会议由两地行政首长共同主持，使得粤港官方合作进入实质性阶段。粤澳合作联席会议下设联络办公室，联席会议主要磋商下阶段粤澳合作方向、合作重点及重大经济社会问题。每年轮流在广州和澳门举行。二是设立"粤港发展策略协调小组"，联席会议下可根据需要设立若干项目专责小组，专责小组之下还可再设专项工作小组，就粤港经贸发展的广泛领域分课题进行合作研究。2008年7月，在粤澳合作联席会议框架下成立珠澳合作专责小组，作为政府间直接沟通联系机制。三是建立民间合作研讨机制。澳门回归以后，粤澳合作建立起了政府间定期对话机制，用制度化的政府主导逐渐取代自发性的民间主导。2001年"粤澳高层会晤制度"开始运作，并设立粤澳合作联络小组作为常设机构，每年轮流在广东和澳门举行不少于一次的全体会议。2003年12月9日，粤澳高层会晤制度正式升级为"粤澳合作联席会议制度"。2011年3月6日，广东省和澳门双方政府在北京签署《粤澳合作框架协议》。

2. 府际契约机制：政策保障

府际契约是指在区域一体化发展的背景下，以契约的形式达成的各种政府间的合作文件。因此，府际契约机制是区域合作发展中府际横向协调的重要模式。粤港澳湾区发展规划不是一步而成，香港与澳门回归之后，中央政府出台了许多关于加强内地与香港、澳门合作的政策文件。主要有《内地与香港关于建立更紧密经贸关系的安排》与《内地与澳门关于建立更紧密经贸关系的安排》的协议及其补充协议；2010年4月7日，广东省政府与香港特别行政区政府签署了《粤港合作框架协议》；2014年国务院印发了《珠江-西江经济带发展规划》；2015年4月，打造"粤港澳大湾区"被正式写进国家《推动共建丝绸之路经济带和21世纪海上丝绸之路的愿景与行动》；2016年3月，《中华人民共和国国民经济和社会发展第十三个五年规划纲要》发布，其中正式提出"支持港澳在泛珠三角区域合作中发挥重要作用，推动'粤港澳大湾区'和跨省区重大合作平台建设"；2016年国务院连续印发了《关于进一步加强区域合作工作的指导意见》、《关于深化泛珠三角区域合作的指导意见》、《关于贯彻落实区域发展战略促进区域协调发展的指导意见》等多项文件，要求加强区域合作，贯彻落实区域协调发展战略。这些文件的发布对于粤港澳湾区加快区域一体化发展，促进粤港澳湾区协同发展提供了重要指导。府际契约的制定为促进粤港、粤澳合作范围的扩展，加强粤港、粤澳在文化、交通、信息网络、旅游等领域的合作提供了重要的制度保障。

10.6.4 合作项目典型案例（1）：深汕特别合作区

1. 基本概况

深圳市深汕特别合作区是我国第一个特别合作区，位于广东省东南部、"粤港澳大湾区"最东端，西北与惠州市惠东县接壤，东与汕尾市海丰县相连，总面积468.3平方公里，由鹅埠、小漠、赤石、鲘门四镇组成，海岸线长50.9公里，人口约7.73万人，海域面积1152平方公里。

早在2009年深圳与东莞、惠州的融合发展就被提上日程。2011年2月18日，广东省委、省政府批复《深汕（尾）特别合作区基本框架方案》，正式设立了深汕特别合作区。2014年11月《深汕（尾）特别合作区发展总体规划（2015—2030年）》出台后，深汕特别合作区的发展驶入快车道，签约项目和社会资源加速入驻，市政道路、供水、供电等基本服务功能逐步完善。2017年9月21日，中共广东省委、广东省人民政府批复《深汕特别合作区体制机制调整方案》（粤委〔2017〕123号），决定将合作区党工委、管委会调整为深圳市委市政府派出机构，成为深圳第"10+1"个区，从此深汕特别合作区进入了深圳市全面主导建设发展的新时代。

深圳市深汕特别合作区城乡空间结构规划为"一心、两轴、三带、四组团"[1]。其中"一心"为围绕政务文化片区和高铁站片区形成的具有综合功能的城市中心组团。"两轴"分别为：东西向依托深汕大道，打造产城融合发展的功能轴；南北向依托科教大道，打造科技创新发展的功能轴。"三带"为南部以红海大道和滨海岸线为载体的沿海综合发展带，北部以圳美绿道和创想路为依托的沿山生态发展带，以及中部依托赤石河打造的"一河两岸"滨水特色景观带。"四组团"为环绕中心组团布局的东部、南部、西部、北部四大功能组团。

深汕特别合作区是中国实现先富带动后富思想的具体实践。在资源方面，深圳具有体制、人才、资金和基础设施的优势；产业方面，深圳以高新技术产业为主导；而东莞则以制造业为主导，惠州惠阳以重工业为主；深汕、深河则提供较大的地理空间和人口资源，五地互补性很强。飞地建设中存在地权关系分配不明确、地权关系错综复杂的问题，区域协调一体化发展的主要障碍在于行政区划的束缚及利益分配机制的不平衡。深汕特别合作区则为大城市提供了以建立飞地的形式解决大城市土地资源匮乏的成功经验，是"权力地域边界灵活化"思维的一次创新。

2. 管理机制

深汕特别合作区的设立超越了一般意义上对口扶贫、两地产业转移的概念，创造性地提出由深圳一方全面负责建设管理的模式。它不仅是深圳单向产业转移到汕尾，而且也是提升为互利互惠、共赢发展，最后达到带动汕尾乃至粤东跨越式发展的目的。具体来看，深汕特别合作区有以下几方面的机制创新。

在机构管理体系方面，打破了行政区划和属地化管理原则限制的掣肘。2018年12月，深汕特别合作区党工委、管委会正式调整为深圳市委、市政府派出机构，以深圳市一个经济功能区的标准和要求，对深汕特别合作区进行顶层设计、资源配置、规划建设、管理运营。在不改变深汕土地行政属地所有权的基础上，汕尾让渡管理权，交由深圳一方全权管理，从根本上解决了合作区发展面临的法制不健全、体制不完善等问题。统筹合作示范区地区生产总值、税收存量归当地所有，增量部分由五地政府在协商基础上按比例分成。

在产业发展方面，坚持"深圳总部＋深汕基地"的产业发展模式，着力以创新驱动发展，以推进高质量发展和资源统筹为切入点，在不改变行政区划的前提下，由深圳主导，通过赋予深圳经济、社会、民生事务等省级管理权限，对深圳、东莞、惠州惠阳、深汕合作区、深河合作区五地的土地、劳动力、资本、技术、数据等供给侧要素进行结构性调整。目前已落地产业项目67个，其中61个来自深圳，2010—2017年GDP占汕尾市比重从3.7%上升至5.2%。着重布局人工智能、机器人等前沿领域，与深圳之间形成了产业布局合理、产业层次清晰、产业分工明确、产业链互补的经济发展模式。

在社会发展方面，探索飞地农村城市化的实践经验，推动新型城镇化发展。区内所有居民一次性全部转成深圳户籍，推动鹅埠镇、小漠镇、鲘门镇、赤石镇（含圆墩林场）改设为街道，并开展居民身份证、户口本、门牌、车牌、驾驶证、社保卡更换等相关工作。同时，按照城市发展标准，制定深汕特别合作区城市总体发展规划等各项规划，不断完善教育、医疗卫生、公共服务配套等城市功能，成功实现了飞地农村的城市化进程。

在区域立法方面，虽然深汕合作区由深圳管理，但是行政区划仍属于汕尾。由于缺乏法律的支撑，一些涉及体制机制的问题难以解决，在一定程度上影响了深汕合作区的建设和发展。2019年4月广东省人大常

---

[1] http://www.szss.gov.cn/sstbhzq/wyzt/sstbhzqzdxmzs/index.html.

委会召开广东省 2019 年立法工作会议,"深汕特别合作区发展条例"被列为预备审议项目,为进一步推动区域协同发展进行了开拓性探索。

总之,深汕特别合作区从顶层设计探索跨行政区域的资源统筹、功能协调、产业互补、成果共享的区域统筹的新型合作模式,加快了社会主义先行示范区的制度红利外溢,为中国改革开放和现代化建设提供了一个"扩权不扩容、强统筹紧合作"的实践模式。

10.6.5 合作项目典型案例(2):港珠澳大桥跨区域协调制度

1. 项目概述

跨越香港、珠海、澳门三地连接珠江东西两岸的港珠澳大桥项目由粤港澳湾区三地在第四次内地与香港大型基础设施协作会议上正式提出,目的是适应粤港澳湾区三地经济一体化不断加深现状,解决三地之间陆路客货运输要求。粤港澳湾区三地通过针对该项目的政府间协议建立了多元主体之间的权能分配和项目协调制度。自 2003 年港珠澳大桥前期工作协调小组的成立至 2018 年的大桥建成正式通车,大桥建设共耗时 15 年,总投资超过 1200 亿元。

港珠澳大桥跨越香港、澳门和珠海市三地,建设项目划分为主体工程以及香港接线与香港口岸、澳门接线与澳门口岸、珠海接线与珠海口岸四部分,其中主体工程由港珠澳三地共同建设,三地口岸和接线分别由所属地域的政府各自组织建设。整个工程涉及三个地方治理主体,包括港澳特区政府、珠海市政府及其上级政府广东省政府,此外因为跨区域基础设施还涉及大量属于中央事权事务,中央政府也是港珠澳大桥的核心治理主体之一。

2. 府间协议

由于"一国两制"框架下中央政府难以通过行政行为或出台全国性法律等治理工具来统筹和协调粤港澳湾区三地的合作,于是关注到解决三地协调的核心问题,通过粤港澳湾区三地政府签订《港珠澳大桥建设、运营、维护和管理三地政府协议》(以下简称《三地协议》)的方式,明确项目的具体内容,包括项目建设、运营、管理过程中的基本原则和粤港澳湾区三地政府各自的义务、遵循统一的建设标准,以及保证各段互联互通等义务。

粤港澳湾区在《三地协议》的基础上设立了三级组织架构,建立三级分权治理体系,并对这三级组织进行决策权能的分配。首先是由中央政府部门如国家发改委、交通运输部、国务院港澳办及粤港澳湾区三地政府特派员组成专责小组,下设办公室,由国家发改委基础产业司代行职责。专责小组负责协调解决中央事权范围内的事项,以及处理三地政府无法达成一致意见的问题,代表着国家层面的协调机制。其次是由粤港澳湾区三地政府派员组成的三地联合工作委员会(下简称"三地委"),是主要的项目协调和监督机构,由来自粤港澳湾区三地的九名委员组成,三地政府各任命三名代表。此外,根据《三地协议》还设立了港珠澳大桥管理局,在执行层面上负责大桥主体部分的建设、运营、维护和管理的组织实施工作,执行三地委的各项决策;而主体工程以外的部分则由粤港澳湾区三地政府分别组织建设。由此大致形成了粤港澳湾区三地政府主导大桥建设、维护、管理和运营,中央政府处理三地争议和中央事权事项,港珠澳大桥管理局负责项目的具体执行的权能分配模式。

属地法作为规则秩序的基础。在《三地协议》中,粤港澳湾区三地政府约定项目主体部分和各区部分的建设、运营、维护和管理按照属地原则,适用属地法律处理各项事务。例如,虽然大桥主体部分由粤港澳湾区三地政府合作共建,其日常决策也是由粤港澳湾区三地政府通过三地委做出,但是由于大桥主体部分位于内地水域,大桥主体部分的建设、运营、维护和管理适用内地的法律;而位于港澳特区和珠海部分的大桥项目则受当地法律管辖。

3. 项目协调制度

《三地协议》授权三地委和专责小组这两级协调机构进行项目协调，该协调制度具有以下几个特点。第一，港珠澳大桥的协调机制主要由地方政府主导。由粤港澳湾区三地政府签署的《三地协议》是三地委和专责小组成立的基础和权力来源。其中三地委人员的组成也是由三地政府任命的代表组成，议事议程由三地委召集人，即广东省人民政府确定。由于专责小组的权力仅限于处理三地政府无法达成一致的事项和属于中央事权的事项，中央政府能够对议程设置进行主动干预和控制的空间有限。第二，港珠澳大桥项目协调的主要方式包括为粤港澳湾区三地提供协商平台、行政管理服务，以及监督项目法人贯彻协商决策的结果。其监督的对象仅限于项目法人，而无权对粤港澳湾区三地政府是否履行《三地协议》进行监督。港珠澳大桥的项目协调以满足三地政府的合作共建需求为主要工作内容。

10.6.6 粤港澳湾区区域治理重要建设项目

1. 合作平台建设

2017年12月，广东省委、省政府印发了《广深科技创新走廊规划》，要求依托"一廊十核多节点"的空间格局，着力集聚创新人才、科技成果、创新型企业，抢占关键核心技术制高点，构建多层次创新平台体系，营造国际一流创新生态，建设具有全球吸引力的人居环境，创新体制机制，加快形成以创新为主要引领和支撑的经济体系和发展模式，打造中国的"硅谷"，形成全国创新发展重要一极，全面支撑国家科技产业创新中心和"粤港澳大湾区"建设，为全国实施创新驱动发展战略提供支撑。

2018年5月24日，国务院发布了《进一步深化中国（广东）自由贸易试验区改革开放方案》的通知，要求到2020年，率先对标国际投资和贸易通行规则，建立与国际航运枢纽、国际贸易中心和金融业对外开放试验示范窗口相适应的制度体系，打造开放型经济新体制先行区、高水平对外开放门户枢纽和"粤港澳大湾区"合作示范区。强化自贸试验区同广东省改革的联动，各项改革试点任务具备条件的在珠江三角洲地区全面实施，或在广东省推广试验。推进深圳前海、广州南沙、珠海横琴等粤港澳湾区重大合作平台开发建设，充分发挥其在进一步深化改革、扩大开放、促进合作中的试验示范和引领带动作用，并复制推广成功经验。推进港澳青年创业就业基地建设。支持港深创新及科技园、江门大广海湾经济区、中山粤澳全面合作示范区等合作平台建设。发挥合作平台示范作用，拓展港澳中小微企业发展空间。

2. 环境合作治理

"粤港澳大湾区"的环保合作已开展多年，随着《珠江三角洲地区改革发展规划纲要》、《粤港合作框架协议》、《粤澳合作框架协议》、《深化粤港澳湾区合作推进大湾区建设框架协议》和相关专项性环境规划和环境协议的相继推出，"粤港澳大湾区"政府间的环保合作不断拓展和深化，粤港澳湾区三地不断推进大湾区空气质量管理、跨界河流治理、珠江河口水质管理、东江水质保护等合作。在全国空气质量分析报告中，珠三角城市群的空气质量遥遥领先。2016年空气质量进一步改善，多个城市长期位列全国城市空气质量排名前十。珠三角的PM2.5浓度达到国家二级标准和世界卫生组织第一阶段的指导标准。

在环境合作治理过程中建立的环境合作小组发挥了重要作用。一是粤港持续发展与环保合作小组。1990年，粤港环境保护联络小组成立，2000年将其更名为"粤港持续发展与环保合作小组"。粤港持续发展与环保合作小组由香港环境局局长和广东省环保厅厅长担任双方组长，该合作小组主要负责两地在环境合作领域的政策制定和管理；磋商环境及可持续发展问题；检讨环保项目对两地生态环境可能带来的影响；交换两地环境保护方面的数据；对合作小组各项计划的执行情况进行定期回顾。合作小组下设专家小组及多个专题（责）小组，负责对合作小组制定的工作计划、减排政策进行具体的落实、监察和指挥。

二是粤澳环保合作专责小组。2000年建立了粤澳环保合作机构，2002年5月建立了"粤澳环保合作专责小组"。粤方成员除了广东省环保厅、广东省水利厅、广东省港澳办外，还包括珠海市环保局、中山市环保局等单位；澳方成员包括澳门环保局、港务局、民政总署、气象局等。下设林业及护理专题小组、空气质量合作专项小组、水葫芦（也称水浮莲、凤眼蓝）治理专项小组。从2002年开始，水葫芦治理专项小组联手澳门、中山和珠海，治理澳门附近海域和航道的水葫芦取得了较好的成果。2006年，粤澳成立空气质量合作专项小组，开展空气监测合作和项目研究，加强双方在空气质量和管理领域的交流，为粤澳改善区域空气质量提供管理和决策支持。粤澳环境合作主要是在珠澳两地展开，2008年12月，成立了"珠澳合作专责小组"。珠澳环保合作工作小组成立以来，建立了联络沟通机制，搭建起了珠澳环境合作的主要交流平台。2017年珠澳环保合作工作小组提出了未来的合作计划，珠澳双方就水环境污染、突发环境事件的通报及处理、生态技术和环保产业交流、环境宣传教育等方面的议题进行了深入的讨论。

3. 特区租管地

在我国现行法律制度下探索粤港澳湾区合作新模式的可行路径，以全国人大常委会的法律授权为前提，用"租赁"和"管辖"双重法律属性实现大湾区三地政府的协同治理，这一制度创新模式可以更好地将港澳的社会体制优势引入内地，提升大湾区整体的平台作用。

《粤港澳大湾区发展规划纲要》在战略定位部分明确提出建设内地与港澳深度合作示范区。其主要依托粤港澳湾区良好的合作基础，充分发挥深圳前海、广州南沙、珠海横琴等重大合作平台作用，探索协调协同发展新模式，深化珠三角九市与港澳全面务实合作，促进人员、物资、资金、信息便捷有序流动，为"粤港澳大湾区"发展提供新动能，为内地与港澳更紧密合作提供示范。这一重要的战略定位其实着眼于国家区域长远发展的设想，重在借鉴港澳的体制优势，为广东以及更广大的内地区域发展服务。

特区租管地不改变国有土地的使用性质，不改变土地用途，并且是有偿使用。但是租管地受港澳法律的管辖，可以非常便捷地引进港澳的公共品供给机制。目前已经在使用的特区租管地主要有澳门特区新边检大楼及配套设施、深圳湾口岸和澳门大学横琴校区。大湾区要在以上特区租管地经验的基础上扩大租管地的协同治理范围，为国内企业在租管地适应国际规则和监管体制提供条件。可以通过广州南沙、深圳前海、珠海横琴等自贸区与港澳合作扩大租管地试点，由政府、市民社会和企业公司共同构成新的治理格局。

"粤港澳大湾区"地处"一带一路"倡议的交会地带，对外贸易和科技创新平台贡献显著。2019年10月26日，全国人大常委会通过了《全国人民代表大会常务委员会关于授权澳门特别行政区对横琴口岸澳方口岸区及相关延伸区实施管辖的决定》，这是最新一次以特区租管地的形式加大澳门融入内地发展的力度，对推进"粤港澳大湾区"建设、促进要素便捷流动具有重大意义。

特区租管地需要在目前已经运作的几个点的基础上实现更广阔的协同治理，要着眼国际规则和全球治理的发展趋势，率先在广州南沙、深圳前海、珠海横琴自贸区进行试点进而推广，将港澳社会优越的信用监管体系、专业认证及仲裁机制、政府服务流程及效率、金融支持实业发展、专业的法律服务等营商环境普及到整个区域，经过长期培育，实现大湾区汇聚全球创新资源、打造全球经济增长极的目标。在此基础上，可合作共建更多适应国际规则的特区，从而为国家在"一带一路"倡议和国际经济治理中增加更多的话语权。

10.7 环北部湾湾区区域治理经验

10.7.1 区域治理基础

环北部湾湾区区域治理仍处于规划起步阶段，已有的北部湾城市群和环北部湾湾区经济圈为环北部湾湾区的区域治理提供了良好的发展基础。

国务院于 2017 年 1 月 20 日批复了《北部湾城市群发展规划》，其规划范围略广于环北部湾湾区，规划范围增加了广东省湛江市、茂名市、阳江市三个城市。北部湾城市群的总体定位是：发挥地缘优势，挖掘区域特质，建设面向东盟、服务"三南"（西南、中南、华南）、宜居宜业的蓝色海湾城市群。

环北部湾湾区经济圈是中越两国政府正式倡议建立的"两廊一圈"中的"一圈"。2008 年 1 月国家批准实施《广西北部湾经济区发展规划》，其范围包括：海南北部湾地区，包括海口、洋浦、昌江、东方、乐东 5 市。这些城市是海南岛重要的港口以及海南航空公司的交通枢纽；广西北部湾地区，包括南宁、北海、钦州、防城港 4 市，是广西五大经济区之一，也是广西对外开放的重点区域；越南北部湾地区的海防，是越南海上交通最发达的城市，也是越南北方最大的港口。环北部湾湾区经济圈的理论研究始于 20 世纪 80 年代，"环北部湾湾区经济圈"的提出是指出了新的"十加一"框架下的方向与蓝图，是东盟（亚细安）"十加一"（亚细安加中国）框架下次区域合作的典范。

10.7.2 北部湾城市群协同发展机制

《北部湾城市群发展规划》指出，要打破行政壁垒，强化协作协同，推动建立桂粤琼三省区合作推进机制，进而推进广西北部湾经济区同城化纵深发展。三省区协同发展机制包含以下内容。

其一是建立桂粤琼三省区合作推进机制。在已有泛珠三角区域合作机制基础上，联合广东省、海南省，建立桂粤琼三省区，推进北部湾城市群合作机制，议定跨省区间重大事项。

其二，健全广西北部湾城市群协作机制。充分发挥广西壮族自治区北部湾办公室统筹推进北部湾经济区发展的作用，健全广西北部湾城市群协作机制，定期组织召开城市群推进工作会议，协调推动跨市域重大事项。

其三，推进广西北部湾经济区同城化纵深发展。推动广西北部湾经济区在户籍同城化、交通物流同城化、社会信用信息一体化、口岸通关一体化、人力资源保障同城化、教育资源一体化等方面深入发展。推动经济区同城化向金融税务服务、人力资源培训、生态环境保护、商务服务等领域延伸。探索推进同城化由南宁、北海、防城港、钦州 4 个市扩大到 6 个市（加入玉林、崇左）。

其四，推进城市群公共服务设施共建共享。建立北部湾人才市场，共享就业信息和人才信息，推行各类职业资格、专业标准在城市间统一认证认可；申请开展中国-东盟人力资源合作与开发试验区试点，加快中国-东盟人力资源服务产业园建设；建立高校专家资源合作和教师培训交流合作机制，加快创建北部湾大学；加快建立标准统一、接口统一的医疗信息化平台，探索建立城市群重大疫情信息通报与联防联控工作机制、突发公共卫生事件应急合作机制和卫生事件互通协查机制；建设北部湾水下考古基地、广西北部湾博物馆、"一带一路"文物和艺术品交流中心；建立城市群文化联盟与跨区域公共图书馆文献、地方文献共享网络平台，共同承办国际重大体育赛事；推进社会保障管理服务一体化，推行"互联网＋人社"，逐步实现城市群内社保"一卡通"；加快建立社保关系跨地区转移接续机制和跨省区市异地就医结算机制，建立健全城市群内跨区域社保业务经办机构的信息共享和业务协同机制；建立一体化的防灾减灾体制和区域性食品药品检验检测中心。

其五，创新利益协调机制。联合广东、海南两省，根据城市群建设实际需求，研究筹建北部湾城市群一体化发展基金，积极引入各类社会资本，重点支持跨地区基础设施建设、生态联防联治、重大公共服务平台建设等。探索将海南国际旅游岛建设先行先试和促进沿边地区开放的部分改革举措和政策，率先在广西北部湾城市群内推广。建立产业跨行政区转移的利益协调机制，探索建立跨行政区水资源开发利用、生态环境保护和生态补偿机制。

10.8 本章小结

通过对五大湾区的区域协同治理发展历程、治理主体、治理机制进行梳理，厘清协同治理的组织架构，对区域协同治理具体案例进行深入剖析，总结出湾区区域协同治理的以下几方面特征及启示。

其一，优化顶层设计，发挥中央政府的权威引导。国家层面进行的顶层设计是社会发展的权威性保障和根本性支撑。不论是粤港澳湾区系列建设活动开展，还是环渤海湾区一体化进程深入，每个湾区区域协同治理程度的加深都离不开中央政府自上而下的制度设计。中央政府从整体利益出发，促进区域经济发展、引导推动区域政府间的协调合作。由中央政府牵头引导构建区域内协调管治机制将取得事半功倍的效果。

其二，坚持规划引领，明确协同治理的发展路径。规划是区域开发与经济发展的行动纲领，是统筹协调各方利益的重要依据，湾区的建设和协同治理必须先做好规划。五大湾区中尚未实现全部制定湾区发展规划，但有其他城市群、经济区发展规划作为补充。未来湾区的建设离不开统一规划的统筹引导，也需要在交通网络、基础设施、商业合作、环境治理等具体领域制定专项规划，完善湾区区域协同治理的制度建设。

其三，完善组织管理机制，提升合作成效。克服区域治理府际协调障碍，破解信息共享不及时、不全面等问题，需要进一步完善区域协作的组织管理架构。首先是完善组织机制，包括从中央到地方政府和具体事务部门在内的多层级责权明晰、多元主体互动的协调机制总体框架，并且设立权威性机构推动合作项目的开展，比如设立区域治理委员会，赋予其相应的行政权力和地位，使其拥有较高的权威性和区域管理的专业性。其次是健全利益协调机制，建立区域事务诉求协调平台，通过联席会议或其他专门性平台及时获取城市诉求，调解利益纠纷，减少城市间的合作摩擦。此外还要建立法制兼容机制，将区域内各行政区之间互不兼容的法规、政策协调统一，形成具有普遍约束力的政策规定。

其四，降低合作交易成本，提升合作意愿。地方政府形成的区域合作治理结构是由相关地方政府组成的关系性质所决定的。区域协调合作的实质是区域内各级政府为降低交易成本的合作过程，地方政府间合作意愿的强弱直接影响了合作水平。交易成本的降低有利于经济区之间的合作，同时合作区域之间用合作替代竞争，将有利于突破行政区边界，改善经济区与行政区界定的困境。实践证明信息共享、平台建设、政策网络以及激励机制是实现降低交易成本的有效途径。未来需要进一步细化交易成本结构，以制度性整合为基础，实现城镇体系结构、产业结构、交通信息保障结构和合作治理机制，通过政治协调手段弱化竞争、强化合作，模糊行政区边界，内生合作区，在纵向层级和横向网络关联结构中推动制度创新。

其五，强化目标导向治理，提升实施效果监测评估能力。在湾区协同治理过程中，政府意志是决定湾区协同发展水平的重要因素，合适的目标导向是基于政府提出的区域治理的任务与目标，围绕达成任务目标的理论基础、实施方法、政策手段展开研究，更具有针对性和可操作性。目标导向性对实施结果的监测评估作出了要求；通过一定的技术手段，及时总结湾区协同治理的实践效果、目标完成情况，是推动区域协同治理能力不断提升的动力源泉。

第 11 章 展望：面向 2035 年的中国湾区

党的十九大报告提出，实现社会主义现代化和中华民族伟大复兴是中国特色社会主义的总任务。从全面建成小康社会到基本实现现代化，再到全面建成社会主义现代化强国，是新时代中国特色社会主义发展的战略安排。综合分析国际国内形势和我国的发展条件，从 2020 年到 21 世纪中叶可以分两个阶段来安排。第一个阶段，从 2020 年到 2035 年，在全面建成小康社会的基础上，再奋斗 15 年，基本实现社会主义现代化。第二个阶段，从 2035 年到 21 世纪中叶，在基本实现现代化的基础上，再奋斗 15 年，把我国建成富强、民主、文明、和谐、美丽的社会主义现代化强国。面对日益复杂多变的全球竞争格局与态势，更大的改革开放成为我们的战略选择。面对 2020 年新冠肺炎疫情冲击之后的全球化进程，世界发展格局与形势正在变得更加复杂严峻。面向新全球化进程，中国需要构建国内国际双循环相互促进的新发展格局。这一"双循环的新发展格局"的表述，意味着中国将对发展战略进行重大的调整和转变。对此，综合研究当前国家重大发展战略，提出面向双循环新格局的"531"（"5"为五大湾区；"3"为三大流域经济带；"1"为一条边界城市链）战略区域格局，进而形成"固本（本元稳固）→内聚（优势聚合）→外拓（战略外拓）"三步走大谋划（图11.1）。

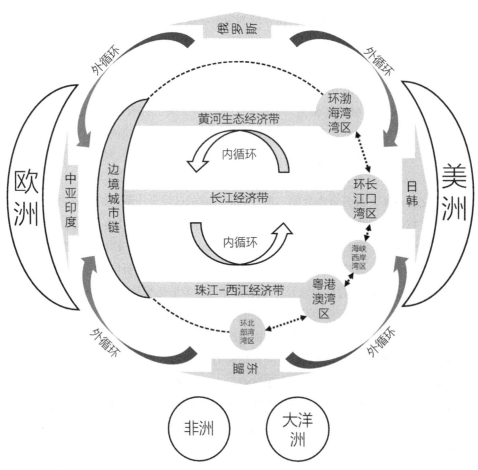

图 11.1　中国国家"531"战略区域格局示意

资料来源：作者自绘。

在中国崛起的全局战略之中，湾区作为陆地文明与海洋文明的交汇之地，为这个战略选择的实现提供了重要的机遇和发展空间；对处于新历史时期的中国来说，湾区与湾区化的经济区域正在成长为一种最新的区域经济组织形态。这种新区域经济组织形态将是一种最新生产、生活、生态要素的聚合形态，它基本保证在全球范围内生产要素进出这个区域的速度是最快的，成本是最低的，聚合创新能力也是最强的。为此，建议在"粤港澳大湾区"基础上，进一步启动环渤海湾湾区、环长江口湾区、海峡西岸湾区、环北部湾湾区四大湾区的战略研究与储备，制定区域发展规划，并尽早纳入国家战略。可以预见，众多湾区化区域的涌现，将快速开启中国经济的湾区化增长之路。

同时面对百年之变，湾区发展的内涵、愿景、原则和重点都将发生深层次的变化。基于第3—10章对五大湾区八个方面的分析，下面对面向2035年的中国湾区提出十个方面的升级进阶建议（图11.2）。

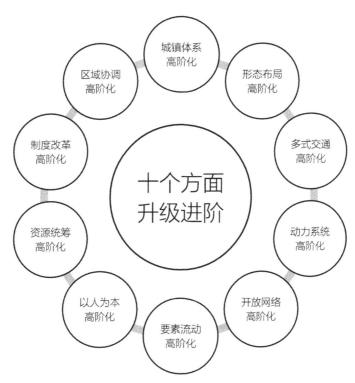

图11.2 面向2035年的中国湾区提出的10个方面升级进阶建议
资料来源：作者自绘。

11.1 城镇体系高阶化，构建网络化空间格局

2035年，湾区将成为支撑中国东部沿海地区经济增长、促进区域协调发展、参与国际竞争合作的重要平台，形成以湾区为极点带动、轴带支撑的网络化空间格局。

坚持极点带动、轴带支撑、辐射周边，推动大中小城市合理分工、功能互补，进一步提高区域发展协调性，促进城乡融合发展，构建结构科学、集约高效的大湾区发展格局。

优化提升中心城市，建立以中心城市引领湾区发展、湾区带动区域发展的新模式，推动区域板块之间融合互动发展。以北京、天津、上海、香港、广州、深圳等超大、特大城市或辐射带动功能强的大城市为中心，以1小时通勤圈为基本范围形成湾区，作为区域发展的核心引擎，继续发挥比较优势做优做强，增强对周边区域发展的辐射带动作用。

建设重要节点城市，支持沈阳、大连、济南、南京、杭州、宁波、泉州、珠海、佛山、南宁、海口等城市充分发挥自身优势，深化改革创新，增强城市综合实力，形成特色鲜明、功能互补、具有竞争力的重要节点城市。增强发展的协调性，强化与中心城市的互动合作，带动周边特色城镇发展，共同提升湾区发展质量。

发展特色城镇，充分发挥五大湾区特色城镇数量多、体量大的优势，培育一批具有特色优势的魅力城镇，完善市政基础设施和公共服务设施，发展特色产业，传承传统文化，形成优化区域发展格局的重要支撑。建设智慧小镇，开展智能技术应用试验，推动体制机制创新，探索未来城市发展模式。加快推进特大镇行政管理体制改革，在降低行政成本和提升行政效率的基础上不断拓展特大镇功能。

发挥北京－天津、上海－杭州、福州－厦门、香港－深圳、广州－佛山、澳门－珠海等强强联合在五大湾区的引领带动作用，提升整体实力和全球影响力，引领五大湾区深度参与国际合作。

促进城乡融合发展，建设新型城镇化示范区。遵循超大城市地区的城镇化发展规律，妥善处理好城与乡的关系，建立健全城乡融合发展体制机制和政策体系，推动城乡一体化发展，全面提高城镇化发展质量和水平。加强分类指导，合理划定功能分区，优化空间布局，促进城乡集约发展。

推动陆海统筹发展，加强海洋经济发展顶层设计，完善规划体系和管理机制，研究制定陆海统筹政策措施，推动建设一批海洋经济示范区。以规划为引领，促进陆海在空间布局、产业发展、基础设施建设、资源开发、环境保护等方面全方位协同发展。编制实施海岸带保护与利用综合规划，严格围填海管控，促进海岸地区陆海一体化生态保护和整治修复。创新海域海岛资源市场化配置方式，完善资源评估、流转和收储制度。推动海岸带管理立法，完善海洋经济标准体系和指标体系，健全海洋经济统计、核算制度，提升海洋经济监测评估能力，强化部门间数据共享，建立海洋经济调查体系。推进海上务实合作，维护国家海洋权益，积极参与维护和完善国际和地区海洋秩序。

11.2 形态布局高阶化，响应信息智能科技变革

在5G即将席卷全球的时代，湾区作为全球城市网络中的重要节点，一是要借助全球网络设施布局，深度链接全球，通过未来信息科技深度融入全球产业分工中；二是要规划湾区网络设施布局，加大湾区内部信息联系，将湾区构建成一个网络化的湾区；三是继续深度开放和应用未来信息科技，改变居民生产和生活的工作方式，将湾区建成一个智慧湾区，进而影响湾区的形态布局。可以预见，未来的15年全球将进入以人工智能为标志的科技革命的重大突破期，那么，如何跟上并引领科技创新的潮流是我们目前面临的紧迫问题。创新是湾区的活力源泉，以华为和大疆为代表的"粤港澳大湾区"企业凭借创新优势已广泛走向世界市场，并逐步占领产业高端环节。2035年，中国湾区应具备自主创新能力、科研成果的转化能力，将充分发挥科技研发与产业创新优势，破除影响创新要素自由流动的瓶颈和制约，进一步激发各类创新主体活力，建成全球科技创新高地和新兴产业的重要策源地。

中国五大湾区将实现科技创新与产业发展深度融合，促进人才流动和科研资源共享，整合区域创新资源，联合开展"卡脖子"关键核心技术攻关，打造区域创新共同体，共同完善技术创新链，形成区域联动、分工协作、协同推进的技术创新体系。协同推进科技成果转移转化。加强创新链与产业链跨区域协同。依托创新链提升产业链，围绕产业链优化创新链，促进产业链与创新链精准对接，打造以产业链为基础、创新链为引领的产业升级版。聚焦关键共性技术、前沿引领技术、应用型技术，建立政学产研多方参与机制，开展跨学科、跨领域协作攻关，形成基础研究、技术开发、成果转化和产业创新全流程的创新产业链。积极发展各类社会中介组织，有序发展区域性行业协会、商会，鼓励企业组建跨地区、跨行业产业、技术、创新、人

才等合作平台。加强湾区内部城市间的紧密合作，推动城市间的产业分工、基础设施、公共服务、环境治理、对外开放、改革创新等协调联动，加快构建大中小城市和小城镇协调发展的城镇化格局。推进湾区内主要科创走廊的建设。湾区应发挥国际交往优势，进一步参与国际科技创新合作，探索有利于人才、资本、信息、技术等创新要素跨境流动和区域融通的政策举措，鼓励企业到海外设立研发机构和创新孵化基地，鼓励境内外投资者在湾区设立研发机构和创新平台，参与国际科技创新合作。

11.3 多式交通高阶化，建设多层次联动脉络

2035年，中国湾区将实现交通设施高度发达的连接性、贯通性，织密网络、优化方式、畅通机制，打造包括公路、轨道交通、机场、港口等在内的多层次立体的交通联动网络。

第一，完善湾区内道路网络，提升公路通达能力。形成由高速公路、快速路、区域性主干路（主要公路）、主干路（主要公路）、次干路（次要公路）、支路等组成的功能完备、衔接便捷的湾区道路体系。

在高速路方面，要加快湾区内城市间高速公路建设，对高峰时段拥堵严重的国省道干线公路实施改扩建，形成便捷通达的公路网络，提升主要城市之间的通行效率。完善过江跨海通道布局，滚动实施打通省际待贯通路段专项行动。鼓励地方对高频次通行车辆实施高速公路收费优惠政策，加快推广ETC应用，取消高速公路省界收费站，提升省际公路通达水平。合理增设高速公路出入口，加强区域性主干路与高速公路系统的衔接。

在城市内部，构建"窄马路、密路网"的城市道路格局。推进开放式街区建设，完善城市中心、副中心、发展组团、特色小城镇内部的道路系统，提高路网密度。开展人性化、精细化的道路空间和交通设计，塑造安全有序、绿色健康、活力开放、生态美观的街道空间。

实施"断头路"畅通工程和"瓶颈路"拓宽工程，全面摸排湾区内各类"断头路"、"梗阻路"和"瓶颈路"；加快打通"断头路"，提升湾区路网联通程度，推进"梗阻路"和"瓶颈路"改造扩容，改造治理堵点、乱点；畅通交界地区公路联系，全面取缔跨行政区道路非法设置的限高、限宽等路障设施。

打造一体化公路客运网络，完善充电桩、加气站、公交站场等布局。进行交通信号灯智能提升工程，实现动态绿波控制等六大功能。支持毗邻城市（镇）开行城际公交，加快推动近郊班线公交化。优化交界地区公交线网，促进与市域公交网络快速接驳。加快推进湾区内城市间公交一卡互通、票制资费标准一致，健全运营补偿和结算机制，推动信息共享和监管协同。完善停车收费价格政策，大力推动停车产业化发展。

通过经济杠杆调节、行政管理及货运铁路建设、运输结构优化等途径共同疏导区域过境交通。

第二，打造轨道上的湾区。统筹考虑湾区轨道交通网络布局，构建以轨道交通为骨干的通勤圈。加快建设集高速铁路、普速铁路、城际铁路、市域（郊）铁路、城市轨道交通于一体的现代轨道交通运输体系，构建高品质快速轨道交通网。在有条件地区编制湾区轨道交通规划，推动干线铁路、城际铁路、市域（郊）铁路、城市轨道交通"四网融合"，探索湾区轨道交通运营管理"一张网"。

统筹布局湾区城际铁路线路和站点，完善城际铁路网络规划。探索湾区中心城市轨道交通适当向周边城市（镇）延伸，特别是在湾区内重点的协同区域，如通州与北三县、嘉定-昆山、松江-嘉兴、广佛等地区，加快推进城际铁路网建设。

充分利用普速铁路和高速铁路等提供城际列车服务，通过既有铁路补强、局部线路改扩建、站房站台改造等方式，优先利用既有资源开行市域（郊）列车提升城际铁路运输效率。有序新建市域（郊）铁路，将市域（郊）铁路运营纳入城市公共交通系统。

建立轨道与土地利用协调发展机制，加强轨道站点与周边用地一体化规划及场站用地综合利用，在地铁口、交通枢纽周边规划共享自行车停车位，实施 GPS、电子围栏管理。完善对轨道交通建设地上、地下空间实施土地综合开发的政策措施，加快跨界轨道交通建设。

第三，合力打造世界级机场群。各大湾区应编制民航协同发展战略规划，构建分工明确、功能齐全、联通顺畅的机场体系，提高区域航空国际竞争力。巩固提升湾区内中心城市的国际航空枢纽地位，增强面向湾区、全国乃至全球的辐射能力。优化提升节点城市的航空枢纽功能，增强区域航空服务能力。完善区域机场协作机制，提升区域航空服务品质。加强航空货运设施建设，加快国际航空货运集散中心、航空货运枢纽、航空联运中心等建设。统筹空域资源利用，促进民航、通用航空融合发展。深化低空空域管理改革，加快通用航空发展。

第四，协同推进港口航道建设。推动港航资源整合，优化湾区港口布局，健全一体化发展机制，增强服务全国的能力，形成合理分工、相互协作的世界级港口群。围绕提升国际竞争力，加强湾区港口分工合作，以资本为纽带深化港口间开发合作。加强沿海、沿江港口江海联运合作与联动发展，鼓励各港口集团采用交叉持股等方式强化合作。完善区域港口集疏运体系，推进重点港区进港铁路规划和建设。大力发展江海联运、船型标准化以及通关一体化，加强内河高等级航道网建设，推动江河水系高等级航道网集装箱运输通道建设，提高集装箱"水水中转"[1]比重，促进湾区内江海联运、海海联运、海铁联运等物流集疏运模式的发展。

第五，提升湾区物流运行效率。打造"通道+枢纽+网络"的物流运行体系，推动物流资源优化配置。统筹布局货运场站、物流中心等，鼓励不同类型枢纽协同或合并建设，支持城市间合作共建物流枢纽。结合发展需要适当整合迁移或新建枢纽设施，完善既有物流设施枢纽功能，提高货物换装的便捷性、兼容性和安全性。畅通货运场站周边道路，补齐集疏运"最后一公里"短板。提高物流活动系统化组织水平。加强干支衔接和组织协同，大力发展多式联运，推动港口型枢纽统筹对接船期、港口装卸作业、堆存仓储安排和干线铁路运输计划；鼓励空港型枢纽开展陆空联运、铁空联运、空空中转。加强现代信息技术和智能化装备应用，实行多式联运"一单制"。支持高铁快递、电商快递班列发展。

第六，加强交通运营管理。创新交通建设与运营投融资模式。突破行政区划限制，构建多元化的交通投融资平台。探索建立促进社会资本参与交通基础设施建设与运营的合作机制，通过投资主体一体化带动区域交通一体化。研究建立特许经营制度，放宽社会资本进入交通运输的市场条件。

11.4　动力系统高阶化，着力新实体经济高地

改革开放 40 余年来，湾区依托制造业的蓬勃发展取得了巨大的社会经济发展成就。习近平总书记提出："中国必须搞实体经济，制造业是实体经济的重要基础。我国的制造业规模是世界上最大的，但要继续攀登，靠创新驱动来实现转型升级，通过技术创新、产业创新，在产业链上不断由中低端迈向中高端，推动我国经济由量大转向质强。"湾区是中国经济高质量发展的高地和示范区，经济发展的高质量集中体现在实体经济发展的高质量上，而制造业又是实体经济高质量发展的动力系统。为在 2035 年基本实现社会主义现代化，中国湾区必须坚持以发展制造业为本，瞄准国际先进技术，提高制造业现代化程度和整体发展质量，形成"全球科技 + 中国产业 + 全球市场"的发展格局。

一是要增强先进制造业的核心竞争力，注重高端突破，引领"中国制造"向"中国创造"转变。要掌

1　"水水中转"为码头装卸的作业流程术语，意指水路（船）—港口 – 水路（船），又叫直取。

重大装备、工业母机、高端芯片、精密机械等核心的技术产品和关键的元器件，推动互联网、大数据、人工智能和实体经济深度融合，双管齐下，形成具有国际竞争力的先进制造业体系。改变在全球产业内分工网络中的不利地位，实现从价值链附加值的中端环节向附加值高的上下端环节攀升。

二是要优化制造业布局，加强大湾区产业对接。充分发挥中心城市产业辐射带动作用，积极推动中心城市"摆不下、离不开、走不远"产业向外围疏解转移。综合考虑价值链、经济效益、社会效应、空间资源、消费需求等因素，制定不同城市差异化禁限目录，引导产业按照不同细分领域、产业链条在湾区内合理布局，提高协作发展水平，促进制造业整体性能的提高。

三是要建立湾区内产业协同机制。湾区各成员地区应深化合作理念，明确各城市产业发展重点及产业链条上的协同分工，形成分工明确、层次清晰、协同高效、创新驱动的现代产业体系。鼓励企业依据各地区的营销资源禀赋在区域内建立营销渠道与网络，从而在全球产品内分工网络中实现价值链的攀升，提高在全球价值链分工体系中的地位，实现经济的转型发展与升级。

四是要创造良好的制造业生态系统，制造业发展的支撑是企业，要通过加强制度建设、技术创新、人才输送、资金扶持等举措，推动形成一批具有开拓创新能力、系统集成能力的大且强的制造业骨干企业。建立产业协同发展的风险防控机制，推进产业联盟建设，加强对信用风险和竞争风险防控，完善奖惩机制和退出机制。

11.5 开放网络高阶化，打造全球巨型自贸区

2035年，作为中国改革开放的对外窗口，五大湾区进一步深化对外开放，跳出现有分工体系，构建基于中国的研发-生产-营销全球价值链，成为全球经济舞台上经济增长新引擎和科技创新引领者。随着全球经济重心的转移，五大湾区应发挥其在亚非欧中的地理邻近性、文化相近性、国际开放性优势，加快同周边国家和区域的基础设施互联互通建设，推进丝绸之路经济带、海上丝绸之路建设，形成全方位开放新格局。湾区应发挥其对外开放交往优势，实现内地-港澳-台湾的中华文明整体复兴，实现与日、韩、东盟等国家的深度战略合作。

湾区要融入和引领全球分工，就需要应对不同价值观、不同经济体制、不同文化背景的国家和经济体，需要以更加开放包容的态度，提供促进经济合作、要素流动的制度保障。与国际接轨的通行规则基本建立，协同开放达到更高水平。对接国际通行的投资贸易规则，放大改革创新叠加效应，培育国际合作和竞争新优势，营造市场统一开放、规则标准互认、要素自由流动的发展环境，构建互惠互利、求同存异、合作共赢的开放发展新体制。改革市场准入、海关监管、检验检疫等管理体制，加快环境保护、投资保护、政府采购、电子商务等新议题谈判，形成面向全球的高标准自由贸易区网络。加快大通关一体化，强化开放型经济集聚功能，实施特殊开放政策。对标国际上公认的竞争力最强的自由贸易区，选择国家战略需要、国际市场需求大、对开放度要求高但其他地区尚不具备实施条件的重点领域，实施具有较强国际市场竞争力的开放政策和制度，加大开放型经济的风险压力测试。进一步实行投资自由、贸易自由、资金自由、国际运输自由、人员从业自由。

"引进来"和"走出去"并重，加快推进国际产业双向合作，实现互利共赢、共同发展。依托经济技术开发区、高新技术产业开发区等各类开发区，加快建设各类中外合作园区。支持企业按市场化法治化原则在拉美、非洲、中东欧等地区科学合理地建设境外园区，打造一批高水平国际研究机构和海外产业创新服务综合体。

以"一带一路"建设为重点，实行更加积极主动的开放战略，推动构建互利共赢的国际区域合作新机制。湾区各城市要协力举办好"一带一路"国际合作高峰论坛、中国国际进口博览会、中国进出口商品交易会（广交会）、博鳌亚洲论坛、中非合作论坛峰会、上海合作组织峰会等世界一流的博览会、峰会，加强与周边各国的区域合作，如长江－伏尔加河合作、中国－东盟合作、中日韩合作、东盟与中日韩合作等。加强综合服务、专业贸易等线下展示交易平台建设，联合打造海外投资和专业服务平台。加强博览会参展商对接服务，推进招商引资项目协同，共同策划和开展贸易投资配套活动。加强进口商品通关便利化协同，强化安保、环境、交通等各项保障。加强湾区各类品牌展会和相关贸易投资活动协调联动，提升整体效果和影响力。

共同构建数字化贸易平台。积极对接全球电子商务新模式、新规则、新标准，联合加强数字化贸易平台建设，加强跨境电商国际合作，推动国际贸易制度创新、管理创新、服务创新。加快各地跨境电子商务综合试验区建设，合力打造全球数字贸易高地。推动外贸业务流程改造和各环节数据共享，促进贸易监管数字化转型、便利化发展。

11.6　要素流动高阶化，激发无障碍市场活力

2035年，五大湾区内部要促进城乡区域间要素自由流动。实施全国统一的市场准入负面清单制度，消除歧视性、隐蔽性的区域市场准入限制。深入实施公平竞争审查制度，消除区域市场壁垒，打破行政性垄断，清理和废除妨碍统一市场和公平竞争的各种规定和做法，进一步优化营商环境，激发市场活力。

在人员流动方面，加快人力资源市场一体化。推动人力资源信息共享、公共就业服务平台共建。放开、放宽除个别超大城市外的城市落户限制，在具备条件的湾区率先实现户籍准入年限同城化累积互认，加快消除城乡区域间户籍壁垒，统筹推进本地人口和外来人口市民化，促进人口有序流动、合理分布和社会融合。在部分中心城市临近区实行户籍制度单列管理，推进实施"人才资源共享工程"。推动城乡人才双向流动，鼓励和引导人才回乡创业、兴业。建立统一规则，规范招商引资和人才招引政策。加强面向高层次人才的协同管理，探索建立户口不迁、关系不转、身份不变、双向选择、能出能进的人才柔性流动机制。打破户籍、身份、人事关系等限制，实行专业技术任职资格、继续教育证书、外国人工作证等互认互准制度。联合开展人力资源职业技术培训，推动人才资源互认共享。进一步便利跨省市户口迁移网上审批，居民身份证、普通护照、机动车驾驶证异地申领，异地驾考和机动车异地年检、违章联网办理。建立健全民生档案异地查询联动机制。

在资本流动方面，加强各类资本市场分工协作，加快金融领域协同改革和创新，促进资本跨区域的有序自由流动。考虑不同区域的实际情况，支持环长江口湾区上海国际金融中心的绝对中心地位，着力于实现同城化金融服务；支持"粤港澳大湾区"形成香港、深圳、广州、澳门等多个金融中心，着眼于实现高质量跨境金融服务。完善区域性股权市场。依法合规扩大发行企业债券、绿色债券、自贸区债券、创新创业债券。推动建立统一的抵押质押制度，推进区域异地存储、信用担保等业务同城化。联合共建金融风险监测防控体系，共同防范化解区域金融风险。

在土地要素方面，建立城乡统一的土地市场。推动土地要素市场化配置综合改革，提高资源要素配置效能和节约集约利用水平。深化城镇国有土地有偿使用制度改革，扩大土地有偿使用范围，完善城乡建设用地增减挂钩政策，建立健全城镇低效用地再开发激励约束机制和存量建设用地退出机制。建立城乡统一的建设用地市场，探索宅基地所有权、资格权、使用权"三权分置"改革，依法有序推进集体经营性建设用地入市，

开展土地整治机制政策创新试点。用好跨省补充耕地国家统筹机制，支持重点项目建设。按照国家统筹、地方分担的原则，优先保障跨区域的重大基础设施项目、生态环境工程项目所涉及的新增建设用地和占补平衡指标。

在企业与技术流动方面，为区内企业提供全生命周期服务，允许区内企业自由选择注册地名称，建立区内企业自由迁移服务机制。加强区内企业诚信管理，建立公共信用联合奖惩机制。统一企业登记标准，实行企业登记无差别办理。建立标准统一管理制度。加强标准领域合作，加快推进标准互认，建立区域一体化标准体系；建立技术创新成果市场交易平台，制定统一的成果转移转化支持政策，实现区内技术创新成果转化的市场化配置。引导科技资源按照市场需求优化空间配置，促进创新要素充分流动。

培育成熟的数据要素市场，推进政府数据开放共享。优化经济治理基础数据库，加快推动各地区、各部门间数据共享交换，制定出台新一批数据共享责任清单。研究建立促进企业登记、交通运输、气象等公共数据开放和数据资源有效流动的制度规范。提升社会数据资源价值。培育数字经济新产业、新业态和新模式，支持构建农业、工业、交通、教育、安防、城市管理、公共资源交易等领域规范化数据开发利用的场景。发挥行业协会、商会的作用，推动人工智能、可穿戴设备、车联网、物联网等领域数据采集标准化。加强数据资源整合和安全保护。探索建立统一规范的数据管理制度，提高数据质量和规范性，丰富数据产品。制定数据隐私保护制度和安全审查制度，根据数据性质完善产权性质。推动完善适用于大数据环境下的数据分类分级安全保护制度，加强对政务数据、企业商业秘密和个人数据的保护。

11.7 以人为本高阶化，铸就全球人才吸引极

湾区的建设始于经济增长，但根本目的是提升人民群众的幸福感和获得感。2035年，五大湾区要充分实现以人为本的发展理念，积极拓展湾区在教育、文化、旅游、社会保障等领域的合作，创新城市治理，共同打造公共服务优质、共建共治共享、宜居宜业宜游的优质生活圈。

一是实现湾区内跨行政区、跨省、跨境的公共服务和社会保障的衔接，逐步消除湾区城市之间社会保障的各种藩篱壁垒，增进区域和谐，提升宜居品质，激发整体活力。坚持民生共享。增加优质公共服务供给，扩大配置范围，不断保障和改善民生，使改革发展成果更加普惠便利，让湾区居民在一体化发展中有更多获得感、幸福感、安全感，促进人的全面发展和人民共同富裕。建立跨区域、跨城乡的教育联合体，推动区域间教育、医疗等公共资源交流与帮扶。借助在线教学、在线医疗等扩大优质教育、医疗资源覆盖范围。共建以居民健康档案为重点的全民健康信息平台和以数字化医院为依托的医疗协作系统，实现双向转诊、转检、会诊、联网挂号等远程医疗服务。建立异地就医直接结算信息沟通和应急联动机制，完善住院费用异地直接结算，开展异地就医门急诊医疗费用直接结算试点工作。合理优化区域内城市资源的配置，均衡区域内公共服务资源的提供，极大地减少人民对于大城市的黏性依附程度。同时合理配置教育、医疗、养老等关键性公共服务资源，充分发挥其杠杆效应，有效引导区域内人口的合理分布，增加就业，提高人民的生活水平，减少城市对于人的束缚，释放人的活力。

二是实现多元住房供应体系，优化居住空间布局。促进职住均衡发展，推进就业与居住空间的匹配与融合。严禁在交界地区大规模开发房地产，科学引导居住空间布局。完善住房保障制度，严控房地产无序开发，加强交界地区房地产开发全过程联动监管，严厉打击房地产企业囤地、炒地。

三是发展智慧湾区与数字湾区，协同建设新一代信息基础设施。加快构建新一代信息基础设施，推动信息基础设施达到世界先进水平，建设高速泛在信息网络。加快推进5G网络建设，支持电信运营、制造、IT

等行业龙头企业协同开展技术、设备、产品研发、服务创新及综合应用示范。

四是创新城市治理，建立多元参与治理网络。创新跨区域服务机制，推动基本公共服务便利共享。加强基本公共卫生服务合作，推动重大传染病联防联控。推进社会治理共建共治共享。加强城市管理和社会治安防控体系建设，建立以预防为主的城市公共安全风险防控标准体系和规划体系。健全区域性重大灾害事故联防联控机制，完善总体应急预案及相关专项预案。加强跨地区、跨部门的业务协同、信息共享、应急演练，推进重点城市和湾区防灾、减灾、救灾一体化、同城化。建立健全基层社会治理网络，全域推广网格化服务管理。学校、医院、生命线系统等重点设防类设施按高于本地区抗震设防烈度的要求加强抗震措施，其他重大工程依据地震安全性评价结果进行抗震设防。建立健全安全生产责任体系和联动长效机制，有效防范和坚决遏制重特大安全生产事故发生。

五是打造人文湾区。发挥湾区地域相近、文脉相亲的优势，通过跨界重大文化遗产保护、文化遗产展览、展演活动等，增强大湾区文化软实力，建设具有全球影响力的国际文化交往中心，打造文化繁荣发展的共同家园。塑造湾区人文精神，坚定文化自信，既共同推进中华优秀传统文化的传承发展，又形成京城文化、江南文化、闽南文化、岭南文化的独特文化魅力。增强湾区文化软实力，进一步提升居民文化素养与社会文明程度，共同推动文化繁荣发展。推动中外文化交流互鉴，推进湾区旅游发展。

11.8 资源统筹高阶化，树立全球可持续标杆

土地、能源、水是最基础的生态资源。湾区以有限的生态资源支撑着大量的人口和生产生活活动，如粤港澳湾区用不足全国 0.6% 的国土面积支持着全国超过 4.8% 人口的生产与生活，土地资源十分稀缺。当前，中国五大湾区的社会经济规模总量大，但经济发展仍呈粗放型特征，资源能源利用率低，严重制约着湾区的未来发展。为统筹湾区土地、能源、水等重要生态资源，一是要设立区域规划统筹协调机构，对湾区内的土地、水、能源等资源进行统筹调配，构建湾区生态资源利用空间格局，避免无序、不集约、不经济的开发利用；二是要建立集约型循环经济体系，湾区遵循顶层设计、规划统筹的原则，利用不同城市的比较优势，以湾区为整体建立区域循环经济体系，缓解湾区内土地、水、能源的不规模、不经济的开发利用，以集约式、循环式经济体系实现湾区内资源利用效益的最大化；三是要预留充足的生态资源，土地、水、能源等资源具有不可替换的生态和经济功能，是湾区发展的战略储备，应通过规划协调好不同时序的开发和保护计划，为湾区未来发展预留充足的资源。

2035 年，湾区将坚持保护环境和节约资源，坚持推进生态文明建设，推进重大生态保护和修复工程进展顺利，积极参与和引导应对气候变化国际合作，打造宜居生态湾区。把生态文明理念贯穿区域发展总体战略实施的全过程，形成以近岸近海生态区、大江大河重要水系为骨架，以其他重点生态功能区为重要支撑，以禁止开发区域为重要组成的生态屏障。全面推动资源能源节约，落实最严格的水资源管理制度、最严格的耕地保护制度和最严格的节约用地制度，强化水资源和土地资源的节约保护。加快解决重点区域、流域和海域的突出环境问题，鼓励开展跨行政区的生态环保合作，促进生态产品和环保基础设施的共建共享，推行全流域、跨区域联防联控和城乡协同治理的模式，开展跨区域联合执法。

实现对绿水青山就是金山银山的现实解答，贯彻山水林田湖草是生命共同体的思想，推进生态环境共保联治，形成绿色低碳的生产生活方式，共同打造绿色发展底色，探索经济发展和生态环境保护相辅相成、相得益彰的新路子。联合推动跨界生态文化旅游发展。加强跨界江河湖荡、丘陵山地、近海沿岸等自然与人文景观保护开发，在共同保护中开发，在共同开发中保护，形成自然生态优美、文化底蕴深厚、旅游资源充分

利用的生活休闲开敞空间。

区域环境治理联动机制健全。强化源头防控，加大区域环境治理联动，提升区域污染防治的科学化、精细化、一体化水平。强化生态分级管控。强化生态空间保护，严格控制蓝绿空间比例，结合生态本底特征及生态功能分布，划定多级生态管控分区。完善跨流域、跨区域生态补偿机制。建立健全开发地区、受益地区与保护地区横向生态补偿机制，探索建立污染赔偿机制，总结生态补偿机制试点经验，研究建立跨流域生态补偿、污染赔偿标准和水质考核体系。推进生态修复建设，加强水生态系统修复与建设，建设森林生态系统，提高农田的生态功能。推进区域大气环境治理。按照"以点带面、区域协同、量化管理、严格标准"的原则，对各类大气污染源采取严格控制措施，改善大气环境质量。优化能源结构，降低煤炭消费比重，提高天然气、电力等能源消费比重，推广新能源和可再生能源开发利用。合理控制机动车保有量，严格执行机动车尾气排放标准，实施重型柴油车排放实时在线监控，淘汰改造高排放老旧车辆。结合海绵城市建设，采用低影响开发措施。坚持"一张蓝图干到底"，统筹生产、生活、生态三大空间，强化水资源刚性约束，实施留白增绿战略，构建新型城乡格局。塑造和而不同的分区风貌特色。

11.9 制度改革高阶化，释放万众创新创业活力

湾区是我国开放程度最高、经济活力最强的区域之一，其发展的现状得益于中国改革开放40余年成果的传承，湾区未来建设和发展仍需要传承改革的精神。2035年，湾区需要在已有的成就上，实现对《中共中央关于坚持和完善中国特色社会主义制度、推进国家治理体系和治理能力现代化若干重大问题的决定》与中共中央、国务院《关于新时代加快完善社会主义市场经济体制的意见》的深入落实，完成制度层面的重大创新。推动湾区内各城市从法律、政府、市场、社会四个层面建立综合协调的机制，协调处理湾区内的法律、税收、金融、知识产权、社会管理等多种复杂问题；推动资源要素便捷、高效流动，将自贸区的延伸覆盖到更广的领域，发挥自由贸易区的优势，促进湾区发展。

湾区作为率先基本实现现代化的引领区，要着眼基本实现现代化，进一步增强经济实力、科技实力，在创新型国家建设中发挥重要作用；大力推动法治社会、法治政府建设，加强和创新社会治理；培育和践行社会主义核心价值观，弘扬中华文化；显著提升人民群众生活水平，使湾区走在全国现代化建设前列。

在加强党对湾区一体化发展的领导、明确各级党委和政府职责、建立健全实施保障机制、确保规划纲要主要目标和任务顺利实现的基础上，湾区作为新时代改革开放新高地，要坚决破除条条框框、思维定式束缚，推进更高起点的深化改革和更高层次的对外开放，加快各类改革试点举措集中落实、率先突破和系统集成，以更大力度推进全方位开放，打造新时代改革开放新高地。

11.10 区域协调高阶化，共建共享最佳发展区

2035年，发挥湾区内各城市比较优势，强化分工合作、错位发展，提升区域发展整体水平和效率。充分考虑区域特点，实行差别化的区域政策，提高财政、产业、土地、环保、人才等政策的精准性和有效性，因地制宜培育和激发区域发展动能。加强区域合作联动。推动湾区一体化发展，加强中心区城市间的合作联动，建立城市间重大事项、重大项目的共商共建机制。特别是面对2020年新冠疫情防控的考验，需要更加重视区域风险的协同管控与治理，共同打造韧性湾区。

加强湾区核心区与边远地区的深层合作。湾区应发挥其在外部更大腹地区域的拉动协调作用，发挥外部腹地区域的比较优势，促进湾区与外部腹地区域产业的有序转移与承接，疏解中心城市非必要功能，治理大城市病。鼓励湾区中心城市与周边区域通过委托管理、投资合作等多种形式共建产业园区，包括承接产业转移示范区、区域合作示范区等。提升合作园区开发建设和管理水平，促进湾区内部产业的提质升级，带动湾区周边区域的经济发展。对于环渤海湾湾区、环长江口湾区，要特别加强省际交界地区合作。在省际交界地区，探索建立统一规划、统一管理、合作共建、利益共享的合作新机制。加强省际交界地区城市间交流合作，建立健全跨省城市政府间联席会议制度，完善省际会商机制。

要建立利益分享机制。湾区发展离不开区域中各个成员的共同努力，在合作过程中要让不同行为主体的利益诉求充分表达出来，并在这个基础上进行利益分享，才能形成合作的基础并保持合作的关系。建立控制行为主体之间的利益冲突在可控范围内的利益分享机制，让行为主体能够通过软性机制（平台、原则、契约、协商）与硬性机制（法律法规、仲裁）等理性方式进行区域内的合作交流。如区域生态补偿机制、交易机制、反哺机制、财税分享机制等。

建立统一规划管理和运维机制。鼓励智库参与湾区建设决策咨询，建立健全第三方评估机制。建立保障高质量发展的规划编制技术体系，依法依规编制相关规划，实现"多规合一"。编制国土空间规划，同步搭建"多规合一"空间基础信息平台，健全城市数据资源管理体系，逐步实现各类规划在规划体系、空间布局、技术标准、信息平台和管理机制等方面的统一。建立动态监控与展示平台，组织开展全领域运行动态监测，加强公众参与的广度与深度，运用平台获取与反馈公众诉求与意见。

设立（委派）中央政府协调机构（国务院主要领导负责，中心城市为第一执行机构）及专门湾区合作争端仲裁中心，完善区域合作组织架构，制定湾区仲裁框架协议；建立利益共享的协调机制，建立区域合作发展资金，构建合作资金平台；积极搭建专题合作平台，扩展区域合作领域；建立激励和约束机制，以及政府官员交流机制。

附录

附录 A 产业分类标准

本书在第 6 章"聚能蓄力：湾区产业集聚分析"进行产业结构、区位熵、产业空间格局演变、产业结构水平空间演变等分析，在第 7 章"织网汇流：湾区开放网络分析"中运用 IIG 模型进行联系驱动因素分析，以及在第 9 章"创新驱动：湾区创新绩效分析"中进行人力资本投入量的计算时，都需要确定产业分类标准。

从产业分类标准对经验分析结论的影响来看，分类标准越细，对区域产业集聚专门化与相关性程度的度量越准确，经验分析结论的可信度越强。但从数据可得性的角度出发，产业分类与区域层次相对应，区域层次越高，其产业分类标准细分数据可得性越强，如范剑勇和石灵云（2009）、张卉（2007）学者运用三位数、四位数产业的研究，但其区域层次一般为省级区域。[110, 111] 因此综合考虑区域尺度与产业标准，本书的产业分类标准设为两位数，即《国民经济行业分类与代码》中的门类。

本书经验分析数据涉及 1998 年至 2017 年。在此期间，《国民经济行业分类与代码》于 2002 年进行过门类调整，由 GB/T 4754—94 的 16 类改为 GB/T 4754—2002 的 20 类。在《中国城市统计年鉴》中，1998—2002 年分行业人力资本数据的产业门类数量为 15 种，2003—2018 年的分行业人力资本数据的产业门类数量为 19 种。因为在运用 IIG 模型进行联系驱动因素分析时，需要将产业门类与投入 - 产出表进行匹配，因此需要将分行业人力资本数据与投入 - 产出数据的产业门类进行归并。

将 1998—2002 年分行业人力资本数据 15 种产业门类中的科研综合技术服务业与地质勘查、水利管理业归为一类，最终合并为 14 个产业门类。以此产业门类为基础，将投入 - 产出数据中的 40 种产业门类进行合并。将 2003 年至 2006 年分行业人力资本数据 19 种产业门类中的科学研究、技术服务和地质勘查业和水利、环境和公共设施管理业合为一类，最终合并为 18 个产业门类。以此产业门类为基础，将投入 - 产出数据中的 42 种产业门类进行合并。2007 年至 2017 年，分行业人力资本数据的产业门类数量为 19 种，投入 - 产出数据的产业门类为 42 种，直接将投入 - 产出数据的产业门类进行归并为 19 个。1998 年至 2017 年的最终产业门类归并结果见附表 A。

附表 A 1998 年至 2017 年的最终产业门类归并结果

分行业人力资本数据		投入 - 产出数据		合并类别个数
相关年份（年）	产业类别数量	相关年份（年）	产业类别数量	
1998—1999	15	1997	40	14
2000—2002	15	2000	40	14
2003—2004	19	2002	42	18

续表

分行业人力资本数据		投入－产出数据		合并类别个数
相关年份（年）	产业类别数量	相关年份（年）	产业类别数量	
2005—2006	19	2005	42	18
2007—2009	19	2007	42	19
2010—2011	19	2010	42	19
2012—2013	19	2012	42	19
2014—2017	19	2015	42	19

资料来源：作者依据相关文件整理绘制。

以2007年和2010年的投入－产出表为例，说明投入－产出表的归并方法。2007年和2010年的投入－产出表产业门类为42种，参照分行业人力资本数据的19种产业门类作如下归并：煤炭开采和洗选业、石油和天然气开采业、金属矿采选业、非金属矿采选业4个行业归并为采矿业；将食品制造及烟草加工业、纺织业、纺织服装鞋帽皮革羽绒及其制品业、木材加工及家具制造业、造纸印刷及文教体育用品制造业、石油加工炼焦及核燃料加工业、化学工业、非金属矿物制品业、金属冶炼及压延加工业、金属制品业、通用专用设备制造业、交通运输设备制造业、电气机械及器材制造业、通信设备计算机及其他电子设备制造业、仪器仪表及文化办公用机械制造业、工艺品及其他制造业、废品废料17个行业归并为制造业；将电力热力的生产和供应业、燃气生产和供应业、水的生产和供应业3个行业归并为电力、燃气及水的生产和供应业；将交通运输及仓储业、邮政业2个行业归并为交通运输仓储及邮政业；将研究与试验发展业、综合技术服务业2个行业归并为科学研究、技术服务和地质勘查业。未归并的行业有农林牧渔业、建筑业、信息传输、计算机服务和软件业、批发和零售贸易业、住宿和餐饮业、金融业、房地产业、租赁和商务服务业、水利、环境和公共设施管理业、居民服务和其他服务业、教育事业、卫生、社会保障和社会福利事业、文体和娱乐业、公共管理和社会组织。投入－产出表的28种行业被归并为5种，未归并的行业14种，分别与分行业人力资本数据的19种产业门类对应。

附录B　五大湾区各城市航线数（附表B.1—附表B.5）

附表B.1　环渤海湾湾区各城市航线数

城市	机场名	航线数
北京市	北京市（北京首都国际机场）	252
	北京市（北京大兴国际机场）	328
天津市	天津市（天津滨海国际机场）	180
保定市	保定市（无）	0
唐山市	唐山市（唐山三女河机场）	11
石家庄市	石家庄市（石家庄正定国际机场）	137
廊坊市	廊坊市（无）	0

续表

城市	机场名	航线数
秦皇岛市	秦皇岛市（秦皇岛北戴河国际机场）	16
张家口市	张家口市（张家口宁远机场）	6
承德市	承德市（承德普宁机场）	5
沧州市	沧州市（无）	0
衡水市	衡水市（无）	0
邢台市	邢台市（无）	0
邯郸市	邯郸市（邯郸马头机场）	12
葫芦岛市	葫芦岛市（无）	0
锦州市	锦州市（锦州湾国际机场）	6
盘锦市	盘锦市（无）	0
鞍山市	鞍山市（鞍山腾鳌机场）	5
本溪市	本溪市（无）	0
沈阳市	沈阳市（沈阳桃仙国际机场）	149
辽阳市	辽阳市（无）	0
营口市	营口市（营口兰旗机场）	8
丹东市	丹东市（丹东浪头国际机场）	5
大连市	大连市（大连周水子国际机场）	146
德州市	德州市（无）	0
济南市	济南市（济南遥墙国际机场）	140
淄博市	淄博市（无）	0
潍坊市	潍坊市（潍坊南苑机场）	14
青岛市	青岛市（青岛流亭国际机场）	167
威海市	威海市（威海国际机场）	18
烟台市	烟台市（烟台蓬莱国际机场）	149
东营市	东营市（东营胜利机场）	12
滨州市	滨州市（无）	0
总数		1438

注：北京大兴国际机场为2020年5月数据；北京南苑机场已于2019年9月25日停运。
资料来源：数据源自网络。

附表 B.2　环长江口湾区各城市航线数

城市	机场名	航线数
上海市	上海市（上海浦东国际机场）	241
	上海市（上海虹桥国际机场）	
南京市	南京市（南京禄口国际机场）	260
	南京市（南京马鞍国际机场）	
苏州市	苏州市（无）	0
无锡市	无锡市（苏南硕放国际机场）	40
杭州市	杭州市（杭州萧山国际机场）	160
宁波市	宁波市（宁波栎社国际机场）	95
常州市	常州市（常州奔牛国际机场）	26
南通市	南通市（南通兴东国际机场）	35
镇江市	镇江市（无）	0
绍兴市	绍兴市（无）	0
扬州市	扬州市（扬州泰州国际机场）	23
泰州市		
嘉兴市	嘉兴市（嘉兴机场）	12
湖州市	湖州市（无）	0
舟山市	舟山市（无）	0
台州市	台州市（台州路桥机场）	10
金华市	金华市（无）	0
盐城市	盐城市（盐城南洋机场）	35
总数		937

资料来源：数据源自网络。

附表 B.3　海峡西岸湾区各城市航线数

城市	机场名	航线数
福州市	福州市（福州长乐国际机场）	103
厦门市	厦门市（厦门高崎国际机场）	182
泉州市	泉州市（泉州晋江国际机场）	94
莆田市	莆田市（无）	0
漳州市	漳州市（无）	0
三明市	三明市（三明沙县机场）	4

续表

城市	机场名	航线数
南平市	南平市（无）	0
宁德市	宁德市（无）	0
龙岩市	龙岩市（无）	0
温州市	温州市（温州龙湾国际机场）	125
丽水市	丽水市（无）	0
衢州市	衢州市（衢州机场）	10
上饶市	上饶市（上饶三清山机场）	8
鹰潭市	鹰潭市（无）	0
抚州市	抚州市（无）	0
赣州市	赣州市（赣州黄金机场）	21
总数		547

资料来源：数据源自网络。

附表 B.4　粤港澳湾区各城市航线数

城市	机场名	航线数
香港特别行政区	香港特别行政区（香港国际机场）	150
澳门特别行政区	澳门特别行政区（澳门国际机场）	53
广州市	广州市（广州白云国际机场）	173
深圳市	深圳市（深圳宝安国际机场）	188
佛山市	佛山市（佛山沙堤机场）	9
东莞市	东莞市（无）	0
惠州市	惠州市（惠州平潭机场）	73
中山市	中山市（无）	0
珠海市	珠海市（珠海金湾机场）	109
江门市	江门市（无）	0
肇庆市	肇庆市（无）	0
汕头市	汕头市（无）	0
潮州市	潮州市（无）	0
揭阳市	揭阳市（揭阳潮汕国际机场）	72
汕尾市	汕尾市（无）	0

续表

城市	机场名	航线数
茂名市	茂名市（无）	0
阳江市	阳江市（无）	0
韶关市	韶关市（无）	0
清远市	清远市（无）	0
云浮市	云浮市（无）	0
梅州市	梅州市（梅州梅县机场）	7
河源市	河源市（无）	0
总数		834

资料来源：数据源自网络。

附表 B.5　环北部湾湾区各城市航线数

城市	机场名	航线数
南宁市	南宁市（南宁吴圩国际机场）	153
北海市	北海市（北海福成机场）	61
钦州市	钦州市（无）	0
防城港市	防城港市（无）	0
玉林市	玉林市（无）	0
崇左市	崇左市（无）	0
湛江市	湛江市（湛江机场）	21
海口市	海口市（海口美兰国际机场）	169
儋州市	儋州市（无）	0
东方市	东方市（无）	0
澄迈县	澄迈县（无）	0
临高县	临高县（无）	0
昌江县	昌江县（无）	0
总数		404

资料来源：数据源自网络。

附录 C 五大湾区产业联系强度图谱（1996年、2006年）（附表 C.1—附表 C.10）

附表 C.1 环渤海湾湾区产业联系强度图谱，1996 年

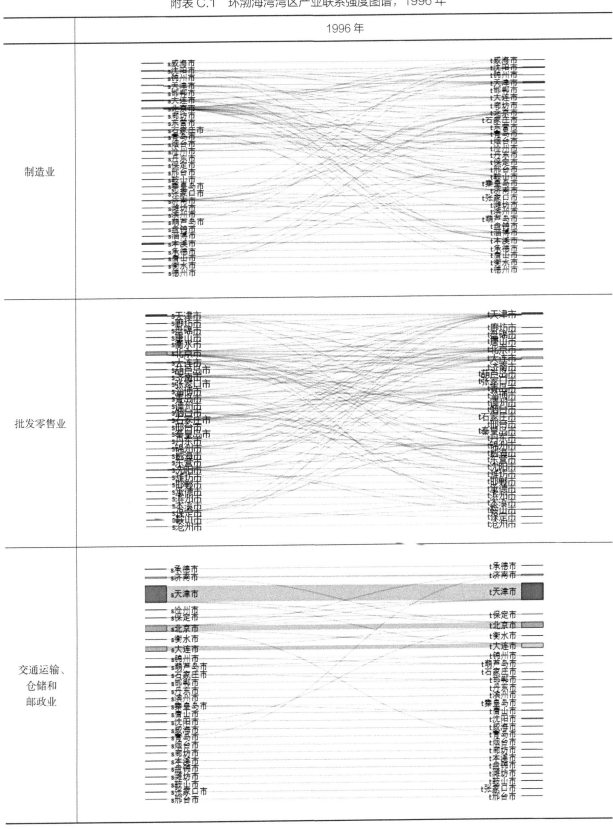

续表

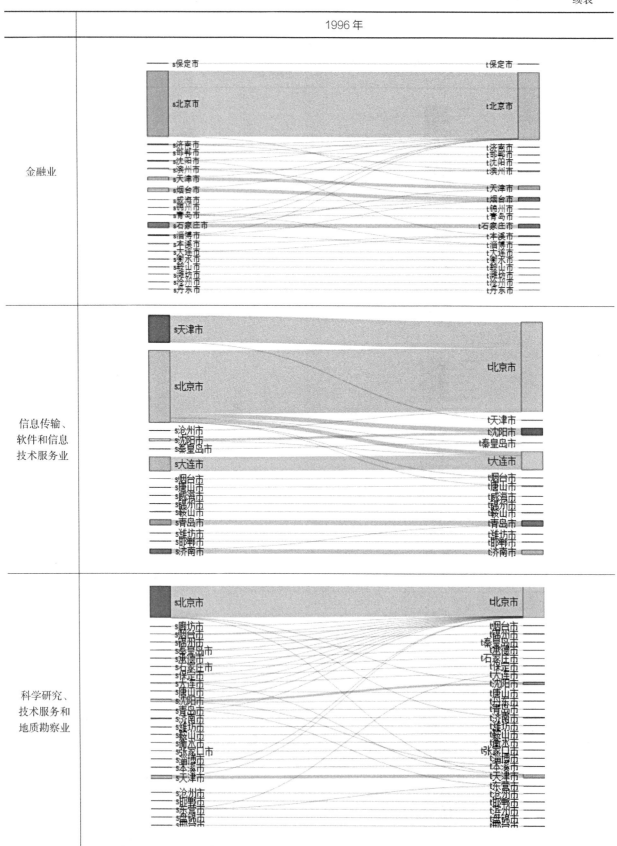

资料来源：作者依据龙信量子数聚公司提供的数据计算绘制。

附表 C.2　环渤海湾湾区产业联系强度图谱，2006 年

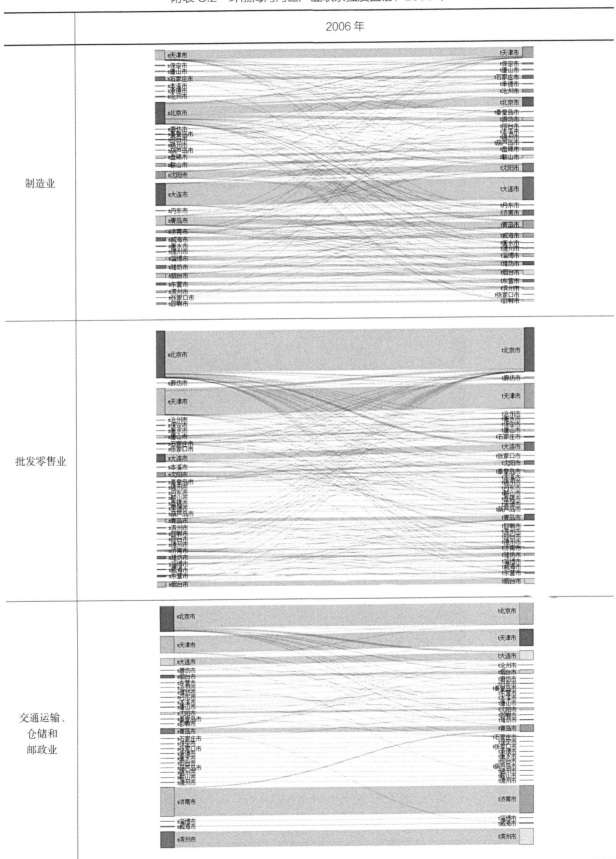

续表

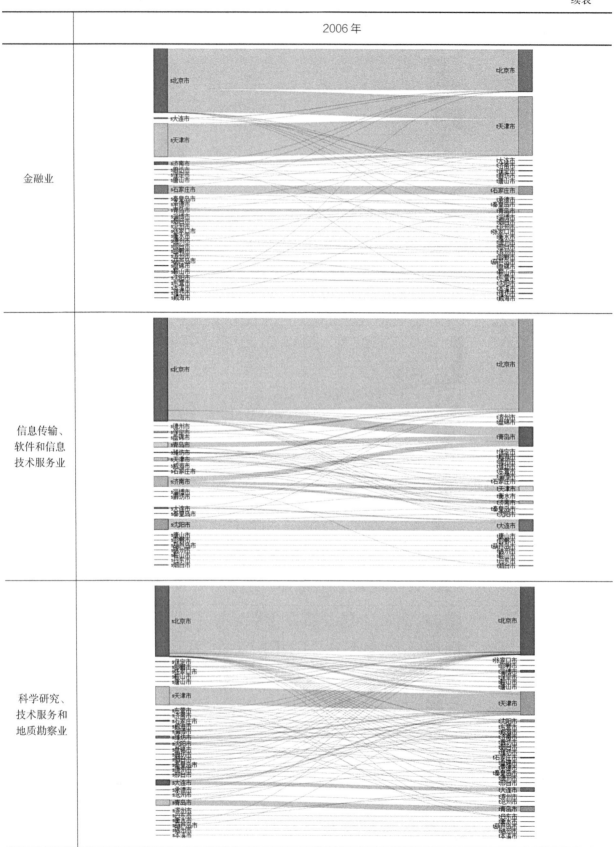

资料来源：作者依据龙信量子数聚公司提供的数据计算绘制。

附表C.3 环长江口湾区产业联系强度图谱，1996年

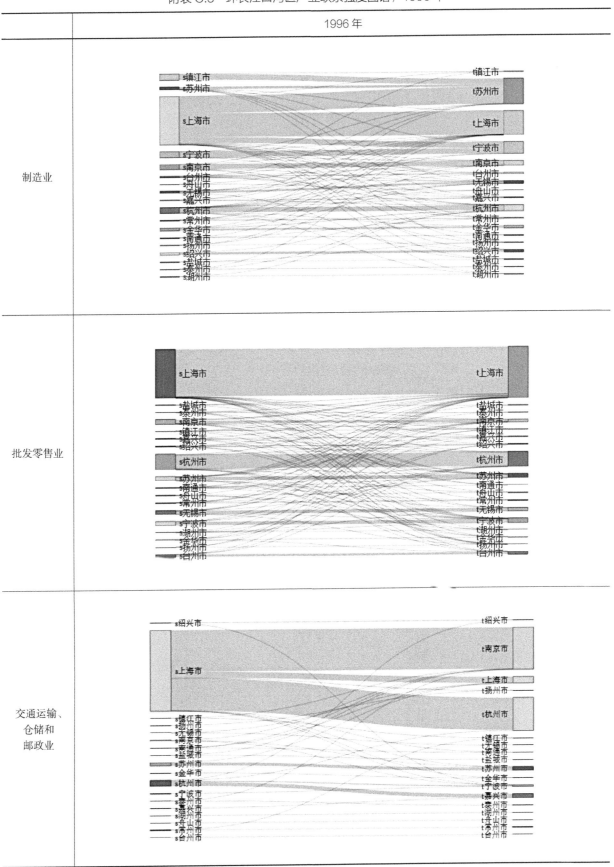

续表

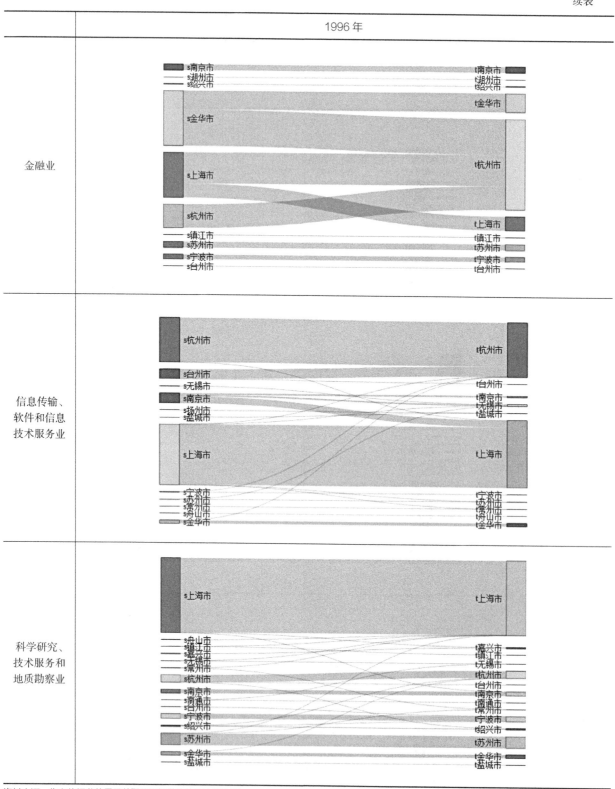

资料来源：作者依据龙信量子数聚公司提供的数据计算绘制。

附表 C.4 环长江口湾区产业联系强度图谱，2006 年

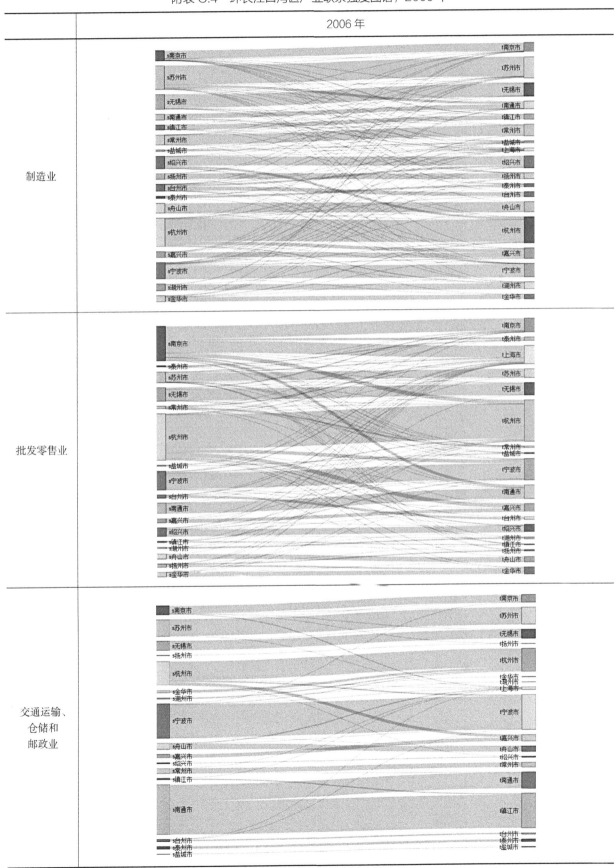

续表

	2006年
金融业	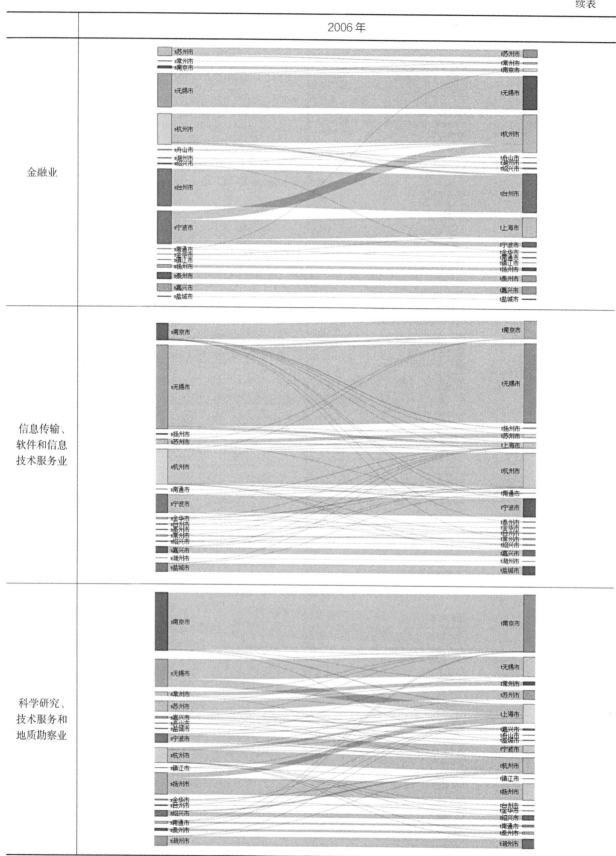
信息传输、软件和信息技术服务业	
科学研究、技术服务和地质勘察业	

资料来源：作者依据龙信量子数聚公司提供的数据计算绘制。

附表 C.5　海峡西岸湾区产业联系强度图谱，1996 年

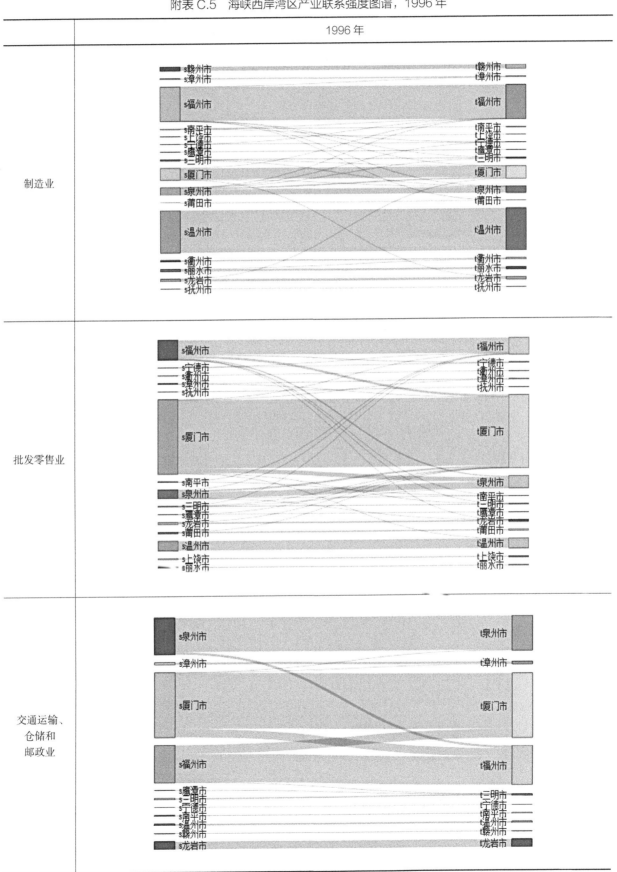

续表

	1996年
金融业	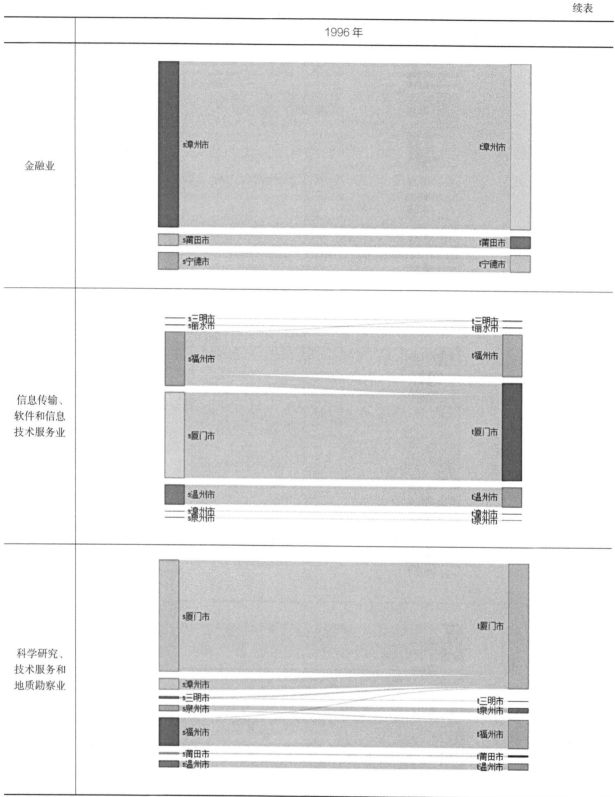
信息传输、软件和信息技术服务业	
科学研究、技术服务和地质勘察业	

资料来源：作者依据龙信量子数聚公司提供的数据计算绘制。

附表 C.6　海峡西岸湾区产业联系强度图谱，2006 年

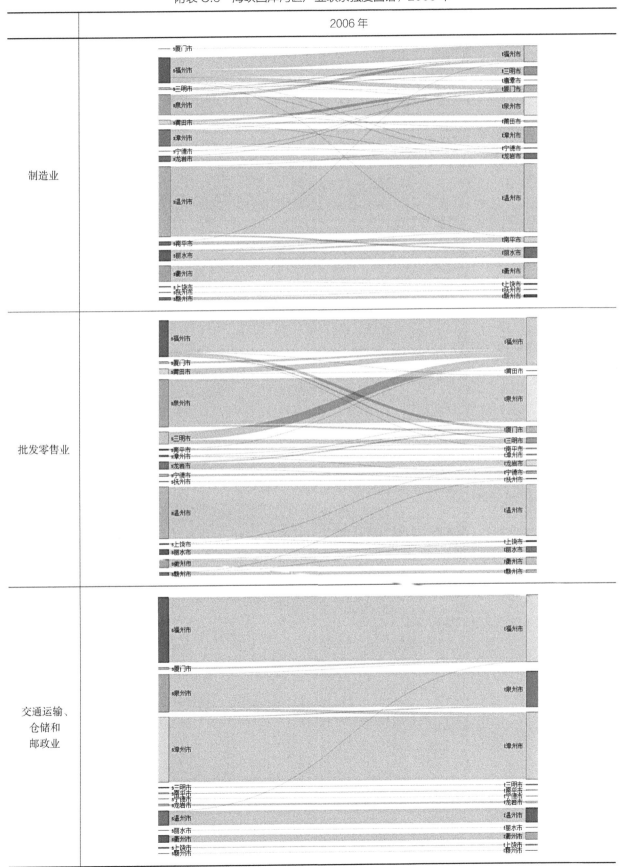

续表

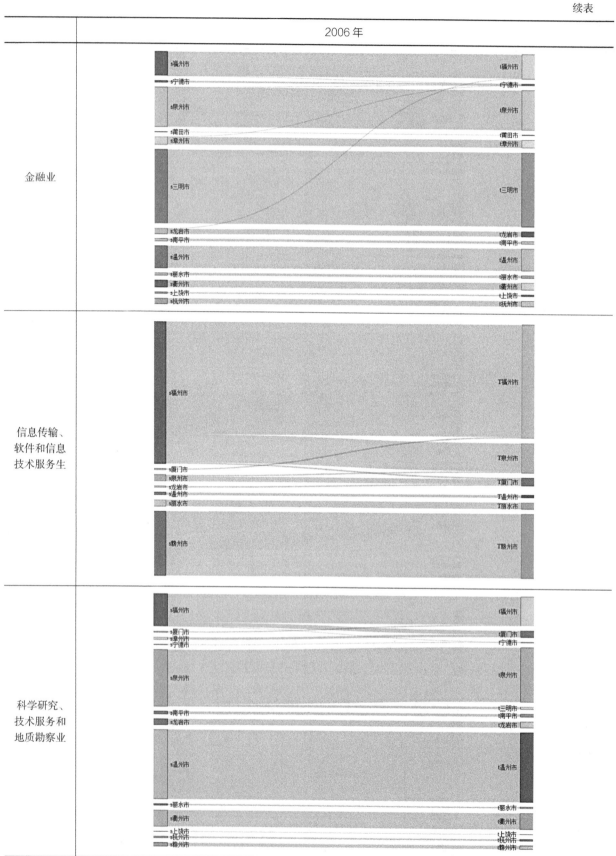

资料来源：作者依据龙信量子数聚公司提供的数据计算绘制。

附表 C.7 粤港澳湾区产业联系强度图谱，1996 年

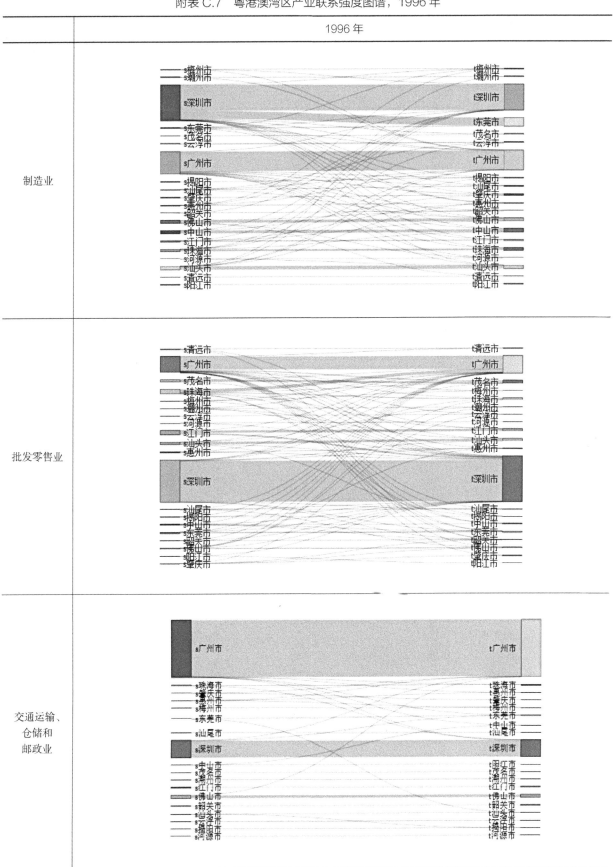

续表

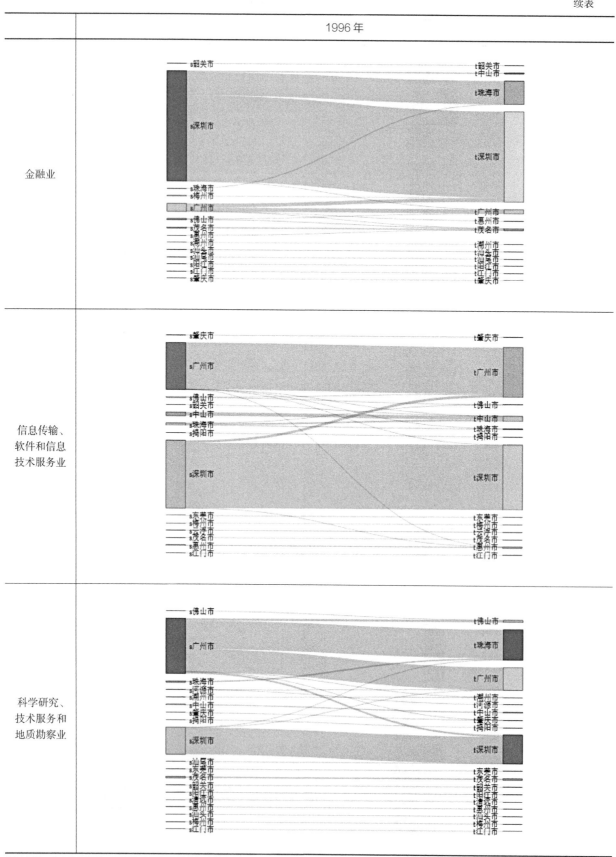

资料来源：作者依据龙信量子数聚公司提供的数据计算绘制。

附表 C.8　粤港澳湾区产业联系强度图谱，2006 年

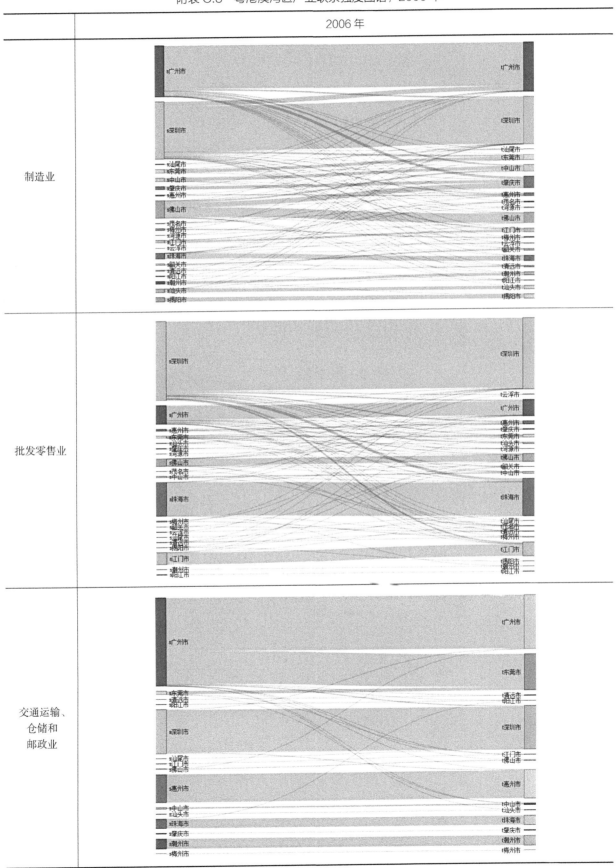

续表

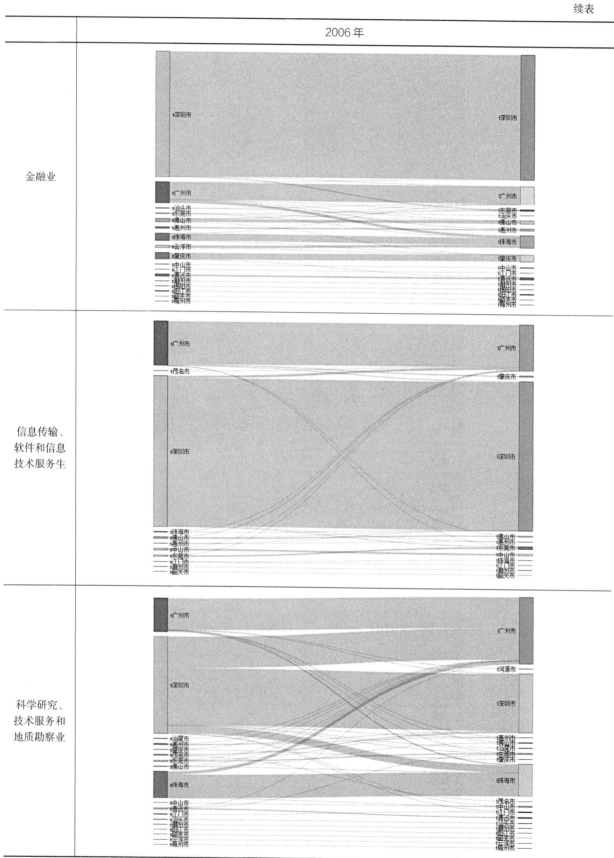

资料来源：作者依据龙信量子数聚公司提供的数据计算绘制。

附表 C.9 环北部湾湾区产业联系强度图谱，1996 年

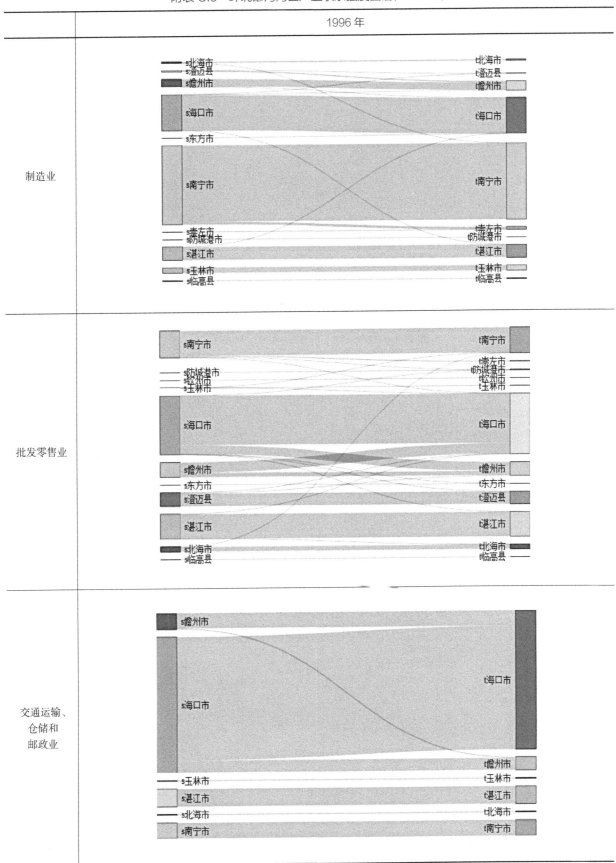

续表

	1996 年
金融业	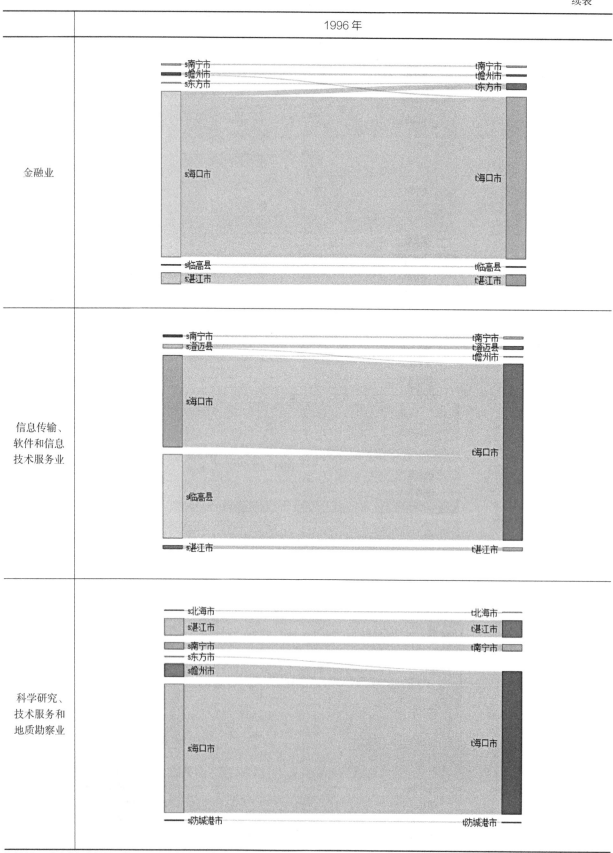
信息传输、软件和信息技术服务业	
科学研究、技术服务和地质勘察业	

资料来源：作者依据龙信量子数聚公司提供的数据计算绘制。

附表 C.10 环北部湾湾区产业联系强度图谱，2006 年

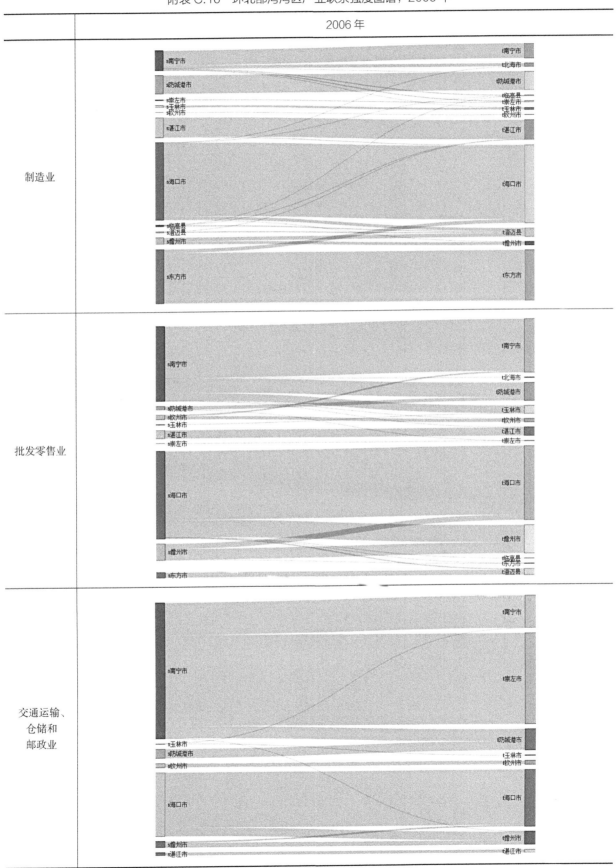

续表

	2006年
金融业	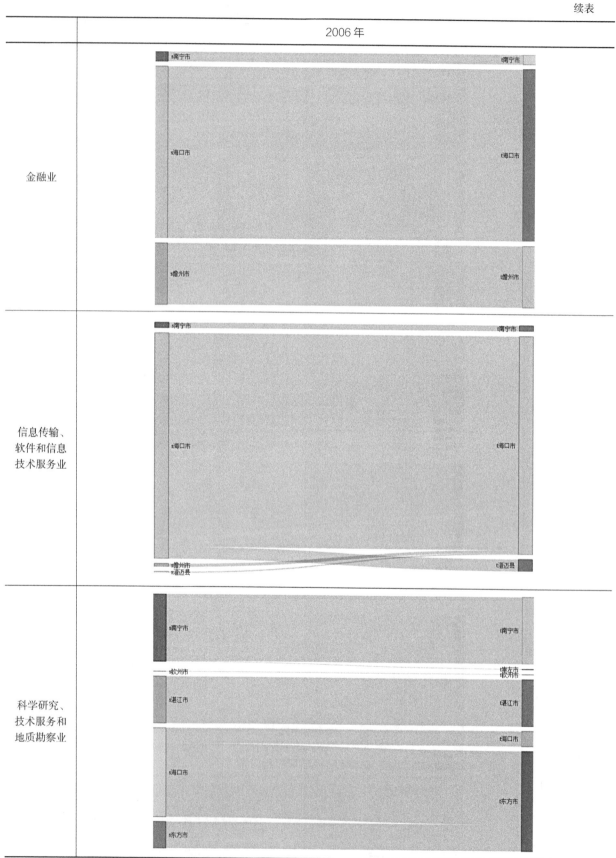
信息传输、软件和信息技术服务业	
科学研究、技术服务和地质勘察业	

资料来源：作者依据龙信量子数聚公司提供的数据计算绘制。

附录 D 五大湾区环境绩效 Pearson 相关性分析结果（附表 D.1—附表 D.5）

附表 D.1 环渤海湾湾区环境绩效 Pearson 相关性分析结果

	废水	废气	用水	用电	GDP	人口	预算
废水	1	0.574**	0.429*	0.216	0.372*	0.388*	0.239
废气	0.574**	1	0.097	-0.108	-0.031	0.022	-0.128
用水	0.429*	0.097	1	0.834**	0.931**	0.872**	0.908**
用电	0.216	-0.108	0.834**	1	0.927**	0.766**	0.932**
GDP	0.372*	-0.031	0.931**	0.927**	1	0.880**	0.963**
人口	0.388*	0.022	0.872**	0.766**	0.880**	1	0.810**
预算	0.239	-0.128	0.908**	0.932**	0.963**	0.810**	1

注：表中的"废水"、"废气"、"用水"、"用电"、"GDP"、"人口"、"预算"分别为"工业废水排放量"、"工业二氧化硫排放量"、"居民生活用水量"、"全社会用电量"、"地区生产总值"、"常住人口"、"地方财政一般预算收入"的简称；*、**、*** 分别代表在 10%、5%、1% 的水平上显著。
资料来源：作者依据《中国城市统计年鉴》中的数据计算绘制。

附表 D.2 环长江口湾区环境绩效 Pearson 相关性分析结果

	废水	废气	用水	用电	GDP	人口	预算
废水	1	0.877**	0.908**	0.621**	0.810**	0.708**	0.645**
废气	0.877**	1	0.885**	0.495*	0.734**	0.600**	0.548*
用水	0.908**	0.885**	1	0.798**	0.939**	0.865**	0.834**
用电	0.621**	0.495*	0.798**	1	0.941**	0.946**	0.975**
GDP	0.810**	0.734**	0.939**	0.941**	1	0.961**	0.948**
人口	0.708**	0.600**	0.865**	0.946**	0.961**	1	0.967**
预算	0.645**	0.548*	0.834**	0.975**	0.948**	0.967**	1

注：表中的"废水"、"废气"、"用水"、"用电"、"GDP"、"人口"、"预算"分别为"工业废水排放量"、"工业二氧化硫排放量"、"居民生活用水量"、"全社会用电量"、"地区生产总值"、"常住人口"、"地方财政一般预算收入"的简称；*、**、*** 分别代表在 10%、5%、1% 的水平上显著。
资料来源：作者依据《中国城市统计年鉴》中的数据计算绘制。

附表 D.3 海峡西岸湾区环境绩效 Pearson 相关性分析结果

	废水	废气	用水	用电	GDP	人口	预算
废水	1	0.240	0.294	0.370	0.394	-0.022	0.491
废气	0.240	1	0.106	0.288	0.632**	0.070	0.365
用水	0.294	0.106	1	0.680**	0.545*	0.818**	0.706**

续表

	废水	废气	用水	用电	GDP	人口	预算
用电	0.370	0.288	0.680**	1	0.781**	0.349	0.969**
GDP	0.394	0.632**	0.545*	0.781**	1	0.474	0.844**
人口	-0.022	0.070	0.818**	0.349	0.474	1	0.393
预算	0.491	0.365	0.706**	0.969**	0.844**	0.393	1

注：表中的"废水"、"废气"、"用水"、"用电"、"GDP"、"人口"、"预算"分别为"工业废水排放量"、"工业二氧化硫排放量"、"居民生活用水量"、"全社会用电量"、"地区生产总值"、"常住人口"、"地方财政一般预算收入"的简称；*、**、*** 分别代表在10%、5%、1%的水平上显著。
资料来源：作者依据《中国城市统计年鉴》中的数据计算绘制。

附表 D.4 粤港澳湾区环境绩效 Pearson 相关性分析结果

	废水	废气	用水	用电	GDP	人口	预算
废水	1	0.411	0.658**	0.719**	0.600**	0.641**	0.475*
废气	0.411	1	0.311	0.408	0.067	0.198	-0.050
用水	0.658**	0.311	1	0.963**	0.932**	0.915**	0.780**
用电	0.719**	0.408	0.963**	1	0.908**	0.853**	0.805**
GDP	0.600**	0.067	0.932**	0.908**	1	0.902**	0.926**
人口	0.641**	0.198	0.915**	0.853**	0.902**	1	0.773**
预算	0.475*	-0.050	0.780**	0.805**	0.926**	0.773**	1

注：表中的"废水"、"废气"、"用水"、"用电"、"GDP"、"人口"、"预算"分别为"工业废水排放量"、"工业二氧化硫排放量"、"居民生活用水量"、"全社会用电量"、"地区生产总值"、"常住人口"、"地方财政一般预算收入"的简称；*、**、*** 分别代表在10%、5%、1%的水平上显著。
资料来源：作者依据《中国城市统计年鉴》中的数据计算绘制。

附表 D.5 环北部湾湾区环境绩效 Pearson 相关性分析结果

	废水	废气	用水	用电	GDP	人口	预算
废水	1	0.446	0.692*	0.506	0.847**	0.915**	0.607*
废气	0.446	1	0.479	0.131	0.398	0.356	0.263
用水	0.692*	0.479	1	0.869**	0.911**	0.760**	0.883**
用电	0.506	0.131	0.869**	1	0.865**	0.666*	0.974**
GDP	0.847**	0.398	0.911**	0.865**	1	0.928**	0.928**
人口	0.915**	0.356	0.760**	0.666*	0.928**	1	0.777**
预算	0.607*	0.263	0.883**	0.974**	0.928**	0.777**	1

注：表中的"废水"、"废气"、"用水"、"用电"、"GDP"、"人口"、"预算"分别为"工业废水排放量"、"工业二氧化硫排放量"、"居民生活用水量"、"全社会用电量"、"地区生产总值"、"常住人口"、"地方财政一般预算收入"的简称；*、**、*** 分别代表在10%、5%、1%的水平上显著。
资料来源：作者依据《中国城市统计年鉴》中的数据计算绘制。

附录 E 五大湾区环境绩效松弛情况（附表 E.1—附表 E.5）

附表 E.1 环渤海湾湾区环境绩效松弛情况

城市	投入			产出		
	废水	废气	用水	用电	GDP	人口
北京市	0.00	0.00	0.00	0.00	0.00	0.00
天津市	15971.91	449.11	0.00	0.00	47.96	399.14
保定市	4661.88	259.38	0.00	4544.00	0.00	617.17
唐山市	11351.53	217.36	0.00	0.00	125.73	364.46
石家庄市	3040.20	54.03	0.00	0.00	0.00	119.55
廊坊市	2589.99	0.00	0.00	0.00	91.76	57.99
秦皇岛市	401.21	0.00	0.00	295.37	71.10	0.00
张家口市	0.00	0.49	0.00	444.10	0.00	0.00
承德市	0.00	0.00	0.00	132.15	27.58	0.00
沧州市	0.00	7.22	0.00	0.00	0.00	0.98
衡水市	0.00	7.96	0.00	1045.67	101.69	64.59
邢台市	5651.83	0.00	189.97	1515.99	0.00	84.29
邯郸市	0.00	0.00	0.00	496.91	0.00	170.81
锦州市	0.00	8.06	0.00	372.96	28.15	0.00
盘锦市	0.00	18.35	0.00	1508.43	406.54	0.00
鞍山市	0.00	110.49	0.00	296.78	0.00	0.00
本溪市	0.00	57.20	0.00	664.20	220.72	3.14
沈阳市	0.00	0.00	5553.01	0.00	0.00	140.27
丹东市	0.00	36.86	0.00	683.53	131.78	1.90
大连市	13394.76	0.00	0.00	0.00	227.59	80.19
德州市	5469.18	0.00	9363.38	187.49	0.00	0.00
济南市	0.00	0.00	2325.19	0.00	0.00	127.31
淄博市	2533.37	0.00	0.00	0.00	231.89	0.00
潍坊市	12801.64	0.00	0.00	128.18	0.00	0.00
青岛市	0.00	0.00	19459.77	0.00	31.47	248.49

续表

城市	投入			产出		
	废水	废气	用水	用电	GDP	人口
威海市	0.00	0.00	1576.47	0.00	195.12	14.62
烟台市	4054.66	0.00	0.00	0.00	141.45	57.55
东营市	0.00	0.00	0.00	0.00	347.41	0.00
滨州市	6051.82	0.00	0.00	0.00	12.59	0.00

资料来源：作者依据《中国城市统计年鉴》中的数据计算绘制。

* 表中数值指投入与产出的松弛情况，即存在的冗余。

附表 E.2　环长江口湾区环境绩效松弛情况

城市	投入			产出		
	废水	废气	用水	用电	GDP	人口
上海市	0.00	0.00	0.00	0.00	0.00	0.00
南京市	7367.96	1555.24	0.00	7898.50	0.00	149.93
苏州市	61865.60	146441.97	1713.65	0.00	0.00	209.90
无锡市	0.00	12427.96	0.00	0.00	0.00	158.36
杭州市	11913.64	0.00	146.91	0.00	0.00	165.71
宁波市	0.00	2708.00	95.72	0.00	0.00	0.00
常州市	0.00	3975.83	0.00	0.00	0.00	122.65
镇江市	1283.60	14859.30	0.00	0.00	0.00	105.95
南通市	341.10	3004.74	0.00	0.00	0.00	0.00
绍兴市	9856.78	0.00	2.46	0.00	0.00	27.64
扬州市	1162.97	0.00	0.00	0.00	0.00	4.66
泰州市	0.00	1781.46	0.00	0.00	0.00	105.56
嘉兴市	26171.79	27620.91	432.64	0.00	254.45	108.94
湖州市	0.00	9440.00	0.00	0.00	48.98	0.00
舟山市	4148.96	0.00	53.52	6733.13	2657.76	492.19
台州市	0.00	0.00	28.32	363.96	868.52	0.00
金华市	0.00	1283.50	115.90	0.00	557.26	0.00
盐城市	6926.06	9605.31	74.78	0.00	2131.80	0.00

资料来源：作者依据《中国城市统计年鉴》中的数据计算绘制。

附表 E.3 海峡西岸湾区环境绩效松弛情况

城市	投入			产出		
	废水	废气	用水	用电	GDP	人口
福州市	0.00	0.00	0.00	0.00	0.00	0.00
厦门市	0.00	0.00	0.00	0.00	0.00	0.00
泉州市	0.00	0.00	0.00	0.00	0.00	0.00
莆田市	0.00	17.42	0.00	0.00	0.00	38.41
漳州市	0.00	10.91	0.00	0.00	0.00	15.85
三明市	1500.59	3.65	0.00	0.00	70.90	21.08
南平市	0.00	0.00	523.38	0.00	0.00	30.37
宁德市	5930.23	0.00	47.64	340.25	0.00	0.00
龙岩市	0.00	0.00	0.00	0.00	41.79	0.00
温州市	0.00	0.00	0.00	0.00	0.00	0.00
丽水市	0.00	22.31	0.00	0.00	0.00	0.48
衢州市	0.00	37.22	0.00	0.00	24.01	0.00
上饶市	1801.18	111.34	0.00	1697.11	0.00	0.00
鹰潭市	0.00	46.98	0.00	855.99	168.11	15.47
抚州市	0.00	0.00	320.97	589.97	0.00	0.00
赣州市	318.09	0.00	0.00	485.93	0.00	0.00

资料来源：作者依据《中国城市统计年鉴》中的数据计算绘制。

附表 E.4 粤港澳湾区环境绩效松弛情况

城市	投入			产出		
	废水	废气	用水	用电	GDP	人口
广州市	0	0	0	0	0	0
深圳市	0	0	0	0	0	0
珠海市	1160.48	0.00	0.00	0.00	182.41	0.00
汕头市	0.00	0.21	25.01	353.33	0.00	0.00
佛山市	0.00	0.49	33.46	0.00	0.00	596.29
韶关市	927.30	0.00	0.00	0.00	3.38	0.00

续表

城市	投入			产出		
	废水	废气	用水	用电	GDP	人口
河源市	0.00	0.00	67.92	1454.06	117.57	12.31
梅州市	543.21	0.00	0.00	1434.41	0.00	7.97
惠州市	1172.05	0.00	117.70	0.00	0.00	90.44
汕尾市	142.65	0.51	0.00	27.71	0.00	30.06
东莞市	0.00	0.00	104.07	907.53	0.00	455.23
中山市	0.00	0.00	57.83	0.00	56.00	96.75
江门市	0.00	0.00	24.63	0.00	0.00	51.14
阳江市	1344.48	0.00	10.60	0.00	75.67	82.59
湛江市	5031.89	0.00	21.67	3506.15	0.00	552.53
茂名市	0.00	0.71	0.00	0.00	0.00	178.74
肇庆市	679.75	0.00	20.43	0.00	0.00	134.48
清远市	45.59	0.00	18.08	0.00	0.00	17.01
潮州市	0.00	0.00	0.00	0.00	126.26	111.26
揭阳市	0.00	0.02	35.60	697.97	0.00	55.09
云浮市	575.52	0.00	0.00	75.70	57.15	0.76

资料来源：作者依据《中国城市统计年鉴》中的数据计算绘制。

附表 E.5　环北部湾湾区环境绩效松弛情况

城市	投入			产出		
	废水	废气	用水	用电	GDP	人口
南宁市	0.00	0.00	0.00	0.00	0.00	0.00
北海市	0.00	0.00	0.00	0.00	99.74	28.90
钦州市	0.00	201802.45	0.00	0.00	25.25	23.07
防城港市	0.00	645602.32	0.00	0.00	90.79	0.00
玉林市	2475.58	0.00	4536.55	562.66	0.00	0.00
崇左市	4028.37	0.00	1402.32	0.00	48.73	19.88
湛江市	0.00	0.00	0.00	0.00	0.00	0.00
海口市	0.00	1139986.39	21764.08	353.33	11.31	0.00

续表

城市	投入			产出		
	废水	废气	用水	用电	GDP	人口
儋州市	0.00	0.00	861.66	73.75	0.00	5.32
东方市	690.76	0.00	2851.97	53.46	4.08	0.00
澄迈县	896.67	0.00	398.30	285.18	98.45	0.00
临高县	318.16	0.00	0.00	75.75	2.90	23.90

资料来源：作者依据《中国城市统计年鉴》中的数据计算绘制。

索引

"531"战略区域格局 284
CFA（随机前沿面分析） 29，30，328
DEA（数据包络分析） 29，30，328
Hi 指数 114
IIG 模型 29，30，122，123，144
Nich 指数 29，230，238，239，30
POI 29，30，75，76

B

百度指数 29，146，168，172
变异系数 29，30，230，231，232

C

产业集聚 21，24，25，29，91，104
产业结构 13，19，92，104，111
产业竞争优势 111，144
产业类型 92，93，94，96，100
产业联系 120，122，126，128，130
产业联系强度图谱 126，128，130，132，134
产业链 21，25，122，144，270
产业网络演变图谱 136
长江经济带 1，2，22，27，254，272
长三角生态绿色一体化发展示范区 271，272
城市产业功能 29，94，96，97
城市群 1，18，22，23，24，26，27，39，64
城镇体系 24，25，29，31，33，35，37，39
创新绩效 24，25，29，221，223，225，227
创新链 144，271，272，286
创新资金支出占 GDP 比重 221，222，223

D

道路交通设施 177，178，182，183，186
等时圈 18，30，62，63
东部地区 10，202
东部沿海地区 8，10，20，102，285
东京湾区 14，16，17，18，20，21
度中心性 147，148

多式交通 24，25，29，60，61，63，65
多式联运 25，288

F

房价收入比 208，209，210
房租收入比 208，209，210
飞行圈 80，82，83，84，85
份额分量 111
份额系数 29，30，114，115，116，117

G

改革开放 1，2，5，8，10，11
港城融合 29，70，75，77，78
港口 1，3，7，15，17，18，21
高阶化 285，286，287，288，289
高速公路 17，60，61，62，83，123
高速铁路 18，64，65，67，69，176
高新技术产业开发区 4，5，8，257，258
公共服务 22，24，25，29，75，76，92
功能格局 24，25，29，91，92，93
功能区 8，9，25，91，92，278
功能性区域 251，257，258，259，260
规模扩张型引力增长（Scale Expansion-type Gravitational Growth） 124
规模 - 位序 q 值 29，30，32，51，52，54，55，56，57，58
规模 - 位序法则 54
国内国际双循环 284

H

海关特殊监管区域 6，7，257，258，259
海峡西岸湾区 1，3，5，23，27，28
行业间投入 - 产出引力模型（IIG 模型） 29，120，122
和弦图 30，163
赫芬达尔指数 29，30，230，231，232
环北部湾湾区 8，23，27，28，35，36，37
环渤海湾湾区 5，22，23，26，27，28

环境绩效　29，177，210，214，215
环境联动机制　274
环长江口湾区　3，22，27，28，33，34

J

集聚态势分析　31，32，51，58，230
交通缩减型引力增长（Traffic Reduction-type Gravitational Growth）　124
结构偏离分量　111
结构调整型引力增长（Structural Adjustment-type Gravitational Growth）　124
经济技术开发区　4，8，257，258，259，260
经济全球化　13，14
经济特区　2，3，4，5，8，20
京津冀　1，3，22，23，37，60，64
竞争力偏离分量　111
旧金山湾区　5，14，15，16，17，18
均等化　187，188，189，190，191，192，193，194，195，196，220，272

K

开放网络　24，25，29，145，147，149
科创走廊　287
可持续　13，24，39，41，144，145
可达性　30，64，66，67，68，69
空间基尼系数　29，30，51，54，58，187，230，
空间趋势面　223，30，32，58
跨境电商综合试验区　9，10
跨境金融服务　290

L

利益分享机制　294
联席会议制度　264，265，267，269，271，276
陆海　2，9，24，78
陆海系统　329

N

能源供给设施　177，178，179，180，186
凝聚子群　29，30，147，148，149
凝聚子群分析　29，30，148，151，153，154，170，171
纽约湾区　14，15，16，17，18，19，31，75

P

爬虫　29，30
偏离份额分析　104
偏心态势分析　31，32，46，58
浦东新区　8

Q

区位熵　29，30，92，94，95，96，97
区域创新共同体　286
区域协作　263，273，274，283
区域循环经济体系　292
区域治理　24，25，248，249，251，253，255
权力集中度　30
全球巨型自贸区　289

R

人工智能　251，278，286，289，291
人流网络　146，147
韧性湾区　293

S

熵权法　29，30，160，178，196
社会主义市场经济　6，8，12，293
社会主义现代化　284，288
深汕特别合作区　277，278，279
生态环境设施　177，178，183，184，185，186
世界级港口群　288
世界级机场群　288
首位度　29，30，32，51，53，54，92，94
数据要素市场　291
数字化贸易平台　290
四网融合　287

T

特区租管地　281
通勤圈　18，264，285，287
投入-产出表　29，123，295，296

W

外商投资　6，11，14，146，155，157，160
湾区　1，3，5，6，7，8，9

网络结构分析 29，30，330，333
网络密度 147，148，154
文本分析 29，30，249

X

相关系数 29，30，52，114，116，117
协同发展 1，2，9，20，22，67
信息流网络 166，169，170，171，172，173
雄安新区 1，256，265，266，267

Y

沿海对外开放城市 3
夜间灯光地图 15，16，27，28
一带一路 1，2，12，22，23，26
一体化 1，5，10，22，25，26

优质生活圈 291
邮电通信设施 177，181，182，186，189
粤港澳湾区 22，23，26，27，28，35，36

Z

整体态势分析 31，32，58，238
智慧湾区 286，291
制造业生态系统 289
重心分析 29，30，31，46，47，58
珠江-西江经济带 1，275，277
资本互投 126，136，155，162，163，168
资本互投数据 126，136
自驾圈 65，66，67，68，69，80，82，85，87
自由贸易港 1，9，23
自由贸易区 4，8，9，289，293

参考文献

[1] 丁任重. 论我国对外开放的全面性 [J]. 财经科学, 1996（01）：54-56.

[2] 尼·杰克尔, 齐亮. 出口加工区的国际经验 [J]. 经济社会体制比较, 1990（2）：59-61.

[3] 前瞻网. 2018年中国跨境电商试点城市分析，基本覆盖了重点一、二线城市 [EB/OL]. http://www.myzaker.com/article/5bfca06877ac647c22210186/.

[4] 杨正位. 开放的逻辑：中国对外开放的理论与实践探索 [M]. 北京：北京大学出版社, 2017.

[5] 钟山. 奋力谱写新时代对外开放新篇章 [J]. 商业文化, 2018（30）：42-45.

[6] 清华大学国情研究院课题组, 张新, 胡鞍钢, 等. 习近平经济思想的全球治理行动框架 [J]. 人民论坛·学术前沿, 2017（20）：56-65.

[7] 习近平. 共谋绿色生活，共建美丽家园——在2019年中国北京世界园艺博览会开幕式上的讲话 [J]. 中国生态文明, 2019（02）：6-7.

[8] 史本叶, 李泽润. 以对外投资培育国际竞争新优势 [N]. 光明日报, 2014-11-26.

[9] 汪洋. 构建开放型经济新体制 [N]. 人民日报, 2013-11-22.

[10] 盛垒. 疲弱复苏的世界经济：新变量、新趋势与新周期——2017年世界经济分析报告 [J]. 世界经济研究, 2017（01）：3-17.

[11] 崔功豪, 马润潮. 中国自下而上城市化的发展及其机制 [J]. 地理学报, 1999, 2（02）：12-21.

[12] 代合治. 中国城市群的界定及其分布研究 [J]. 地域研究与开发, 1998, 17（02）：41-44.

[13] 姚士谋, 朱英明, 陈振光. 信息环境下城市群区的发展 [J]. 城市规划, 2001（8）：16-18.

[14] 姚士谋, 陈彩虹, 陈振光. 我国城市群区空间规划的新认识 [J]. 地域研究与开发, 2005, 24（3）：37-41.

[15] 周一星, 张莉. 改革开放条件下的中国城市经济区 [J]. 地理学报, 2003, 58（2）：271-284.

[16] 中华人民共和国住房和城乡建设部. 全国城镇体系规划纲要（2005-2020）[R]. 2003.

[17] 王珏, 叶涛. 中国都市区及都市连绵区划分探讨 [J]. 地域研究与开发, 2004, 23（3）：13-16, 21.

[18] 顾朝林, 陈璐, 丁睿, 等. 全球化与重建国家城市体系设想 [J]. 地理科学, 2005, 25（6）：641-654.

[19] 朱英明. 城市群经济空间分析 [M]. 北京：科学出版社, 2004.

[20] 方创琳, 宋吉涛, 张蔷, 等. 中国城市群结构体系的组成与空间分异格局 [J]. 地理学报, 2005（05）：827-840.

[21] 方创琳, 姚士谋, 刘盛和. 2010中国城市群发展报告 [M]. 北京：科学出版社, 2011.

[22] 苗长虹, 王海江. 中国城市群发展态势分析 [J]. 城市发展研究, 2005, 12（4）：11-14.

[23] 李仙德, 宁越敏. 城市群研究述评与展望 [J]. 地理科学, 2012, 32（03）：282-288.

[24] 王伟, 朱小川, 梁霞. 粤港澳大湾区及扩展区创新空间格局演变及影响因素分析 [J]. 城市发展研究, 2020, 27（02）：16-24.

[25] 范剑勇, 李方文. 中国制造业空间集聚的影响：一个综述 [J]. 南方经济, 2011（06）：53-66.

[26] 周一星, 许学强, 宁越敏. 城市地理学 [M]. 2版. 北京：高等教育出版社, 2009.

[27] 苏飞, 张平宇. 辽中南城市群城市规模分布演变特征 [J]. 地理科学, 2010, 30（3）：343-349.

[28] 周彬学, 戴特奇, 梁进社, 等. 基于分形的城市体系经济规模等级演变研究 [J]. 地理科学, 2012, 32（2）：156-161.

[29] 曹跃群, 刘培森. 中国城市规模分布及影响因素实证研究 [J]. 西北人口, 2011（4）：47-52.

[30] 谈明洪, 吕昌河. 以建成区面积表征的中国城市规模分布 [J]. 地理学报, 2003, 58（2）：285-293.

[31] 许爱霞. 山东省城市规模分布研究 [J]. 地域研究与开发, 2006, 25（1）：67-70.

[32] 刘立平, 穆桂松. 中原城市群空间结构与空间关联研究 [J]. 地域研究与开发, 2011, 30（6）：164-168, 封2, 封3.

[33] 赵静, 焦华富, 宣国富. 安徽省城市体系等级规模结构特征及其调整 [J]. 长江流域资源与环境, 2005, 14（5）：556-560.

[34] 王伟. 中国三大城市群经济空间宏观形态特征比较 [J]. 城市规划学刊, 2009（1）：46-53.

[35] 王伟. 中国三大城市群经济空间重心轨迹特征比较[J]. 城市规划学刊, 2009（3）: 20-28.

[36] Jefferson M. The law of the p rmi ate city[J]. Geographical Review, 1939, 29(4): 226-232.

[37] Marshall J U. Beyond the rank-size rule: a new descriptive model of city sizes[J]. Urban Geography, 1997(18): 36-55.

[38] Zipf G K. Human Behavior and the Principle of Least Effort[M]. Addison-Wesley Press, 1949.

[39] 仵宗卿, 戴学珍, 杨吾扬. 帕雷托公式重构及其与城市体系演化[J]. 人文地理, 2000（1）: 15-19.

[40] 傅劲松, 宁红涛. 家园城市·生态城市·网络城市——《雅典宪章》、《马丘比丘宪章》与未来城市规划构思[J]. 城市问题, 1998（3）.

[41] 郑新奇, 王筱明, 王爱萍, 等. 城市宗地集约利用潜力评价方法研究——以济南市城区为例[J]. 资源科学, 2005, 27（6）: 71-75.

[42] 国家发展和改革委员会. 全国主体功能区规划[M]. 人民出版社, 2015.

[43] 王艳, 宋振柏, 吴佩林. 城市功能分区的空间聚类方法研究及其应用——以济南市为例[J]. 地域研究与开发, 2009, 28（1）: 27-31.

[44] 闫妍, 崔昊, 刘静鹏, 等. 卫星城市土地利用分区方法研究[J]. 2012.

[45] 池娇, 焦利民, 董婷, 等. 基于POI数据的城市功能区定量识别及其可视化[J]. 测绘地理信息, 2016, 41（2）: 68-73.

[46] 武京军, 刘晓雯. 中国海洋产业结构分析及分区优化[J]. 中国人口·资源与环境, 2010, 20（S1）: 21-25.

[47] 蒋云良, 董墨萱, 范婧, 等. 基于POI数据的城市功能区识别方法研究[J]. 浙江师范大学学报（自然科学版）, 2017, 40（04）: 398-405.

[48] 顾朝林, 王颖, 邵园, 等. 基于功能区的行政区划调整研究——以绍兴城市群为例[J]. 地理学报, 2015, 70（08）: 1187-1201.

[49] 卢明华, 李国平, 孙铁山. 北京都市区城市功能格局及其变化——基于经济普查数据的分析[J]. 地理研究, 2011, 30（11）: 1970-1982.

[50] 刘玉, 张川, 唐秀美, 等. 基于偏离份额模型的北京市四大功能区产业增长分析[J]. 经济地理, 2017, 37（08）: 122-128.

[51] 吴培培, 朱小川. 基于非参数协方差矩估计的相关产业集聚的考量方法[J]. 统计与决策, 2017(15): 73-75.

[52] Monseny J J. On the scope of agglomeration economies: Evidence from Catalan zip codes[J]. Documents De Treball Ieb, 2005.

[53] 宋志刚, 韩峰, 赵玉奇. 生产性服务业的集聚效应与经济增长——基于中国地级城市面板VAR分析[J]. 技术与创新管理, 2012（01）: 57-60.

[54] Bahl R W, Firestine R, Phares D. Industrial diversity in urban areas: Alternative measures and intermetropolitan comparisons[J]. Economic Geography, 1971, 47(3): 414-425.

[55] Leontief W W. Studies in the Structure of the American Economy. Theoretical and Empirical Explorations in Input-Output Analysis[M]. New York: Oxford University Press, 1953.

[56] Leontief W W. Input-Output Economics[M]. New York: Oxford University Press, 1966.

[57] 陈莞, 谢富纪. 大都市圈创新系统城市科技潜力研究[J]. 科研管理, 2010, 31（3）: 61-67, 126.

[58] 李红锦, 李胜会. 基于扩展强度模型的城市群经济空间联系研究——珠三角城市群的实证研究[J]. 企业经济, 2011（11）: 159-162.

[59] Reilly W J. The law of retail gravitation[M]. New York: Knickerbocker Press, 1931.

[60] Converse P D. Elements of marketing[M]. New Jersey: Englewood Cliffs, 1930.

[61] Taaffe E J. The urban hierarchy: An air passenger definition[J]. Economic Geography, 1962(38): 1-14.

[62] 董青, 刘海珍, 刘加珍, 等. 基于空间相互作用的中国城市群体系空间结构研究[J]. 经济地理, 2010, 30（3）: 926-932.

[63] 乔旭宁, 杨德刚, 毛汉英, 等. 基于经济联系强度的乌鲁木齐都市圈空间结构研究[J]. 地理科学进展, 2007, 26（6）: 86-95.

[64] 冷炳荣, 杨永春, 李英杰, 等. 中国城市经济网络结构空间特征及其复杂性分析[J]. 地理学报, 2011, 66（2）: 199-211.

[65] 邓春玉. 城市群际空间经济联系与地缘经济关系匹配分析——以珠三角建设全国重要经济中心为例[J]. 城市发展研究, 2009, 16（8）: 83-90.

[66] 江进德, 赵雪雁, 张方圆. 安徽省合肥和芜湖市对外经济联系量与地缘经济关系匹配分析[J]. 长江流域资源与环境, 2012, 21（2）: 137-144.

[67] 孙晶, 许崇正. 空间经济学视角下"经济引力"模型的构建与运用——以2010年长三角地区经济数据为例[J]. 经济学家, 2011（07）: 37-44.

[68] 黄建毅, 张平宇. 辽中城市群范围界定与规模结构分形研究[J]. 地理科学, 2009, 29（2）: 181-187.

[69] 郭爱君, 冯琦媛. 兰州都市圈空间界定方法研究[J].

甘肃社会科学, 2009 (06): 137-140.

[70] 王欣, 吴殿廷, 王红强. 城市间经济联系的定量计算 [J]. 城市发展研究, 2006, 13 (3): 55-59.

[71] 汤放华, 汤慧, 孙倩, 等. 长江中游城市集群经济网络结构分析 [J]. 地理学报, 2013, 68 (10): 1357-1366.

[72] Krugman P. R. 发展、地理学与经济理论 [M]. 北京: 北京大学出版社, 中国人民大学出版社, 2000.

[73] 顾朝林, 庞海峰. 基于重力模型的中国城市体系空间联系与层域划分 [J]. 地理研究, 2008, 27 (1): 1-12.

[74] 刘辉, 申玉铭, 孟丹, 等. 基于交通可达性的京津冀城市网络集中性及空间结构研究 [J]. 经济地理, 2013, 33 (08): 37-45.

[75] 郑良海, 邓晓兰, 侯英. 基于引力模型的关中城市间联系测度分析 [J]. 人文地理, 2011 (02): 80-84.

[76] 朱道才, 陆林, 晋秀龙, 等. 基于引力模型的安徽城市空间格局研究 [J]. 地理科学, 2011, 20 (5): 551-556.

[77] 党安荣, 毛其智, 等. 基于GIS空间分析的北京城市空间发展 [J]. 清华大学学报: 自然科学版, 2002, 42 (6): 814-817.

[78] 李学鑫. 基于产业分工的中原城市群经济联系研究 [J]. 许昌学院学报, 2009 (2): 131-134.

[79] 颜姜慧, 高丽娜. 基于引力模型的长江中游城市群经济联系强度分析 [J]. 九江学院学报 (社会科学版), 2013 (02): 121-126.

[80] 刘继生, 陈彦光. 分形城市引力模型的一般形式和应用方法——关于城市体系空间作用的引力理论探讨 [J]. 地理科学, 2000, 20 (6): 528-533.

[81] Ullman E L. American commodity flow[M]. Seattle: University of Washington Press, 1957.

[82] 朱小川, 吴建伟, 吴培培, 等. 引力模型的扩展形式及对中国城市群内部联系的测度研究 [J]. 城市发展研究, 2015, 22 (9): 43-50.

[83] 陈斌, 杨涛. 南京都市圈交通圈层演化特征实证研究 [J]. 现代城市研究, 2006 (10): 45-51.

[84] 李王鸣, 江佳遥, 楼铱. 联系分析视角下的浙中城市群结构特征研究 [J]. 经济地理, 2009 (10): 1644-1649.

[85] 王兴平, 赵虎. 沪宁高速轨道交通走廊地区的职住区域化组合现象——基于沪宁动车组出行特征的典型调研 [J]. 城市规划学刊, 2010 (1): 85-90.

[86] 杜小敏, 陈建宝. 人口迁移与流动对我国各地区经济影响的实证分析 [J]. 人口研究, 2010 (3): 77-88.

[87] 王茂军, 田丽英, 杨雪春. 山东省城镇网络结构与城镇网络角色识别——基于民国时期土货/洋货流通网络的分析 [J]. 地理研究, 2011, 30 (9): 1621-1636.

[88] 焦华富, 杨成凤. 皖江城市带区内公路交通空间组织 [J]. 地理研究, 2012, 31 (6): 1066-1078.

[89] 甄峰, 王波, 陈映雪. 基于网络社会空间的中国城市网络特征——以新浪微博为例 [J]. 地理学报, 2012, 67 (8): 1031-1043.

[90] 司尚奇, 冯锋. 我国跨区域技术转移联盟研究——基于38个城市合作网络分析 [J]. 科学学研究, 2010, 28 (08): 1165-1170.

[91] 熊丽芳, 甄峰, 席广亮, 等. 我国三大经济区城市网络变化特征——基于百度信息流的实证研究 [J]. 热带地理, 2014, 24 (1): 34-43.

[92] 李红, 李晓燕, 吴春国. 中原城市群高速公路通达性及空间格局变化研究 [J]. 地域研究与开发, 2011, 30 (01): 55-58.

[93] Townsend A M. Network cities and the global structure of the Internet[J]. American Behavioral Scientist, 2001, 10(44): 1697-1716.

[94] Malecki E J. The Economic Geography of the Internet's Infrastructure[J]. Economic geography, 2002, 4(78): 399-424.

[95] 孙中伟, 贺军亮, 金凤君. 世界互联网城市网络的可达性与等级体系 [J]. 经济地理, 2010, 30 (9): 1449-1455.

[96] Mitchelson R L, Wheeler J O. The flow of information in a global economy: the role of the American urban system in 1990[J]. Annals of the Association of American Geographers, 1994, 1(84): 87-107.

[97] 唐娟, 马晓冬, 朱传耿, 等. 淮海经济区的城市经济联系格局分析 [J]. 城市发展研究, 2009 (5): 18-23.

[98] 陈伟劲, 马学广, 蔡莉丽, 等. 珠三角城市联系的空间格局特征研究——基于城际客运交通流的分析 [J]. 经济地理, 2013 (04): 48-55.

[99] 钟业喜, 陆玉麒. 基于铁路网络的中国城市等级体系与分布格局 [J]. 地理研究, 2011, 30 (5): 785-794.

[100] Goetz A R. Air passenger transportation and growth in the US urban system, 1950–1987[J]. Growth and Change, 1992, 23(2): 217-238.

[101] Matsumoto H. International urban systems and air passenger and cargo flows: some calculations[J]. Journal of Air Transport Management, 2004, 4(10): 239-247.

[102] 周一星,胡智勇. 从航空运输看中国城市体系的空间网络结构 [J]. 地理研究, 2002, 21 (3): 276-286.

[103] 朱英明. 中国城市密集区航空运输联系研究 [J]. 人文地理, 2003 (5): 22-25.

[104] 薛俊菲. 基于航空网络的中国城市体系等级结构与分布格局 [J]. 地理研究, 2008, 27 (1): 23-32, 插 2.

[105] 吕康娟,张蓉蓉. 基于复杂网络的世界航运中心网络结构与特征 [J]. 系统管理学报, 2012, 21 (1): 87-92.

[106] 殷绛,成艾华. 武汉城市圈经济联系强度的动态分析 [J]. 统计与决策, 2007 (16): 84-86.

[107] Newman M. Networks: An Introduction[J]. Astronomische Nachrichten, 2010, 327(8): 741-743.

[108] 王德劲,向蓉美. 我国人力资本存量估算 [J]. 统计与决策, 2006 (10): 100-102.

[109] Mariassunta G, Liao G, Yu X. The Brain Gain of Corporate Boards: Evidence from China[J]. The Journal of Finance, 2015, 70(4): 1629-1682.

[110] 范剑勇,石灵云. 产业外部性、企业竞争环境与劳动生产率 [J]. 管理世界, 2009 (8): 65-72.

[111] 张卉. 关于工业集聚、外部性和经济增长的文献综述 [J]. 世界经济情况, 2007 (3): 68-70.